THE ART IN
STRUCTURAL DESIGN

構造デザインとは何か

構造を理解しないアーキテクトと
アートを理解しないエンジニア

アラン・ホルゲイト=著　播 繁=監訳

鹿島出版会

Originally published in English by
Oxford University Press
under the title
THE ART IN STRUCTURAL DESIGN

Published 2001 in Japan
by Kajima Institute Publishing Co., Ltd.
Japanese translation rights arranged
with Oxford University Press

序

建築構造の設計思想

こんな古い格言がある――「エンジニアとは、二ドルあれば誰でもできることを一ドルでなす人である」。この格言は、しばしばエンジニアの器用さをほめているのだが、一方では、しばしばエンジニアリングの安っぽさと美的感覚のなさの証であるとされてきた。エンジニアリングとは、明確に定められた技術的な目的を最低のコストで達成するためのものだと解釈されてきたようである。数少ない例外を除いて、「構造設計」と称している教材のほとんどが数値解析のテクニックを主眼としているために、工学系の学生たちは、なおさらこういった見方をするようになってきた。一方、機械工学の分野はこれとは全く違う状況にあって、そこでは設計での知的なプロセスと創造性を発展させることに努力が向けられてきた。

建築デザイン系の分野をみれば、その対比はさらに強いものである。アーキテクトによるアーキテクトのための多くの本は、工学書ではこれまであまりふれられていない構造形式の選定や構造的挙動の理解という、二つの分野が取り上げられているので有益である。その上、建築の思想、そして社会や設計チームという職能におけるアーキテクトの役割を取り上げた書物が数多く出版されている。もちろん、こういった著述は広範な考え方を紹介してくれる。建築思想の秘訣を与えてくれる決定的な教材というものはないが、建築の学生は建築を見る目が養われ、自分の個性や理想に適合した自分自身の建築思想をつくることができる。

そういったことを扱った記事のいくつかは、エンジニアリング雑誌、米国土木学会誌のとりわけ「技術欄」で発表されているが、役に立つ著述はほかの専門分野に比べわずかである。個々のデザインに対しての善し悪しの論議は、建築デザインの世界では一般的であるが、構造デザインの分野では明らかに何かに阻害されているようだ。技術が社会や環境に及ぼす影響がより顕著になってきたこともあって、この職能がもつ印象が、多くの知的な人たちがこの分野に踏み込むどころか、職業の可能性として考えることすら躊躇させているのに違いない。

とはいえ近頃、こうした状況の改善の兆しがいくらかは見えてきている。英国の『ニュー・シビルエンジニア』といったような技術雑誌では、あえて論争の火種となりそうなプロジェクトについての背景となる情報を進んで取り上げている。

「設計」についての著述家の教材は、単純な計算の背後にある論点をより充実させてきている。ホワイト、ガージュリー、セックスミス（一九七二〜七六）、そしてスコーディック（一九八〇）の著書は、こういった新しいアプローチの好例である。そして本書の目的は、これまでほとんど計算だけに力点をおいてきたために生じている、エンジニアリング研究の溝を埋める一助となることである。

本書が必要な理由

一部の学生がエンジニアリングに魅力を感じる理由は、それが完全に合理性で成り立っている分野だと思われる、まさにその点にあるかもしれない。そういった人々は、どんな問題にも唯一の「正解」があって、着実に論理的に解決に向けて努力すれば、ユークリッド幾何学の証明と同様のプロセスでその答えに到達できると思っている。ある人はまた、技術者同士であれば意見の相違が生じても、純粋に冷静で論理的な議論によって、通常、人間関係につきまとう問題から離れて解決できると思っている。このような考えをもつ人たちはいずれ突然目を覚まされる運命であり、そしてこのような思い違いをさせておくのはひどい仕打ちというものであろう。

解析分野の新しい概念の数々を理解しようと努力している学生は、すでに確立された技術に対して抱いているイメージが台無しになるのを快く思わないかもしれないし、とりあえずは、エンジニアリングの「アート」については忘れたいと考えているかもしれない。学生たちが、与えられた荷重に耐える正しい梁の寸法を選ぶという、新しく身につけた能力を誇りに思うのはもっともである。彼らは、少なくとも数年の間は、やっかいなことに煩わされる前にそれを実行してみたいと望んでいる。これは理解できる姿勢ではあるが、いろいろな理由からできれば避けるべき姿勢である。

伝統的な工学の教程が学生の創造力を妨げてきたのもある程度事実である。その理由の一つが、多くの情報を理解しなくてはならないことなのは疑う余地もないが、おそらく最も難しいのは、模範的な問題を例にひかなければ誰も模範的な解答を示し得ないというところであろう。一度、このような見方をする世界に身を置いてしまえば、あとになってそこから脱出するのがたいへん難しくなってしまう。そして、既存の技術を改良することの可能性や変化に対応することが次第にできなくなってくる。

学校を卒業して実務についた者はすぐに、学んできた知識や技巧が複雑な問題に適応できるのは、ごく限られた範囲なのに気づくであろう。多くの分野では、科学では説明できないことや定量的な技術では処理できないことが多く存在する。規準はやむをえず普遍化されたもので、特殊な状況にそのまま適用できるのはまれである。このように技術的な範囲においてさえも、エンジニアは考えうる解答のすべてが主観的なものであるような状況に直面するに違いない。そして、設計事務所で働いたことのある人なら誰もが知っているように、それが活発な議論の場を提供するのである。

そしてもう一つは、個人的な満足についての疑問である。一度、基本的な技術を身につけてしまえば、熟達する喜びは徐々に薄れ、規準と公式を適用することの繰返しに退屈するようになる。このような仕事はコンピュータを用いるほうがより効率的だ。それゆえ、知的な満足感は技巧上の妙技を誇示するよりも設計の「アート」にあるといえよう。

学校を卒業したての新社会人がすぐに悟るのは、問題解決のプロセスにははっきりした順序がないことである。「問題」が起きる前に、誰かが最初にその必要性を感知し、何がなされるべきかについての主観的な公式化を行ったに違いないのだ。こういったことを担当する人はエンジニアでない場合が多く、適用できる技術的な選択の範囲についての知識がなく、またそれらの長所短所についても知らない。その結果、問題の重要度と、それを解決するためのコストおよび難易度の間のバランスを取ることができないでいる。

それゆえ、最初の調査のなされた後には、問題自身を再定義すべき状況になる場合もある。このようなやりとりが学校の教科で言及されるのはまれである。そのため、しばしば新卒のエンジニアは、自分が何週間もかけて苦労した計算の結果が、突然破棄されて呆然とすることになる。そしてその理由は、問題に対して新しいアプローチが取れたから、あるいは何らかの変則的問題がデザインの中に発見されても、どうしても解決することができないから、といったものなのだ。

したがって、エンジニアにとって重要なことは、目的がどのように設定されたのか、それがどのように変更されたのか、そしてこうしたプロセスにどの程度エンジニア自身が関与できるのか、といった点について何らかの考えをもつことである。

この本について

本書のタイトル“The Art in Structural Design”は、P・ダニカン氏の論文（一九六六）“The Art of Structural Engineering”と、イギリス構造技術者協会会長C・B・ストーン氏のロンドンでの演説（一九六九）から示唆を得ている。彼は次のように述べている。

私たちは、当然、構造エンジニアリングの「科学」と「アート」の両方に対して責任を負わねばならない。「科学」は上手に処理していると思うが、「アート」についてはどうであろうか？　アートは、単に形態の選定、構造技術、生産プロセス、建材の加工技術に関することだけでなく、何よりも私たちの職能に関わる人間性のすべてを包括したものであり……。

アートの必要性については、イギリス王立建築家協会（R

ＩＢＡ）の『ハンドブック』の中の、多くの専門分野で構成されるデザインチームを扱った章で再び肯定されている。

そこで述べられているのは次のようなことである。

……主な職能の十分な人数のメンバーを集めることが肝要であり、おのおののメンバーがそれぞれの専門分野での深い知識と十分な能力をもつとともに、他の設計者たちの貢献の性質についても高度に理解していなければならない。

そして、後半ではこう述べている。

結論を出すのは組織ではなく、それを動かしている人であって……すべての分野が何らかの譲歩をすることになろう。

構造エンジニアの日々の業務や構造形式の選定に影響を及ぼす計算以外の要因のすべてを、ここに網羅するのは不可能である。そこで、ここでは主な論点の中で政治的影響と組織のあり方については、少しふれておく程度にとどめることにする。技術的な面では、エンジニアリングという職能が社会に代わって定める設計のクライテリアや安全率の度合いといった重要な主観的な判断についてはあまりふれていない。しかし、生産技術や施工技術といったような分野で求められている品質についての定性的技術の知識にはふれておくことにした。

本書は、こうした政治や主観的な技術についての論点といったような、非常に広義な問題の中間に位置する分野に焦点を当てている。

具体的には、設計のプロセス、特に創造性に関わる部分、デザインの形態的体系、そして機能上の要求と経済的なクライテリアについてである。

この本の大部分は、アーキテクトの「仕事のやり方や思想」を研究することに当てられている。というのは、多くのプロジェクトにおいてアーキテクトの考えこそが、構造エンジニアの仕事に最も大きな影響を及ぼす唯一のものだからである。こういった知識は構造エンジニアに直接、実質的な価値をもたらすが、また同時に異なった教育を受け考え方をもつ設計チーム内の設備エンジニアや法律家、経済学者や社会学者といった、あらゆる他のメンバーとの協同作業の難しさの見本を示すことでもある。最後の章で頂点に達するまで続くこの本のテーマは、「構造設計の真の目的は何か？」そして「構造形式の決定において、関係するすべての要因に調和を与えるべき相互作用とは何なのか？」という疑問である。

本書は工学系の学生たちがこれまで慣れ親しんできた種類の本ではないと思う。ここには一つの数式も書かれていないし、技術用語もほとんど用いていない。本書は、学士課程では学べないが、卒業すればすぐに関わりをもつであろうより広い問題に焦点を当てた読みやすい本である。学生諸君が、この本を楽しく読んでくれることを望んでいる。

一九八四年　メルボルンにて

アラン・ホルゲイト

目次

01 構造デザインのアート

The art of structural design

技術アート

オックスフォード英語辞典には「アート」の一番目の解釈として、「知識や修練によって得られる術」があげられている。学校教育で教えられる構造設計は、与えられた架構の部材断面を仮定することや、その架構の応力と変形が規準で定められた制限内にあるかを検討するための解析を中心に組み立てられている。それならば、厳密な理論体系を越えたところにある術という意味での「構造設計のアート」は、いったいどこにあるのだろうか？　構造デザインとは、可能な限り最も効率的な手段で三次元の空間に部材を配置し、設定された目的をなしとげるためのプロセスだといえよう。このプロセスを実行するには、「目的」と「効率」に対しての思想をもつ必要がある。

　エンジニアにとっては、可能な限り直接的な方法で荷重を基礎に伝えることが構造の目的だと思われるかもしれない。この「可能な限り」という言葉は、それによって意図された機能を構造が阻害してはならない、という意味である。橋が川の流れや通過する船を妨げないようにつくられるように、建物の構造も限られた空間に障害物のないスペースを設けるというニーズに応えねばならない。それらのニーズが構造の力学的合理性とぶつかったときには、力学的合理性、あるいは空間の合理性のいずれかにある程度の妥協が必要である。ここですでに設計者は、「質」を価値基準とする内部空間の特性と、相対的確実性に基づく構造原理の論理性の間でどうバランスをとるか、という問題に直面している。

　構造の「効率」とは何か？　エンジニアはそれをコスト（インプット）とベネフィット（アウトプット）の比で判断するであろう。ある架構に用いられる材料の総量という意味では、構造のコストはかなり正確に算出することができる。ところがこの方法は、異なった材料の相対的なコストや、最も重要な生産と施工のコストを考えに入れていないので、実際には使い物にならない。複雑なラチスのトラス梁はフルウェブの梁と同じ性能を有するが、はるかに少ない材料で組み立てられている。ところが多くの部材を切断して組み立てるための労賃は、少ない材料で節約したコストを大きく越えてしまうであろう。ここでも、設計者は生産や施工の問題、そしてそれらの分野におけるコストの不確定さについての知識を背景に、材料の的確な節約の釣合いを考えるべきである。

設計者は建物の寿命を通じて起こりうる荷重と内部応力のタイプや組合せを思い浮かべ、それらの大きさを概算するために経験や想像力を駆使すべきである。規準や建築法規を定めた委員会の指針を参考にしながらも、施主との打合せにおいて設計者は、構造に要求されるべき性能に関して多くの主観的な判断を下さねばならない。建物にとって考えうる最も厳しい地震や航空機の衝突に耐えられるようなクライテリアを設定し、構造に膨大なコストをかけた建物を設計すべきなのか？　あるいは、ある程度曲がっても全体としてはもちこたえる程度の安全性を設定すべきなのだろうか？

より一般的なタイプの荷重についても、設計者は風の強さや許容する荷重の大きさをどうすべきかを決めねばならない。その判断は、その構造物の耐用年数、社会的な重要性、建物の転売や用途変更の可能性、気象データや標準的な荷重を調査して下されるべきである。

すべての構造物は、予想される荷重の値に対する耐力の比、すなわち安全率によって設計される。安全率はアースダムの円弧滑りの解析に用いられる一・一が最も低い値だろうが、構造物に対する安全率は一般的に一・七〜二・〇ぐらいの値である。そういった値に到達するには、加工の品質、材料あるいは荷重の多様性、そして解析における理論の正確度を含んだ多くの質的な要素や確率的要素が考慮されている。また、その数値には、施主や使用者、そして社会の容認できる総合的なリスクの評価も含まれている。

構造計算の段階になれば、構造物の数学的モデルをつくるために理論的な概念の適用と解析的な技巧の手段が要求される。すべての理論は近似であり、設計者は実際の構造に最も近い理論を注意深く選定し、構造物の幾何学的形状や材料特性の数学的処理をして、正当な解析ができるコンピュータ・プログラムをつくらねばならない。

これをなすために、設計者は解析に適用する理論と規準のできた背景に注意すべきである。理論や特に設計に用いるコンピュータ・プログラムに固有の近似と仮定は何なのか？アウトプットされた構造物の架構の応力や変形に、どの程度の誤差を見込むのか、そしてそれらをどのように補うのか？

鉄筋コンクリート造の床の構造や柱と梁の安全性解析のために用いられる規準は、本来非常に複雑な現象を大胆に単純化したものである。それらの作業の中には、例えばどのパラメータを無視できるか、問題となる構造部材のおおよその寸法や形態、そして安全性においては、幾何学的不確定さの度合いや鋼材の残留応力の決定といった要素が含まれる。規準は疲労、脆性破壊、腐食やその他の風化作用について規定しているが、それとて非常に複雑かつ定性的な問題についての断片的な参考という程度の意味しかない。

もしこれらの規準を少しでも頭を使って適用しようと思えば、エンジニアはそれらの単純化が何を根拠にどのようにして行われてきたかを知るべきである。構造計算が終わると、設計者は規準の助けを借りて、建物に必要とされる性能に関わるさらなる決断をしなければならない。すべての構造物は荷重によって変形する。どれだけの変形を限界に設定するか？　風荷重による高層ビルの水平変異はどの程度まで許されるのだろうか？　普通の人はどの程度の振動で不快感を感じ、どの程度で危険を感じるのか？　設計者が対象とすべきなのは最も敏感な人、それとも平均的な人なのか？

もちろん、設計者が手間を省き、考えのないままにそれらの判断のすべてではないにせよ、ほとんどを規定に頼って建築基準法どおりに設計を行うことは可能である。そのようなやり方は専門家として恥ずかしいばかりでなく、時として危険な場合もある。オフィスビルの設計者はここ数年前から、ぎっしり詰まったファイル・システムの重量のために法で定められた床荷重よりずっと大きな荷重を設定している。一九八〇年代に大流行したディスコでは、法律で定められた静的な荷重の数倍に相当する動的な荷重を生み出すことが明らかになってきた。

このような簡単な考察からも明らかなように、狭い意味の技術面から見ただけでも、構造の「デザイン」を「アート」と呼ぶためには、十分な技術と熟練、そして想像力が求められている。

こういったアートの大部分は当然、最適な構造形式を考案すること、すなわち要求された機能を最も効果的に生かす空間の部材構成を考えることである。理論は基本的な構成がすでに決められた架構の計算をするための道具にすぎない。現在市販されているコンピュータ・プログラムは、それを少し上回る程度のものである。

紙面が限られているので、構造設計におけるエンジニアの質的、あるいは主観的な見解のより詳細な考察には入ることができない。しかし、ここまででエンジニアが他の分野に比べて技術の客観性や正確性に勝っているという、あまりに傲慢な過信に陥る危険性を十分指摘できたのではなかろうか。だからといって、エンジニアリングがすべて「経験と勘」で成り立っているといったような卑屈な態度をとる必要もない。不確定さや不適当な定義に立ち向かうのは勇気ある挑戦であって、立派な職業意識だといえよう。

設計チームで働くための術

構造エンジニアはもちろん一人で仕事をしているわけでは

ない。政治家、民間企業や公的機関の幹部、そしてアーキテクトが、いつも「目的」の決定に重要な役割を演じている。さらに構造エンジニアは、通常、個人よりむしろチームで計画して、設計しなければならない大規模で複雑なプロジェクトに従事している。効率的に仕事をするために、構造エンジニアはプロジェクトに関わる他の人たちにとって何が問題なのか知る必要がある。それゆえ構造エンジニアリングのアート（術）には、設計チームの他のメンバーとよい関係を保つためのコミュニケーションのアートが含まれており、設計プロセスの管理を円滑にするための一翼を担っているといえよう。

これが決してなまやさしい仕事でないのは、参加しているさまざまな人たちがもっている思惑や限られた視野から、ある種の摩擦が必然的に生じるものだからである。簡単な例をあげると、高層ビルを設計するとき、構造エンジニアがI形梁の性能を上げるために梁のせいを増したならば階高が増え、その結果建物の表面積がかなり増大し、ひいては外装のコストが増すことにつながる。構造エンジニアが梁せいを小さくして応力状態の厳しい設計をしたなら、配管のために梁のウェブを貫通したいと考えている設備エンジニアに新たな課題をつくることになろう。

もう少し大きなスケールでは、規則的で合理的なスパンで空間を支えて構造のコストを最小限に抑えようとする構造エンジニアの要求と、建物の機能を満足するために無柱空間を求めているアーキテクトの要求との間に矛盾が生じるのは当たり前である。直接的な建設コストを最小限にするために、構造エンジニアが工期のかかる工法を選定すれば、結果として投資家に総工事費のコストダウン分を容易に上回る高い利子の負担をかけることになるであろう。

この教訓は、プロジェクトの関係者のすべてが、関連する要因を考慮して取り組まねばならないことを示唆している。こういった理想を達成するのは明らかに難しいことである。誰も「あらゆることを熟知している」ことはできないのだから、設計プロセスの初期段階においては、必然的に関連する他の要因を知らないままに多くの提案や拘束力のある決定がなされてしまう。

次の章で取り上げるが、薄肉シェルのメカニズムを理解しているエンジニアの助けを借りずにシェルに似た形態の屋根を描いたシドニー・オペラハウスのアーキテクトの行動は、その典型的な例である。

初期の決定の意味が明確になるにつれて、その決定によって課せられた困難を克服しようと努力するのか、それともその時点で予見される、あるいは調査によって明らかになった別の可能性をとるのかという疑問が生ずる。初期の決定をどの程度修正すべきなのか？　すべてをやり直さなければならないのだろうか？　互いに相いれないさまざまな関係者の目的と価値観の間のバランスをどのようにとったらよいのか？

この段階に入ると、参画している人の個性と社交性が、彼が伝えようとしている客観的事実と同じくらい重要になる。ミュンヘンのオリンピック競技場を設計したアーキテクトは、しばしば「声が大きく、主張が強く、要領のよいものが勝利を収めるものだ」と記述している（ベーニッシュ、一九八〇）。

過熱化する論争は、プロジェクトに参画する人たちの異なった目的意識と価値基準に端を発している。その状況を風刺画的に単純化してみると、こんな感じであろう。個人の事業者、例えばディベロッパーの目的は利益を得ることである。政治家は信用を得て次の選挙に再選されることを望んでいる。アーキテクトは目の覚めるようなデザインで評判を取って、将来仕事の依頼が増えることを欲しているだろう。この三者はおのおの、プロジェクトの別々の部分に関心がある。彼らの目的は異なるどころか対立する可能性もある。そして、価値観の対立は避けがたいことである。

もちろん実際の人間関係はもっと複雑である。それぞれの人には自尊心があり、自分たちの重要性を公の場で認めてもらいたいといった望みもある。競争や容赦のない利益の追求は、社会慣習や個人の信念によって制限される。ある者は公衆あるいは同輩から直接的に認められたいと思い、他の者は高収入を得てそれを使える身分を誇示することに満足感を覚える。ある人にとっては官僚の「帝国」を確立することが重要であり、別の人はむしろ無名の「裏方」の仕事を好んでいる。すべてのコンサルタントたちにとって、生計を立てていくためには他人に自分の能力を認知させることが必須条件である。

しかしながら、そこに議論の動機がないときでさえも摩擦が起きるかもしれない。アーキテクトは自分自身を、沈んだ色彩のない環境に暖かみと人間性をもち込む芸術家だと思っているかもしれない。エンジニアは、自分の合理性と省資源を実現する能力に誇りをもっているかもしれない。あるいは、地方官庁に所属するエンジニアは、建設業界の検査官的な役割を担うことに生き甲斐を感じているのかもしれない。そこに対立が起きるのは当たり前である。その上にまた、人の信念というものは、普通、理論的根拠よりもむしろその人の個性に左右されている。

幸いに、参画者全員に一体となったチームをつくろうとする動機があり、通常はこれが分裂しようとする力を上回っている。コンサルタントはクライアントがいなければ職を失うだろうし、その逆もある。アーキテクトは（望むらくは）エンジニアがいなければ途方にくれるだろうし、行政庁は指導する人がいなければ職を失うであろう。

動機づけに関する興味深い点は、サラリーマンが自営業と全く異なる見解をもっていることで、特に計算や詳細設計の追求、そして美しさの探索におけるコスト対完全性についての見解の相違である。一般に言われているのとは逆に、政府機関に所属するエンジニアは新しいアイデアを試みることの個人的なリスクが少ないため、個人として雇われている人よりかなり革新的なのかもしれない。

前述のように、これらの問題はほとんどの構造エンジニアにとって非常に重要な、アーキテクトとエンジニアの間での姿勢の違いを除けば、この本の範疇を越えている。グループ内で個性が起こす人の行動については、「群集心理」や行動の心理といったタイトルで社会学者や心理学者によって研究されている。ミドルトン（一九六七）の著書『組織による設計の実務』の解説には、エンジニアの立場から見たこのテーマに関する非常に興味深い記述が、サー・ミーシャ・ブラック教授によって紹介されている。

社会における政治の影響力

本書は、中立的な立場を主眼としているが、一般社会へ及ぼす政治的な影響については少しふれておく必要がある。というのは、政治が構造エンジニアの仕事にかなりの影響を与えることがあるためである。その最たるものとしては、数年間打ち込んできたプロジェクトが中止になることがある。

環境保護に関わっている圧力団体が構造設計に与える影響については、国と市の両方の場合について、美学に関する章でふれることにする。地方政治の計画許可は、利益団体の反対に遭えば大幅な変更を余儀なくされたり、提出を取り下げることにさえなろう。公的資金によるプロジェクトでは、同じように基本コンセプトに対する強い反発に遭うであろうし、そこで税金が使われているという問題も加わるであろう。コストの上昇（インフレによる額面上のコストの上昇は避けられないにせよ）や工事の遅延はいつも厄介な問題である。

オーストラリアのスノーウィ・マウンテン水力発電所計画は、当初から政治的に微妙なプロジェクトで、その経済性についての多くの討議が行われ、その結果、広報には十分な注意が払われた。発電所の地上部分のデザインはその影響をかなり受けたので、建設局は工業的な建物における美的デザインの先駆者となった。マレー・リバー発電所では構造設計上問題が生じるにもかかわらず、見学者が発電所の中を見られるように機械室の一方の壁をすべてガラス張りにして、至近距離から機械を観察するためのエリアが設けられた。M2発電所では、こういった施設が一五mのスパンをもって二階建の建物に組み込まれた。それは高価な要求であった。このような決定はすべて政治的な配慮でなされ、しかもそれを実現するにはかなりの追加出費を要するので、コスト意識の旺盛なエンジニアには、日頃自分たちが鉄筋の径を数ミリ小さくするために、あるいはコンクリートスラブの厚さを数センチ削るのに一生懸命努力していることに、疑問を抱かせることになろう。

国、州、市の威信が建造物に結びつけられることがしばしばあって、それが設計と施工に関わっている人たちに影響する。政治がシドニー・オペラハウス・プロジェクトの着工を急がせ、それが設計を複雑化させ、ひいては設計チーム内の対立に至った過程を次の章で紹介する。

モントリオール市は「その存在を世界に示そう」と一九六七年に万国博覧会を主催した。その主な展示の一つが「アビタ」高密度住宅である（図①）。設計者モシェ・サフディは工業化による大量生産方式の集合住宅プロジェクトの実用化を示すことを望んでいた。しかし、この目的は、博覧会までにそれを「実際に生産」しようとするもくろみによって面倒な事態になった（サフディ、一九七〇）。私企業もまた、威信を表現するための要求によって影響を受ける。そして、特に銀行や本社ビルの場合に、こういった要求がアーキテクトに指示として返ってくるであろう。

読者は構造デザインの人間的な面に徐々に気がつき、技術的能力は有用だが、よい構造をデザインするという全体的な目的のごく一部にすぎないことを実感してほしい。このような認識を確かめることを期待し、そして設計プロセスのある種の性格を示すために、シドニー・オペラハウスの設計プロセスの一部を、ケーススタディとして次の章に用意している。

図①　アビタ（エキスポ '67，モントリオール）／工業化住宅のプロトタイプであったが，政治によって振り回された例である。（アーキテクト：モシェ・サフディ，エンジニア：A. F. コメンデント〔初期〕）

02 設計事例の研究——シドニー・オペラハウス

Case-study of the Sydney Opera House design

はじめに

このケーススタディでは、クライアント、アーキテクト、構造エンジニア間の相互関係の問題や、設計チーム内外に及ぼす政治の影響力を取り上げている。ここでは話を簡潔にするために、設備エンジニアや設計チームと協力的にかかわった施工者との関係については省くことにした。

読者は、上記のさまざまな人たちの役割についてある程度の知識をもっていると思う。そうでなければ、クライアントはプロジェクトに資金を提供し、そのプロジェクトの目的に最も適合する建物の機能について助言を受ける人、あるいは組織だと覚えておけば十分である。この事例においては、助言者の中には、アーキテクトとともにオペラ、音楽、演劇関係の人も含まれている。クライアントは少なくともアーキテクトを指名する義務があり、時には技術関係のコンサルタントも指名することもある。アーキテクトはクライアント、テナント予定者、エンジニアと協議して、面積の割り当てや建物全体の形態、外観、内観を決定する。専門分野のさまざまなエンジニアは、アーキテクト、時にはクライアントに建物の構造的な耐力と安定性、暖房、照明、換気、音響などの要求について助言する。最終的な決定がなされた後、アーキテクトとエンジニアはそれぞれの責任範囲で今後行われるべき仕事を図面化し、仕様書を作成する。通常の場合、入札が行われ、施工者はこの図面や仕様をもとに応札する。そしてアーキテクトとそのほかのコンサルタントが、クライアントに施工者の選定について助言する。施工中は専門家たちがそれぞれの立場で、作業が要求どおりに行われているかの確認と、予想外の事態が生じたときの処理や仕様変更への対応などを含めて工事監理を行う。生産業的な体制については別の方法も考えられるが、そのことについては後の章で述べることしたい。

オペラハウス・プロジェクトの背景

オペラハウス・プロジェクトに関して手に入る文献は二つのカテゴリーに分けられる。第一のカテゴリーは、このプロジェクトの構造エンジニアであるオウヴ・アラップ&パートナーズが書いた記述と学術協会で発表した論文、そして第二のカテゴリーは、例えば人間的な側面の問題を強調したバウム（一九六七）のように一般向けにジャーナリスティックに書かれたものである。通常、礼儀正しい技術の世界においては、技術面でない要因によって影響を受けることはあるべからざることで、そのような逸脱行為について技術雑誌向けの論文で述べるのはタブーとされてきた。アラップの論文は、そういった風潮に対して新鮮な変化を与えた。とはいえ、そこに起きた人間的な内面の紛争を、一般の人を対象とした本ほど詳しく述べるまでには至っていない。実際にアラップは、ほかの著述者が「プロジェクトのセンセーショナルな面をより強調すること、そしてしばしば行われる誇張や不正確さ」を戒めている。それらの出来事は、およそ一五年間にもわたって続けられてきた仕事の中で位置づけられるべきである。その一方で、そこに述べられている人間的紛争は、実際の設計に携わったことのある者にとってはなじみのある出来事だといえよう。

図① シドニー・オペラハウス／アート・センターの複雑な機能は港に突き出た狭い半島に密集している。(アーキテクト：ヨーン・ウッツォン，エンジニア：オウヴ・アラップ&パートナーズ)

オペラハウスの形態は、一九五六〜五七年に行われたシドニーのアート・センターの設計コンペで決められた。このアート・センターは、二つの大きなオーディトリアムとリハーサル・ルームをはじめとする舞台芸術のための多くの付帯施設から構成されていた。建設地に選ばれたのはシドニー港に突き出た細い岬、ベネロング・ポイントであった。
世界的に著名なアーキテクトで審査委員会の委員であったエーロ・サーリネンの推薦で、委員会はヨーン・ウッツォンの案を選択した（委員はアーキテクトだけで構成されていた）。彼の図面はたいへんにラフで、細部はコンペ規定を満足していないにもかかわらず、この決定がなされた。

二つの劇場の重要度ではオペラは二番目にすぎなかったが、この建物はシドニー・オペラハウスとして有名になった。アラップの言葉を借りれば、この「一般化されてしまった」名称の変更は、困った異例措置であった。しかし、バウムはそれを、コンペ時の条件を端から無視した「オペラ派」に乗っ取られた理事会のせいだとしている。

ニュー・サウス・ウェールズ政府は、クライアントとして非常勤の名誉会員で構成されている「オペラハウス理事会」を指名した。構造エンジニアは、ウッツォンが推薦したにもかかわらず、クライアントに対して直接責任が生ずる立場におかれた。こういった体制がとられるのは、英国では一般的だが、オーストラリアではまれであった。オーストラリアでは、通常、設計チームのリーダーはアーキテクトであって、エンジニアはアーキテクトに対して責任を負う。その上、ほかの（音響、設備などの）特殊なコンサルタントも、クライアントに対する契約上の責任は、アーキテクトよりアラップを通すように体制がつくられた。それはこのような大規模プロジェクトを統括するには、これまでの経歴からウッツォンの能力では無理だと政府が判断したためだと言われている。

プロジェクトは三つの部分に分割された。第一期は基礎と基壇部。第二期は「シェル」、第三期は外装、舗装、カーテンウォール、内部仕上げという構成である。

劇場設計に特有の課題は「フライ・タワー」の扱いである。舞台の背景やそのほかの装置を観客の視界の上に引き上げ、そして必要に応じて素早く下ろすために、舞台の上部には大きな空間が必要である。一部のアーキテクトたちは、このボリュームをオーディトリアムに隣接した独立のタワーとして表現する（図②）。しかし、ほとんどはこの二つをまとまりのある形態に統合しようと試みる。

コンペの参加者の多くは、タワーを挟んで二つのホールを背中合わせに配置することで、この「タワーの問題」に対処した。この方法は二つのホワイエがそれぞれ岬の両端に位置してしまう欠点をもっている。ウッツォンのアイデアは、ホールを隣接させることによってエントランスを同じ側

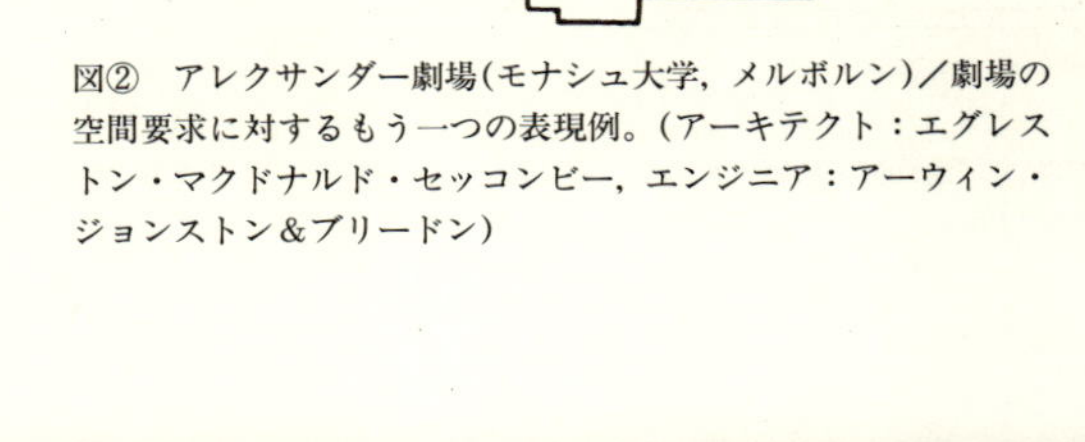

図②　アレクサンダー劇場（モナシュ大学，メルボルン）／劇場の空間要求に対するもう一つの表現例。（アーキテクト：エグレストン・マクドナルド・セッコンビー，エンジニア：アーウィン・ジョンストン＆ブリードン）

に配置することであった（図③）。だが、岬の先端に大きな構造物（タワー）を配置することは美的な面から望ましくないと考えて、エントランスを岬の先端に配置し、建物の両サイドに循環するギャラリーを設けている。

ウッツォンは、一九六五年一月付のニュー・サウス・ウェールズ政府への報告で、港のすばらしい眺望を望むギャラリーをオーディトリアムの回りにめぐらしたこの構成は、ここを訪れる人たちのすばらしい建築的な体験になることを望んだからだと主張している。ところが、これでは岬の幅が狭いために従来の手法で舞台両側の袖を設けるのは不可能である。そこで袖として要求される空間は、舞台の下に設けられた。そして、昇降と転換のために複雑な機械装置が考案された。

ウッツォンが初めてアラップに連絡を取ったのは一九五七年で、一九五八年三～四月にかけて、二人はシドニーを訪れた。彼らはそのとき、首相がニュー・サウス・ウェールズで州選挙のある一九五九年三月以前の着工を望んでいることを知らされた。首相は野党が力を得て、プロジェクトそのものが中止されるのを恐れていた。それゆえ、既成事実をつくりたかったのである。そのためにウッツォンとアラップの思惑とは逆に、結局は「完璧な図面が一枚もないままに仕事をはじめること」を強いられた。基礎の寸法は屋根の重量がわかる前に推測によって決められたが、現場の掘削によって予期せぬ敷地の状況が明らかになるたびに次々と修正された。後にふれることになるが、数年後に屋根の重量は、当初の予測を大きく上回る結果となった。

設計に対して適切な検討を加えることなく下された判断が、プロジェクト全体を通して多大な混乱を生じさせること

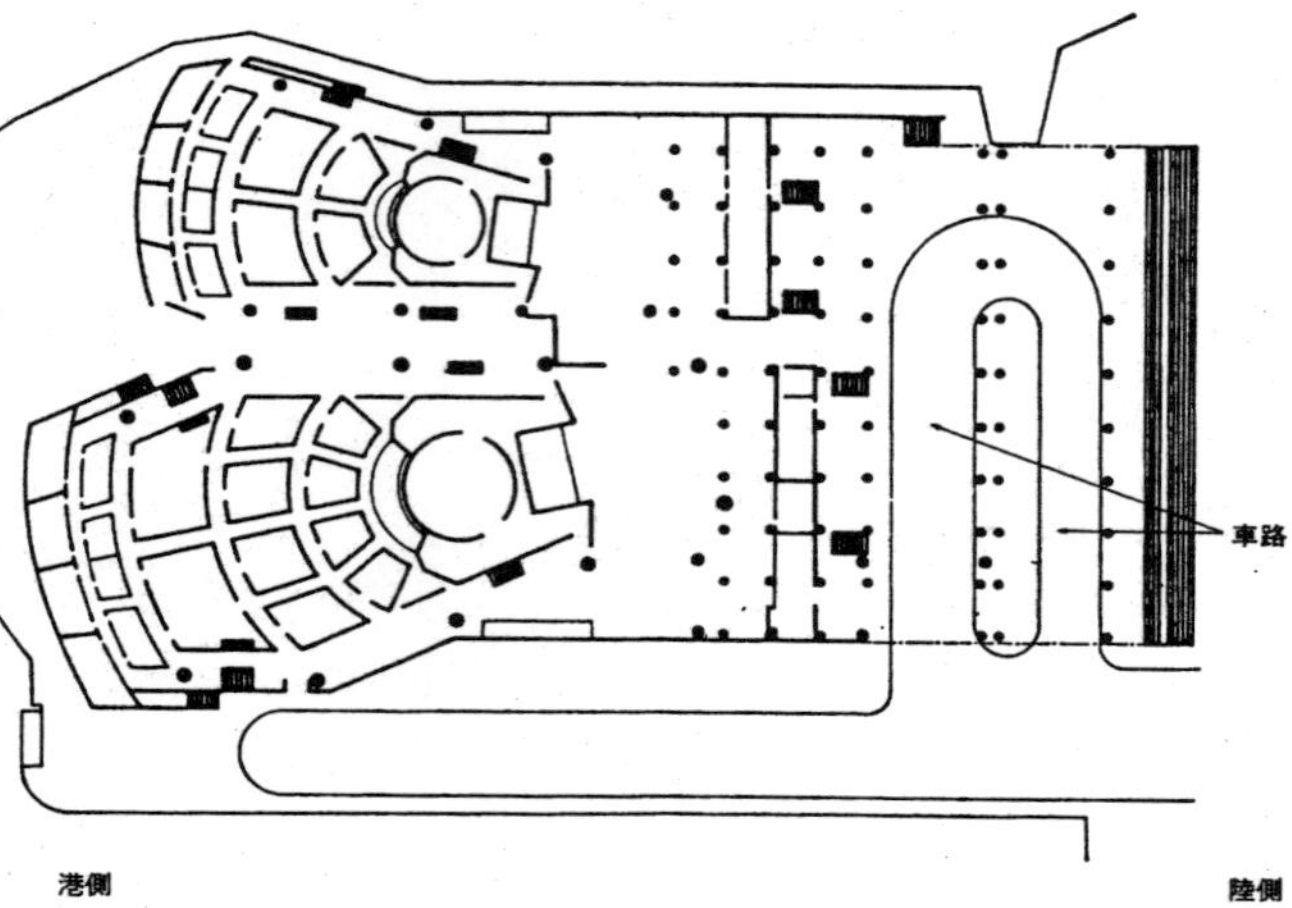

図③　シドニー・オペラハウス，主階平面（コンペ案）／海側にホワイエ，両側にアクセスの回廊をもった２つの劇場が並んでいる。

になった。工事工程に追われ、その場しのぎの図面が施工者に渡される結果となり、また、検討不足のまま下された初期の決定が後になって見直しを迫られ、多くの変更を余儀なくされた。このような変更によって、時には構造軀体の一部を壊すという事態まで起きた。目先の第一期工事に気を取られるあまり、第二期、第三期に対する事前の検討がおろそかになり、それがプロジェクト全体に影響を及ぼす結果となった。

コンコースの設計

コンコースの部分は、一般の人にはほとんど目につかないが、その設計を巡るやりとりは、アーキテクトとエンジニアの関係を研究するにはまたとない教材となっている。図④の右側がコンコースで、一連の広い階段とそれに続く大きな広場で構成されている。それより上の階段は、さらに基壇の上部へと続いている（ウッツォンがメキシコのマヤ遺跡を訪れたことがこのコンセプトに大いに寄与している）。コンコースの下には、VIPを乗せた車を下階のエントランスホールに導く車路が設けられている。

当初、ウッツォンは、コンコースの下の中央に柱を設けることに同意していた。そのときは橋として適切なスパンといえる一八m程度に保たれ、適切な判断であった。ところがエンジニアとの最初の討議で、彼は中央の柱をなくせないかと尋ねたばかりか、さらに階段とコンコースが接する部分の柱も取り去ることをもちかけた。

アラップとジェンキンスが述べているように（一九六八）、これはアーキテクトがエンジニアに投げかける「典型的な質問」で、それを受けた「エンジニアの典型的な回答」は、「多分取れるでしょうが、より多くのコストがかかるでしょう。そして、柱は交通の妨げにはならないでしょうから、機能的に正当化するのはたいへん難しいですよ」であった。これがエンジニアの典型的な答えとすれば、ウッツォンの反応もまた純粋にアーキテクトとしてのものであった。彼は、コンコースの下のタイルやプラスターといった仕上げをやめて「構造を正直に表現しよう」とした。そうして浮かせた費用を、大胆で印象的な形をつくるための別のどこかに使う権利があると思ったのである。

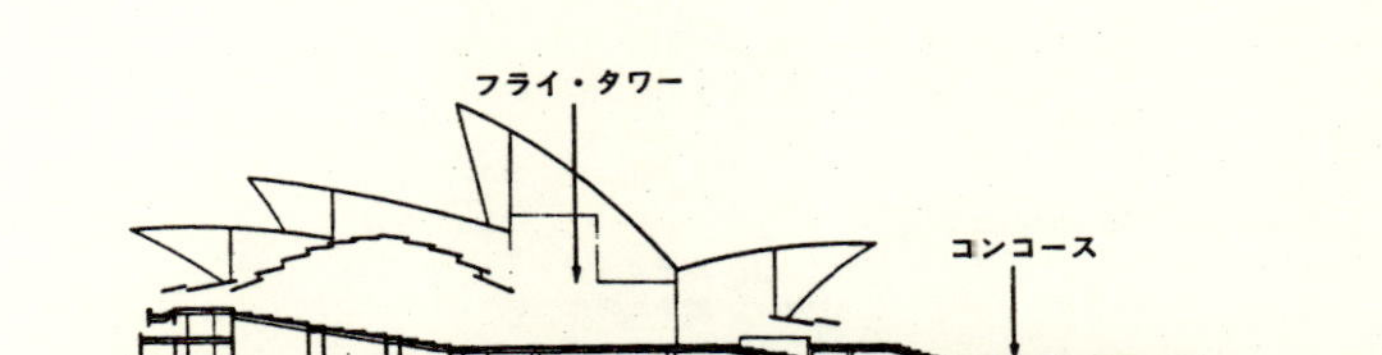

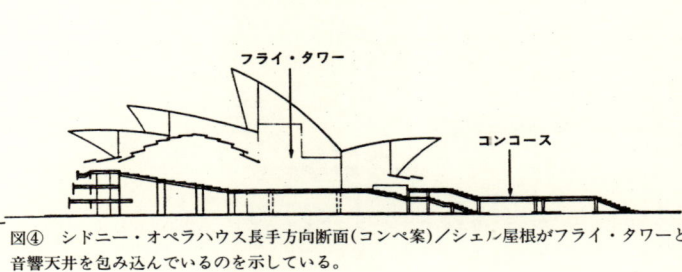

図④　シドニー・オペラハウス長手方向断面（コンペ案）／シェル屋根がフライ・タワーと音響天井を包み込んでいるのを示している。

いまやスパンは約五〇mとなり、そして車路の高さを確保するために梁のせいを最小限に抑えることが要求された。図⑤は、コンコースと最初に上る階段を極端に単純化した構造モデルを用い、柱をなくしたときに増加する曲げモーメントを示している。

エンジニアの対応は、支点の水平方向の動きを止めるために階段の底部を直接砂岩にピン接合することであった。この方法は、図⑥に示すように曲げモーメントは小さくできるが、躯体に大きな軸力が生じる。あとになって、砂岩は階段の南の端では下がっていることが判明した。また、ウッツォンが階段の勾配を緩やかにしたので、力の釣合い上、大きな反力が生じる結果となった。これらの理由でエンジニアは、車路の下に主構造と階段の端部を結ぶタイビームを設けることにした。そしてさらに、その優位性を向上させるためにタイビームは階段の下部を過ぎた所まで延長して、主構造には階段の下端を内側に押し込むように、さらにタイビームの端部は外側に力が加わるようにジャッキを用いてプレストレスがかけられ、引張力の導入後に端部が固定された。中央の柱を取り去ることで生じた問題は、このように相当な設計の努力と建設費用を費やして解決したのである。

ウッツォンはまた、構造的な力の流れを梁のデザインに表現することをずっと考えていた。そして、通常なら排水のために必要である水勾配をなくそうとしていた。彼は一八二八×一四四一㎜のプレキャスト舗装版を完璧に平らにして、その接合部から雨水を下に流すことを提案した。さらにコンコースの厚さを一定にし、それを最小に抑えるように要求した。

これに対して、エンジニアたちは舗装ブロックの端部を適正な間隔で支えるジョイストビームを提案した。ジョイストビームの水平フランジは、スパンの中央部ではウェブの上面

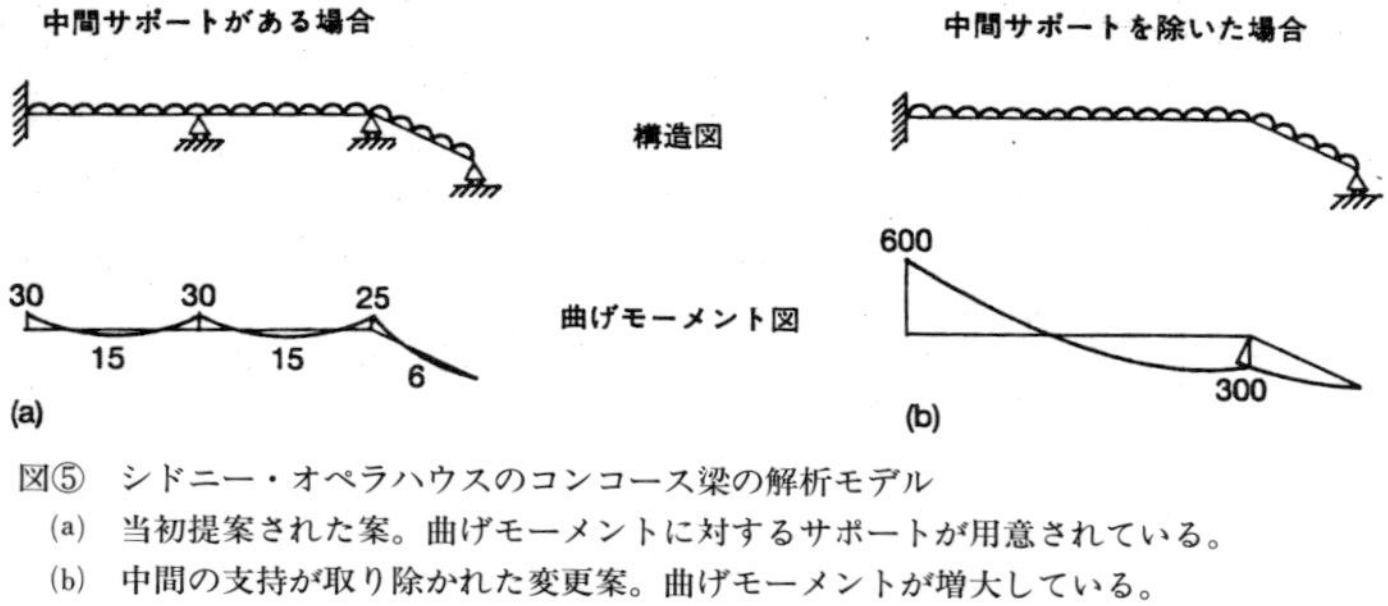

図⑤　シドニー・オペラハウスのコンコース梁の解析モデル
(a)　当初提案された案。曲げモーメントに対するサポートが用意されている。
(b)　中間の支持が取り除かれた変更案。曲げモーメントが増大している。

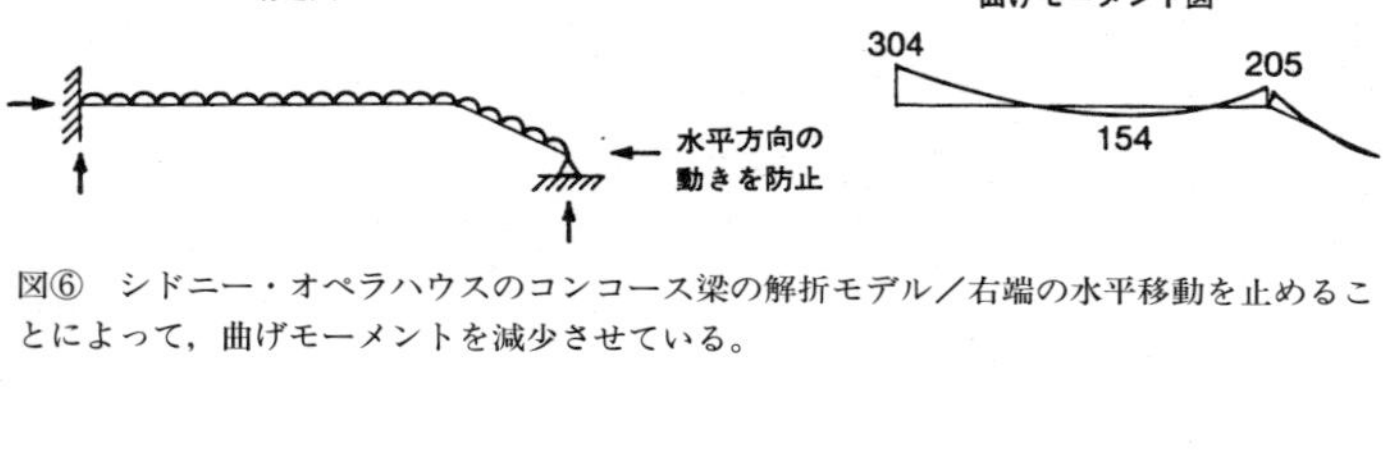

図⑥　シドニー・オペラハウスのコンコース梁の解析モデル／右端の水平移動を止めることによって，曲げモーメントを減少させている。

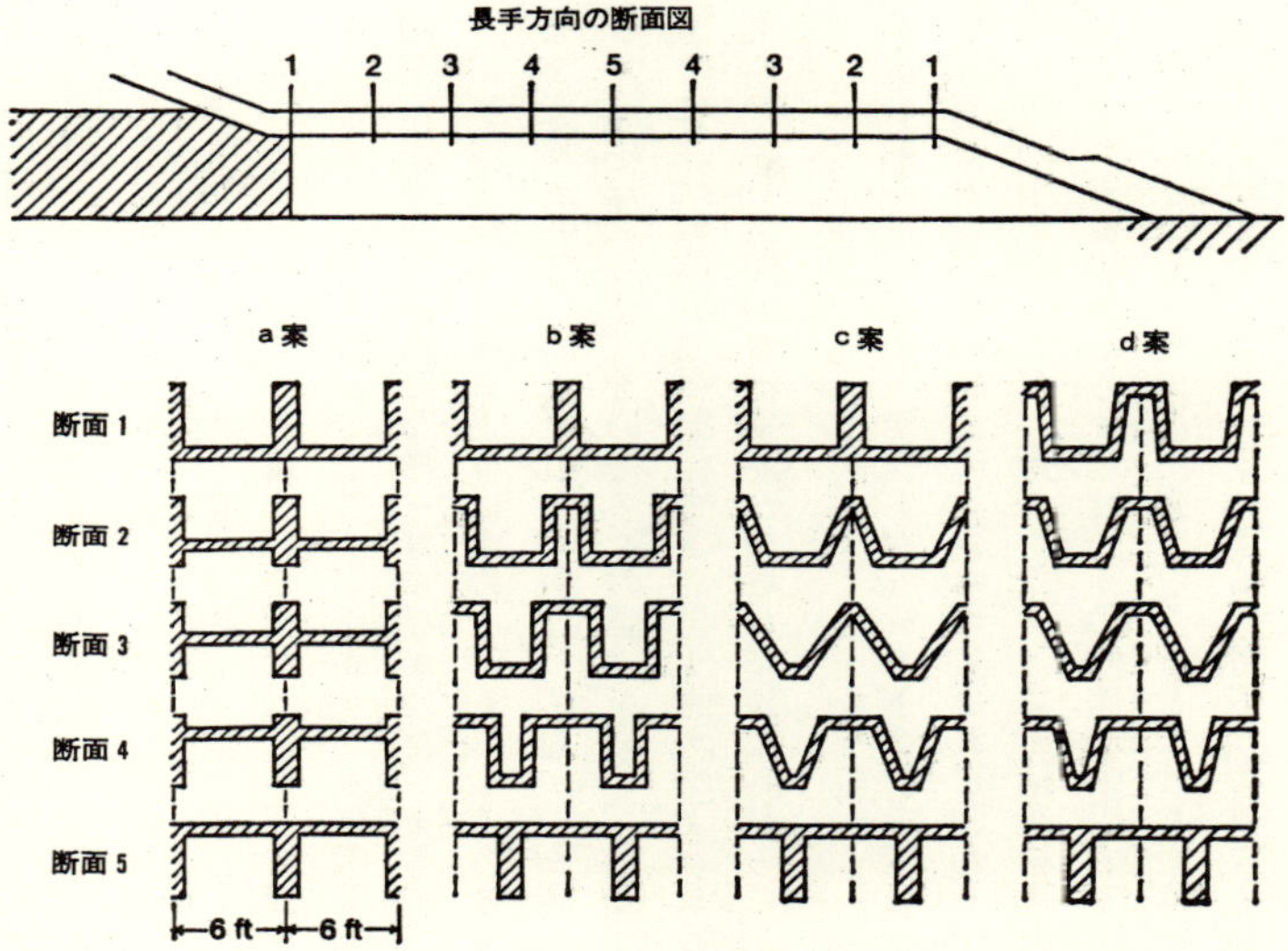

図⑦　曲げモーメントの大きさ，向きに従って，コンコースの梁の断面を変化させている。垂直のウェブと水平のフランジをもった最初の断面(a)は，ダブルの樋の形状からダブルのＴ断面にウェブがねじれながら変化する断面(b)に発展していった。

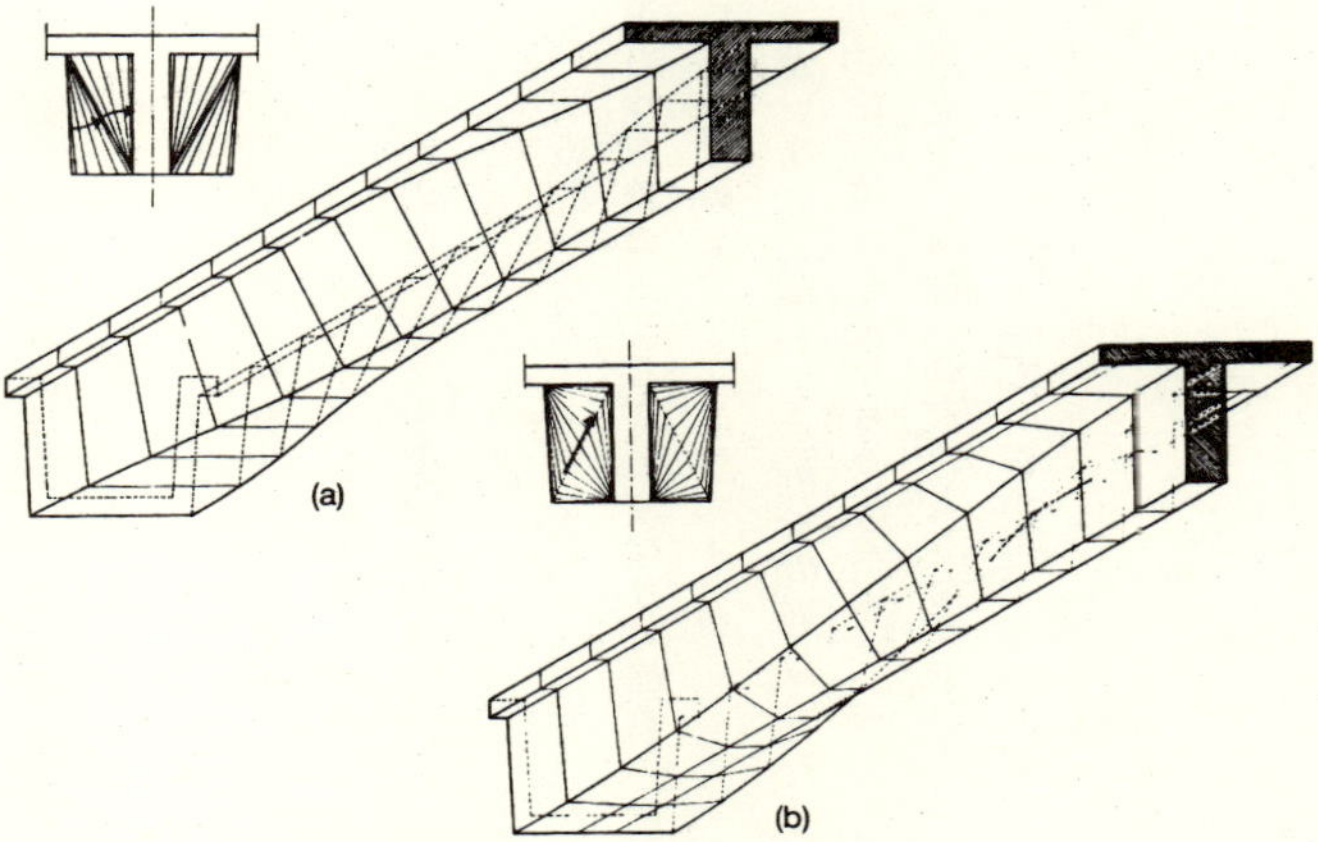

図⑧　コンコースの建築的処理

(a)　角ばったエッジをもつ最初の案。

(b)　最終案：美的要求と製作コストの妥協案であるが，かなり柔らかい形状となっている。

近くに、端部では底面近くにその位置を変化させている。図⑦は、フランジがウェブに沿って、その高さを変化させる状態を示している。右側の図は、アイデアが数度の段階を経て改良されていったプロセスを示したもので、要求にある排水口は巧みに用意されており、しかも配置した部材は構造的な曲げモーメントに効率的に働くように考えられている。

次に生じた問題は、それぞれの異なった断面の変化を幾何学的にどう定義するかである。アーキテクトは図⑧(a)に示す初期に提案された粗野な形を好まなかった。そして、鋭いエッジすべてを丸くするように求めた。もし、この要求をそのまま受け入れていたとすれば、製作は困難かつ高価なものとなっていただろう。その後多くの議論を経て、図⑧(b)に示すように「比較的容易に製作でき、アーキテクトが求めていた丸みのある官能的な提案」がなされ、採用されることになった。

次の問題は、アーキテクトが、レストランの床は一般の床より高いので、その床の下にある梁もそれに合わせて上げようと言い出したことだった。ウッツォンの構造を正直に表現しようとする思想からすれば、その段差を吸収するために梁をかさ上げして、その上に床をつくるという考えは納得できないことだった。これに対処するには五つの異なる種類の特殊な梁を用いなければならず、大きな技術的な問題に発展した。梁は非対称となり、すでに高い応力が生じている隣接する梁にプレストレスによる捩れモーメントが加わる。アラップとジェンキンスの言葉を引用すれば、次のとおりである。

> コストのこともよく考えねばなるまい。すでに極限状態にあるものを混乱させ、あとで誰もが見過ごしてしまうようなことの代償としてはあまりにも高価すぎる。
>
> しかしながら、アーキテクトは固執し、エンジニアがこの問題を何とか解決すべく準備しはじめたとき、設備エンジニアがスラブ上に配管とそのメンテナンスができるだけのスペースを要求してきた。

この設備的な要求が、スラブ上へのプラットフォーム設置の正当性を認めさせることになり、構造エンジニアは窮地を脱したのである。

コンコースに関わる些細な問題はこのくらいにしておこう。ここを訪れる人たちの何人がコンコースの上に立って自分の足下や、薄暗い洞穴のような地下に入っていくときの頭上がどのようになっているかを本当に理解するのか、知りたいものだ。

シェルのデザイン

それに比べてオペラハウスの「シェル」は、一般の人たちの間にはるかに大きな畏敬の念と議論をもって迎えられた。アラップはいつもアーキテクトの側に立っていた。「多くのアーキテクトたちは形態を機能に優先させたあまり、全体計画が台なしになったと主張している」が、「この特殊な屋根は、コンペの課題に応えた巧妙な内部計画をもった本案の、ただ一つ外部に向けられたデザイン的表現なのである」と述べている。

とはいえ、ウッツォンはエンジニアリング的な助言をほとんど受けずに、「シェルは全能だ」というほとんどのアーキテクトが当時抱いていた信念をもって案を考えたのである。ウッツォンは膜理論を成り立たせるには、シェルは決められた形状に従うべきであることを知らなかった。そうでなければ、荷重分布によって生じるすべての力を、特にシェル自身の重さを面内応力として伝達できないことになる。こういった条件に適合する形にはある程度の許容範囲はあるが、静力学上決まってくる形態との誤差がある値を超えれば、薄肉シエルでは抵抗できないほどの曲げモーメントが生じてしまう。

ウッツォンのシェルは、フリーハンドで描かれており、どんな位置でもシェルの形の適合がなされていない上に、屋根の中央に沿って棟があり(図⑨)、シェル頂部の面内でスムーズな力の伝達は不可能である。それゆえ、この形を構造的な意味で「シェル」と呼ぶのはふさわしくない。もう一つの難しさは、この「シェル」は長手方向の釣合いがとれていないので、前に倒れようとする傾向をもっていることである。したがって、初期の打合せでは、頭頂部のないアーチにするか、二方向曲面シェルでおのおののホールを覆うか、あるいは二つのホールを単一の大屋根にしてしまう、といった意見が出された。アラップは、ドームのような構造で二つのホール全体を覆う設計にしたほうが、おそらくオリジナルのコンセプトに固執するよりずっと容易だっただろうと述べている。とはいえ、そのような変更ではオリジナルの計画の彫刻的な資質が失われてしまうので、できる限り原案に近づける努力をすべきだということになった。

オリジナルに描かれたシェルの形が単純な数学の公式に当てはまらないということは、それを数学的に解析するのが当時の技術ではほとんど不可能なこと、そしてそれを施工するのは至難の業だということを意味している。多くの討議のあと、パラボラ曲線として定義することに意見が到達した。

曲げモーメントに対抗する手段として、面の内側にリブが追加された。しかし、それでも十分でないので、四フィート

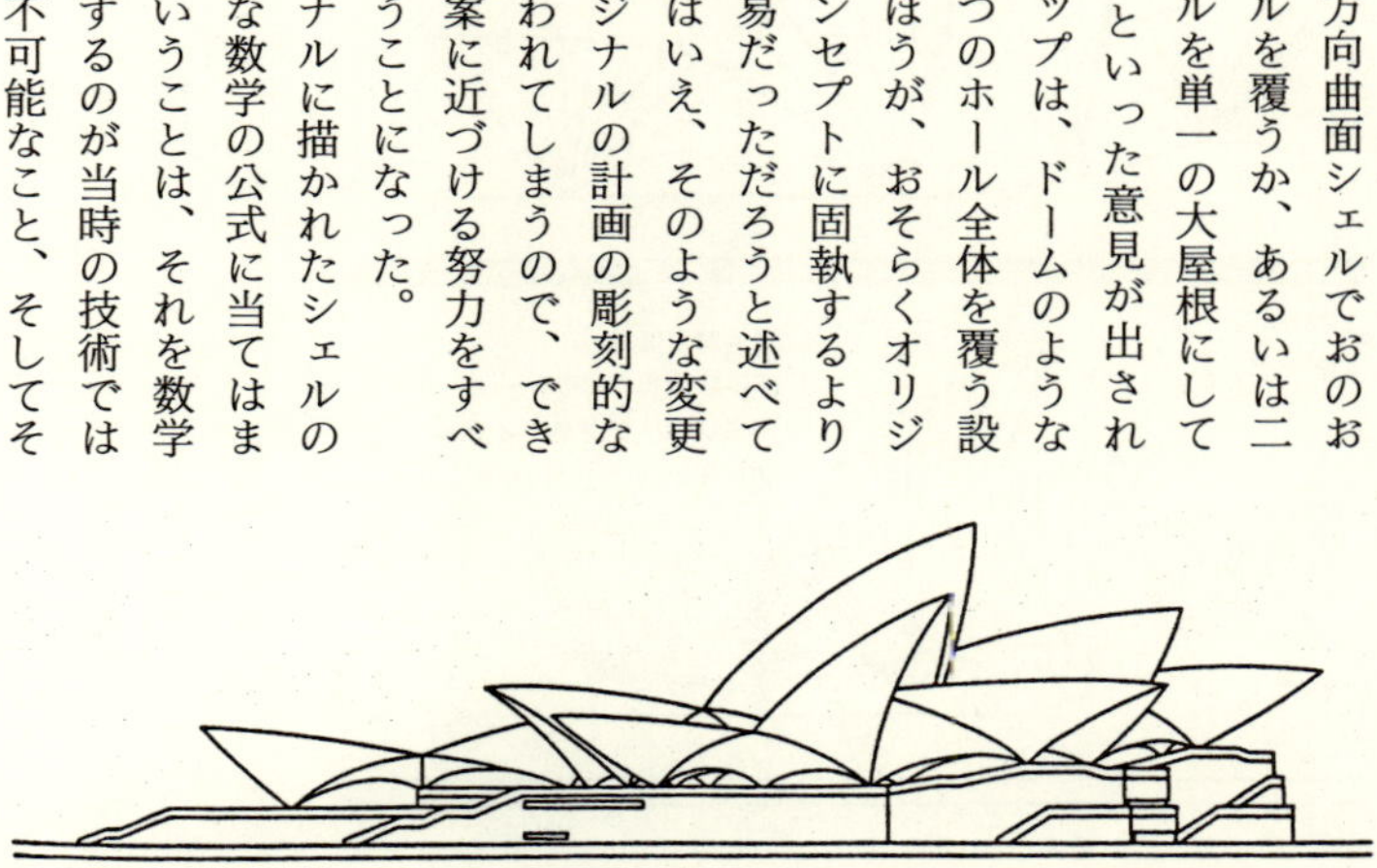

図⑨　シドニー・オペラハウスの屋根／柔らかい屋根のアウトラインをもったウッツォンのオリジナル案。

(一・二二m)せいのダブルスキンの間に二方向のリブを設けた案が提案された。同時に、隣接するシェルからの荷重伝達と長手方向の安定性の確保、そして「シェル」の端部を支持する目的で、シェル端部をふさぐルーバー状の壁が計画された。オリジナルのシェルは支持点から垂直にそびえていたが、それを内側へ少し傾ければ曲げモーメントは大幅に減少することがすぐにわかった。

　構造計画を確立するために多くの案が検討された。最終的には、基盤から扇形に広がり、そして両手の指先を合わせて押し合うようなリブのパターン（図⑩(b)）が採用された。もっとも、エンジニアを最も引きつけた案は、約四フィートのせいの鉄骨スペースフレームの両面をコンクリートのスキンで覆ったものだった。

　しかし、一九六一年の中頃になって、状況はいくつかの理由で流動的になった。模型実験の結果は、はじめに考えた荷重の伝達方法によって、当時行った解析からは予測できなかった力が基礎に生じていることを示していた。屋根そのものに生じる曲げモーメントとせん断力もまた予測より高い数値を示していた。これらの結果をフィードバックして断面を修正すれば、さらに固定荷重が増加し、断面と荷重とのいたちごっこが際限なく繰り返されることが予想された。

　このような危機に直面し、それまで第一期工事を遅れさせないことで頭の中がいっぱいであったウッツォンは、屋根に集中しようと考えた。彼は、その時点の設計のいくつかの側面について、特にルーバー状の壁と内部の表現に不満をもっていた。ウッツォンはシェルの下面をリブ状にすることを望み、リブとガラスが取り合う部分のギャップを埋めるよりよい方法を欲していた。というのは、世界中のいたるところで、このガラス面とシェル屋根が接する部分についてのトラブルが起きていたからである。

　そのために案のすべてを見直すことになり、多くの検討の結果、最初の構造コンセプトは破棄されることになった。お

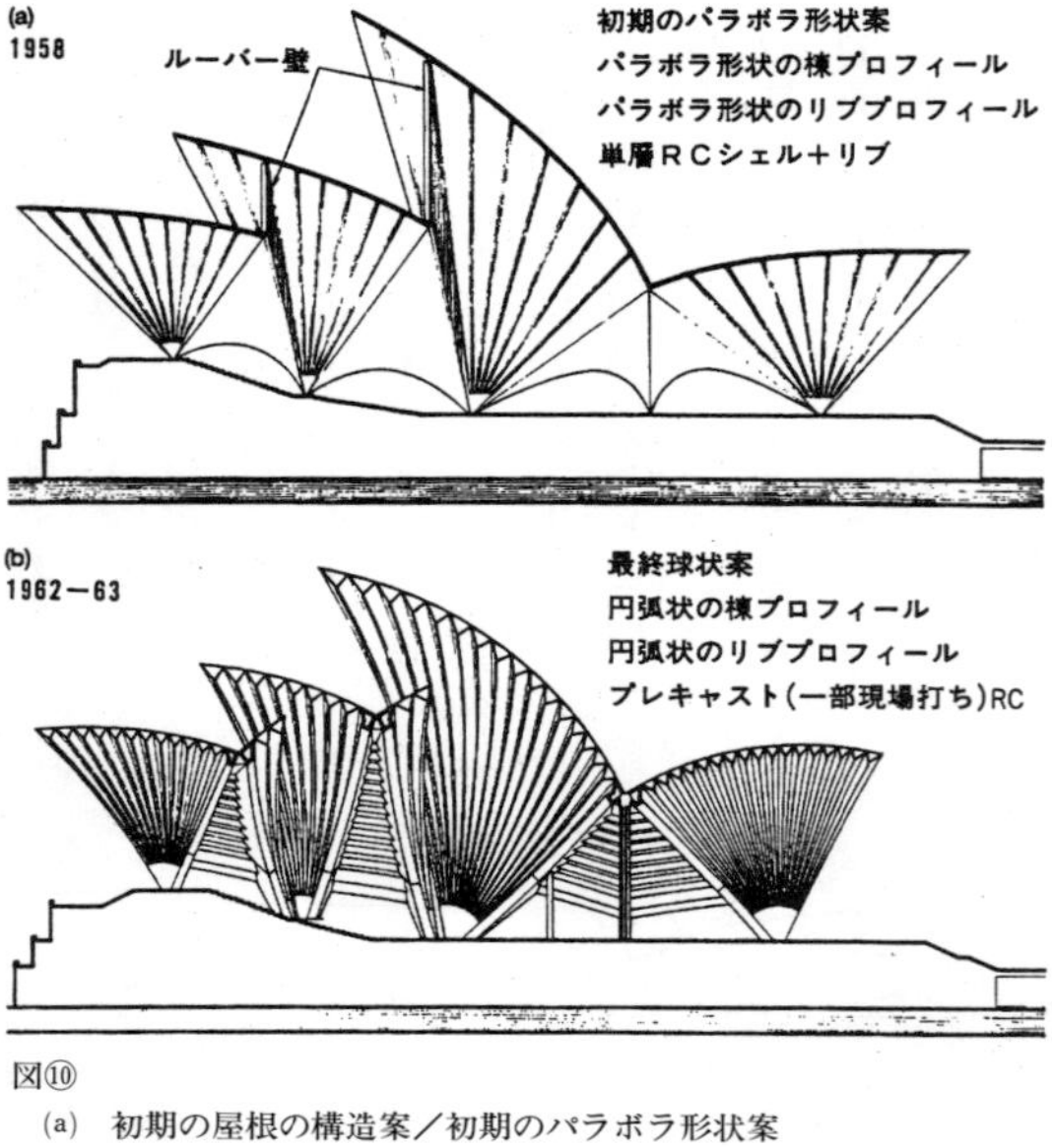

図⑩
(a)　初期の屋根の構造案／初期のパラボラ形状案
(b)　最終の構造案

のおののシェルは重心を支点に近づけるように改良され、こうして転倒モーメントは低減した。平面的なルーバー状の壁は、表面がシェルとは別の方向に向いた曲面（シェル）に置き換えられた（図⑩(b)）。最終的に、分節化した屋根は三つのシェルとしておのおのが構造的に独立して安定するように全面的に変更され、残されたルーバーは非耐力壁として扱われることになった。

そして、アーキテクトには次の二つの案が提示された。鉄骨のスペースフレームを内蔵したダブルスキン案と、扇状に支点から立ち上がる一連のリブアーチ案である。前者は解析と施工が非常に容易であり、外観はウッツォンの原案そのままなので、構造デザインチームの多くの人が支持した。ところがウッツォンは、いまやリブの付いたシェルの内側の面をどう扱うかに熱中し、鉄骨の骨組は構造的に素直な表現ではないと考えるようになっていた。そこで、アラップはリブ付きの案で設計を進めることに同意した。この決断に際してのアラップの叙述が、一九六五年の論文に記録されている。ダブルスキンの提案は「ウッツォンに心底から嫌われてしまったし、本当は私もその考え方が好きではなかった」。一九六九年の論文でアラップは「選択を迫られたとき、アーキテクトは自分が望むものが何か、いささかも疑いをもっていなかった」と簡潔に述べている。

一九六五年、公共事業担当省へ宛てた手紙の中で述べられているウッツォンの話は、それとは若干ニュアンスが異なっている。

長い時間をかけて私はエンジニアたちに、第一の案は全く見込みがなく、正直な構造をなし遂げられないこと、同時にコンペ案が約束していたものが実現できないことを納得させた。私の新しい案は私の事務所において展開されたもので、それまでにわれわれが示した数々の案のすべての中で最終のものであり、構造エンジニアたちのどんな批判にも十分立ち向かえるすばらしい案だ……

内外の政治的な圧力

この変更によって、オリジナル・コンセプトの解析と設計に費やした約三年間の仕事を放棄しなくてはならなかった。アラップは次のように述べている。

生涯の中で脂ののっている時期に、多くのことを要求されながら一つの仕事に五年もの間打ち込んだ人にとって、事情が変わったからといって、あるいは越えがたい困難が予測されるからといって、これまで積み重ねてきた仕事を見限るのは耐え難いことだ。

バウムの説明では、この決定がアラップの組織に亀裂を生じさせたとしている。アラップがエンジニアたちにもう一度初めからやり直すように納得させるのに苦労し、そして数人のエンジニアが辞職したと彼は述べている。

このようなオウヴ・アラップ自身の努力にもかかわらず、彼とウッツォンとの関係は一九六三年には深刻な事態になりはじめた。アラップが公共事業省と組んでプロジェクトの主導権を譲り受けようともくろみ、そして不当に栄誉の一部を得ようとしていると、ウッツォンが疑いはじめたからだと、バウムは説明している。政府は、アラップにシェルについての報告を求め、エンジニアの立場から経緯の説明がなされた。先のウッツォンの手紙からの引用は次のように続く。

あなた方はアラップの最近の報告書によって完全に誤認させられているようです。……これまでなし遂げてきたあらゆるディテール、そして案全体の寸法や形にいたるまで、すべて私がまとめたのです。

ウッツォンと政府との関係もまた悪化しはじめた。ニュー・サウス・ウェールズ州での政権の交代があり、新しい首相はプロジェクトの指導権を非常任理事会から公共事業省へ移しはじめた。この移行は、アーキテクトへの支払い権限を首相が引き継ぐところまで行き着いて、プロジェクトの全権は首相が握るようになった。その理由は、世間の関心がプロジェクト費用の上昇に向けられていたからである。非難のほとんどは組織の混乱した状態に向けられ、世論の大方は全責任はウッツォンにあるとした。

多くの問題は、力ずくでなされた早期の着工と、これだけ大規模の委員会が非常任だったことに起因する避けがたいことだったので、おそらくこれは不公平な判断である。これが会議の開催と物事の決定を難しくした原因だったからだ。

アラップが契約上の責任を理事会に対して負っていたこともまたコミュニケーションの妨げとなっていて、そのためアラップはじかにアーキテクトと一緒に重要事項の解決に当たることができなかった。その結果、影響力をもつと思われる委員個人に直接掛け合って早急な判断を得る試みもなされたが、影響力があると思われた委員がそうでなかった場合にはさらなる問題となった。ウッツォンの、常に完璧を求める姿勢と、よりよい考え方があれば古い考え方を捨てるのをいとわない姿勢が、さらにそれらの体制を混乱させたのは疑いようもない。

事態は、アラップからの政府にあてた苦情と、より合理的な組織の必要性の訴えがなされるまでにいたった。公共事業省もアラップの改革を奨励し、ウッツォンの提案をますます拒否するようになった。意見が対立すれば、アラップと公共事業省は常に同じ側に立ち、ウッツォンに反対するようになっていた。

特にオーディトリアムの音響天井に合板を用いたいというウッツォンの主張が、大きな論争に発展した。エンジニアたちは、ウッツォン案の構造的な正当性と、彼がその仕事が遂行できる唯一の有能な会社だと主張した破産していた会社に、入札もなしに合板を発注したいという提案の両方に疑問を抱いた。アラップよりもっと典型的エンジニアタイプと思われるアラップ・シドニーの駐在員は、アーキテクトの主張や変更に対して、アラップのように柔軟な対応ができなかった。公共事業省の助言によって、クライアントが提案の妥当性についての議論に介入し、そしてウッツォンがさらなるアラップの背任行為を訴えたことによって、二人の関係は政治的に複雑な事態に発展した。一九六六年二月、ウッツォンはついにプロジェクトを降りることになった。

このときプロジェクトは第三期で、まだなすべき多くの仕事があって、建築的な調整はピーター・ホールをデザイン・アーキテクトとした四人の委員に任された。内部のデザインとおのおののシェルの端部をふさぐためのガラスの壁の設計を巡る長い物語にはまた、興味をそそるエピソードがまだたくさん残っている。ホールは、委員会はできる限りデザイナーの意図を尊重したと言っているが、ウッツォンを支持し続けている人たちは、これに強く反論している。

おわりに

このような出来事があっても、アラップはウッツォンに共鳴し続け、彼の正当性を擁護した。アラップは（ウッツォンが辞職した後の）一九六九年の論文で「アーキテクトとエンジニア、そしてコントラクターとの先例のない協働」について語っている。この論文がより多くの好奇心をそそるのは、ウッツォンが建築表現と構造形式の整合を信じていたこと、そして「構造的な正直さ」の支持者であり続けたところである。一方で、アラップと彼のパートナーたちは、必ずしも構造と表現を結ぶ接点の必要性を信じていなかった。彼らはオペラハウスを「最良の建築形態と最良の構造形式が必ずしも一致しない、よくある事例の一つだ」と述べている。辞職した後、ウッツォンはアラップに宛てた手紙で、アラップの事務所の「構造と建築を全く分離させた姿勢」を非難している。

読者は、シドニー・オペラハウスが設計の幅広い問題を取り扱うために選んだ例題としては、非常に極端なもので、そしてウッツォンが型にはまらないアーキテクトだと考えているかもしれない。確かにこのプロジェクトでは技術的な問題、個性の衝突、政治的な策略が大規模に起きたのだが、それらは多くの小規模なプロジェクトで起きる問題の性格とそう大差がないといえる。

残念ながらエンジニアリングの人間的側面が脚光を浴びるのは、公共のプロジェクトが予算を大幅に上回るか、構造が崩壊した場合だけである。皮肉なことだが、シドニー・オペラハウスとその仕事に関わった人たちに直接向けられた世論の声と、その反響が大きかったのは、通常のエンジニアリング的なプロジェクトでは人間の個性の問題や組織的な混乱が全く起きないという印象が一般の人たちにあったからである。私たちエンジニアが、技術を完全に客観的で合理的な考えのもとに適用するものだと、自分自身やほかの人々を欺く必要性を感じないですむなら、誰にとっても良いことなのだが。

03 計画と設計の組織

The organization of planning and design

はじめに

前章までに構造設計を含む設計全体の流れを概観し、応力解析のプロセスをとりまく複雑な要素をかいま見た。ここでは採算や機能といった観点から建物の計画と、それらが構造エンジニアの仕事に与える影響について考えてみたい。

政治と組織的な行為については、本書の目的の範囲を越えているとすでにお断りしている。実際のプロジェクトの資金計画――民間あるいは公共の新規事業に対する資金調達業務――についても同じ扱いにすべきだろう。クライアントの資金集めの能力とは、例えば私企業でいえば社債の発行あるいは収益で、政府であれば税金や公債の発行であり、エンジニアが直接こういった資金問題に関与するのはまれだが、実際には彼らに大いに影響を与えているのかもしれない。エンジニアが資金計画や社会的な価値についてのある程度の知識をもっていれば、設計を依頼されているプロジェクトの存在理由や性格をほぼ理解できるであろう。

それによりエンジニアは、プロジェクトにおける自分の役割に見通しをつけられる。特に設計に何カ月も費やしたプロジェクトが棚上げになった場合や、中止になったのを知ったときにはこの知識が役立つであろう。しかし、この章での私たちの関心事は、工学的判断についてのより日常的な影響は何であるかということである。というのも、設計という行為が正しく統合されたものであるならば、それらのプロジェクトに対する影響力はかなりのものになりうるし、資金計画のメカニズムや財政的な判断に至るまでのプロセスを、エンジニアがいくらかでも知っていれば何らかの助けとなると思われるからである。

計画のプロセス

計画とは、「システムを明確にするための基本的な方針を定める」ことだといわれている。このプロセスで考慮すべき主なことは、プロジェクトの機能的目的を明らかにすることと、その目的を達成するためのコストを把握することであり、またほとんどのケースにおいては、これらの目的とコストとのバランスをとること、あるいはプロジェクトの施主や使用者を満足させるために提案されたいくつかの案の中からどれを選択するかということである。アームストロング（一九七九）の言葉を借りると、「判断とは有用な経済的な検討の結果である。人や社会は何を、いつ、どのような方法で行うかを判断する。プロのエンジニアは、こういった選択に直接携わっていないときでも、それを手助けしていて何らかの貢献をしているものである。エンジニアの最も得意とする分野である現実性に裏づけされた比較検討の積み重ねによって、より確かなものとなるだろう……」。

言うまでもなく、「何を」なすか（機能的な目的）にかかわる判断は、必要とされる構造の形態に、つまりは構造設計者に大きな影響を及ぼす。資金計画と機能計画、そしてそれらが構造に与える影響については後の章で詳しく論じるが、最初に計画のプロセスについて少しふれておいたほうが、構造エンジニアの仕事の位置づけを説明するためにはよいだろう。

計画について議論するには、公共団体のプロジェクトより民間団体のほうがずっとやさしい。というのは、民間プロジェクトは自立性が高く、その成果は投資家にもたらされる利益という比較的簡単な項目で計ることができるからである。その上、資本主義社会では、公共団体における考え方は、民間団体の姿勢に大きく左右されるので、両方の分野を論じるとき、まずはじめに民間のシステムを取り上げるのは決して不自然ではない。ところで、ほとんどの計画の教科書は、人が住むための建物について言及したものだが、このことについては後述したい。計画の一般的な原則は、すべての構築物に当てはまるが、特別のケースからの推測は注意が必要であろう。

シーレイ（一九七六）は、計画のプロセスをいくつかの種類にまとめて（実際には規定して）いる。それらはイギリス王立建築家協会（ＲＩＢＡ）の『業務計画《プラン・オブ・ワーク》』に掲載されており、最新の内容で包括的な版がＲＩＢＡ（一九八〇）から出版されている。ここでは、一九六四年に発行された簡易版での段階を次に示す。

要約報告　①企画と採算性
基本計画　②基本構想
　　　　　③基本設計
実施設計　④詳細設計
　　　　　⑤仕様書の作成

⑥入札
現場監理　⑦施工計画
⑧現場監理
⑨竣工とフィードバック

グリフィン（一九七二）は、プロセスを三つの大きな段階（事業を含んで）に分類し、その中を多くの小項目に分けている。

(1)企画段階　施主を含む開発チームの編成
経済性の検討（市場調査と採算性の検討）
敷地の選定
企画と予算
建設コストの予測
基本構想
土地の取得（借地か購入か）
借入資金を申請するための資金計画書の準備

(2)設計段階　基本計画・基本設計
資金調達の交渉（抵当権の設定と建設のためのローン）
最終設計・実施設計図書（仕様書と図面）

(3)施工段階　施工
投資管理—資産管理／賃貸…分譲か等価交換…投資の精算

次の章で説明するプロジェクトの早期完成への圧力は、ときとして計画のプロセスを圧縮する結果となるので、各段階でプロジェクトがほかの部分と重複することになってしまう。しかし、基本原則は不変である。

構造の相対的重要性

構造設計がプロジェクト全体でいえばほんの一部分にすぎないのは、前節の記述から見ても明らかである。建設コストは土地代、運営費用、家具類、利子、税金、設計料、企業活動に伴う支出、そして専門家のアドバイスに要する費用に埋もれたほんの一部である。さらに構造コストは建物全体のコストのほんの一部——状況にもよるが、おそらく二〇〜四〇%程度——である。設備が全体の五〇%程度、残りが建築の仕上げと考えてよいであろう。

ステヤート（一九七二）は、これを図①に示すような棒グラフで視覚的に表現している。彼はここで、基本構造の修正による一〇%のコストアップは建設コストのわずか三・一八%で、総コストの一・一六%にすぎないことを指摘している。その修正が収入の増加を生む、あるいは建築コストを下

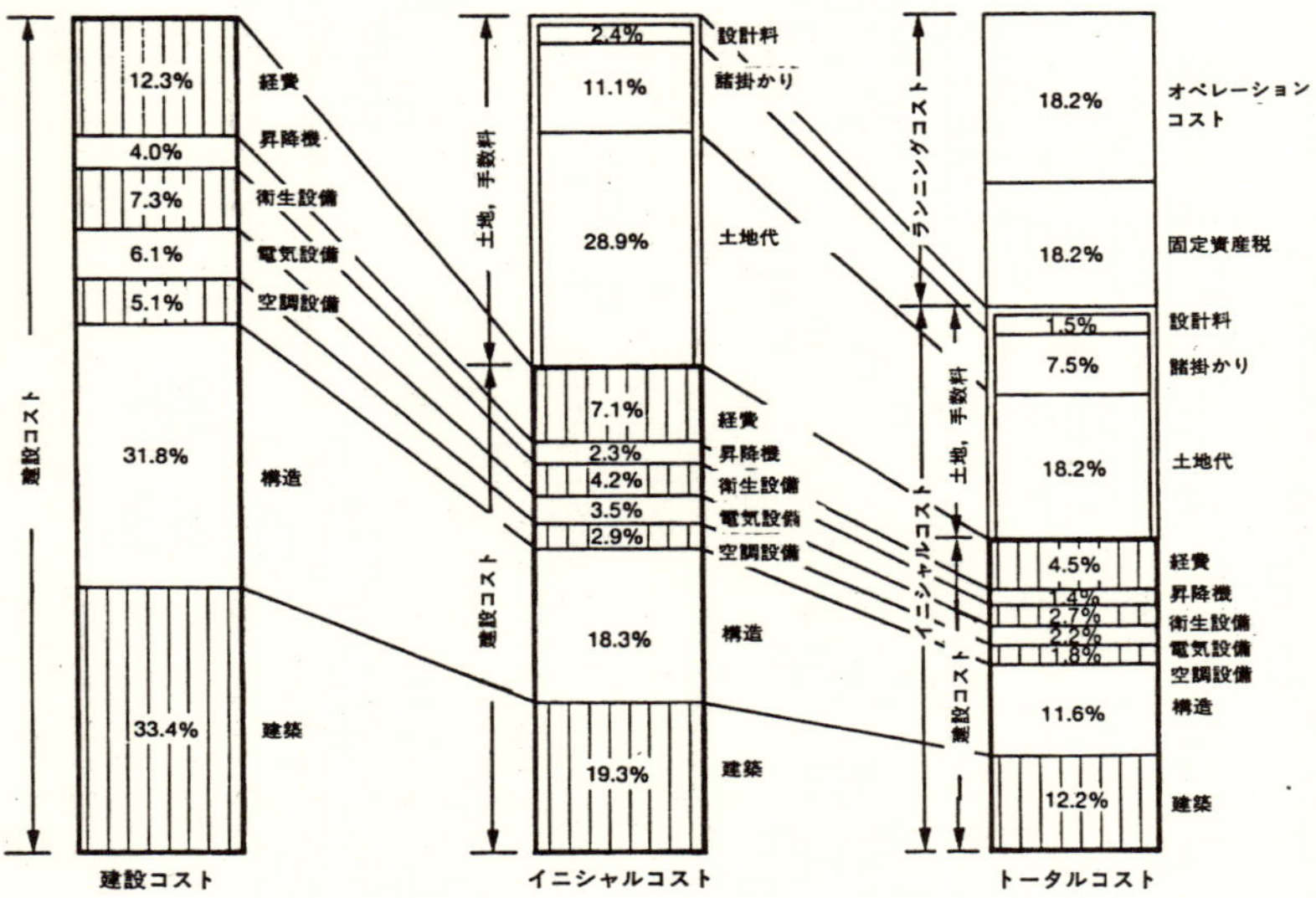

図①　プロジェクトのトータルコストの中での構造コストの相対的重要性

げるのなら、それは行う価値があるといえよう。

構造コストは、高価な機械が据え付けられる発電所や精錬所といった産業施設あるいは寄りつき道路のコストが重要視されるような種類の橋梁では同じように影が薄い。このことは、プロジェクトにおける構造の役割が重要でないといっているのでなく、構造設計者は、自分の判断がさらに高くつく計画の他の局面に及ぼす影響の大きさを考えるべきだということである。

設計の組織——「四分割」システム

構造物が実現するまでのプロセスと最終的な結果は、プロジェクトの管理組織をどのように組み立てるか、そしてそれらのユニット相互の関係をつかさどる公式あるいは非公式なルールに大きく影響される。次に述べる話の出発点としては、「ザ・システム」として知られている、設計のための従来型の構成があげられよう。すなわちクライアント、アーキテクト、コンサルタント・エンジニア、コントラクターの四つの主な単位が、プロジェクトの異なる段階と局面で責任を負う。なお、ここでもはじめは民間のプロジェクトに限って話を進めることにしたい。

まず建造物に対する要望を最初に提示する会社（または個人）が「クライアント」となる。工場の増築や本社ビルの計画がある会社、あるいは事業として事務所ビルを企画しているディベロッパーがこれに該当するであろう。

また、建造物が居住用の建物ならば、クライアントは「ザ・システム」に従って計画を担当する建築コンサルタントに話をもちかける。建築設計事務所は、建物の空間構成、外装、内部環境の設計と外観のデザインを担当する。構造、音響、空調、その他のさらに専門化した分野の助けが必要とされる場合には、アーキテクトはそれらの専門家を集め、チームのリーダーとなる。とはいえ、クライアントの役割は決して受動的なものではない。よほどの専門知識をもった者でない限り、クライアントにとって自身の要求を的確に表現するのは不可能である。こういった知識は主にアーキテクト側にある。それゆえ、プロジェクトの計画というものは、クライアントとアーキテクトが互いに話し合って進行するプロセスなのである。

さらに、計画段階においてクライアントは、その詳細が形をなしはじめていくにつれて、潜在的な収益性に対する初期投資と維持費の釣合いを考えているであろう。この段階で、新しい施設の運用や経営に当たるプロダクション・スタッフや経営陣と共に経営コンサルタント、会計士、弁護士が参画するであろう。自分の商売に精通し、そしてまた以前に建物の建設を経験したクライアントは、計画に要する時間を大幅に短縮できる。

初期段階において大きな影響力をもつのは、一般的には市あるいは区、もしくは州政府が設立した指導局であり、産業施設や住宅を目的とした土地利用、車のアクセスや駐車スペースの確保、日照、入居者の密度といった計画に関わる許可を出す機関である。また、行政庁は（ときには美的な面も含んだ）建築、構造、設備面の詳細な設計についての許認可を行う。これらの指導は国の法律や規則に基づいてなされる。通常、審査基準の詳細を決めるには、いくつもの国立規格協会が作成した法規が適用される。また、法律に従った設計を求める各種の条例が制定されている。

行政庁の姿勢は、計画に極めて重大な影響を及ぼす。要求事項を申請者に明確に指導し、承認の手助けをするといった協調的な姿勢は、設計のあらゆる段階にかかる時間を大幅に短縮することにつながる。一方、設計者がたまたま許認可が可能な案にたどり着くまで、申請書類を単に受け付けないような行政庁の権威主義や極端に慎重な接し方は、プロジェクトを数カ月遅らせ、相当に無駄な設計努力を強いることになろう。

ひとたびプロジェクトの本質が決定されると、アーキテクトと専門のコンサルタントたちはそれぞれの異なる責任分野において仕様書と図面を作成する。どの程度の詳しい指示をするのかは、その専門分野や国によって異なる。伝統的にアーキテクトが最も詳しい指示を行い、次に構造エンジニア、そして設備エンジニアの順である。一般的には、鉄骨ファブリケーターは構造エンジニアが作成した一般図から自分たちが必要な詳細にわたる工作図を作成するものだと考えられている。特にアメリカでは、鉄筋供給業者と施工業者が設計者より提出される標準図から、鉄筋の長さ、形状、本数といった詳細を検討するのが当然と考えられている。設備エンジニアは、しばしばシステム図を提供するだけで、商社と設備業者にダクトの支持方法、長さ、接続の詳細設計を任せてしまう。

イギリスでは、建設に必要なさまざまな項目とおのおのの材料の数量予測を示した「数量明細書」を準備するのが慣例となっている。その表には、掘削土量、コンクリート量、鉄筋の重量、配管やダクトの長さなどが示されている。その目的の一つは、おのおのの項目に示された数量に予測される単価を乗じることでクライアントがコストをつかみやすくするためである。積算表は「積算士」が作成するが、見積りに関する積算士の経験は設計段階で重要な役割を担うことが多い。

次に入札が行われ、施工者は仕様書と図面に準拠して工事を完成させるために必要な価格を提出する。積算表方式では、施工者はリストに提示された項目ごとに単価を入れる。各専門分野のコンサルタントは、アーキテクトを通じてどの入札者が最適かを（最低価格とは限らない）クライアントに助言する。

建設工事が開始されるとコンサルタントたちは、工事が仕様書、図面に従って行われるように監理業務を行う。コンサルタントの役割には、クライアントと施工者の間に立ち、曖昧なところ、不確定事項あるいは仕様書の示していない詳細について調整することも含まれる。どんなプロジェクトでも予測できない問題が発生する。それは初期の敷地調査では不明確な、基礎の部分で起きることが多い。工事が着工してからも、クライアントからはたびたび設計変更の要求が出される。そういった場合は、追加された仕事に対しての支払いを請求するのが通常で、支払額の正当性をめぐる長い交渉が続くときもある。

そして、コンサルタントはその仕事が完成したか確認した上で、施工者への出来高の支払いを承認する。

四分割システムの応用

上述した基本システムを少し変化させたものは数多くみられる。時には、シドニー・オペラハウス・プロジェクトの例のように、チームリーダーとしてのアーキテクトの手によってではなく、クライアントの意向で複数のコンサルタントが選ばれる場合がある。また、クライアントが数社のコンサルタントに設計料の見積りを求めることもあり、このような場合には、コンサルタントたちはお互いに競合する立場におかれることになる。

橋や工場のように実用的な機能の構造物では、クライアントは最初に構造コンサルタントにアプローチするであろうし、アーキテクトは、たとえ指名されたとしても従属的な役割を担うことになる。その場合は、すべての監理や支払いは構造コンサルタントが行うことになろう。

今日ではクライアントが一定の報酬を支払ってでも、資材と労働力を確保し、構造物の施工に無駄な困難を生じさせない責務を負う「マネージメント・コントラクター」を設計チームの一員として指名するようになってきた。この会社が実際の施工を行う協力業者を指名し、その仕事を監理する。

現代建築の複雑化に伴って、建築、構造、設備、そして施工計画の間の高度な統合が求められるようになってきた。このため英語圏では、四つの基本要素を部分的に併合したシステムを用いることによって、各業種間のコミュニケーションや協働作業の問題を解消しようとする動きが活発化してきている。これは「パッケージ・システム」として知られる手法である。

コンサルタント会社の多くは、建築計画から配管の設計にいたるまで、完全な設計サービスを提供するためにエンジニアとアーキテクトの両方を雇用している。また、施工会社も同様に幅広い分野にわたる設計チームを擁しているので、クライアントに完璧な「設計・施工」のサービスを提供できるであろう。以前にクライアントがある特定の「設計・施工」から良いサービスを受けた経験がないなら、入札によって、業者を選定することになろう。この場合には、参加各社はそれぞれに見積りに必要なレベルを満たす詳細設計を行わなければならなくなる。

「設計・施工」のサービスをうまく利用するには、クライアントは自分が求めている建物がどのようなものかを施工者に説明できるように、あらかじめ十分に計画を練っておく必要がある。そのためにクライアントは、計画段階をまとめる「社内専門家チーム」をつくるか、総合的なコンサルティング会社を雇う必要がある。総合的な計画、設計そして施工のサービスは、既存の組織によってなされるのではなく、特定の期間、あるいは特定のプロジェクト入札のために形成されたより緩い結びつきの独立した会社の連合体によって提供されることが多い。

このように、よりよいコーディネーションのニーズに対する答えとして、「プロジェクト・マネージャー」という新しい職業が出てきた。プロジェクト・マネージャー（会社または個人）は、初期の採算計算から建物竣工後の売却の仲介まで、一連のサービスを提供するであろう。そして、コーディネーター、あるいはマネージャーとしてすべての局面に対して全責任を負って行動する。このような職能の出現は、伝統的に設計チームのリーダーであったアーキテクトに、建物の「美観担当の専門家」の地位に格下げされるのではないかという、ある種の警戒感を抱かせた。その結果、米国と英国の両建築家協会は倫理規定を緩和した。米国のアーキテクトはいまやプロジェクトに投資したり、企業家として、あるいはまた建築業者としても活動できるようになった。

公共機関の組織

公共機関のプロジェクトでは、多くの設計が完全に政府の組織内でなされており、特に大規模プロジェクトでその傾向が強い。ここでもさまざまなタイプの組織があり、国によってその形態は異なる。国、連邦、あるいは州レベルには恒久的な組織があって、それらが「公共事業」あるいは道路、鉄道、電力供給施設といった、より特殊なプロジェクトにかなり広い範囲の責務を負っている。一方、特別なプロジェクトのために政府の代行機関が設けられることもある。オーストラリアのスノーウィ・マウンテン水力発電局や、米国のテネシーバレー発電所局といった例である。こういった場合には、スノーウィ・マウンテン公団がそうであったように、期間を限定した設計組織である。そして、市、地区、郡、州などのより地方のレベルでも、広範囲のエンジニアリング・サービスをする恒久的な公共組織が設けられている。

このような団体に所属するエンジニアたちは、理論的には世論の圧力や要請に応じて政治家がしつらえたプロジェクトで働いている。そういった意味では、政治家や民衆は一種の「クライアント」と見なせるであろうが、そこでのエンジニアと政治家の間の関係は、民間企業でのクライアントとコンサルタントとの間に存在するものとは明らかに異なる。最近の保存運動やほかの圧力団体が出てくるまで、エンジニアと住民の間にはほとんどかかわりがなかった。

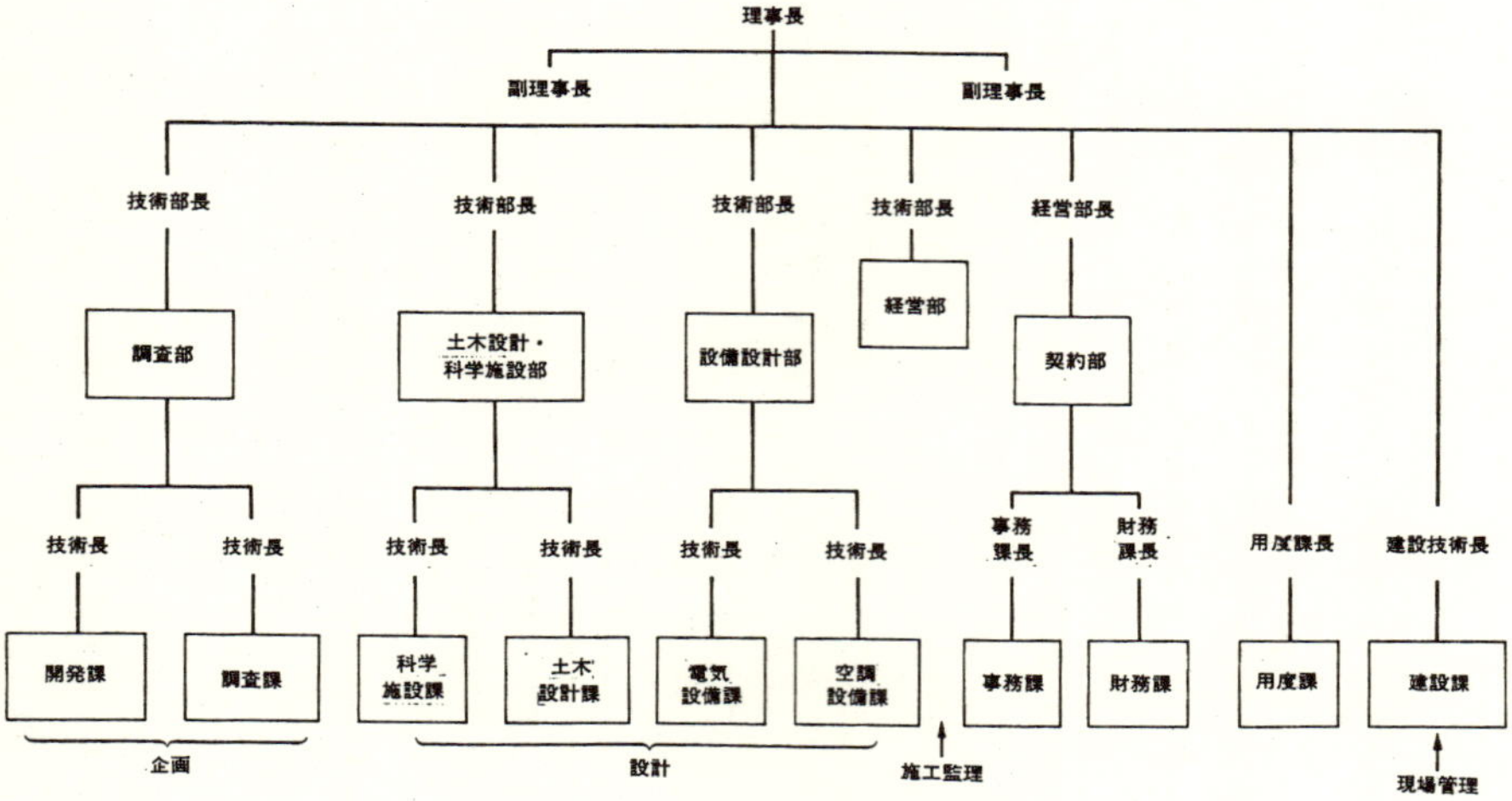

表①　スノーウィ・マウンテン水力発電局の組織構成

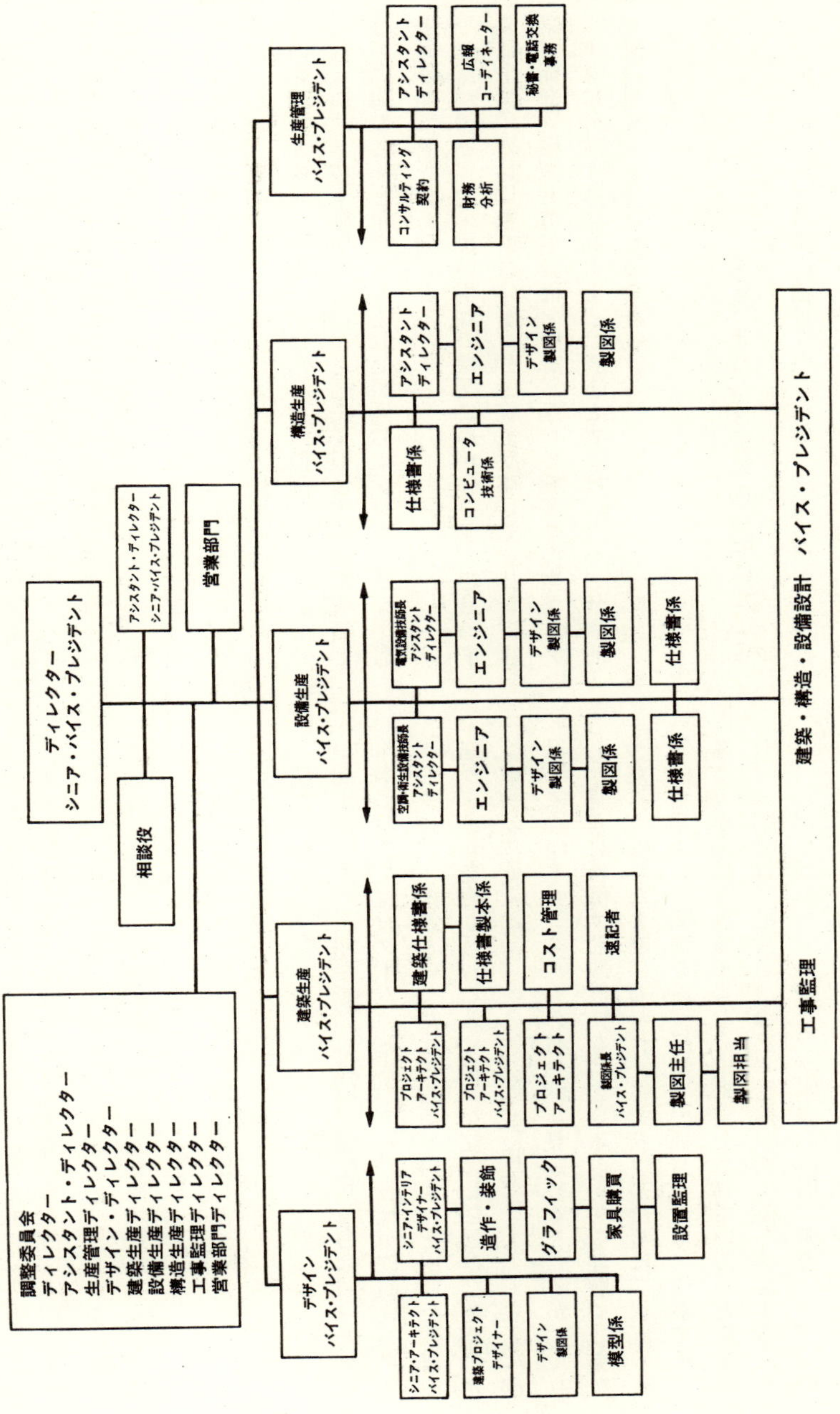

表②　シカゴのウェルトン・ベケット事務所の組織構成

政府機関の中における組織のバリエーションは民間企業の場合と同じである。あるところでは設計から施工まですべてを組織内で行う。また、別のところでは設計を外部のコンサルタントに外注するか、あるいは設計のみを内部で行い、そして施工は入札にする。特に機能面を優先する建造物だけを担当する部署の中では、アーキテクトはシニアエンジニアの部下として、美的な面での手助けと建築の仕上げや造作の設計の面倒をみるといった、割に合わない役割で雇われるかもしれない。学校や郵便局といった施設を担当する政府機関では、民間の会社と非常によく似た関係でエンジニアリング部署と建築部署とに分離されるであろう。

したがって、公・民いずれの機関にかかわらず、組織の構成は企画、設計、施工を分離する伝統を反映して、計画、建築、構造、機械と電気設備の設計、そして施工を担当するグループに分離する傾向にある。表①と表②は、二つの代表的な組織構成を示したものである。

さまざまなシステムの長所について

どのシステムが最良の結果を生むかは、議論の尽きないところである。英国ではコンサルタントは独立したものだという伝統が確立されているが、米国はそれほどでもない。ヨーロッパ圏やそれ以外の地域では、設計施工はごく普通に行われている。設計と施工を分離する、あるいは独立したコンサルタントの存在を是とする考え方は、基本的に「安価なことが必ずしも最良ではない」という立場である。しばしば述べられる主張の一つは、人は医師や弁護士のサービスを依頼するのに、入札をしたり、最も安い報酬を提示した一人を指名したりしないであろうというものである。クライアントは、その専門家が過去に手がけた仕事の実績に基づく評判に、より重点をおくに違いない。

私たちが現在コンサルティング・エンジニア（あるいはコンサルタント）と呼んでいる職能が誕生したのは、一九世紀後半に起きた建設ブームのときである。各社が鉄筋コンクリートや鋳鉄、鋼鉄といった比較的新しい素材を用いた独自の床システムを売り込むことで事業を拡大したとき、多くの非倫理的な行為が広がっていった。当時のアーキテクトたちは、このようなシステムの有利性を見定めるどころか、それらが適正に機能する設計になっているのかすら理解できなかった。こうした会社に雇われたエンジニアたちは、状況の客観的な事実とは関係なく、経営者の利益のために仕事を進めることが期待される不当な立場に立たされていることになった。米国では、拡大しつつあった鉄道網の橋を供給する会社が、しばしばエンジニアリング本来の原則を無視して、工事の入手や利益の向上のために耐力を最小限に切りつめた。そして、多くの橋が崩壊し多くの人命が失われたのである。

このような背景によって、独立したコンサルティング・エンジニアという職能が確立された。コンサルタントは積極的に自分の技術手腕を売り込んだりせず、職業として定められた標準報酬を要求するのが理念である。クライアントがコンサルタントを指名する基準は、業界内での仕事の質の評判である。こうしてコンサルタントは報酬の競争という圧力からある程度解放され、公平な助言をすることができ、そして入札や工事監理に際して施工者との間の公正さを保ちながら、クライアントのためによい品質を確保するという立場をとることができるようになった。英国では、非倫理的な行為の記憶がまだ根強く残っているために、設計・施工一括入札の場合には、いまだに入札値を低減するために設計品質を落とす傾向であるのではないかと危惧する向きもある。

単独の会社で行われる設計・施工に対するさらなる議論は、それぞれの施工者が入札準備の一部として独自に設計することを望んだとしたら、競争に敗れた入札者たちの多くの努力が無駄になること、そして結局は顧客もこのためにより高い支払いを強いられることについてである。

とはいえ、最近ではコンサルタントという概念に対しての非難が増えてきている。施工者の不満は、クライアントがコンサルタントに報酬を支払っている以上、コンサルタントはクライアントと自分たちの衝突に対して、中立の立場にいられるわけがないというものである。また、施工に携わっているエンジニアにも倫理観はあるものだし、さらに重要なことは、自分の仕事の存続に対しての強い願望をもっているはずだから、無責任に品質を落とすことが長期的な利益につながらないことは理解しているはずだと主張している。無責任で誠意のない入札者から自分たちを守るために、クライアントがとれる方法は、評判の良い施工会社のリストを作成してその中からプロジェクトの入札者を「指名」することである。

一般に、専門家に対しての尊敬が世界的な規模で失われてきており、ほとんどの英語圏の国では、一般の人が考えている業務制限とは何か、専門家が考えている倫理規定とは何か、についての研究がなされてきた。この倫理規定の中には、広告および基本報酬率に関する競争の禁止がある。しかし、ここで最も目立つ問題は、通常行われている方法では、コンサルタントはプロジェクトにおいて自分が担当する部分のコストに対して定められた割合の報酬を受けるというやり方であろう。これではコンサルタントが一所懸命に働いて、あるいは独創的なアイデアをもってプロジェクトのコストを低減すれば、自らの報酬も減ずる結果になってしまうのだ。それゆえ、クライアントは設計品質を確保するために職業的な倫理と「評判による競争」に頼らざるをえない。

設計・施工一貫方式の利点は、それを行う会社が設計プロセスと最終的な製品のコストを低減するための現実的な動機をもっていることである。社内には適用可能な施工技術についての助言ができる経験のある人材がいて、そういった意見を基本構想段階で盛り込むことができる。また、どの建設会社も独自の熟練した技術や特殊な建設機械を所有しており、設計・施工のシステムはそれらを最大限に利用できるだろう。

さらには、投資計画の複雑性の増大と建物の環境的配慮に対する高い期待が、開発計画のプロセス全体を統合する必要性を増大させていることがある。アメリカ建築家協会の後援を受けて、グリフィン（一九七二）は、「投資家、不動産関係者、銀行家、使用者、弁護士、経済学者、アーキテクト、エンジニア、施工者」を統合した開発チームの設立を提唱した。ミドルトン（一九六七）は、クライアントに対する建設の権威を集めた大きな組織による包括的なサービスの魅力を次のように取り上げている。

「あなたの望みは工場ですか、それとも事務所ですか？私たちがその計画に適した土地を選び、折衝し、買収もしましょう。計画の許可を得て、建物を設計して、施工し、それに外構工事もしてあげましょう。さらに資金の調達もいたします」。そうでなければどうしても依頼せざるをえない、多くの分野に細分化されたサービスに困り果てている忙しいクライアントにとって、この方法はスムーズで苦労がなさそうに思える。明らかに魅力的だ。

ステヤート（一九七二）は、高層アパートについての記述で、計画段階での初期の判断の重要性を次のように強調している。

……プロジェクトの経済的な成功は、一般的に設計プロセスにおける最初の数週間で生まれてくるデザイン・コンセプトによって決定するもので、その後続けられる数カ月の作業によるものではない。設計の初期段階で、アーキテクト、クライアント、コンサルタントは急いで基本計画をつくり上げようとする。……建設コストの約三〇％を左右するこの基本計画にアーキテクトはたった一〇％の設計人工《にんく》しか費やさない。ところが、約七％程度しかコストに影響しないそれ以降の仕事に九〇％の設計人工が費やされている。現代の設計の矛盾は、わずかのお金を節約するためにコンピュータが使われる一方で、建築経済におけるおおざっぱな経験則が建物の全般的な形態を決めてしまうところにある。

アトキンス（一九六二）は、工業施設についても同じような見解を示し、次のように記述している。

エンジニアリングは、プロジェクトの経済性を決定するために用いられる技術的な道具の一つであって、それ自体が独立した自己完結的な技術ではない。……施工中のプロジェクトの経済性は、その工事監理と資金管理にある程度左右される。したがって、エンジニアリングの解は、それらの重要な要素に対して最も単純な形で答えるようにすべきである。

発電所や橋梁といった、実利的な構造物の計画に当たってその各分野の協働の必要性については、公に語られることは少ないが、シュマウスとロリング（一九七九）の論文が、ドナウ川に架かる橋の設計が都市計画、美観、道路、鉄道、そして河川の交通に及ぼす影響と、おのおのの局面で生じた行政的、施工的、設計的な問題を取り上げている。

近年、英国の「四分割」システムは、米国や他のヨーロッパ諸国に比べて単位面積当たりのコストのベースが高いことや、プロジェクトの企画が完成までに数倍長い期間を要することから多くの批判を浴びている。その責任の一端は、クライアント、行政指導当局、労働組合にあると考えられるが、その大部分は計画、設計、入札、施工の四つが分離していることにつきまとうコミュニケーションの遅れが原因である。マーティン、エマーソン、ベリー（一九七九）は次のように述べている。

……構造エンジニアとして、私たちがふがいなく感じるのは（いつも手遅れになってしまうのだが）、アーキテクトとの議論の中で合理的な構造の解答が生まれ、ある種の認識が得られたとしても、設備エンジニアの目的と選択しうるものが明らかになるにつれて、建物全体としてみると、そのとき選択した構造システムは最良ではなかったのではないかと思うときである。

この引用は、設備に関することにしかふれていないが、同様の考え方は設計のあらゆる局面に対しても当てはまるのは明白である。ある設計の要因が、設計プロセス全体の中の一部として位置づけられる時期が早ければ早いほどよい。

設計者と施工者の考え方の違いによって起こる、一般的ではないが重要な問題は、設計者が構造計画をするとき、特別な施工方法を考えておくべきなのか、あるいはそれを建てることができるかどうかさえも心配すべきか、である。この問題は、メルボルンのウエストゲイト橋の建設中に起きた崩壊事故の調査で注目された。コンサルタント側は、最も効率的に成り立つ構造形式を選択するのが設計者としての責任で、それが可能な施工技術を考える必要などないと主張した。こういった主張の基本となっているのは、施工の問題は施工の専門家に任せるのが最良であり、施工者がその構造にとって最も適した建方工法を見つけ出すであろうという考え方である。この視点に立てば、設計をしつつ施工法を想定することは、その施工者に特有の技術と建設機械に適合しない非効率的な施工法を強いることになる。英国の多くのコンサルタントの間には、この「効率は責任の分割により最も効果的になされる」という考え方が根強く残っている。

一方、多くの著名なエンジニアは、最小のコストを達成するには、設計で想定する形式が同時に早く効率的に施工できるように、施工の専門家が最初から参画すべきだと主張している。これがとりもなおさず、「一括請負（パッケージ取引）」の考え方である。そのようなアプローチの例としてはやや極端すぎるかもしれないが、コスタリカのリオ・コロラド橋（図②）が興味深い。この橋はケーブルを桁梁の下に配置した逆サスペンション形式である。ケーブルはプレキャストのパネルで剛性が確保され、支柱と桁梁を施工できる足場をつくり出す構造になっている。

一般的に両方の分野の良いところをとるための方策の一つとして、まず特別な施工法を考えないで設計をしておいて、入札の際、施工者が自分のもっている技術を最大限に生かせるように設計の代案を提案する自由を認めることがある。最初の設計は、入札者から提案されるさまざまな代案が評価されるための経済性の指標となるであろう。

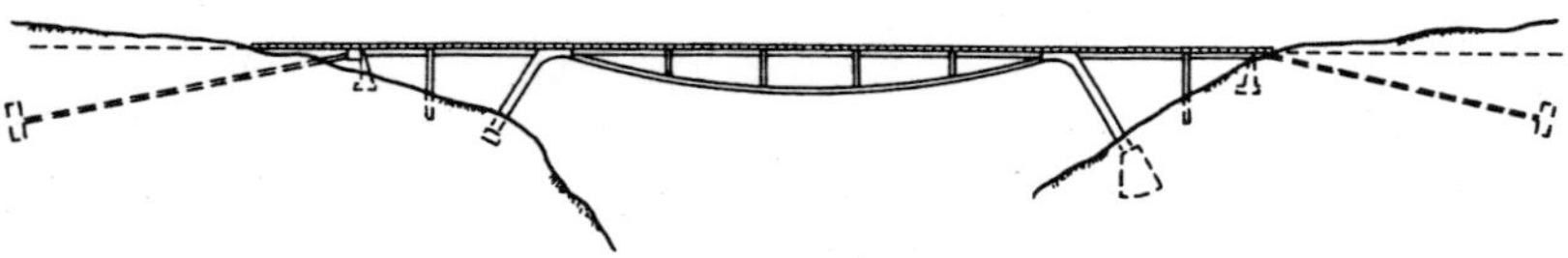

図②　リオ・コロラド橋（コスタリカ）／提案された施工方法に強く影響された形状となっている。（エンジニア：T. Y. リン・インターナショナルとインディカ社）

おわりに

開発において経済学者や弁護士の役割を含めたより広い視野からみると、構造エンジニアはもはやその限られた専門領域の中においてさえ、最も重要な役割を与えられなくなってしまったように見えるかもしれない。とはいえ、設備や装置の重要性やそれにかかる費用の増大にもかかわらず、あらゆる建物、またほとんどの土木プロジェクトにおいて、構造が本質的な要素であることはいまだに変わりはない。さらには、そういった設計の現状を認識することが新しい挑戦の機会への扉を開き、エンジニアの貢献度を高めることになる。もはや事実と言えるほどに明らかな兆しは、計画、設計と施工、それに建築、構造、設備の統合の動きである。こうした流れは歓迎すべき必然と言えるが、ただ一つの問題は、それがどのような形を取るかという点である。一つの極点には、経済学者から施工の専門家まで必要とするすべての職能の人たちを雇用している単体の大組織があり、もう一方の極点は、特定のプロジェクトを遂行するために、個々のコンサルタント会社が協同して緩い結びつきをもつジョイント・ベンチャーを組む方法である。

ところが、このどちらの形式にも多くの不都合が存在している。単体の組織が大きくなりすぎると、エンジニアリング部門と建築デザイン部門のお互いの関係は「ザ・システム」のもとでのそれと似たようなものになるであろう。マーティン（一九七九）らは、「いくつかの職能の人たちが長い間一緒に働いているチーム内で、おのおのの職能のリーダーに対して以上に、混成チームに対してより高い忠誠心や義務感を持ち続けるのは、非常にまれなことだ」と指摘している。このようなことが起こる理由のいくつかは、構造エンジニアとアーキテクトとの相互関係にあり、詳しくは08章で論じることにする。ここでは、主な要因の一つは、関係する個人の性格によるものだ、というだけにとどめておこう。ある種のシステムには、それに特に適する人材がいる。したがって、将来的には、ある特定のプロジェクトにかかわる状況とそこに参画するクライアントや専門家たちの目的と能力に対して最適なシステムが、それぞれの場合に応じて用いられるであろう。これが、先の疑問に対する答えでありそうだ。

　最後に、アクロイド（一九七〇）の言葉を、ここに記しておくのがおそらく最もふさわしいであろう。彼の考えによれば、契約を過度に組織化することにはあまり意味がない。というのは、

> 仕事の分配は商業的利害関係の常識の上に行われるので、契約は「それなりの報酬に対してそれなりの仕事を提供すること」を規定する程度で十分なのである。

　アーキテクトと構造エンジニアの間の個性の衝突は、その関係を「設計者」と「施工者」に分類することで解消できるわけではない。なぜならば、

> ……仕事は人間によってなされるもので、どのような形で雇われようとも、同意することもできるし、あるいは反対することもできるからである。

04 資金計画と分析

Financial planning and analysis

はじめに

投資した資金に対して十分な価値を提供するという考え方が、エンジニアの思想には重要である。にもかかわらず、通常の教育課程で基礎経済分析がないがしろにされているのは、いささか驚きである。アームストロング（一九七九）の言葉を再び引用すると、

> 慣例として、経済学と工学は分離した分野だと認識されている。そういった区別にはしっかりした根拠がなく、意思決定の分析を効果的に行うには極めて大きな障害となる。

幸いにも、主に建物に関するものではあるが、この話題を取り扱った読みやすい教科書は数多く出版されている。これらはまた財政、会計、法規といった話題に関する多くの基礎知識をもたらしてくれるので、構造エンジニアに直接関係があるわけではないにしても、構造エンジニアが設計チームのほかの人たちが話している内容を理解するには、大いに役立つであろう。

また、専門家向けの雑誌には、コスト情報やそれに影響を与える種々の要因について定期的に記事が載せられているし、積算協会（英国）、積算士学会（米国）といった政府の機関や職業団体も独自の調査をして、物価の傾向に関する公的な情報を出している。

近年、公共、民間を問わずプロジェクトが巨大化かつ複雑化して、以前にも増して資金計画を慎重に行うことが求められている。前述したように、積算士、コストエンジニア、会計士、経済家、法律家が、アーキテクトや構造エンジニアといった専門のコンサルタントとともに初期段階の方針決定プ

ロセスに参加を求められるようになってきている。グリフィン（一九七二）は「物理的な設計」と「経済上の設計」の同時進行について言及している。彼の指摘によると、クライアントが要求品質を提示し、アーキテクトがそれらの要求を満たす計画を立て、そしてエンジニアがそれをどう支えるか苦心するという従来のシステムでは、初期段階の誤った判断のために、設計のあと段階でアーキテクトを拘束してしまうことがしばしば起きる。こうしたことが、場合によっては多くの追加の作業を生じさせるであろう。最終的にプロジェクトの完成間近になって、例えば予算を守るために内部仕上げの品質をより低いものに置き換えるといったコストの切り詰めが、アーキテクトの信頼を傷つけてしまうかもしれない。

そして、全く同じ指摘が構造エンジニアとその仕事にも当てはまり、初期の計画は構造エンジニアの構造形式や使用材料の自由を拘束してしまうであろう。それゆえ、構造エンジニアにとって資金計画がプロジェクトに与える影響を理解することは必須であり、できればそれに積極的に参加していきたい。こういった早い時期での参画は、大規模な組織設計会社が最も受け入れやすい環境にあるが、プロジェクト・マネージャー制の発達と「スペース・プログラマー」「スペース・プランナー」「コスト・コンサルタント」「ビルディング・システム・コンサルタント」といったサービスを提供する人々が多くなっている今日では、専門のコンサルタント集団の枠内においても可能である。

資金を提供する人々が設計チームに課す圧力を理解するには、資金計画そのものが課されている圧力に立ち戻って考えてみる必要がある。この点に関しては、公的団体と私的団体とでは事情が異なる。より厳密に区分するのであれば、フェリーやブランドン（一九八〇）が示唆しているように、利益団体と非利益団体にすべきであろう。というのは、教会や慈善団体といった組織は私的でありながらも利益を目的としていないのに対して、政府の公的団体や個別的なプロジェクトの中には利益を目的とするものがままあるからである。

資本対運用費用の簡単な財務分析

どの案にするかを決断するに当たって、主に考慮しなくてはならないのは、投資と維持費の適正なバランスである。エンジニアに限らず、多くの人たちは初期投資額に重きをおきすぎて、維持費と管理費を考えに入れていない。維持費や管理費は将来要求される出費なので、直ちにそのための借金をする必要もなく、したがって初期投資金に単に加算しても意味がない。例えば初期投資金は安いが維持費が高いか、初期投資金は高いが維持費は安いという点以外は全く同じ条件の二つの案を比較するには、複雑な手順を要するのだが、まずは金銭の「時間的な価値」の基本的な概念について紹介しておくことにしよう。

資本は常に利子を生み続けるもので、一九八〇年の一〇〇ドルは一九九〇年での一〇〇ドルと同じ価値ではない。これはインフレとは無関係であって、さしあたりインフレの要素は考察の対象から外すことにする。一九八〇年に年利六%で一〇〇ドルを投資したとすれば、一九九〇年には、

$$100\times(1.06)^{10}=\$179$$

の価値をもつことになる。言い換えれば、一九九〇年における一七九ドルの経費は一九八〇年の値段では一〇〇ドルだったということである。したがって、一九九〇年に予測される一〇〇ドルの支出は、一九八〇年に換算すれば、

$$100/1.79=\$55.84$$

となる。このプロセスを「目減り」と呼び、現在に直した価値を「時価」と呼んでいる。

この概念の妥当性は、二つの仮定の上に成り立っている。第一の仮定は、将来の経費のための資金が同じ率で同じように健全な別の事業へ実際に投資できること、そして第二は、実際に資金が別の目的で使われることなく、計画どおりに投資されることである。しかし、この仮定は産業界全体を考えたときに当てはまることであっても、特定の個人や会社には必ずしも当てはまるとは限らない。

この仮定を念頭においた上での適用であれば、この考え方に基づいて資金計画をする方法は何通りも考えられる。単純で教科書的な方法としては、予測した事業の全期間にわたる一年ごとの利益（家賃などの収入から利子、手数料、維持費を差し引いたもの）を計算し、これらすべてを現在の価値に換算する。その合計が総利益となり、現時点で事業に投資すべき金額と比較しうるものである。こうして事業投資の魅力が評価でき、通常これは投資総額あるいは事業者が所有する純資産に対する、いわば収益率といったたぐいに相当する。

この概念はまた、複数の提案の優劣を比較するときにも適用できる。特に投資資本に対する維持費の役割が異なる場合に有効である。あるプロジェクトのために二つの案が提示されたとする。A案ははじめに八〇〇〇ドルの初期投資が必要で、一五年後に一〇〇〇ドルの維持費が、そしてさらに二五年後には一〇〇〇ドルが必要である。B案の初期投資はより高額で九〇〇〇ドル必要とするが、維持費を必要としない。

一見するとA案はお金の時間的価値を無視した総金額が一万ドルになり、より高いようにみえる。ところが、事業者がA案に八〇〇〇ドル支払ったとして、一五年後に一〇〇〇ドルになるように年利八%で三一五ドルを預金し、さらに二五年後に一〇〇〇ドルになるように一四六ドルを預金したなら、総投資金額はたった八四六一ドルになるであろう。このように事業者が実際に将来必要となる維持費をどのように手当てするかは別にして、A案の現時点の価格はB案より安いと考えられる。また、この概念はあるプロジェクトの最適な規模、例えば高層ビルが最大の利益をもたらすための規模を決定するときにも使えるであろう。維持費に対する配慮は未だに無視されやすく、専門書のほとんどの著者たちがもっと論理的な方法で案の選択がなされているべきだと説いてい

る。

民間団体での資金計画は利益を唯一の判断基準としているので、一部には単純で正確なものだと思われている。教科書的な会計の手法を用いようとした場合、典型的な事例に見えるらしい。ところが、実際には信頼できる予測に至るまでに、かなりの困難がある。

この件について多くの見識者は、インフレが時間−価値分析の結果に大きく影響をすることはないと考えている。しかし、エリオット（一九七八）は労務費と材料費が将来異なる利率で上昇したとすれば、建設費よりあとでかかる維持費のほうがより多くの労務費の影響を受けるため、初期投資と維持費とのバランスにかなり影響を与えるであろう、と指摘している。グッドエーカー（一九七八）はまた、インフレが収入とコストの両方に同じインパクトを与えると考えるのは危険だと述べている。とはいえ彼は、この仮定によって生ずる誤差は将来のインフレ率の間違った推測によって生ずる誤差よりも少ないと考えている。

もう一つの大きな問題は、計算に用いる利率や「目減り」率に用いる数値を決めることである。英国政府は一九六九〜七八年まで、英国国営企業を評価するのに一〇％の利率を用いたが、その後は半減させた、とアームストロングは指摘している。

フェリーとブランドン（一九八〇）は「取扱い−価格」の算出方法の問題点を詳細に調査して、維持費の計算を信頼できないものか不適切にしてしまう複雑な要因を一〇項目あげている。それらは将来の資産売却（政府の場合はほかの省庁への譲渡）、時代の潮流の変化、あるいは経済や技術の発展による寿命の短縮などである。プロジェクトの初期に定めた投資条件は、将来の使用者にも影響を及ぼすが、継続的な維持管理のプロセスは予測せぬ展開に合わせて修正できる。彼らの指摘は、ある事業家が一九九〇年に一七九ドルを出費せざるをえないのに気づいたとき、別の誰かが一九八〇年にこの出費を一〇〇ドルで見積もっていたことを知っても、彼が同時に将来の出費に備えた積立金の準備をしていたのでない限り、何の気休めにもならないということである。維持費は「全くの予測」であって、利率や税金の規定を長期にわたって予測するのはほとんど不可能だ。フェリーはまた、それらの計算方法が金利と「使用コスト」の予測に対していかに敏感に反映するかを示したコスト比較の例題を紹介している。

近年、金利とインフレ率は特に変わりやすく、プロジェクトの経済的な寿命を予測するのはより難しくなった。自由度のある工場（10章）を推奨する「ハイテク」思想の支持者たちは、英国での剛性の高い門型フレームで計画された工場が施主の要求に適応できないため、建設後一五年で壊されていると指摘している。エリオットはまた、現時点での資本投資を削減するために、次世代に維持費がかさむような判断に対し、道義的な疑問を投げかけている。

また、収入面からみても状況は良いとは言えない。市場分析者は人口統計学的、商業、工業的動向や政府方針の傾向について研究しているであろう。しかし、彼らが貸出金の将来の利率や事業の利益を予測しようと試みても、それは水晶占いと同程度のものである。しかるに、収入面の計算は投資面よりむしろ信頼性が薄いといえよう。もちろん、事業者自身は事業の命運に影響を与える何らかの政治的手段がないわけではないが、ここでは事業を進めるか否かの最初の決定に助言を与えるべき専門家についての問題だけを取り上げることにする。利益団体での判断が単純だと信じられているのが、一種の神話にすぎないのは明らかである。特に建物の立地条件、外観といった一定の評価方法のないものの価値が収入に与える影響を考慮するときにはなおさらである。利益は二つの大きな金額（収入と支出）の差であり、エンジニアたちがよくわかっているように、この種の算術計算の結果は往々にして信用ならないものである。

　より複雑な資金計画手法では、現在の価値に置き換えた合計よりもむしろ各年度ごとに資金の流れを検討することに注目している。この方法を用いる理由は、一見単純にみえる目減りのプロセスに含まれる多くの変数に対して主観的な判断が適用できるからである。しかし、この方法は単純な分析に比べて費用がかさみ、分析者の技量に負うところが多い。

　このように、投資計画にはかなりの危険な要素が残されており、そのために望ましくない目減りや、予測した利益が得られないことで赤字化するプロジェクトの危険性をみるための「危険分析」の技術がある。

　何人かのエンジニアは（多くの発注者や会計士も同じだが）、伝統的な会計手法が信頼できる結果を与えてくれるとは全く信じてはいない。腐食に関するロンドン会議が行われた際、経済学者たちが自分たちの計算を根拠に公共事業で現在用いられている耐用年数よりもっと短い設計をするよう、エンジニアに圧力をかけるようになるのではないかとの危惧が表明された。この会議での発表では、より「現実」の姿を浮き彫りにするために、当時の資産価値と当時の年間維持費とを比較する方法がとられた。

非利益団体における特殊な手法

　非利益団体では、客観的に事業計画決定を行うのはさらに困難である。図書館、学校、橋といった多くのプロジェクトはそれ自身が収益を生むものではないため、税金を使うときに支出の歯止めとなるのは、納税者の納税に対する消極性と、限られた予算をめぐる他のセクションとの競合だけである。それは事業資金の提供を望む圧力と無制限の支出に反対する圧力の両方が政治家や役人を巻き込み、なおいっそう激しさを増すに違いない。納税者個人は政治家や新聞への投書によって抗議するだけで、一般の人には専門的な知識や事業者の専門的な助言もないので、あるプロジェクトが適切に遂行されているのか、あるいはそうではないのかを知ることはできなかった。しかしこのような状況は、この数十年間で、専門家を参加させるか、あるいは雇用した圧力団体の発展と情報の公開を義務づけた法律を導入することによって、多くの国において改善されてきている。

とはいえ、納税者はいまだに社会が決定した方針や行政官の専門能力にかなり頼らざるをえないのが現状である。後者の視点から見ると問題は三つの面がある。第一は、担当局あるいは地方行政庁が所轄区域で必要と思われる種々のプロジェクトに、何らかの優先順位をつけなくてはならないこと。第二は、財務担当局や中央政府と交渉して種々の提案の長所を認めさせる必要が生じるであろうこと。第三は、承認されたプロジェクトができる限り予算内で完成することを確約しなければならないことである。最初の二つの段階では、組織の内外における政治力が大きな役割を果たすことになる。この第二段階での仕事に関する興味深く読みやすい著述がヘクロ、ウィルダフスキー（一九七四）、ベーカー、マイケルズ、プレストン（一九七五）によって発表されている。

その欠点にもかかわらず、効果の上がらないキャッシュフロー分析の技術が査定段階での補助のために強引に使われている。しかし、最近は「コスト対利益」分析の理論が、支出と収入の数量化を進め、実体のない要因の評価まで体系化するために展開されてきている。おおざっぱに言ってしまえば、この考え方は、非利益団体にとっては必要あるいは適当とされる以上にプロジェクトが与える影響について分析し、また、個人投資家の計算では意味がないとされる要素でも、貨幣価値に影響を与えるのである。ある橋の建設を正当化することを考えたとき、分析者は橋を近道として利用できる人たちが所要時間の短縮によって受ける恩恵を計算するであろう。これには、商業輸送の単位重量・距離あたりの料金を基に計算できる商品の価格の減額はもちろん、一般の人々にとっての時間の価値といった、より実体のないものに対する評価を基にした「時間の節約」も考慮される。このように事業者が通行料を徴収するような民間の場合とは、かなり状態が異なっている。民間事業者の場合には、ほぼ同様の手法で通行時間の短縮が地域の企業や一般の人々に与える利益を算出し、そこから彼らが支払うと考えられる通行料のレベルを推定するであろう。しかし、例えば年老いた年金生活者の時間価値の評価については、政府のコスト対利益分析者よりずっと慎重になるだろう。

コスト対利益分析は、多くの時間と金を消費するという大きな欠点を抱えている。そしてその手法の提唱者たちの間には、どの要因が合理的に評価できるのか、それぞれの要因に相対的な重みづけをどう与えるか、に意見の相違がある。この分析は、それに要するコストと時間のために主に灌漑施設、空港、交通システムといった非常に大規模なプロジェクトに限って適用されてきた。単一の構造物でこの分析が特別に適用された例に、スコットランドのテイ・ロード橋がある。現在では評価の程度に関する意見の相違は少なくなって、すべての計算の手法もそうあるべきだと思うが、計算とは単に判断の手助けであって、主観的な要因に対する賢い評価にとって代わるものではない、と認識されている。

公的な分野での気まぐれ的な運用を減らすために、多くの政府機関が「標準」や「コスト限界」を用いている。それらは病院の一ベッド当たりにかかるコスト、や学校の生徒一人当たりにかかるコストといったように、最も単純な形で表した標準価格で、通常過去の実績の分析に基づいている。一度この標準単価が確立されると、設計チームはコストの許容範囲内で、可能な限り快適な空間をつくり出すことが期待される。このことは設計チームにとってより具体的な目標を（人為的に）つくり上げ、全員の挑戦意欲をかき立てるといった点で良い考え方だと言える。コストの制限は、通常その範囲内で達成すべき快適性の仕様と組み合わされている。その最も単純な形としては、学校の生徒数や病院の患者数に応じた一人当たりの必要面積といったものだが、より複雑な方式になると与えられた空間の中で行われるべき活動、あるいは要求する環境条件を明記している。

もちろん、経済状況や社会要求の変化に応じて、計画者は設計者が実際に制限の範囲内で要求に応えることができるような設定を行う必要がある。英国である時期、建設コストが上昇したにもかかわらず予算の基準が一定に保たれ、実際の基準に沿った設計が不可能となる事態が生じた。このシステムはまた、ほかにもいくつかの歪みを生み出した。例えば、直接投資金が少なく維持費が高いことが好まれたり、わずかな投資金の節約のためにかかる高い設計料を無視するといったことである。

建設コスト予測の難しさ

資金計画の問題点は、建設コストを予測するための基本的作業の段階で生じる難しさによってさらに複雑化する。計画の初期段階では、概略算値を用いる必要がある。その値は通常、その種類の建物の有効面積当たり、あるいは橋の舗床面積当たりの平均コストと関連している。この方法では、当然のことだが敷地条件や機能要求の変化、そして経済環境の変化には追従できない。

構造設計が終了したときに、コンクリート、鉄筋、型枠、鉄骨、煉瓦工事などの必要量を項目別に算出するのが通例であり、次におのおのの項目に標準的な単価を適用して総コストを求める。この段階でさえも、設計チームと工事の請負を予定されている施工者の両方にとって、正確なコストを予測することはまだ困難である。先のことに対してのすべての予測は過去の経験に基づいて行われるが、将来を予測するのはいつでも難しく、過去になされたことの解釈でさえ問題がある。

施工者が自分たちのために記録したコストは、例えば一m²当たりの煉瓦壁のコストのように、同じ単位で分類されている。実際のコストは現場で職長が作成する時間表をもとに、会社のコスト担当者が諸経費をそこに配分することで算出されるが、すべての異なった状況に応じるようにつくられているわけではない。例えば、たくさんの小さな壁は一つの大きな壁に比べて、人や機械の移動のために時間がかかるので、一m²当たりのコストは高くなるであろう。このように、建設に直接携わる人でさえも新しい仕事のコストを予測するのはかなり困難である。

また、設計チームにとってコストの問題はより複合化されてくる。彼らの詳しい情報は、主に建設会社が提出した「数量明細書」形式の単価から得ているが、そこでのコストは先に述べた方法で分類されたものである。建設会社はその単価に経費と利益のための余裕を含ませているに違いないのだが、すべての項目にそれを均等に加えてはいないだろう。施工会社は初期の支払いが多くなるように、初めのうちに完成する項目の単価に重きをおくのが契約の一般的な慣習である。コンクリート工事において、基礎と梁や柱といった上部構造のコンクリートとを別項目とするのは、後者のコンクリート打設の複雑さを考慮したためだが、これによって施工者が最初の項目に重きをおくことが可能になり、より多くの利子負担をクライアントに負わせることになる。

また、トラス形式の鉄骨のトン当たりのコストは、梁・柱形式に比べ、鉄骨単位重量当たりの製作に多くの工数を要するために、ずっとコスト高になるのはよく知られている。クライアントが数量明細書でそれぞれに分離した項目を用意しない限り、それぞれの真のコストは製作方法の異なるタイプの両極端の間にあって、案分比で算出された一つの共通単価の中に隠れてしまうであろう。どうして積算者が、建設会社により詳細な情報の提供を求めないのかと疑問に思う人もいるかもしれない。それは建設会社が競合状態にあって、この種の情報流出に異常な警戒心をもっているからである。実際に、ほとんどのクライアントは入札書に書かれた見積価格を第三者に漏らさないことを確約している。

さらに、守秘義務に大いに関係があるかもしれない複雑な要因は、入札価格がしばしば入札者の経営事情に関連しているところである。不況のとき、建設会社は、会社の労働力と設備を守ろうとするので、かろうじて採算がとれる価格で入札するかもしれない。また、施工会社にとって高い名声や、社会的注目を期待できる特別な契約だと判断された場合、あるいは「優良入札者リスト」を作成する行政担当官の目にとまると判断したときには、低い入札価格を提示するのはかなり一般的に行われている。

一方で、施工会社は仕事が好況のときには、熟練技術者や現場担当者を見つけるのが困難なので、新たな契約をすることに躊躇するであろう。そして、前述のように政治的な理由で入札する参加者は高い価格を提示し、たまたま契約が成立した場合の困難な仕事に対する報酬を見込むであろう。ステヤート（一九七二）は計画決定された予算が経済状況の変化によって、五〇%まで目減りしてしまったいくつかの例をあげている。総合建設会社や建設部門を有している政府機関は、過去のコスト・データを蓄積できるので、そういった問題のいくつかは避けることができよう。

コストの不確定性がもたらす重大なことは、建設会社が不慣れな施工法に対して非常に慎重になることで、これが構造エンジニアリングの革新的な技術導入を妨げている。大規模なプレキャスト・コンクリート工法が英国で開発されていたときには、高層棟の外装パネルの入札価格差は四倍の開きがあった。まだ過去の単価に依存していたこの時代に当然生じたもう一つの状況は、設計するときに多少の材料費の増加を伴っても労賃を下げてコストを低減しようとしてとられた措置が、見積りができたとき逆効果となってしまうことである。これは積算士が設計者の意図を理解せず、工法の見直しを単価に反映させる代わりに、材料の増加分に一般的な単価をそのまま適用してしまうからである。

施工会社は、特定の設計者が首尾一貫して彼らに楽をさせてくれることに気がついたときに初めて、彼の設計に対してより安い単価を用いるようになる。このようなことが起こるまでには(もし本当に起こるとすればだが)、長い時間がかかるであろう。こういった状況もまた、革新を妨げている一つの要因といえよう。

コスト情報の運用

工学の分野ではたびたび起きることだが、手に入る情報の不確かさにもかかわらず、不完全な技術と入手できるデータだけで可能な限り最良の判断が求められる。積算はこの分野に精通し、自分たちが出した見積りと実際のコストとの違いをできるだけ正確に比較し、普段から効率や経済状況の変化を観察している専門家個人によってなされるのが最良である。

このプロセスに関連する人たちは、積算士、経済家、会計士あるいはエンジニアリング組織の中でのこの分野に関心をもっているコスト・エンジニアであろう。積算士は独立した職能で、その人たちの訓練と職務は資金計画のプロセスや設計段階での積算に向けられている。コリア(一九七四)によると、この職能は「英国のアーキテクトとその関係者が建設経済の仕事から実質的に手を引いた」ことで発展したといわれている。米国でこれに最も近いのは、「コントラクト・マネージャー」と「コスト・エンジニア」である。英国の積算士はアーキテクトのように、プロジェクトのオーナーの代理人であるのに対して、米国のコスト・エンジニアは一般的に施工者に助言する立場だとコリアは述べている。

経済性とエンジニアリングの設計においてコスト・コンサルタントは、利益団体の収益性や、非利益団体の社会的な目的といった事業性の要望に見合うコンセプトを創造するための設計チームの努力を監督する。概してこの仕事をするための検証方法は二とおりある。第一は「基本型」あるいは「目標型」コスト計画で、施主は基本的にどのくらい投資あるいは費用が用意できるかを決定し、設計チームはその予算内でできる最良の案をつくる方法である。第二は比較によるコスト計画で、施主は自分の目標にかなう快適さの規準を定める。次にプロジェクトをいくつかの部分に分け、設計チームは設計がある程度進んだ段階でそれぞれの部分に対する計画案を用意して、施主にいくつかの選択肢を示す方法である。事業主は総予算の上限を頭の中に描いてはいるが、出資する総額があらかじめはっきり決められているわけではない。

この段階で、設計チームは一般的なコスト情報を指標にするであろう。学校、事務所、共同住宅、工場施設、橋といったよくあるタイプのプロジェクトの場合は、最も効率的な柱間隔や最も経済的な床の厚さを指し示す概略的な規準を作成することができる。また、これらのパラメータの変化が、建物の総コストに及ぼす影響についての指標を作成することもできる。そうすれば、クライアントは長いスパンの無柱空間がテナントを引きつける魅力となるであろうと考えたときに、その有利さにいくら支払わなければならないのか、おおざっぱな胸算用も可能である。こうしてクライアントは大まかな費用対効果の考察ができることになる。また、クライアントの最初の計算には入らないであろうディテールではあるが、例えば設計者がスラブ厚の最適解を探るために総コストに対する変数を求めたりするような検討もできる。

そういった指標は有用だが、プロジェクトの特質や地域の経済情勢によって変動する単価と同様に不正確になりやすい。建物に関するこういった種類の情報は、シーリー（一九七六）、フェリー、ブランドン（一九八〇）そしてフォスター（一九七六）によって発表されている。ただし、土木工学の分野ではこういった情報が用意されているのは、橋梁だけである。

反復性の少ない建物では、現実性のあるいくつかの選択肢まで絞るには、（経験をもとにした）知的な推測によるのが通常である。それらの設計は、最も経済的なものが選択できるように、基本的な数量の把握ができるところまでなされる。しかし、ここで留意しておくべきことは、設計やコストスタディが一つではなく、数案の構造についてなされる高価なプロセスだという点である。したがって、考慮する代案の数は通常は少なくなる。もちろんコストそのものが唯一の判断材料ではない。仕上げや建設期間、資材調達の可能性、そして入札予定者の経験すべてが最終決定に影響を与えるであろう。

施工の迅速さの重要性

経済的な追求がエンジニアに与える影響で、主な要因の一つは工期短縮に対する圧力であり、これはしばしば設計上の判断に影響を及ぼすであろう。民間企業にとって、施工期間は非常に重要な時間的要因である。企業家に対する長期の融資は、通常貸付け保証として建物に抵当権が設定される。ところが工事中には、企業は建設のために敷地に開けた大きな穴しか所有していないのに、施工者への支払いのためにより高い短期のリスクを請け負う融資会社からつなぎ資金を借りることを強いられる。このため非常に高い利子の支払いを余儀なくされ、そしてプロジェクトが完成するまで、彼は何の収入もない。グリフィンは工期を二四カ月から一八カ月に短縮したときの財政的効果をグラフで表している（図①）。グラフの斜線の部分（約一万三〇〇〇ドル）は節減される資金の額を示している。それゆえ、施工の迅速さ（工期短縮）は民間企業にとって大きな関心事であり、計算上有利ならば、投資金は高いが短工期の建設システムに喜んで投資するであろう。このことが多層のビルで現場打ちの鉄筋コンクリート造より鉄骨造が好まれる一つの理由である。

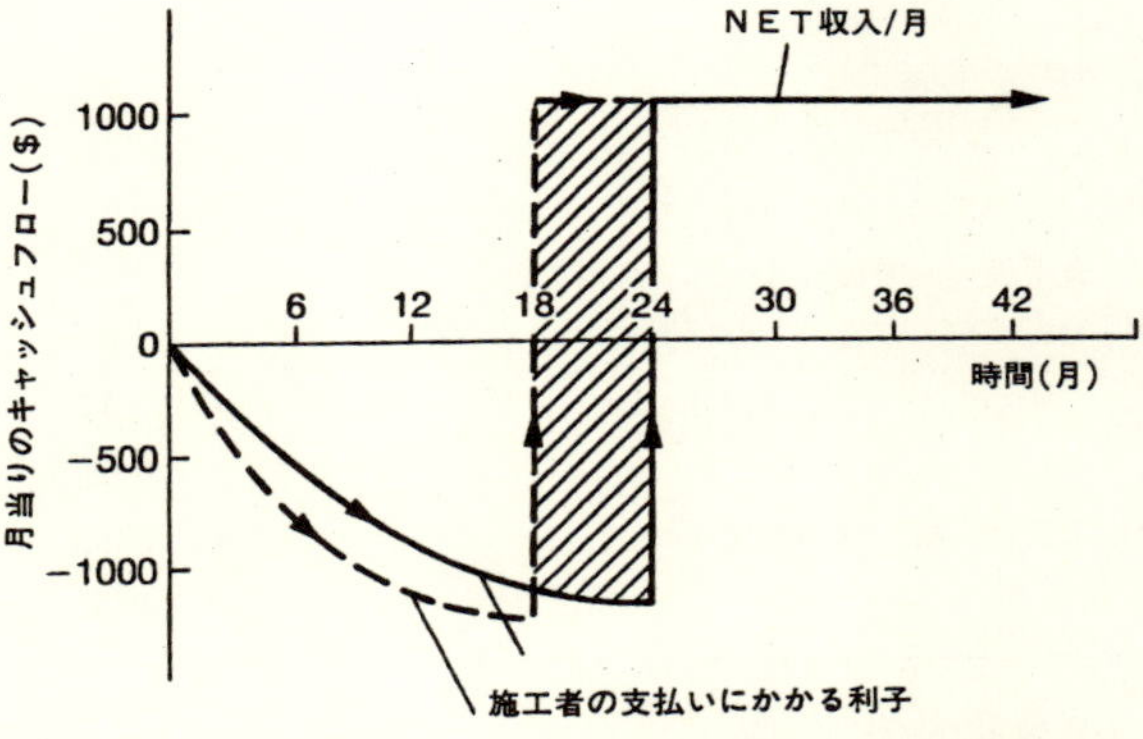

図①　プロジェクトのトータルコストに与える施工スピードの影響／このグラフで囲まれた面積はトータルコストを示す。施工スピードが増すと正の面積を増し負の面積を減らす。

　マハフェイ（一九七七）は、オーストラリアの主要都市における標準的な多層のビルについて、表①のような数値を示している。

　このように、工程が八カ月多くかかれば、その間の建設経費はおよそ一〇〇万豪ドルとなり、土地、建物を含めた総金額一二〇〇万豪ドルに対して、かなりな割合を占めている。

　詳細設計の間は、施工期間のコストがどんなに高価なものかを肝に銘じておくべきである。例えば、鉄筋量を最小限にするよう考えすぎると、鉄筋の形や径の種類が多くなって、切断や曲げ加工のコストが高くなる結果を招き、工程を遅らせることになろう。

　こういった圧力が影響するもう一つのことは、計画プロセスの短縮化である。中・小規模のプロジェクトにおける従来の方法は、入札のときには契約図書（仕様書と図面）を発行できるように最終的な詳細にわたるまでの物理的な設計を完成させていた。発電所のように大きなプロジェクトでは、こ

表①　マハフェイの分析

土地の取得コスト（2,500m²）	A$4,500,000	
貸室面積 20,000m²の建物のコスト	7,600,000	
	A$12,100,000	
利子の利率 11%		
土地にかかる利子	A$495,000	（年間）
建物にかかる利子と手数料	557,000	（年間）
固定資産税（地方税），国税，保険料など		
	22,000	（年間）
	A$1,074,000	（年間）
	＝A$21,000	（週間）
建設業者に支払う管理費用	A$10,000	（週間）
合　計	A$31,000	（週間）

のプロセスを短くすることが常に求められてきた。一つの方法は、施工者に不完全な図面での入札を承諾させること、例えばコンクリート工事の図面から鉄筋を省略し、そして施工者はそういった種類の建設工事を参考にして、過去の経験に基づき配筋の複雑さや数量を推定して重量当たりの単価を入れるといった方法を採用することである。そして、詳細設計と作図作業は入札中あるいは入札後でさえ進められる。今日、こういった概念はより小規模なプロジェクトにも適用されるようになってきた。

もう一つの方法は、建物を基礎、地下、上部構造、屋根、外装といった、ある程度独立した段階に分離することである。設計、仕様、入札および施工のプロセスはおのおのの段階ごとに別々に時期をずらして進められる。そうすれば、屋根の詳細設計が開始されるときには、基礎の施工が順調に進んでいるであろう。この考え方の欠点は、基礎に関しての早い段階での決定が、後に設計者が上部架構や屋根の性能の水準を達成する足かせになる可能性があることである。そして、私たちはこの方法をとったことで、シドニー・オペラハウスで起きた問題をすでに知っている。さまざまな段階の物理面と契約面の両方での「整合性」をとるために、細心の注意が必要なのである。しかし、ショッピングセンターや業務ビルの設計ではかなりの予測ができるので、この方式を適用すれば大きな成功を収めるであろう。通り一遍の言い方だが、それぞれの特殊な状況に対して賢明な主観的評価をつくることが肝要である。

フェリーやブランドンが指摘しているように、公共団体での施工の迅速さへの注目の状況は、利益団体とは全く逆のようだ。地方の教育委員会は学校施設の早期完成に当惑するであろう。というのは、職員を抱える悩みや維持管理の重荷を背負うという必要性が、予定より早く加わるからである。

おわりに

これまでの議論で主に建物に焦点を当ててきたのは、それが最も議論されてきた分野であり、情報も入手しやすいからである。というのも、国の財源の建物に費やす割合が非常に大きく、そして政府や調査機関はこの分野での経済状況を調査して公表する傾向があるからである。

自分では十分な記録をもたない小さな設計組織は、市販されている平均的な単価表あるいは職業誌や専門誌に発表されたものが利用できる。しかし、シーリーは、それらが広い範囲での平均値を基本としているので、提出する代案のコストを比較するには有効だが、特別な構造のコスト予測には用いるべきでないと指摘している。

重工業的な分野（例えば、発電所、橋、鉱山の坑道、燃料庫、サイロ）では、コンサルタント、政府組織、そして企業内の設計チームは、情報を内部に蓄積する傾向がある。ここでも適用する基本原則は同じであるが、大きな違いは決定段階において常にエンジニアがより中心的立場にいることである。

要約すると、経済的な側面がエンジニアに及ぼす大きな影響は次のようになる。

- 他の人が下した初期の判断が、エンジニアに非現実的な予算の中で非能率的な仕事を強いる場合がある
- 施工の迅速さへの強い圧力があり、特に民間のプロジェクトでは顕著である
- 投資金と維持費のバランスが異なる提案の中から賢明な選択をするには、事業採算の研究が必須である
- 技術的な要素が正当に考慮されるために、エンジニアは計画の早い段階で参加すべきである

また、材料の単価や外装と床組のように完全にシステム化された単価が及ぼす影響を、設計者は常に念頭におくべきである。高層ビルでは、床組の高さを増すことが床梁のコスト低減につながる一方で、余分な外装が必要となる上、建物も高くなって風圧力が増大することになるであろう。したがって、総合的な結果としては建物の総コストが増加するかもしれない。こういった状況の中で、積算者が現実的な予測をする難しさに直面していること、そして詳細なコスト解析に要する費用について、設計者は十分認識しておく必要がある。

05 機能計画と構造

Functional planning and structure

プロジェクトの計画

すでに多くの読者は、「形態は機能に従う」という金言をよく知っていると思う。個々の建物はそれぞれに全く異なった構造システムを用いているにもかかわらず、誰もが橋、ダム、競技場、発電所、病院、共同住宅、サイロといった構造物を、その機能に従って見分けることができる。しかし、機能的要求が、いったいどのように構造エンジニアのアートのための舞台を決定づけるのかを考えてみるのは興味深い。

広い意味では、機能的な要求は構造エンジニアがこれから行おうとする仕事の最初の定義づけをするものだといえよう。簡単な例をあげてみると、戦後に生じた集合住宅の需要と、市の中心部の一等地をめざすという商業社会の需要が、エンジニアにより高層な建物を設計させることになった。今日、低所得者用の高層住宅に対する反動によって、この分野での需要に変化が起きはじめている。

水力発電プロジェクトや高速道路といった大規模な土木プロジェクトの全体計画は、本書の範囲を越えたものである。多くの情報が関連する文献に述べられているが、それ以上の詳しい情報は、残念ながらこの種の仕事をしている専門組織内だけに保有されている。しかし、人が住むための建築物に関してはプロジェクトはより完結しており、情報はかなり公開されている。

当然、学生はもちろん設計に携わるエンジニアにも、この種の幅広い知識をもつことを期待しているのではない。しかし、専門組織で仕事をすることになれば、そういった計画に関連した情報を容易に手に入れられるであろうし、また、劇場、オフィスビル、学校、工場といったすべての種類の建物の計画については多くの本にわかりやすく掲載されている。したがって、その時点でかかわっている特定の種類の計画に影響を与える主な要因の概略を得るには、ほんの数日を要するだけである。そこでこの章では、包括的な論じ方をするより、導入としていくつかの簡単な例を紹介し、このトピックの重要性を説くことに力を入れることにした。

構造エンジニアは次の二つの理由で、機能的な計画についてある程度知っておくべきである。第一に、エンジニアは自分の仕事に直接影響しないことでも、あるいは自分に求められている要求に対する権限が限られていたとしても、設計プロセスの中で自分の周囲に何が起こっているかについて知的な興味を感じるべきだからであり、第二に、それらの要求が難しいことであったり、あるいはそれを満たすには費用がかさむことがわかったとしたら、エンジニアは機能を大幅に損なうことなく構造形式を改良するための建設的な助言ができるからである。さもなくば、計画をする人にある程度、構造の知識がない限り、目標の定まらない長い再提案と拒否のプロセスが続くであろう。

情報の源

建築家のための雑誌『劇場施設の設計指針』（一九六七）の著者が指摘しているように、誰も実際の複雑な建物を教科書に出ているままに設計（あるいは計画）することはできない。クライアントとユーザーの組合せはそれぞれ異なっており、独特な関係があって、要求品質の決定や計画に対する最大限の満足――あるいはすべての解答には妥協が必要なので、最小限の不満足と言うべきか――を確保するためには、長い協議を必要とする。しかし、そういった教材でも、エンジニアが異なる機能形式に含まれているさまざまな要因とそれらを処理する一般的な方法の知識を得るには十分である。

役に立つ情報の源は三つのカテゴリーに分けられる。一つは、建物種類別に計画の一般論を扱った本で、通常は、巻末に完成した建物の詳細を記載したものである。第二のカテゴリーに入るのは、特定のプロジェクトについての平面図、断面図、写真等の説明だけで構成されているもので、形態の背景にある設計の原理、あるいはそのプロジェクトがもつ他と違う要素についての説明がなされていない。設計を開始する上で最もよい方法は、他の人たちが過去にどのような解決をしたかを知ることにある、という古典的な原則に従えば、これはそれなりに有効な情報源だが、読者はそれぞれのプロジェクトの特異性がいかにして導き出されたのかを知ることはできない。三番目のカテゴリーに入るのは、人間がさまざまな機能を果たすのに必要な空間の広さ、あるいは車の回転半径といった有用な情報が載っている資料集である。なお、このカテゴリーには、地方行政庁による建築法規の類も含まれていると考えてもよいだろう。

当然、機能的要求は時間の経過とともに変化する。変化は工場で使われる生産技術の革新によるものか、あるいは学校で用いられる教育理論の改革によるものかもしれない。そうはいっても、前述したタイプの本は、計画者が頭に入れておくべき課題を知るためには十分であろう。

計画はもちろん、政府が示した条例の枠内でなされなければならない。地域計画や環境への影響に関する規制は、プロジェクトの全体に影響するであろうし、建物の形状は前面道路や隣地に必要な採光を定めた斜線制限、高さ制限、景観の保護規制、公開空地といったさまざまな規則に左右される。

個々の構造における機能的要求の影響

エンジニアが求められている構造の形式で、こういった規制で決められることは別にして、機能的要求は、その構造の形態、規模、必要とされる外壁の位置、支持点の位置選定、荷重の大きさ、そして必要とする内部空間の構成を決定する上での大部分を担っている。それらの要因が逆に、用いられることが可能な構造形式、梁のスパンとスラブの大きさ、柱の長さと位置、そして外装の性質を決定づけることになる。

すべての構造の第一の目的は、たとえそれが自重だけだとしても、荷重を伝達することにある。場合によっては荷重は集中して加わり、送電線鉄塔のように骨組的な構造が適しているケースもある。多くの場合、荷重はサイロ、石炭庫、タンクといった容器的なものに見られるように、より広範囲に分布する。時には、橋や吊り床版のように、荷重の加わる位置が移動する場合もある。そのような広範囲な荷重や動荷重には、連続的な面を用意する必要がある。移動式クレーンの構台では、荷重を連続的に支持するために二本の並行したレールを用いた形式をしている。このように荷重を支えるという機能は、構造形式に直接的な影響を与えることがたびたびある。

多くの建造物にはまた、風、雨、雪、そして暑さや寒さから身を守る覆いを提供する目的もある。このためには、建物全体の表面を覆う必要がある。また、プライバシー、遮音、組織編成上の理由や家庭内の都合といった理由によって内部間仕切りが必要となる。エネルギー危機により、熱や光の出入りを制御する装置、そしてエネルギーの保存や再利用のための装置がますます重要視されてきている。

これらの要因は、構造に加わるであろう荷重と、またそれに抵抗するためのシステムの両方をある程度決めてしまう。機能的な要求による形態は、時として共同住宅の場合のように、密に設けられた間仕切壁が、構造エンジニアの要求するより以上の強さをもたらして、エンジニアを手助けしてくれたり、時には大スパンの事務所ビルのようにエンジニアの挑戦意欲をかき立ててくれるかもしれない（図①）。

空間計画

構造エンジニアの仕事に空間計画が影響する例として、中高層ビルについてより詳しく考えてみるのは意義深いことである。今日、事務所ビル内部の空間構成は、テナントに対してできるだけ柔軟性の余地を残す傾向にある。そして通常、テナントの要望に応じて、軽いパーティションで自由にオフィスを区画できるように八m以上の大スパンが要求される。このような建物（図①(a)）は、エレベータ、階段、便所からなるセンター・コアと外周の構造フレームだけで構成されている。床梁はコアから外周フレームに架けられ、各階の内部は完全に無柱空間である。超高層ビルでは、設計者はこの外周フレームを箱形断面の垂直な片持梁として働かせ、水平荷重に対する抵抗要素としている。

一方、居住用の建物、特にアパートや寄宿舎タイプの施設では、数多くの内壁を必要としており（図①(b)）、柔軟性はほとんど要求されていない。さらに、各階で同じ配置が繰り返されるために、内壁は建物の最上階まで通るので、荷重を地盤に伝える最良の道となる。重さのある耐力壁を用いることは、隣接した部屋あるいは住居間の遮音上の要求にもうまく結びつく。そういった建物はスパンが小さく、事務所ビルの床組と同じように、強さと軽さのどちらを優先させるかで苦労することもない。そしてすっきりした事務所建築とは全く異なる組積造の耐力壁で、一九階程度の高さは建てられるであろう。

非常につまらない機能的要求が柱配置を左右してしまうこともある。メルボルンのモナシュ大学のメンジースビルでは、建物の北側にシニアスタッフの部屋が計画され（図②）、

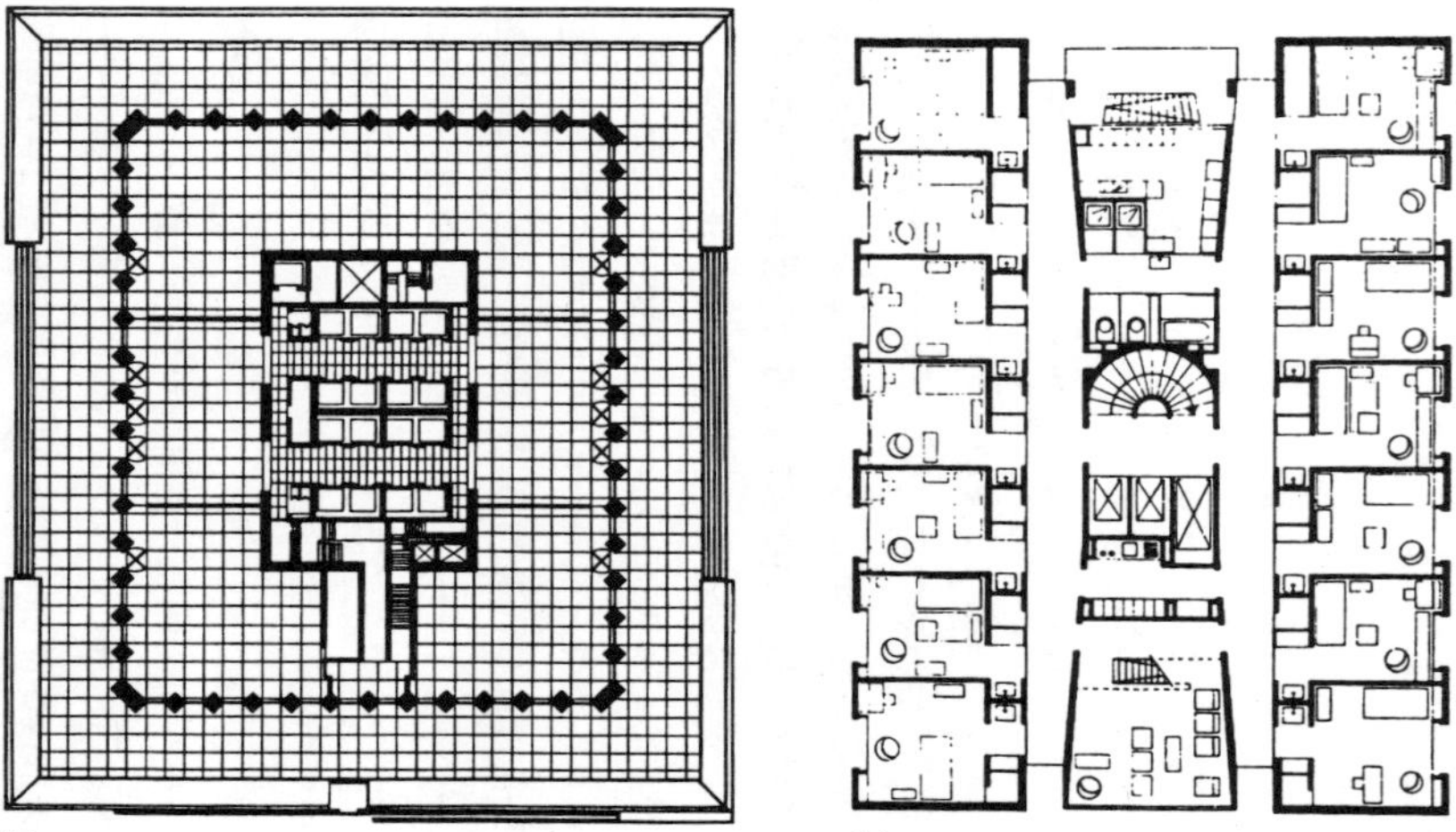

(a)　(b)

図①　構造形式に機能要求が与える影響

(a)　事務所ビルのプラン（CBS本社，ニューヨーク）／コアと外周フレームのみで支持されている。

(b)　集合住宅のプラン（看護婦宿舎，チューリッヒ）／すべての内外壁で支持されている。

そのため反対側に計画された講師の部屋より広くなった。一階の柱を二〇フィート間隔に配置したので、アーキテクトは上層の外壁の北側に四つの窓を当てはめて、五フィートの間隔で間柱を配置した。一方、南側は五つの窓にして四フィート間隔で間柱を配置した。間仕切壁は、当然のことながら柱のライン上に設けなければならず、部屋の幅は北側では五フィートの倍数に、南側では四フィートの倍数になった。

多層型駐車場の車庫の幅、そして工場の最適通路幅や生産ラインの寸法も、同様に柱の配置に――そして最終的には床組と屋根のスパンにも――制約を加える。地下に駐車場のある多層階のビルであれば、駐車場が建物全体の柱配置を決めてしまうこともよくある。また、多層階の事務所ビルでは、照明器具の標準寸法や家具の標準寸法に適合するように柱の間隔を選定する場合もある。

多層階のビルに共通するもう一つの機能的な要求は、一階に広がりのある空間をつくることで、ショールーム、大きな店舗、あるいは壮大なエントランス・ホールとして使われる。時には、建物の下部にプラザや緑地への眺望を妨げない、透明な空間を要求される。こういった要請が上層階で密に配置した柱、あるいは耐力壁で構成したシステムを、長く、大スパンの、数少ない柱に全く変えてしまう。その要請によって、非常に重い荷重を伝達するための大スパンのトランスファー・ガーダーが必要となるばかりでなく、最も問題の大きい場所で、水平力に対する抵抗力と力学的安定性のた

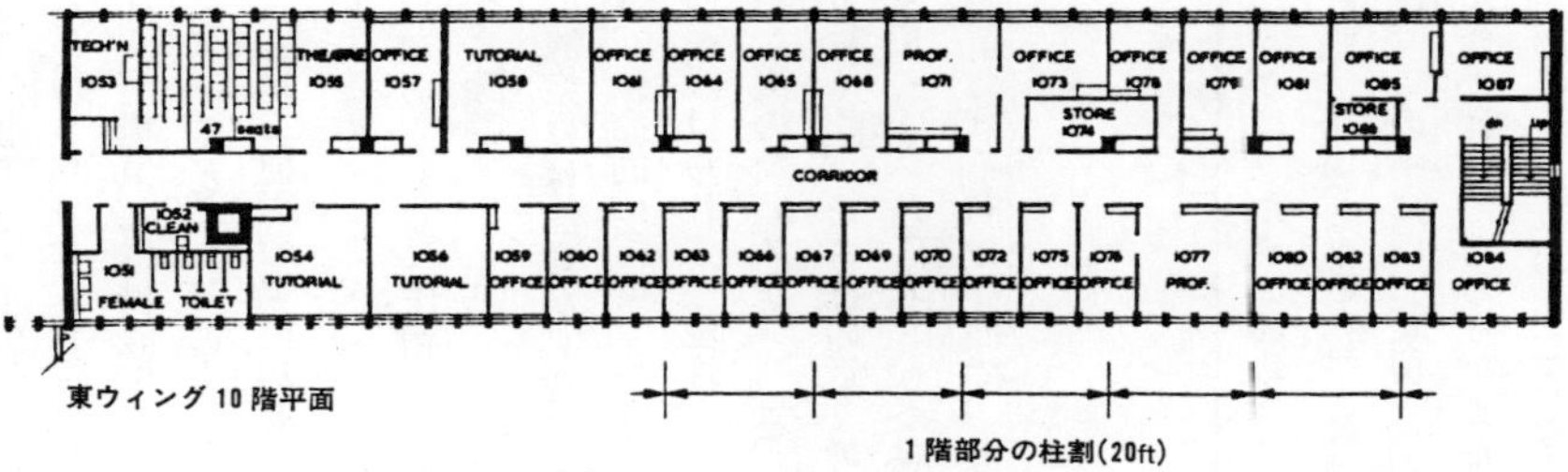

図②　構造形式に機能要求（部屋面積）が与える影響（モナシュ大学メンジースビル，メルボルン）／北面の柱は5フィート間隔，南面の柱は4フィート間隔で配置されている。

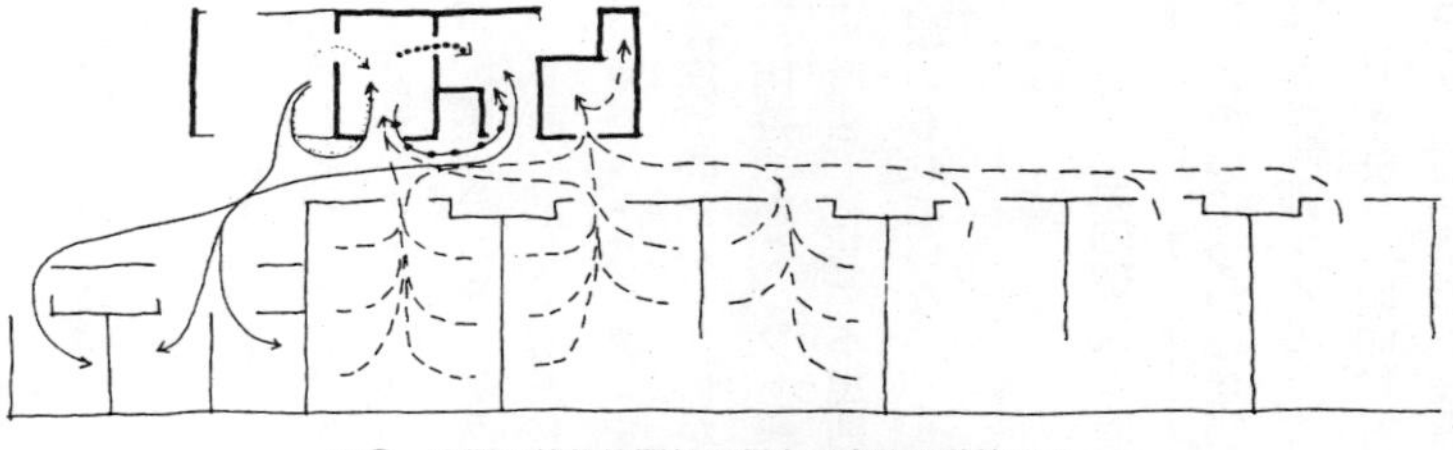

図③　空間の機能的関係の調査／病院の動線パターン

めに必要とされる部材の数を少なくしてしまう（10章、図㉑）。

建物の計画で最も重要な点の一つは、車、物、人の動線を確保することである。これが執務空間、廊下、階段、ホワイエといった空間の配置や広さをある程度決めてしまう。病院はその機能計画において、特に複雑な問題を提起する。図③にその動線図の例が示されている。

付帯施設と動線のための空間計画が影響した極端な例が、イングランドのリバプール裁判所である。ここでの機能的な目的は、二八カ所の法廷と一緒に保護、運営に必要な面積、そして公共空間を同じ屋根の下に収めることであった。法廷には三つの標準寸法があって、高等法廷はほかの部屋より高い天井高が必要だ。そして、裁判中に接触する危険がないように、陪審員、判事、被告人、傍聴人のための分離した通路と付帯施設が必要である。結果として、空間構成は非常に複雑になる。標準的な事務所ビルとは対照的に、エレベータを分離させるために一〇カ所の独立したコアを設けなければならず、同じ配置は三層だけになってしまった。そしてある場所は、荷重を直に基礎に伝達できない状態になった。また、中二階の一部は基壇から吊ることになった。そして、多様な天井高と柱間隔に対応するために、厚く固いコンクリート床版、リブ付き床版、鉄骨梁で支持された薄い床版など、多様な床組を使い分けねばならない。

ダーロウ（一九七二）は、ショッピングセンターの機能と構造の関係について、いくつかの興味ある論評を出している。最も重要な柔軟性については、各室の配置だけでなく、電気、機械設備についても同じことが言える。通常、ショッピングセンターでは、大きな店舗とそれに隣接する小店舗の二種類の規模が要求される（後者は大店舗に集まる人たちを顧客としている）。柱はおよそ五～一〇ｍに配置するのが適切である。床組の単価はおおよそスパンの二乗に比例する。構造コストの六〇～八〇％は床組にかかるので、スパンの設定には注意が必要である。柱梁で構成されたシステムは、致命的に強度を損なうことなく、必要に応じて容易に開口を設けられる優位性をもっている。フラットスラブ（すなわち梁のないスラブ）は、一般的には経済的だが、開口が設けにくく、特に柱の近くの開口設置は困難である。プレキャスト・コンクリートも不規則な平面や形態、そして不規則な荷重には不向きなので、あまり広く用いられていない。

室内環境と設備

人が住むための建物、そしてそれ以外のいくつかの建物の計画で重要な部分は、建物の内部環境を制御することである。この中には、暖房、換気、空調（ＨＶＡＣ）、照明、音響が含まれるであろう。また、給水とごみ処理といった設備もこの中に入れねばならない。これらを制御するための要求や、必要な設備のすべてを備えることは、構造形式や建物の外観に相当な影響を与える。

過去一〇年間の主な関心は、エネルギーの節約に向けられてきた。暖房という観点での設備エンジニアの視点からは、薄い矩形の建物や特に多くの凹凸のある建物よりも、体積に対する面積比が小さい立方体の建物が望ましいとされている。建物の断熱に対する要求は、外壁の選択に影響するであろう。そして、このことが非構造部材の外装なのか、あるいは煉瓦やコンクリートの耐力壁を採用するか、の構造エンジニアの選択にも影響するかもしれない。どちらを選択するかはコストの違いだけでなく、ひいては躯体や基礎に作用する荷重にも影響する。建築法規は時として、外周壁の最大熱伝導率の許容値を定めている。そしてその結果、強度的に必要な壁厚より厚くなることがある——別の方法によって断熱するためにかかる相対的なコストにもよるが。特に寒冷地では、断熱性の良さが地下構造の経済性をより高いものとしている。また、建物の屋根からも大量の熱が失われるので、鉄骨造とコンクリート造の屋根システムの優位性比較の議論がなされている。

建物の容積は、空調システムが消費するエネルギー量に多大に影響する。ピッツバーグ・コンベンションセンターの設計では、スペースフレームの屋根（図④）を支えるためにマストとケーブルによる吊り構造を採用して、屋根の厚さを約一六〜二〇フィートから七フィートに低減した。このシステムにより、建物の容積は一〇〇万立方フィート（二万八〇〇〇立方メートル）減少した。

多層階の建物の下層部やコア部に公共的な空間を取り込み、環境制御された「アトリウム」形式とする傾向が増している。

今日では、対流によって空気の流れを促進するような壁面の傾きや外壁の形状のあり方に多くの関心が向けられている。いくつかの建物では、約一mの幅の閉じられた緩衝空間を建物の外周に設けて、内部と外部の熱交換を制御している（図⑤）。また、地下の氷あるいは岩の蓄熱層や地下水を用いて、一日あるいは長期間の必要エネルギー量の変化に対応する手法が一般化してきている（図⑥）。

建物の照明はエネルギー消費と密接に関係している。例えば、窓から遠く離れているために人工照明が必要な部屋がある奥行きの「深い」事務所ビルでは、照明の発熱を取り除くための空調エネルギーの消費が高い比率を占めている。そこ

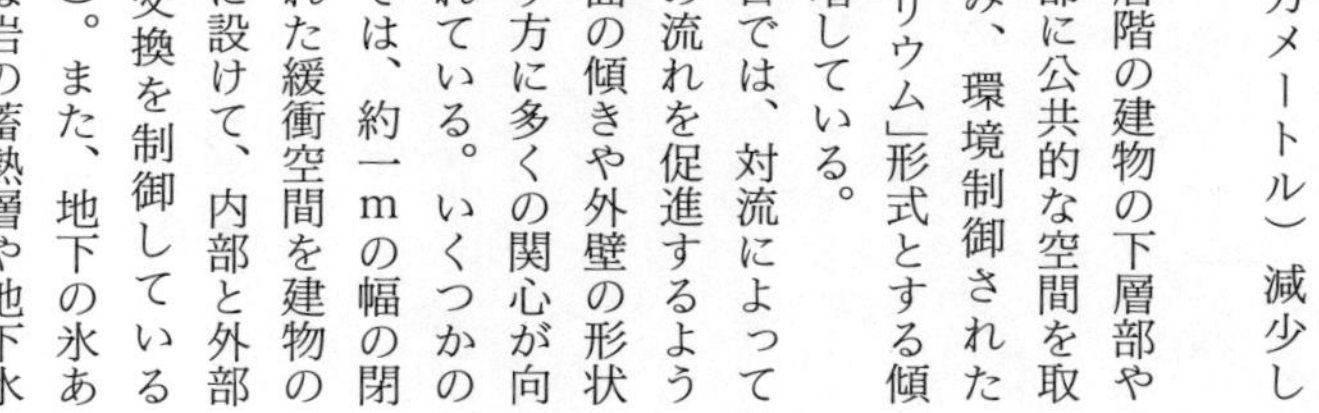

図④　ピッツバーグ・コンベンションセンター（1978）／オリジナル案にマストとケーブルが加わることによって，屋根のスペースフレームの梁せいを小さくして空調のコストを低減した。

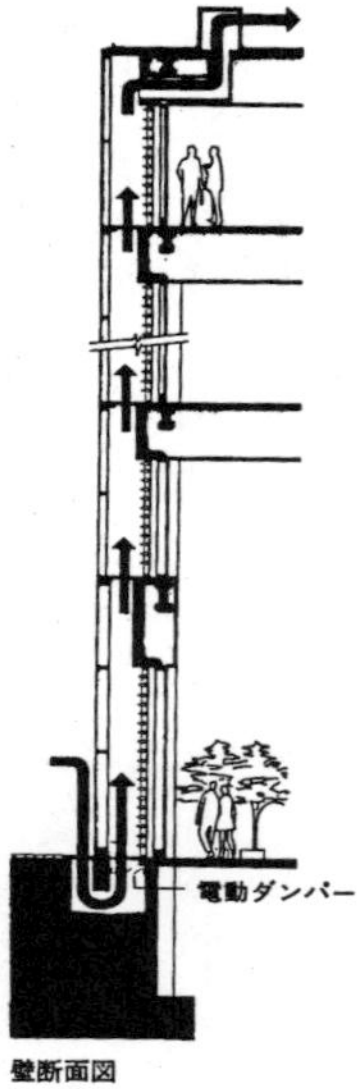

図⑤　エネルギーの節約（オキシデンタル・ケミカル本社ビル，ニューヨーク州ナイアガラ）／内部と外部の間に設けた外装の緩衝ゾーン。(アーキテクト：キャノン・デザイン，エンジニア：イェロット／レヴィン／バート・ヒル・コサー・リッテルマン・アソシエイツ)

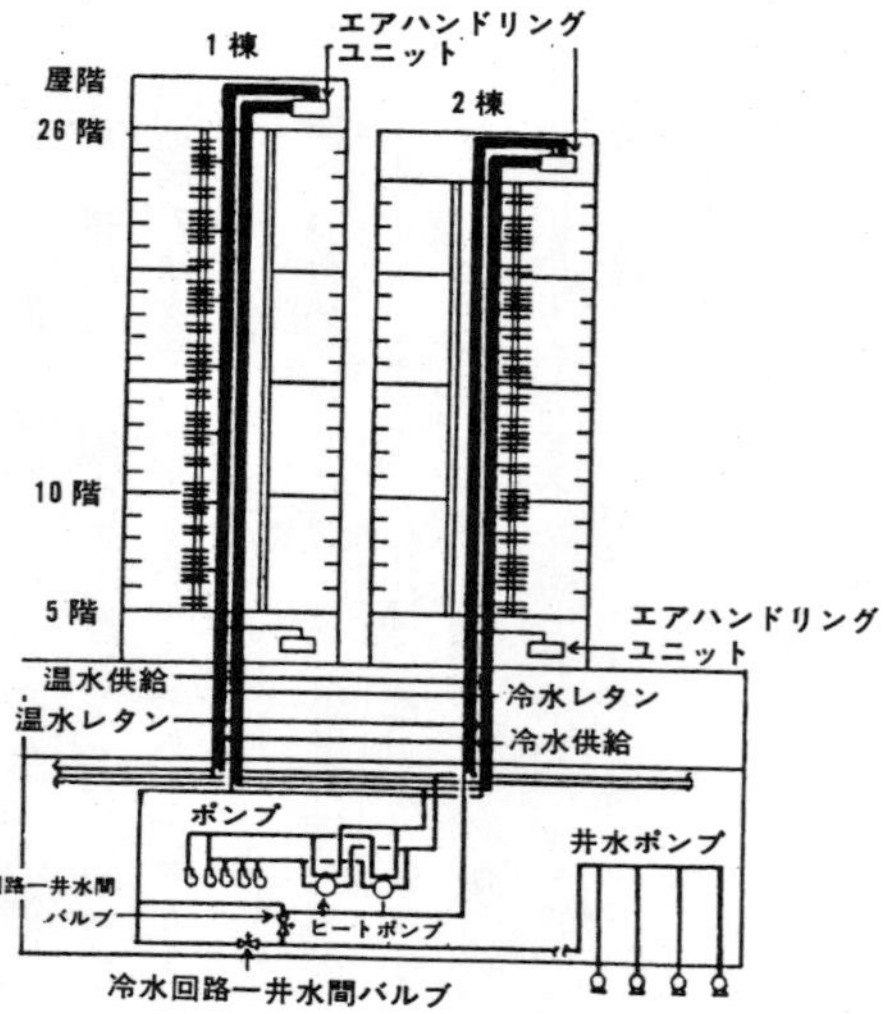

図⑥　エネルギーの節約（セントポールタウン・スクエア・コンプレックス，ミネソタ）／エネルギーの保存に地下水が使われている。(アーキテクト：**SOM**，エンジニア：フラック＆クルツ)

で夏の日差しを遮りながら、自然光を採り入れる窓を設けることが重要な課題となる。いつも地盤へ力を伝える効率的な方法を考えている構造エンジニアにとって、このことは絶好の機会となるであろう。高くて幅の狭い形状の窓は、幅の広くて低い窓とは部屋に入ってくる光形が異なる。この点に関するアーキテクトの選択も鉛直耐力要素の配置に影響するであろう。自然光を人工照明で補うことにすれば、建物の奥行きを深くできるので、風に対する抵抗が改善されるであろう。別の考え方としては、空調効率的な理由で自然光を全く排除してしまえば、構造エンジニアは外周壁すべてを耐力要素として使うことができる。また、骨組的なシステムを採用したとしても、苦労して窓の寸法に合わせて柱の位置を決める必要はない。この分野は新しい製品が急速に導入されるので、非常に流動的な状況にある。新しい断熱形式が使えるようになり、ガラス・メーカーは二重ガラス、三重ガラスを導入したり、熱伝導性の低いさまざまな製品を開発して省エネルギーに対応している(10章図㊴参照)。

音と低周波振動の伝達を遮断するのは、ほとんどの建物にとって重要なことである。共同住宅では、そういった要求が床の重量や、間仕切りのサイズと重量を左右するであろう。病院やオーディトリアムでは、音と振動を遮断することが必須条件であり、鉄道や高速道路に隣接するときには、弾力性のある支点で支持されることが多い。この極端な例は、ベルリンのコングレスセンターである。

室内音響の問題は、劇場、コンサートホール、オーディトリアムの基本形態にかかわってくる。残響時間は建物の体積が影響するので、この要因によって建物の高さが決められることがある。曲面による音の集中は望ましくない結果を生む。それゆえ、ドームやヴォールト天井は綿密な配慮なしには用いるべきではない。オーディトリアムの平面と縦断面の計画（図⑦）は、限られた予算の中で最大限の観客によい音響と視野を確保するという条件によって多大に影響される。そして、音響効果を上げるために屋根から吊った反射板は、設計荷重のかなりの部分を占めることになろう。

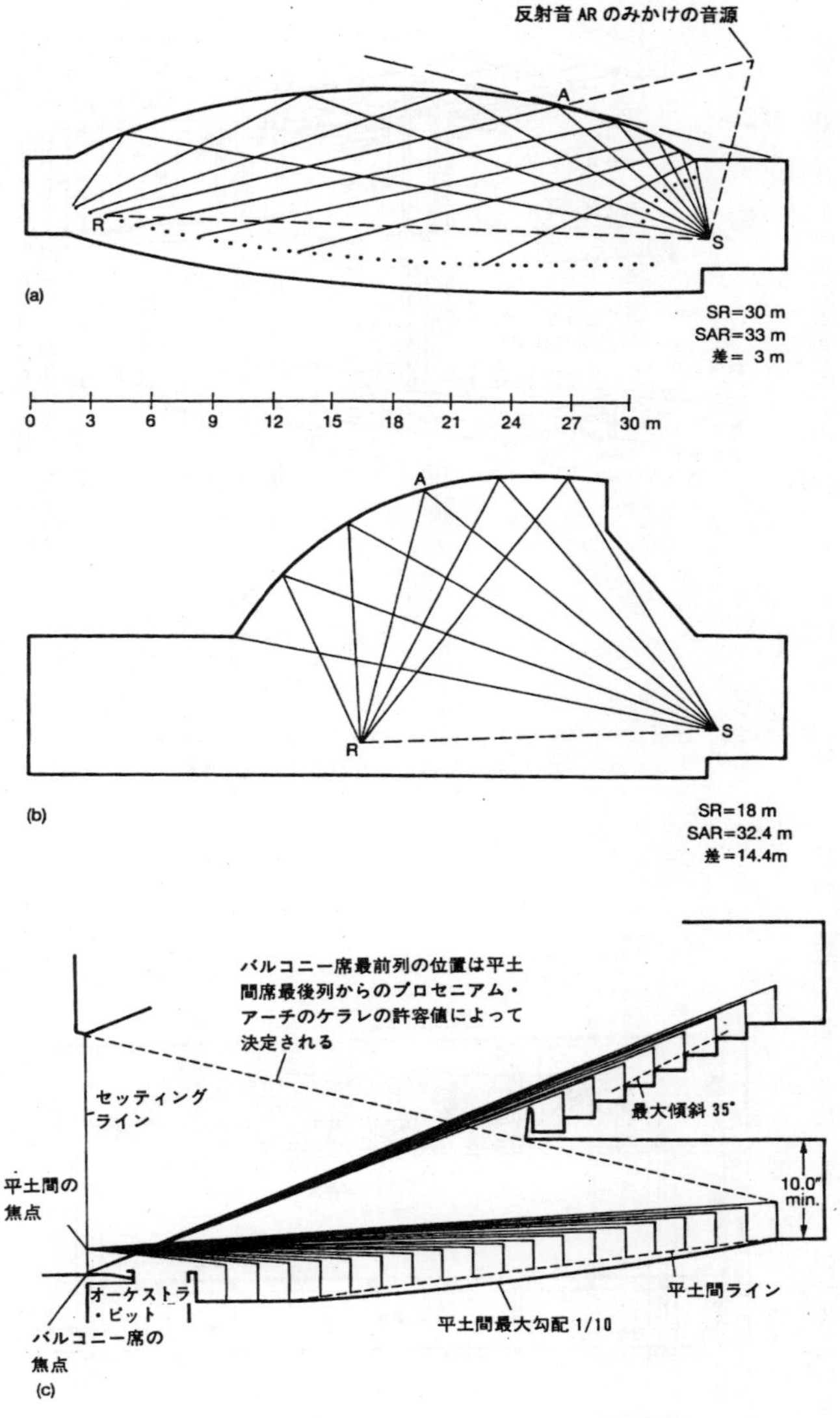

図⑦　オーディトリアムの内部空間の形状に与える音響設計の影響

(a)　反射音の分布が最適となっている天井の形状

(b)　望ましくない音の集中

(c)　平土間席とバルコニー席の形状に与える視線の影響／バルコニー席の最前列の位置は，平土間席の最後部から舞台への視線によって決まる。

建物の総コストの半分を設備が占めていることはすでに述べた。その上、配管、配線、空調ダクトのための空間の確保は、構造に重大な影響を与える（図⑧）。床は、水平設備配管や開口を設けるのに十分な厚さをもっていなければならない。建物の用途や部屋の配置の変更は、時に設備上の重大な変更を余儀なくさせることがある。天井をはがし、配管やダクトをやり直すといった作業は、建物の機能に大混乱を引き起こす。それゆえ、変更が多く予想される建物では、あらかじめ「隙間空間」を設けることが一般化してきている。天井と構造床の隙間は人が入れるように深くなり、「天井」は軽い荷重を支える床として扱われる（図⑨）。柔軟性を増すことがどれほどの価値なのかは、その結果として増加する建物高さを経済的にどう評価するかによる。

垂直のダクトもまた同様の問題を抱えている。時には柱の中に組み込まれて、水を満たした大口径の配管が構造にとって無視できない重荷となることもある。多層階のビルでは、

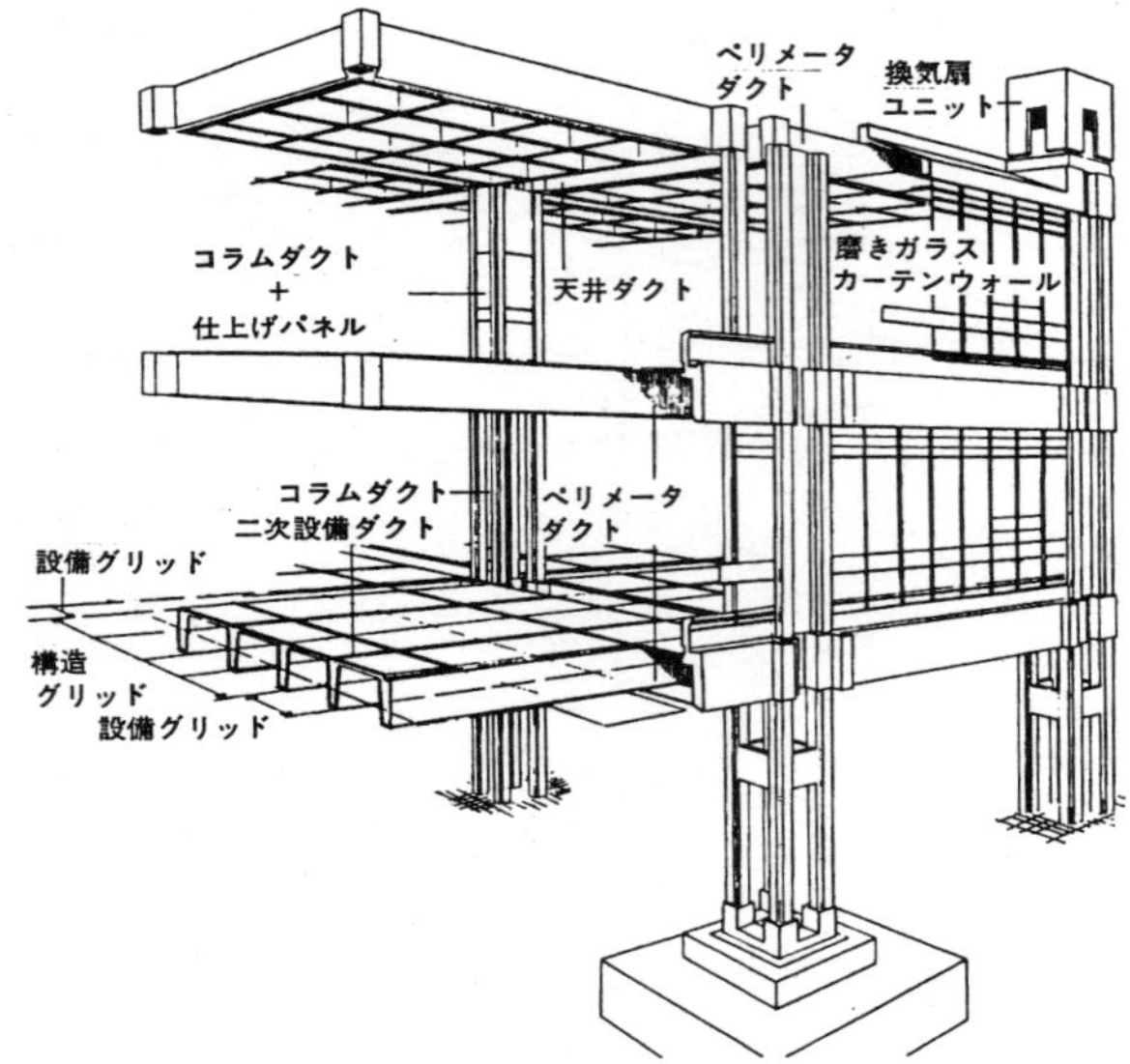

図⑧　設備スペースの構造への影響（バーミンガム大学鉱山冶金学部, アラップ・アソシエイツによる）／構造と設備が綿密に統合されたシステム。

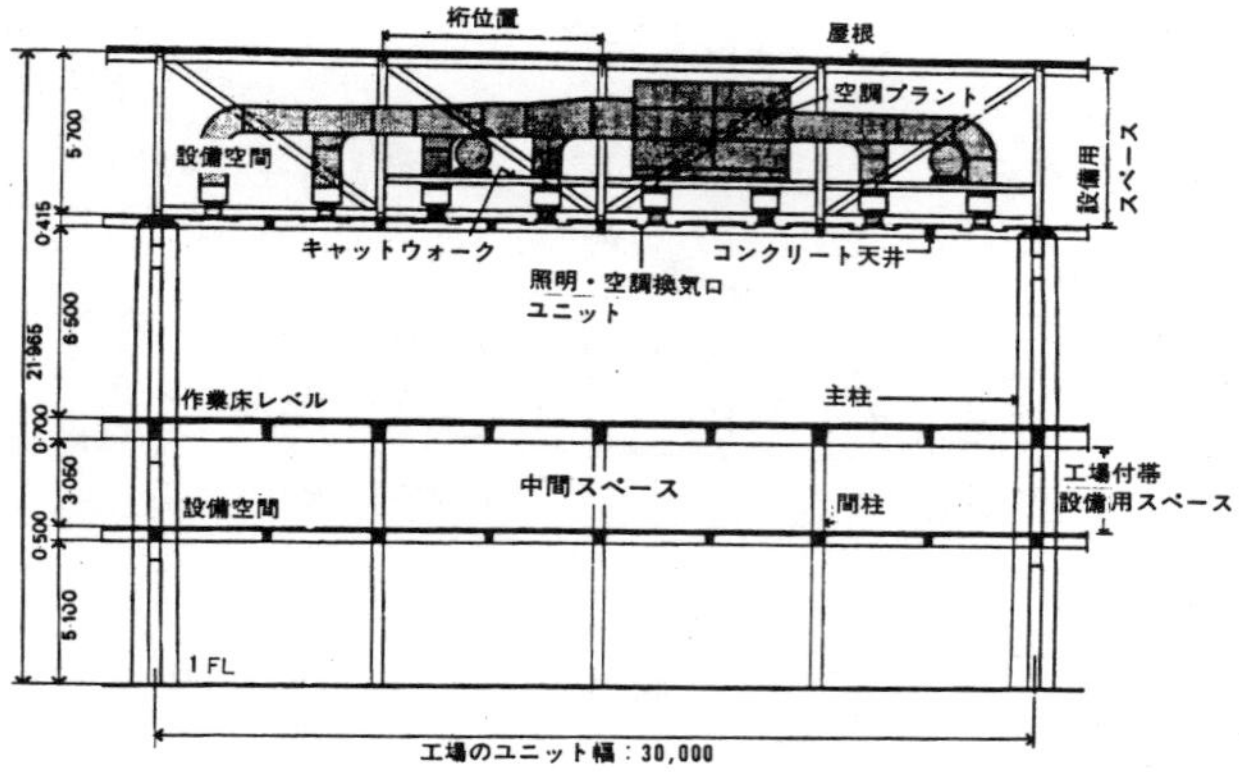

図⑨　設備スペースの構造への影響（ジョン・プレイヤー＆サンズ社, ノッティンガム, 機能構成計画：アラップ・アソシエイツ）／構造と設備が分離したシステム。

設備の垂直ルートはエレベータや階段に沿ったところにあって、周囲は壁で囲われ、構造的には建物の背骨として働く「設備コア」を形成している。

特殊な目的をもった生産施設の計画

使用目的が一つに限られる生産施設では、機能と形態の関係は居住用の建物に比べてより直接的な場合が多い。ほとんどの工場での構造の目的は、主として天候から労働者とその作業、そして機械設備を保護するためのシェルターを用意することにある。しかし、工場内の材料と製品の流れ、そして生産ラインの配置が建物の形態に影響するであろう。

多くの生産施設では、上部構造が走行クレーンを支えており、下部構造が重い設備機器を支えている。それらの役割に対する要求がしばしば建物の形態の決め手となる。アトキンス（一九六二）は、ボイラー施設、石油精製施設、製鉄所、砕石施設、精錬所などの工場を第三次工業施設と位置づけている。それらは主構造が設備を支持している点で共通している。そしていくつかのケースでは、実際に機械の「家」として形づくられている。

内部での作業の性質、そして機械設備の形状と寸法から覆いの適切な形態が導かれることが多い。ファルコナーとドルリィ（一九七五）は、いくつかの例をあげている。図⑩がその典型的な例である。水平方向に軸をもったタービンや発電機の設置される火力発電所（図⑪）と、軸線が垂直で発電機がタービンの上に置かれるフランシス・タービンの水力発電所とでは全く異なる構造が生まれる。

鉱石精錬所では、設計者は機械的な手段で材料を次工程へ運ぶ平屋建にするか、あるいは材料の運搬に重力を活用する、より高価な二階建にするかの選択に直面する。

特殊な用途の多くの建物では、機能的な要求が直接的に特殊な構造力学を暗示させるような形態を決めてしまう。ヨー

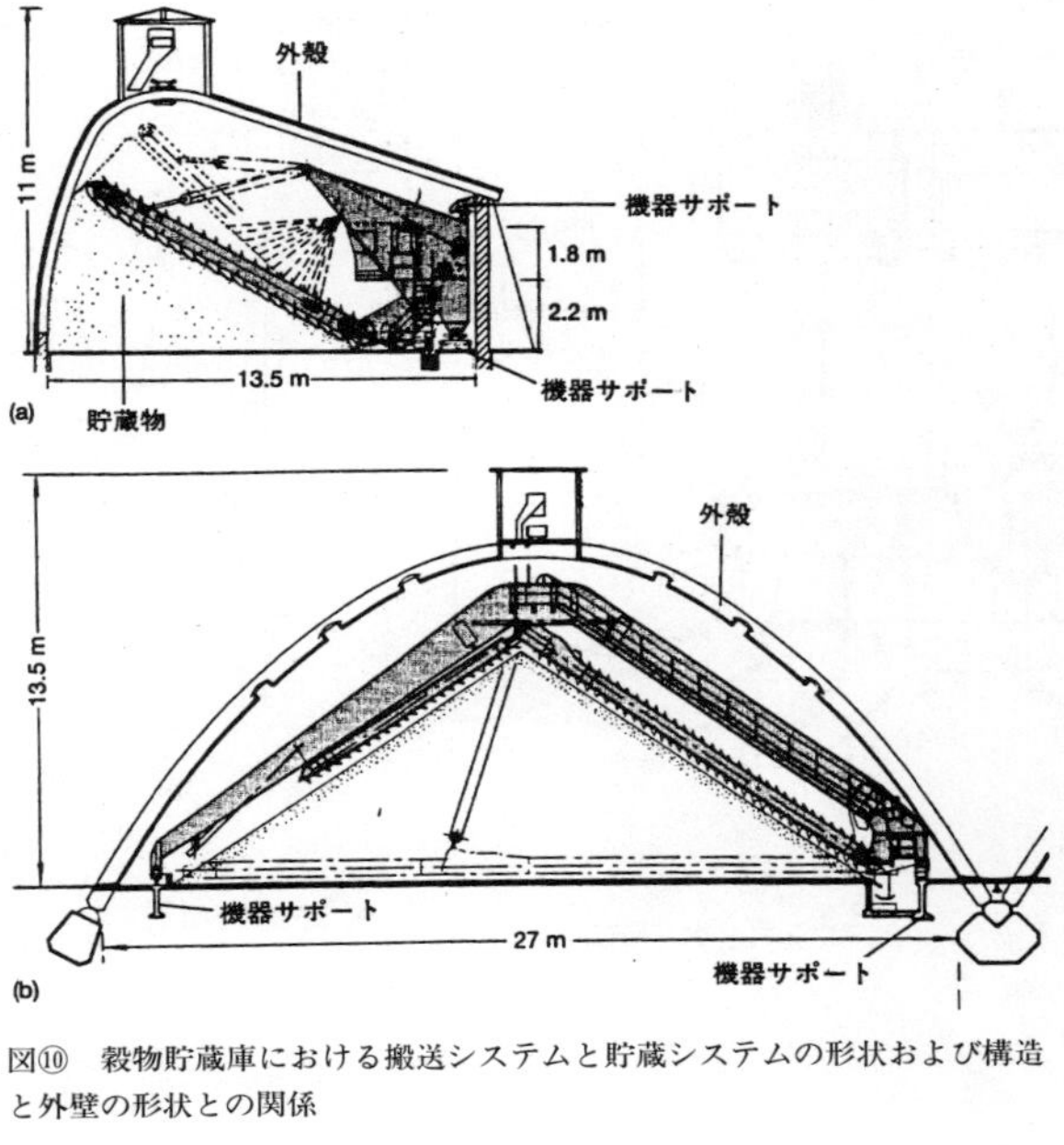

図⑩　穀物貯蔵庫における搬送システムと貯蔵システムの形状および構造と外壁の形状との関係

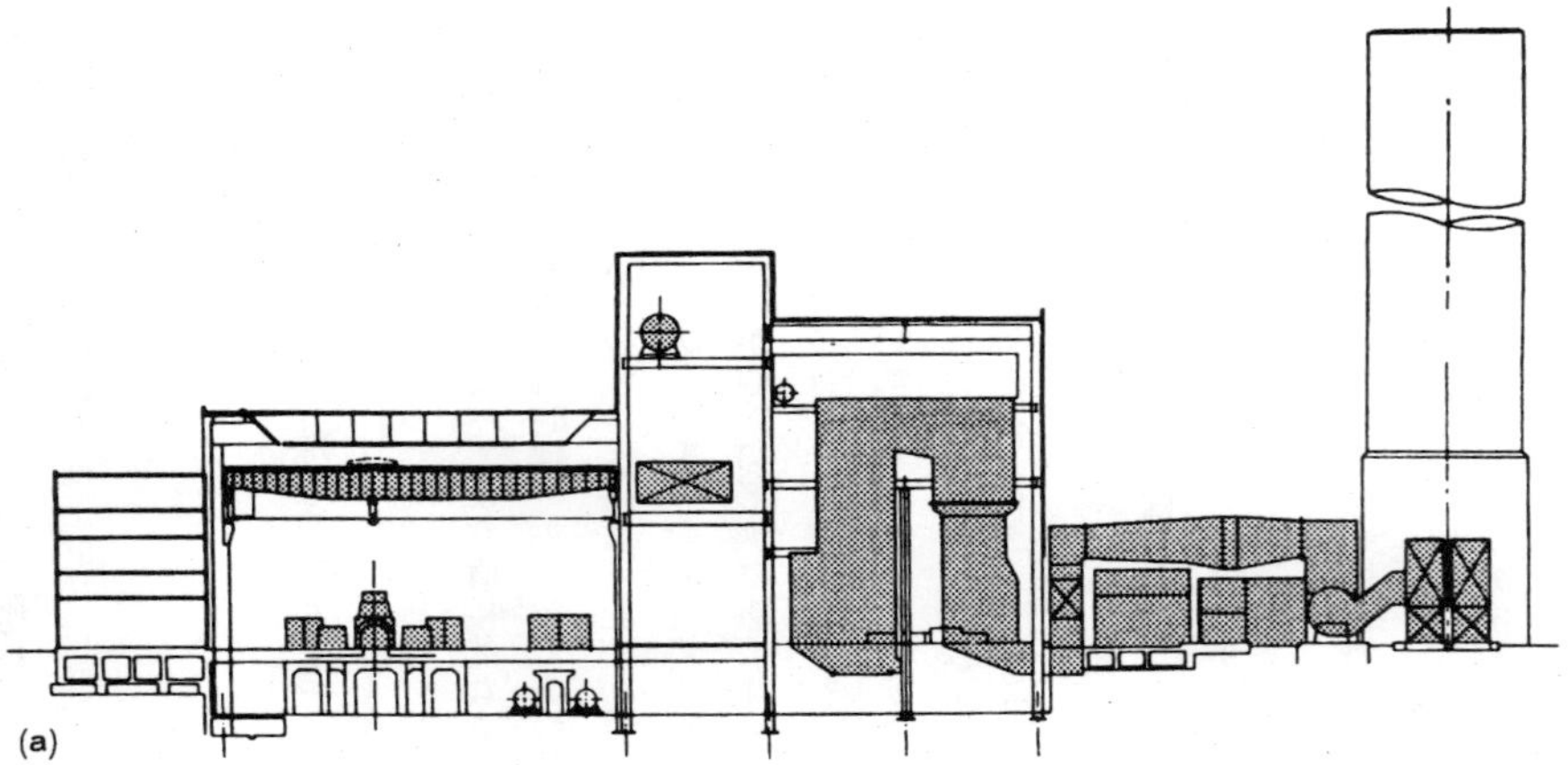

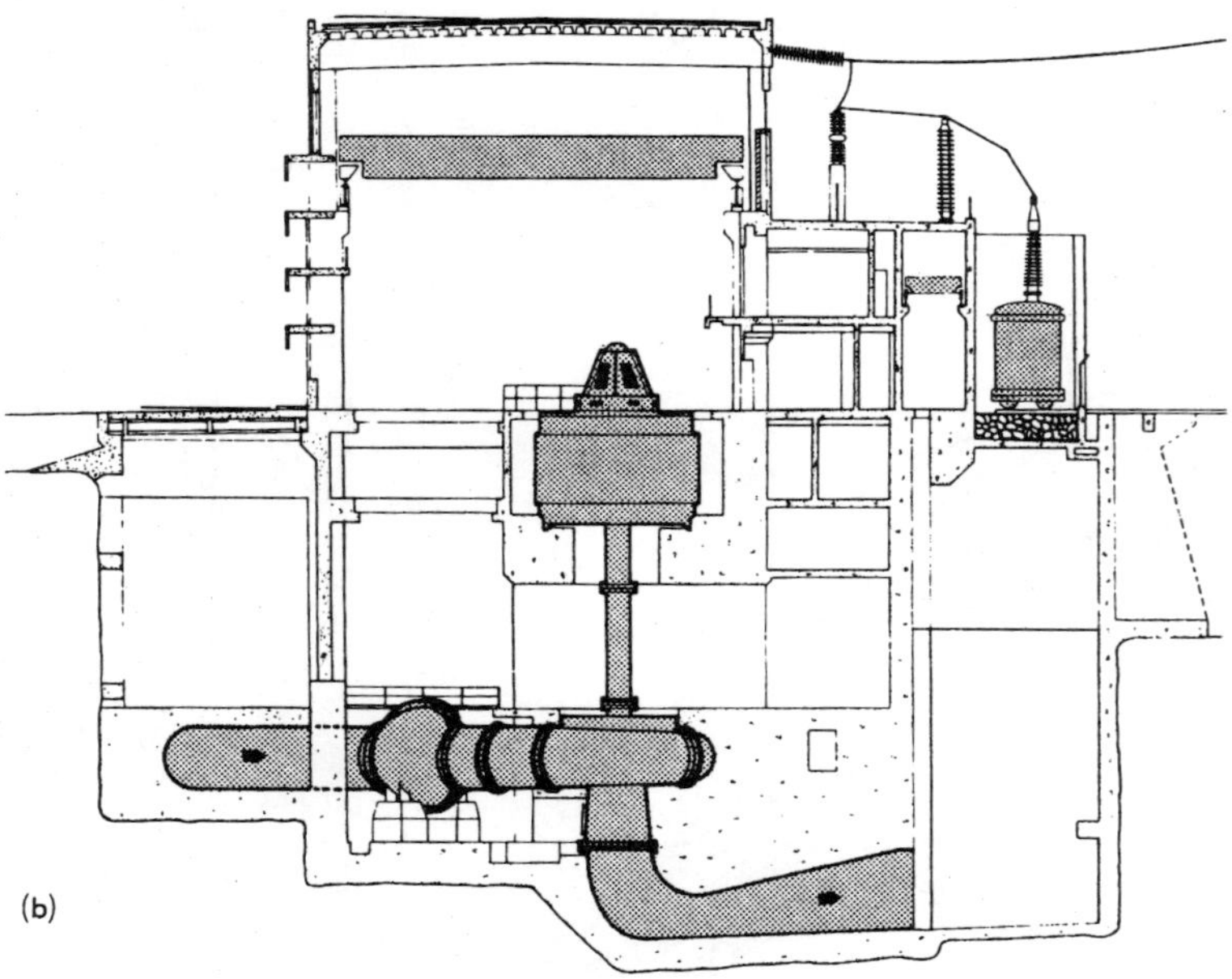

図⑪　機械設備，構造，外壁の形状の関係
(a)　火力発電所（フォーリィ中央発電局）
(b)　水力発電所（マレー第２発電所，スノーウィ・マウンテン水力発電局，オーストラリア）

ロッパでは、汚水処理タンクは球体に近い形にするのが常識である。というのは、内圧に耐える連続した外殻が必要であり、シェル理論を用いることがすぐに考えられるからである。これまで伝統的に上部と下部に短い円錐体をつけた円筒状の形が用いられてきた（図⑫(b)）。しかし、この形態の欠点は、円筒と円錐との継ぎ目に大きな伝達応力が生じることである。二〇年ほど前、フィンスターワルダーは「卵形」のタンクを導入し、最初に一群のタンクが一九五八年、ベルリンで完成した（図⑫(c)）。新しい形を採用したことで、垂直方向の曲げモーメントと引張り応力は、この方向のプレストレスを必要としない範囲に低減した。

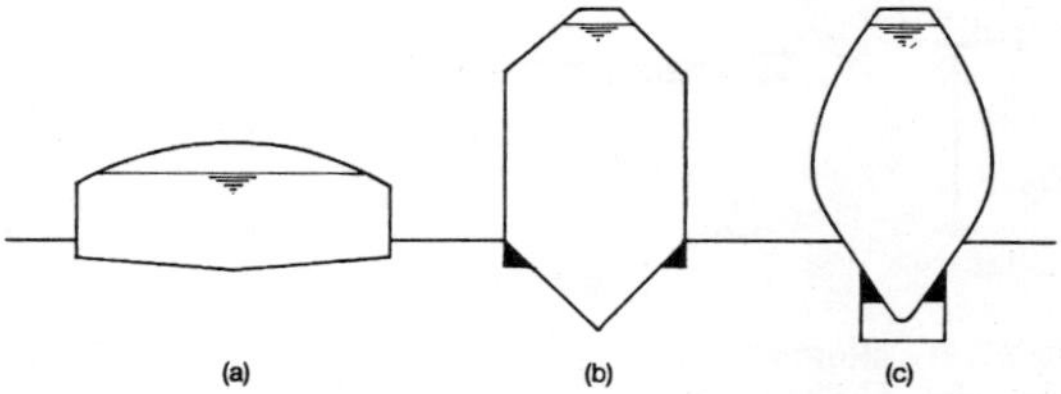

図⑫　構造の形と機能の積極的な統合／汚水処理タンクの形における発達。

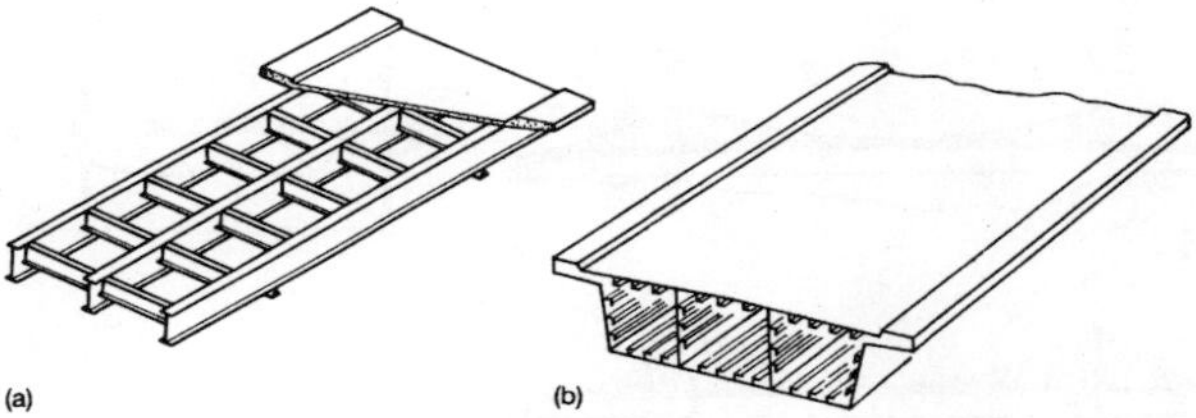

図⑬　構造の形と構造の働きの積極的な統合
(a)　伝統的構造／梁の上に敷かれた床版，主桁にかかるクロス梁。
(b)　近代的な構造／床版は車の荷重を分散すると同時にボックス梁の上フランジとして働いている。

設計者はいつもこのように、ある形態がもっている耐力を利用して、耐力と機能の調和を同時に成し遂げようと気を配るべきである。このような考え方が生産コストや建設コストの面で必ずしも適切あるいは経済的だとはいえないだろうが、その可能性は追求すべきである。というのは、それはしばしば知的で見た目にも美しい解を導いてくれるからである。

前述したように、橋の機能には定められた幅と位置の水平な平面が連続することが必要である。伝統的な橋梁の構築方法（図⑬(a)）では、この面は長手方向の主桁に支持された密な格子梁の上を渡すのに十分な強度でつくられた。今日では、構造的に床全体を圧縮フランジとして主桁方向の応力を負担させる合成梁とするのが一般化している。「格子梁」と「つなぎ梁」に相当するものは、いまは単にスチフナー（補剛材）として残っているだけである。これは「オーソトロピック（直交リブ付）」床版として知られている（図⑭(c)）。究極的に発展した形はボックス・ガーダーで、従来タイプの大梁のフランジは箱型形状の上面と下面に相当し、従来のウェブは箱形の側面と内部に設けられたウェブに相当する（図⑬(b)）。従来のデッキをコンクリートとの合成梁、あるいはオーソトロピック・デッキに変えたときの経済性については、ト

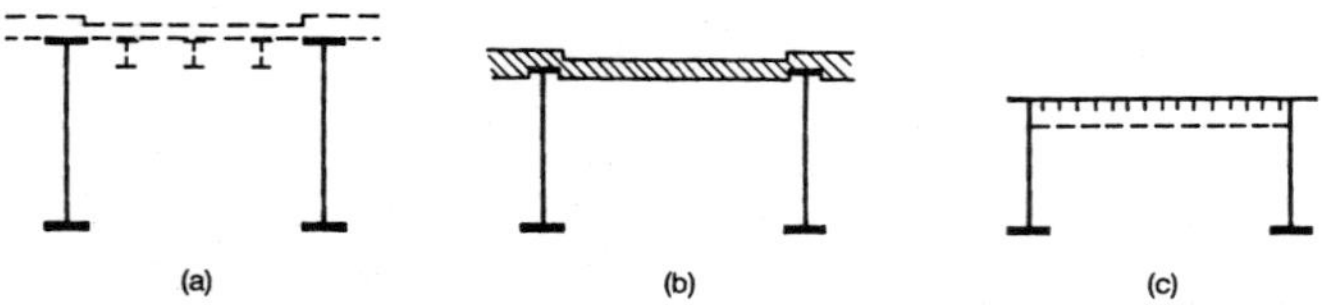

図⑭　積極的な統合例／橋桁のデプスの減少
(a)　従来の床版
(b)　複合床版
(c)　オーソトロピック床版（直交リブ付床版）

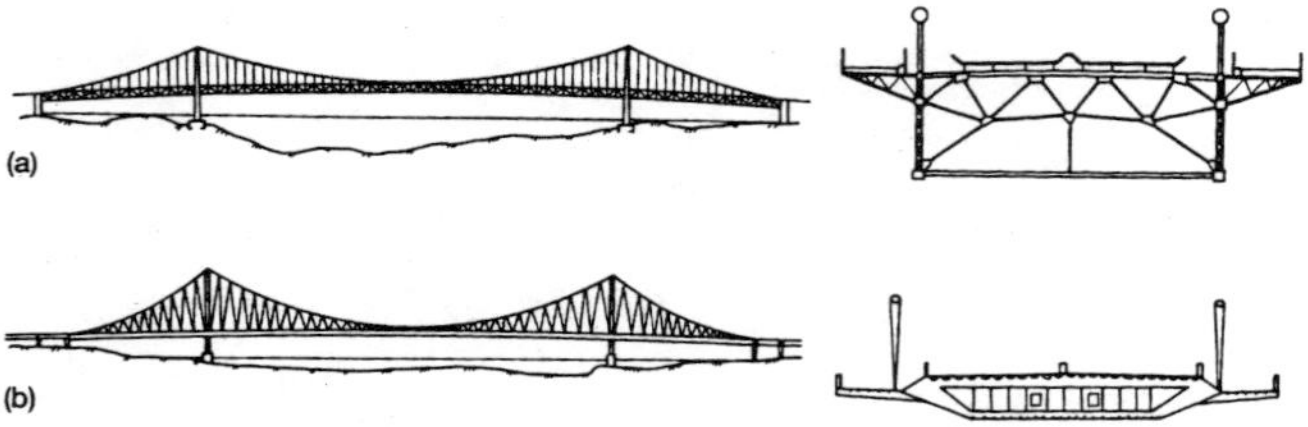

図⑮　吊り橋の設計における改良／(a)フォース・ロード橋（1964）と(b)サヴァン橋(1966)の形状と橋桁断面の比較。(エンジニア：フリーマン・フォックス&パートナーズ)

ロイスキー（一九六七）が発表している。図⑭に、標準的なシステムによる梁せいの相対的な比較を示した。補剛用のトラスとデッキのシステムが空力学的に設計されたボックス・ガーダーに移行してきた、最近のサスペンション・ブリッジに、形態と機能の調和の完成度を見ることができる（図⑮）。

このように機能的要求の特性が、構造エンジニアに厳しい条件を課すこともあろうが、力を伝える効率的な手段を考える上での予期せぬチャンスを与えているともいえよう。

計画の柔軟性

生活様式、工業のプロセス、社会的なニーズの変化が細かい機能的要求を変えてしまうので、建物の上家はある特定の機能にとらわれて設計すべきではない、といった教えがあることを、本章の終わりに強調しておきたい。病院を計画するような人たちや、特に建物に柔軟性を組み込むことを主題に設計している現代の建築界の「ハイテク」運動の推進者がいる一方、建築家ミース・ファン・デル・ローエのような人、そして居住者が自分に最も適した模様替えを行うことを前提とした単純な基本スペースを提供する現代の事務所ビルの事業家もいる。

ブレイク（一九七七）は、一世紀前に設計された多くの古い建造物が模様替えによって、二〜三年前に設計された建物よりはるかに現代の機能を果たしていると強く主張している。しかしながら、これは主にほとんど設備を想定していない外殻構造の建物にとって言えることで、そして幸いにも、古い建物の構法が荷重伝達の方法を多くもっているという偶然によるものである。

このように機能と形態の関係が曖昧なときでさえ、設計チームはその建物が将来の用途に対して最も適応しやすい提案をする責任を放棄するわけにはいかない。そして、このことが構造システムを立案するときに大きな影響を与えるのは明らかなのである。

構造エンジニアの仕事との関連について

構造を学んでいる学生に、どうして建築家や建築、そして美学に興味をもたなければならないかを納得してもらうのは難しいかもしれない。しかし、それを理解してほしいのは、専門的な分野にいる大半の構造エンジニア、そして政府機関や「総合建設会社」に所属する多くのエンジニアは、ある程度建築的要素を伴う建物やそのほかの構築物に関わる仕事をしているからである。住宅や業務ビルの機能的な計画を担うのはアーキテクトで、最近では工場もそういった傾向にある。このようなケースでは、通常アーキテクトが設計チームのリーダーとなる。したがって、シドニー・オペラハウスのケーススタディで見てきたように、アーキテクトの個性、態度、ねらいが構造エンジニアに求められる仕事の量と難しさに大きく影響してくるであろう。

その上、環境に関心をもった市民団体の政治的な圧力が増大したことで、主任技術者が衆目を集めるような建造物の芸術性に対して注意深い配慮をすることや、公開討論の場で計画案の美的な長所を主張できることが必須となった。多くの場合、こういったことに関してエンジニアを援助してくれるアーキテクトはいないであろう。

アーキテクトとエンジニアの関係は、一方向のプロセスであってはならない。アーキテクトは構造の分野に関しては素人なので、設計の初期段階では、異なる建設方法や異なる構造形式の可能性についての確信がない場合が多い。多くのアーキテクトの不満は、構造エンジニアがアーキテクトによって最初に提案された建物の形態をあまりに容易に受け入れ、そして単にそれを「成立させる」に足るだけの断面を選定することに甘んじていることである。そういったアーキテクトは、構造エンジニアが少なくとも概念的なレベルでいくつかの構造の選択肢を提案するか、もしくは構造的に可能で、アーキテクトが努力している効果を高める修正を進んで示唆するといった、より積極的な貢献を望んでいる。

残念なことに、アーキテクトとエンジニアの間の理想的な相互関係を達成するのを難しくしている多くの要因がある。構造エンジニアが協働しなければならない職能の中で、最も理解しがたいのは多分アーキテクトであろう。機械や電気のエンジニアは同じ言葉を話し、基本的に同じ哲学をもっている。資本家や開発者でさえ、エンジニアが簡単に理解できる数値化された目標をもっている。法律家は経験を整理することが好きで、エンジニアリングの仕様書、あるいは規準によく似た形式でそれをまとめている。

対照的に、アーキテクトの手法と目的はかなり漠然としている。エンジニアがアーキテクトに出した要求と制限についての理由を聞かれると、アーキテクトは不快感を表すか、理論的に説明ができないことがしばしばある。アーキテクトにより同情的なエンジニアであるアラップですら、謎めいた次のような記述を残している。

> エンジニアの主たる頭痛の種は、アーキテクトによって創造されたものであり、それはもしかすると、実にまっとうな理由によるものだ。

一般的にエンジニアリングと建築の分野は、それぞれ異なった性格の人を引きつけると信じられている。それらの相違は伝統的な専門家養成教育によって強められ、そしてかなり厳格に組織化された職業構造によって維持されている。エンジニアとアーキテクトは違う言語を話す。「デザイン」「機能」「経済」そして「構造」という言葉でさえ、それらが用いられる文脈によって、それぞれが非常に異なった意味をもつであろう。さらに、それぞれは設計チーム内で同じ仕事の違う局面を担当していて、例えば美的な要求は構造の合理性と相いれないかもしれない。こうした衝突を解決するプロセスの中では、ほぼ確実に対立が起きるであろう。

実務家の中には問題の存在自体を否定する者もいるが、後の章で見られるように、こういった話題は英語圏以外でも、文献にしばしば取り上げられていることからも、非常に多くの人々の問題となっているに相違ない。しかし、別のもっともな見方をすれば、ある程度の摩擦は、創造的な設計のために健全で必要な刺激を与えているとも言える。討議が他の専門家の能力と責任を尊重した上で、設計を進歩させる建設的な批評と提案を含んでいるならば、このことは真実である。残念なことに、それは時として単なる口論に変質して、最悪の場合には、閉ざされた扉の背後での敵意ある沈黙となってしまう。こうした例からもわかるように、誤解の最も一般的なケースの一つは、設計チームのほかのメンバーの能力と彼らの異なった責務からくる圧力についての無知である。そのために次章では、アーキテクトの責務と、彼らがそれにどう挑んでいるかをかいつまんで述べることにする。

エンジニアが建物の形態を生み出す初期の段階でアーキテクトと積極的に連携するなら、エンジニアはその提案がアーキテクトの全般的な目的に合致できるように、建築思想の初歩的な知識をもつことが望ましい。これは非常に難しい注文である。というのは、エンジニアは偶然協働する個別のアーキテクトの考えを、おびただしい文献と、根気よく活発な議論によって、カテゴリー分けできなければならないからである。幸いにも、二つの要因がこれを最初の印象よりはいくらかやさしくしてくれるであろう。基本的主題の多くは建築史上に繰り返し現れている。それは例えば、洗練された単純なものと錯綜した複雑なものとか、機能性と自己目的的な美的表現主義の二つの対立する概念である。エンジニアがアーキテクトの思想にそういった基本的なテーマを見つけることができれば、もっと積極的に貢献できる機会をつくることができるだろう。救われるもう一つの要因は、創造的なアーキテクトは厳密には与えられたどんなカテゴリーにも属さないことである。プロジェクトへのアーキテクトの対応は確実に複雑なものになり、時には自己矛盾するいくつかの側面をもつこともある。彼の建築思想は時と共に変化し、異なった様式の建物を同時に設計することさえもあるであろう。それゆえ、エンジニアの提案がアーキテクトの全般的な思想におおよそ一致すれば、そこには効果的な相互関係ができる可能性があるはずである。

最近の発展に焦点を当てた建築の歴史の概要を10章に、そしていくつかの建築思想の主なテーマの概念を11章に用意している。

こうした議論のすべては、一つの質問に行きつく——もしアーキテクトが、他人のやり方に全く共感することがないならば、はたしてエンジニアは彼に協力する必要などあるのだろうか？　このことについてのいくつかの見方は、後の章でふれている。個人的なコンサルタントは依頼を拒絶する選択権をもつが、大規模なコンサルタント会社や政府機関で働いている人は、最善を尽くしてアーキテクトと働くことを強いられることになろう。

エンジニアにとって、建築思想への興味より美学への興味のほうがより幅広く役立つと思う。通常、エンジニアは自分たちの技術に対するアーキテクトのより挑戦的な要求の理由がすぐに理解できないときでさえ、建物の計画をアーキテクトに任せっぱなしである。しかし、アーキテクトが特定の視覚効果を達成するために要求を出したときには、エンジニアは当惑したり、あるいは憤慨しがちで、アーキテクトの「気まぐれ」を蔑んだりする。

自分の構造表現について考えているエンジニアはいつもいるのだが、最近まで多くの人たちが美しいものは高価で贅沢だという考えをもっていた。一九七三年頃になってまで、ある人が著述に「表現の重要性」と表題をつける必要を感じたのは暗示的である。

しかし、現在では工学誌の論文でも、新しい構造の美学について何らかの論評を載せることが一般的となった。こういった表現についての興味を増大させた大きな原動力は、視覚的な環境に大きな影響を与えそうなプロジェクトに敏感になった現代の人たちである。特に谷へ架け渡すときには、橋はしばしば目立つ表現となる。コロラドの美しい大峡谷を横切る高速道路の橋が提案されたとき、政府は一般の人たちにその視覚的な影響を理解してもらうために、現地で橋の断面の実物大合板模型をつくらせた。また、コンピュータ・グラフィックスや完成予想パースも示された。

明らかに、アーキテクトと同様にエンジニアも満足のいく視覚表現を達成するために、お金を費やし、かなりやっかいなこともする覚悟をしている。そして近年、彼らにそうさせるための一般の人たちや政府の力が強まってきた。それゆえ、構造エンジニアが一般の人たち、政府機関、そしてアーキテクトと美的原理について討議できることが重要になっている。

美学の論理はそれ自身が独立した広い分野であって、哲学の一部を成している。12章に準備した短い論述は、実際に適用できることに注目して、より単純な局面に限っている。この主題に少しでも関心をもっているエンジニアは、自分の視覚的な環境への認識が増大していくことに気づき、そしてアーキテクトにとって分別のない素人から離れることが、どんなに気楽かをすぐに理解するだろう。

07 アーキテクトとその仕事

The architect and his work

はじめに

歴史、哲学、美学の三つの話題については、後の章でごく簡単に概説するつもりだが、ここではアーキテクトは何をするのか、アーキテクトは自分自身と自分の仕事をどう見ているのか、そして他の人たちが、アーキテクトをどのように見ているのかに手短にふれることにする。そして次の章では、アーキテクトとエンジニアのものの見方や取組み方の主な相違点を取り上げることにしたい。

言うまでもなく、「典型的なアーキテクト」などというものは存在しない。その一部は最大限の機能性と快適性を最小限のコストでクライアントに提供することを生き甲斐としている、まじめな遵奉者的なアーキテクトである。一方、ひとたびクライアントが自分を指名してしまえば、「芸術家」の仕事に口出しをする権利はなく、何が起きようとも喜んでそれを受け入れ、報酬を支払うべきだと考えているアーキテクトもいる。以上のタイプは「システムおたく《ボーイ》」と「アートおたく《ボーイ》」に類別される（アラップ、一九六六）。

幸いにも、大多数のアーキテクトはこの両極端の間にあって、人間の反応や感性を考慮しながら、物理的な要求の実用的な詳細を考慮し、そして、もちろん構造理論を含めたさまざまな科学的な理論の範囲内にすべてが収まる、「最も複雑な芸術」の実現に挑戦している。

アーキテクトの役割

西欧のアーキテクトのほとんどは、コンサルタント業務を行う小さな民間設計事務所の共同経営者か社員として働いている。したがって、アーキテクトの役割は彼が担当する小規模なプロジェクトの設計プロセスをたどれば、いとも簡単に説明ができる。

通常、彼の最初の仕事は、クライアントの要求とその資金について話し合い、そしてクライアントにどのような選択肢があるかを示すことである。クライアントはしばしば自分がどのような建物を望んでいるのか漠然としたアイデアしかもっておらず、たとえアイデアが固まっていたとしても、そのコンセプトは決して最適な設計とは限らないので、この段階が必要になる。プロジェクトが学校、病院あるいは地域社会の共同住宅の場合には、アーキテクトはその建築物を実際に使用する人の意見を聞き、05章で示したように、人々の行動パターンや建物内の人と物の流れを調べるであろう。プロジェクトが個人住宅なら、クライアントの趣味やライフスタイルを知ろうとするだろう。アーキテクトの中には、そのためにクライアントの家族とともに数カ月の間、実際に暮らす者もいるくらいである。

こういった調査過程が終わると、アーキテクトはクライアントにとって最も適切だと思う建物のアイデアをまとめはじめる。人により程度の差こそあれ、このプロセスはアーキテクト自身の思想を表現し、設計者としての名声を確立したいという願望によって特色が出てくる。後者は単なるプライドから出たものではなく、名が売れていなければ生計を立てるのに必要な報酬を得られないからである。

たとえアーキテクトがもっぱらクライアントにとって最良の解決をめざしていたとしても、もしクライアントのもっている強い考えがアーキテクトのそれと食い違った場合、そこに道徳的な問題が生じる。アーキテクトはクライアントの召使いなのだろうか？　自分の意志に反してもその指示に従うべきなのか、それとも専門家として自分が最良と考えていることをクライアントに強引に受け入れさせるべきなのだろうか？　アーキテクトはクライアントの要望にある程度応えつつ、同時に専門家の助言を受け入れるように彼を「教育」することを試みながら、どこかで妥協案をまとめるのが通常である。現実主義的なアーキテクトなら、この段階でクライアントのためにかなりのコストを節約しようと思うであろう。一方、芸術家的気質の人なら、予算を増すようにクライアントを説得するであろう。このように、特に計画や美的な感覚の問題に関してクライアントを「教育する」ことの道徳的な問題については議論の余地があるが、これはすべての専門的な職業について言えることなので、ここでは取り上げないことにしたい。

こうした議論のあと、アーキテクトは可能な予算の範囲でクライアントの要求をできる限り満たすような空間の配置、材料の選択、それに美的な面を加えた案づくりに取りかかる。この段階でアーキテクトは、案の主要な特徴を示す基本計画図を作成する。

計画がごく小さな住宅でもない限りは、アーキテクトはこうした手順のどこかの局面で、構造、設備、電気のエンジニアの協力を得なければならない。計画案の見積書を作成したり、提案の採算性を計算するには積算士や会計士が必要となるであろう。ここでアーキテクトはエンジニアリングの専門家に対してある程度「クライアント」の立場で対応しなければならない。しかし、程度の差はあれ、専門家の助言によって、彼はオリジナル・コンセプトを修正することになろう。

建物の基本的な形態とその構造や設備が決定するまでには、アーキテクトは機能計画や心理的影響、美観、周辺環境の関連性といったことから照明、空調そして構造にいたるまで、実に広い範囲の要素について考えておく必要がある。

次に彼は計画の許可を得るために、関係官庁と交渉しなければならない。ここでは、地域の都市計画に準拠することが求められる。国によっては、建物の美観と近隣との関係についての許可も必要である。また、地方自治体はその敷地内での建物の配置、部屋の大きさ、窓の寸法、雨水、下水の排出といったようなことにもかかわってくる。

計画案の許可が取れそうな見通しが立てば、すべての関係者はそれぞれが担当する部位の詳細図の準備に取りかかるであろう。例えば、アーキテクトは階段の踏面の仕上げ、手すりの設計と取付け方法を決定し、それにエンジニアによってコンクリートの断面や鉄筋の詳細が進められるので、これには緊密な打合せが必要である。

許可が得られると、アーキテクトは専門のコンサルタントの助けを借りて、工事の入札を行い、そしてクライアントに最も適切な施工者を選定するための助言をする必要がある。次には、アーキテクトは再び専門家の協力を得て、設計図や仕様書どおりに実際の施工が行われるように工事監理をしなければならない。また、工事工程に応じた施工者への支払金額の査定をするという役割もある。

このように、アーキテクトには、美観や平面計画にかかわるだけでなく、ほかにも多くのなすべきことがある。「建築」と「美学」が同義語だという罠に落ちるのはいとも簡単だが、実務管理や施工監理といった業務も、能力あるアーキテクトの仕事の範疇だということを忘れてはならない。

建築という仕事の経験

はじめに

アーキテクトであるということがどういうことなのかについて記述したものは、エンジニアリングの分野と同様に少ないが、それらの記述は洞察に満ちている。その中の最も印象的なことの一つは、アトリエ的な設計事務所の根気強さで、それはある面では供給過剰の市場で生き残る戦いがそうさせていることもあるが、アーキテクト自身の論理において卓越したものを目指す努力に起因している。アーキテクトは芸術的想像力を働かせることから、契約図書の作成、工事監理といった相反する分野にいたるまで、自分の個性を切り替えて対応する必要があるので、アラップ（一九五九）はアーキテクトの役割がエンジニアよりもずっと厳しいと考えている。

エンジニアと同様、アーキテクトも自分たちが総じて不当に安い給料で過度に働かされる職能だと見ている。そして、当然あるべき社会的な評価を受けていないと思っている。彼らは高い水準に到達した価値ある仕事をつくり込むこと、地域社会に尽くしているという満足感、そして設計のプロセスとデザインを生み出す魅力に真の生き甲斐を求めようとしている。彼らはデザインの課題に対して「正しい」答えを見いだしたときの快感をよく話題にする。

特に大企業で働く若いアーキテクトにとって、上司がコンセプトに関するデザインをしているのに、自分は一日中、階段の段板の詳細図を描くといったありきたりな仕事を命じられている現実には、相当な幻滅を感じていると思う。

エンジニアと同様、大組織に所属するアーキテクトは、自分の仕事内容が三五歳ぐらいまでには管理職的なものが主体となっていくのに気づく。そして、もし「昇進」を望むなら、図面の作成や設計の作業は、後輩に任せるべきである。

建築設計の経験

建築設計プロセスを記述したもののほとんどが、それを高度に体系化しようとする傾向にある。そしてプロセスがあたかも明確に定義され、連続した段階に分かれた系列のように示されている。それらには、実際の仕事で経験する設計の混乱や重複といった現実的なこと（13章）は述べられていない。しかし、プロセスの本質を捉えようとした記述が全くないわけではない。

その経験を述べたボイド（一九六五）の記述はとりわけ優れたもので、多少長めに引用するに値する。彼の記述は次のように始まる。「クライアントの多くが、アーキテクトがすばらしい芸術作品を創造することを心から望んでいる」。

しかし、それにはまずはじめに、解かねばならないパズルがある。それは、ある特定の種類の有用なシェルターをできるだけ効率的につくるという実際的な問題だ。パズルは似たようなものであっても、アーキテクトが依頼される新しいプロジェクトは一つとして同じものはない。要求されるシェルターの種類は、彼にとって非常に新しいものかもしれないし、たとえそれが彼の熟知している分野であっても、関連法規や予算、入手できる資材、関係する人の性格などすべてがそのたびごとに異なるであろう……。

ボイドはピースが入り乱れて、「そのいくつかは裏返しのものもある」状態のジグソーパズルにたとえて、前章で述べた設計する際に考慮すべきことを説明している。

このときにアーキテクトがなすべきことは、

すべての要因を総合体として、つまりあたかも自然の創造物、あるいは知的に構築された型に属するかのように、無理がなく説得力のある一つの芸術的な形態としてまとめることである。

アーキテクトはどうにかして潜在意識的な考えが自然にパズルのピースを動かし、組み上げて、必然的に「案内図」をつくり上げてしまうことを知っている。自分の中に一度考えがまとまってしまえば、それは、いつまでも彼の頭の中に残っているであろう。

ラフなプランの準備をしている幸せなとき、初期の大胆なラフスケッチをしているとき、そして納得できる最終の計画を練り上げているとき、すべての時間を通して。

最終的に彼は、パースあるいは模型をつくり上げることができ、このパズルが「解けた」と思うであろう。

シェレンバーガー（一九七九）の論文においてタンブルは、次に続く決まりきった仕事へのエネルギーを生み出すための「案内図」の重要性を確証している。

何をなすべきかに気づくことが秘訣で、一日の仕事が終わって答えはこうあるべきだといえる日は本当に最高だ。それを見つけたときはすばらしい日となる。時にはそれが六カ月間も続くこともある。

その後の数週間あるいは数カ月間は、施工図や仕様書の作成に費やされる。ウッツォンのあとを受けてシドニー・オペラハウスの設計を引き継いだ設計会社の共同設計者のライオネル・トッドは、インテリア設計の仕事について次のように述べている。

私たちは設計図を実施設計の段階のほぼ九五％ぐらいまで進めておいてから、コンサルタントに正確な空間と寸法を決めさせることが多かった。主な協力業者（空調、電気、特殊電気、防災など）の施工図が整ったあとに、私たちははじめて自信をもって仕事を開始できる。このような手続きを遂行し、すべての設備を調整して構造エンジニアからの青信号を受け取るのに、一六段階の検討と証明を要する。その中に一つでも何らかの欠陥があれば、すべての設計をやり直すことになってしまう。

その後は計画に沿って施工を監理する「たいへんな日常」が待っている、ほとんどのアーキテクトはこの段階になっても自信を失うことがない、とボイドは述べている。

時として疑念が雲のように湧いてくることがある。そんなときはピースが互いにぴったり収まらなくなる。……そういった窮地はいつもなら構想の中心を軌道修正することで脱することができるのだが。

しかし、その後に……アーキテクトは自分の構想がやはり唯一の解決策ではなく、ましてそれが最良のものでもなかったことを自問自答するか、友人か批評家にそれを告げられるであろう。問題に対するもっと別の解答があった……同じくらい実際的で、もしかしたらもっと型にはまらず、もっと肩肘を張らない、あるいはより独創的な、またはより現実主義的で、夢物語でなく、そして決して自己満足ではない解答が。彼が選択したイメージは正しかったのだろうか?

このようにアーキテクトの仕事は、エンジニアの仕事と同様に「五%のひらめきと九五%の汗」の結果だが、アーキテクトはその仕事のあとで、より公然とした批評と自己不信にさらされるのである。

アーキテクトの設計への取組み方

アーキテクトがパズルのピースを適所に当てはめようとするとき、彼は創造的な段階の第一歩をどのように踏み出そうとするのだろうか? なしとげようとしているのは何なのか? 最初の形態の視覚化において、彼にとって最も重要な事柄は何なのだろうか?

主に二つの情報源が、これらの問いに対する答えを与えてくれる。一つは一流のアーキテクトとともに仕事をした人たち、もしくはその設計が「完成したあと」に研究した人が書いたアーキテクトの仕事の記述。もう一つはアーキテクト自身が書いた本あるいはインタビューの記録である。後者のほうがより信頼できると考えるのは当然だが、芸術家やデザイナーは第三者的な評論家よりも自分自身の心の動きを分析しにくいところがある、という考え方もある。

エンジニアがこういった記述から受ける主な印象は、論理と感情における実用主義とロマンティシズムが混在した不思議な世界だ。フランク・ロイド・ライトにとって立方体は崇高な形を意味しているので、ユニティ教会は立方体となった。しかしまた、それは低コストで四〇〇人を収容する集会場をつくることでもあった。そこで費用を削減するために打放しコンクリートでつくられた。近代建築の理想を遵守しようとした結果、陸屋根が勾配屋根よりコスト高であること、防水性に大きな問題があることが無視されたのである。

次のクックとクロッツ(一九七三)からの引用文は、ウィーンの議事堂プロジェクトでルイス・カーンがいかにして彼の基本コンセプトに到達したかについて示している(図①)。カーンは黒板に円を描き、次に平行な二本の線でその上下を切り落とした。

人が最初の発想をどのように特定するかは知るよしもないが、私にとってそれはいつも建物の核にある意義であり、その意味の本質であり、性質であって形ではない。ここで本質とはかかわりであり参加である。一つの方向

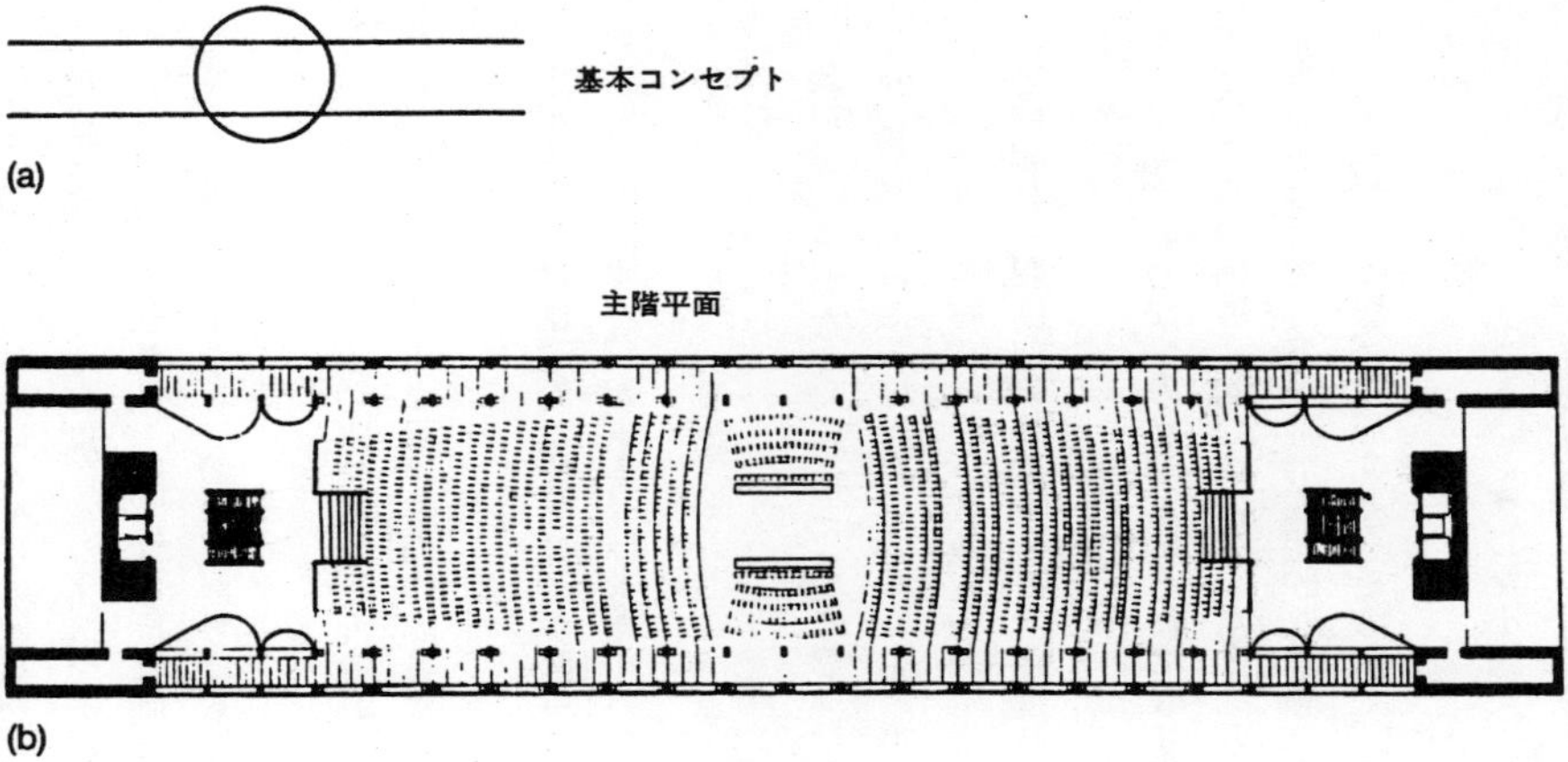

図①　ウィーンの議事堂プロジェクト（アーキテクト：ルイス・I. カーン）
(a)　基本コンセプト：細長い敷地の中での「参加」
(b)　詳細平面図

を強調するだけの単純な形は、参加するという本質をもたない。それどころか、それは単に見守っているか聞いているかに等しい。私にとって、円はまさに参加を表している。細長い敷地に合わせようとすることは、一方的にものを見ることになってしまう。純粋に方向性をもってしまうようなやり方で形を細長い敷地に合わせようとしなかったのは、参加するという本質がなくなってしまうと考えたからである。

注目すべきは、この段階で視線や音響といった実際的なことが考えられていたとしても、カーンはそれらに言及する必要性を感じていなかったことである。実在する建物が現実にこのようにして考えられたことを読者が納得するには、この短い抜粋だけでは不十分であろうが、多くの文献がこのことを裏づけている。

もちろん、すべてのアーキテクトがこのようなロマンティックなアプローチで仕事をしているわけではなく、大部分の人たちはおおむね実用的なアプローチを用いている。米国で成功した大組織の社長ウェルトン・ベケットの哲学をハント（一九七二）は、わかりやすく次のように紹介している。

ほとんどのアーキテクトが自分の思想を模索しているときに、ベケットはすでに方向性を見定めていた。彼は多くの若い建築家たちが追い求めていた「関連性」や「建築家の責務」とは異なる種類の建築を生み出して、多額の富を築いた。それは「ビジネスマンの建築」として愚弄されたが、利益性、堅実性と投資価値の面でクライアントに評判がよく、一般の人たちにも好まれた。

したがって、ハントの本に広く紹介されている作品は、より著名で個性的なアーキテクトの作品とは大いに異なっている。

アーキテクトは創造的な段階に一歩踏み込んだとき、真のジレンマに直面する、とボイドは考えている。なすべきことは、

長い道のりとなり、終点には至らないことを知りながら、科学的にあるいは合理的な取組み方で最良の可能性を追求すべきなのか？　それとも科学などは捨てて、直感に頼り、想像力の赴くままに突き進むべきなのか？

アーキテクトの仕事の複雑さとそれに取り組む難しさを考えると、多くの指導者的立場のアーキテクトがあまり自信のない人でも理解できる単純で入門的な思想「声明書」を書いているのはやや不思議に思える。その中で、最もよく知られているのは、おそらくル・コルビュジエの『建築をめざして』（一九二三）であろう。こうした小論文はアーキテクトの取組み方について、さらなる洞察を与えてくれる。そして、それらについては本書の10章と11章において簡単にふれることにする。

職能のイメージ

他の人とうまくやっていきたいと望むなら、共通の目的に対してその人が自分自身と自分の役割をどのように考えているか、を知っておくとよい。リチャーズ（一九七四）とマクローリン（一九六二）が、この分野で働いてみたいと思っている人たちのために、アーキテクトとその職能について率直に記述している。多分、それは平均的なアーキテクトが、一般大衆に対してもってほしいと考えているイメージを示していると思う。

アーキテクトとその仕事を、よりロマンティックに書いたものの一つがフライ（一九八九）による記述である。彼は創造的な行為を「一種の恋をしている」ように描写し、設計の最終段階を次のように考えている。

それは再び俗世界に降りてきたような状態で、アーキテクトはアシスタントたちに取り囲まれ、仕事場の中心にいて、専門技術者、エンジニア、積算士たちがめまぐるしく往き来している。

誰でも俗世界に降りるのを避けたいと考えており、世俗的

な仕事が建築に含まれなければよいと、フライは望んでいる。アーキテクトは仕事場での自分を次のように考えている。

専門技術者集団を几帳面に指導している……できるならそんな几帳面さから逃れられればよいのだが……。

アーキテクトはまた教育的な役割を演じることもある。

ある部屋を快適にするには八回の換気回数が必要だ、と私に告げるようなエンジニアは、私が人にとって快適な内部空間を保つことに苦心しているのを理解していない。そういったエンジニアは耳の痛いことを言われて立ち去るか、自分の視野を広げて出直すしかない。このようにアーキテクトとの人間的な接触が欠けているから……この国（英国）の構造エンジニアリングは、機械的で愚かになってしまったのだ。

ほとんどのエンジニアには、こういった言い方は傲慢で無責任に聞こえると思うが、フライは第二次世界大戦以前の建築界における「モダニズム運動」の「英雄的」な時代に育った人である。最近では、モダニズム運動が初期の期待に応えられなかったこと、それに関連して建築という職能が一般の人たちの支持を得るのに失敗したと見られていることに対して、多くの自省する動きが見られる。こうした反省をする側の発言は、ニューヨークで成功している事務所の共同経営者であるイワン・チェルマイエフによって書かれている。

非常に残念なことに、多くのアーキテクトはあまりに自己中心的であり、明らかな反証にもかかわらず自分が建築をつくるのに最も適格な者だと信じている。最も優秀なアーキテクトたちは皆死んでしまい、次に優秀な人たちは限界を感じ、三番目の人たちは時代遅れで、不必要なものを上手につくり、四番目の人たちは大学をドロップアウトして建築界にとどまっている人たちの無責任さを論じ、そして残りの人たちはようやく生計を保つのに精一杯で、より賢く才能のある仲間とともに、実際に建設や開発に携わっている八〇％の人たちから無視されている。

この評論は明らかに皮肉たっぷりだが、実務的なアーキテクトたちの多くは、決まりきった設計作業、仕様書の作成、そして監理契約が彼らの最大の弱点だと認めている。そして、多くの人たちが自分たちは働き過ぎで、十分な給料ももらえず、正当に評価されていないと考えているのは、すでに述べてきたとおりである。

フライとチェルマイエフのように対照的な姿勢は、社会における自分たちの役割に関する建築家の見解の何か精神分裂症的なところを示しているといえよう。このような精神状態になる理由は、ほとんどのアーキテクトがはじめに芸術的もしくは理想主義的見地に立った教育を受け、学校はそれを変えようとしないところにあるようだ。

　アルソップ（一九七四）は次のように述べている。

> 学校の建築学科の温室のような中で、あるいは建築家協会の委員会室の中では、アーキテクトがその働きによって社会的風潮を支配していると思い込むのはいとも簡単だ。近代建築の巨匠の伝記を額面どおりに受け取って、アーキテクトをまるで神のように考え……アーキテクトは優れた資質を自覚し、そして人類のためによい環境を形づくる使命を負っているのだと思い込む。現実の厳しい経済社会において、このような考え方はたちまち薄れてしまう……しかし、アーキテクトやそのアシスタントたちがすでに身につけてしまった設計のやり方は生涯変わることがない……。

　しかし、厳しい経済社会は芸術家や理想主義者に大きな損失をもたらすだろう。ボイドは次のように予測している。

> 建築を学んだすべての人たちの中で、各世代でほんの二〜三人しか成功をとげられないだろう。一〇〇人に一人だけが生まれ故郷の町で名声を上げ、二五人に一人がいくばくかでも評価を得られる設計事務所の所長となるかもしれない。しかし、数少ない幸運な人でも、ほとんどは設計するというより、一〇〇件の決まりきった仕事に追われ続ける。平均的な所長がたとえ詳細図にせよ、設計に費やせる時間は週にたった一〜二時間だけだ。

このような状況に甘んじている人たちは、

> 無難な構造方式と、最新の規格部材の窓、扉、仕上げのパネルなどを、そこそこの想像力や気遣いを働かせて見栄えよく、実用的に適用したそれなりの建物で商売を成り立たせているだけで、それ以上の何かを創造するといった意欲の素振りも見せない。

　ボイドの見解では、このようになってしまうのは、野心的な芸術家的アーキテクトには、どうしても「大金持ちのパトロンが必要」なのが主な原因だとしている。画家はさしたる経済的損失はなく最初のスケッチを投げ捨てられるが、アーキテクトは初めからかなりの力量を示さなければ、次の機会を得る見通しが立たなくなってしまう。たとえ彼が最初の依頼を得たとしても、「生計を立てるために実際的な商売に徹底してしまえば」視覚的な計画を練るための時間あるいは才能を捨てることになろう。それでも、ほとんどのアーキテクトは自分のビジョンに執着するか、少なくともそれがアーキテクトとして絶えず努力すべき理想的方向だと信じている。こういったことが、精神分裂症の職能集団を生み、その中のある者は神的なアーキテクトにあこがれ、またある者はそういった風潮に腹を立てて拒絶し、そしてほとんどの人が夢と現実の狭間で悩まされている。

平均的なエンジニアが出会う平均的なアーキテクトの姿勢は、あきらめと思い込みの両極端のどこかにあって、実際、その多くは両極の間を行ったり来たりしている。もちろん、エンジニアでも大学を去るときには、何か同じような種類の幻滅を味わうだろうが、エンジニアにはもともと理想主義的なところが欠けている。彼らが学校で取り組んだ教育では、ほとんどの場合、教授の言うことが明白に正しく、自分は明白に間違っていることが証明されるという、よりつつましい経験も積んでいる。そして、エンジニアの仕事においては、「個人の礼讃」は極めてまれなことなのである。

ところがボイドは、職人の手仕事が近代的な技術に変わった数多の専門家たちの世界で、建築家の職能がいまだに孤立する芸術家、すなわち「フロックコートを着た紳士」の独裁的イメージを残していることを懸念しているのに、自分もその理想を完全に捨てきれないと表明している。

建築物が、物理的に、いわんや芸術的に機能するものならば、最終的には一人の人間が頭に立つべきであろう。だから、いまでもアーキテクトはすべてを理解しようと努力し、すべてを形づくろうと努力するのである。彼の曾祖父がしたのと同じように……。

設計チームでの指導的立場への固執は、同業者が異口同音に指摘しており、多くのエンジニアはこれに関しては同情的である。アラップは次のように述べている。

芸術、技術と商品という三つの側面を公平に扱った設計ができるのは、設計チームだけだ。そこで私たちが感じるのは、「チームでどうして芸術を生み出せるのか」という疑問である。アーキテクトは「私が責任をもつことによって」と答えるだろう。アーキテクトがこのような指導者的立場に固執するのは、権力や仕事への欲望を越えたもので、芸術家の見地から見れば当然である。

要約すれば、アーキテクトは商業的に成功するにしたがって、自分の芸術的手腕を示す機会を求めようとするだろうし、エンジニアとしては彼らを理解することがますます難しくなるであろう。むしろ、虐げられているほとんどの設計者——つまり些細な部分にこだわることにしか関心がなくなってしまった人たちのほうが、エンジニアには分別があって、頼りになるように見えてしまうであろう。

アーキテクトが自らの欠点として認めている残忍性をもってすれば、他人が自分の価値観を共有してくれる必要などほとんどないと考えているだろう。しかし、社会学者や人類学者は、彼らには建物を使う人たちの真の要求への関心が欠如している、と批判している。こういった批判は、建物を使う人の物理的、社会的要求を満たすのが第一で、芸術的な仕事は二次的要素にすぎないことを前提としている。このような機能主義的な論理は、ほとんどのエンジニアに共通しているので、次章のアーキテクトとエンジニアとのかかわりで考察することにする。読者はこの段階で、アーキテクトという職能がその課された仕事を完璧に遂行できるものだとする考え方については、十分に述べられていないと感じるであろう。しかし、モダニズム運動を擁護する必要が出てきた最近まで、取り立ててこの話題にふれる必要性を感じなかったのである。その人たちの見方は、フライのように、建築の実務と重要性を率直に説明している。このような姿勢については、10章、11章でよく考えてみることにしたい。

ここに心理学者のマッキンノン（一九六二）が実施した、アーキテクトについての非常に好意的な研究がある。彼の研究は「創造的な」人たちの性格的な特徴を見いだすことを意図していた。マッキンノンは、建築が明らかに創造的な職能だと考えていたので、アーキテクトを研究の対象に選んだ。研究の対象となる「創造的な」アーキテクトは、五人の建築学の教授からなる審査委員会が推薦した人たちである。別の観点からの意見が建築雑誌の編集者とアーキテクトのグループ自身からも聴取された。方法についてはさまざまな批判があろうが、選ばれたグループには、明らかに一般的なアーキテクトに対して、建築系の学校や雑誌が業績の頂点としてあげたイメージが表れていた。

推薦された六三名のアーキテクトたちは、心理学者チームによる評価のために、週末バークレイに集められた。心理学者チームは、いろいろな要素を含む創造的なアーキテクトの人間像を、次のようにつくり上げた。

①美的な印象を楽しみ、美的な感受性が高い
②自分自身に高い理想を抱いている
③自分自身の独立性と自主性を重んじる
④創造性に富み、物事をまとめる力がある
⑤高い知的能力をもっている
⑥理知的な認識に純粋な価値を感じている
⑦人間として自分自身の妥当性を気にかけている
⑧まぎれもなく信頼でき、責任感がある
⑨広い範囲に興味をもっている
⑩倫理的に首尾一貫した行動をとる
⑪社会的な平衡感覚と存在感をもっている
⑫感覚的な経験を楽しむ
⑬批判的で懐疑的である
⑭他人との関係を率直に、ためらわず、誠実に示す
⑮話し好きな人間である

創造的アーキテクトは社会的な立場に自信をもっているように見られているが、特に社交的である必要はなく、理知的

で、率直で、頭が切れ、要求が厳しく、自己中心的である。説得力があり、言葉は流暢で自信に満ち、そして自分の心配事や不服を表に出すのをいとわない。

平均的な能力のアーキテクトとされたグループもまた、試験では非常によい結果を示している。彼らの性格の特性はことのほか好ましいものだと判断された。

「評価が高かったのは……、独自なやり方でなしとげようとする行動力」（他の人に追随することなく）、「高い地位につく能力」「内面的要求や動機、そして他の人の経験に対する興味と反応」である。一般的な印象は「よき市民であり、責任感があり、想像力に富み、繊細で有能な人物」といえよう。

実際に活躍しているアーキテクトを研究する人は、ジャーナリスト・作家、精神科医、教育者、心理学者はもちろん、ビジネスマン、法律家、芸術家、エンジニア、広告マンといった多様な技能を混ぜ合わせ、調和させ、駆使している奇術師のようなアーキテクトの能力にたちまち感銘を受けるだろう。

マッキンノンは以上のように述べている。

当然予期されたことだが、アーキテクト自身がこの輝かしい記述に反論しはじめた。ブロードベントは心理テストの正当性と意義に疑問を投げかけ、この性格特性を「お世辞以外の何ものでもない」としたアバークロンビーの批評に同意を表明している。しかし、心理学者の見方は、心理学的概念やテストの正当性とは別に、アーキテクトの人間的な面を再評価しているといえよう。研究者たちは明らかに調査対象者から非常に強い印象を受け、そしてたとえそれが研究者たちの評価に影響を与えたとしても、その一般的な印象は本物であることに変わりはない。

08 エンジニアとアーキテクトの関係

The engineer-architect relationship

協同作業のさまざまなかたち

シェル屋根の（エンジニアリング的な意味での）設計と施工で才能を認められ有名になったスペイン系メキシコ人のアーキテクト、キャンデラは、次のような言葉でエンジニアとアーキテクトの間の緊張について記述している。

> 設計の第二段階では……構造エンジニアとアーキテクトとの凄まじい戦いがある。エンジニアは、時には必要なこともあるが多くの場合必要ない修正を進んで提案する。……一方、アーキテクトはあらかじめ抱いていたアイデアをそのまま保とうとしても、専門家の技術的な議論に応戦する武器をもっていない。異なる言語で話す二人の対話が成り立つはずがない。戦いの結果はいつも同じだ。科学が勝利を収め、概して最終のデザインからは、アーキテクトが夢見た魅力とすっきりしたディテールが失われてしまう。

もちろん、この記述は単純化して、一般的にわかりやすく言い表したもので、アーキテクトがいつも負けていると思っているエンジニアはほとんどいない。両方の態度は時と場合によってかなり変わってくるために、その協働関係にはさまざまな形がある。

極端な例では、アーキテクトの「右腕」となって働くことを幸せだと考えているエンジニアもいる。こういった姿勢は米国の土木学会（ＡＳＣＥ）が企画し、議論の的となったモントリオール・オリンピック・スタジアム（図①）の討議に頻繁に現れている。選ばれた形態の構造的合理性は、テデスコとゼットリンによって激しく批判された。二人はニューヨークの著名なコンサルタントで、構造エンジニアは設計プロ

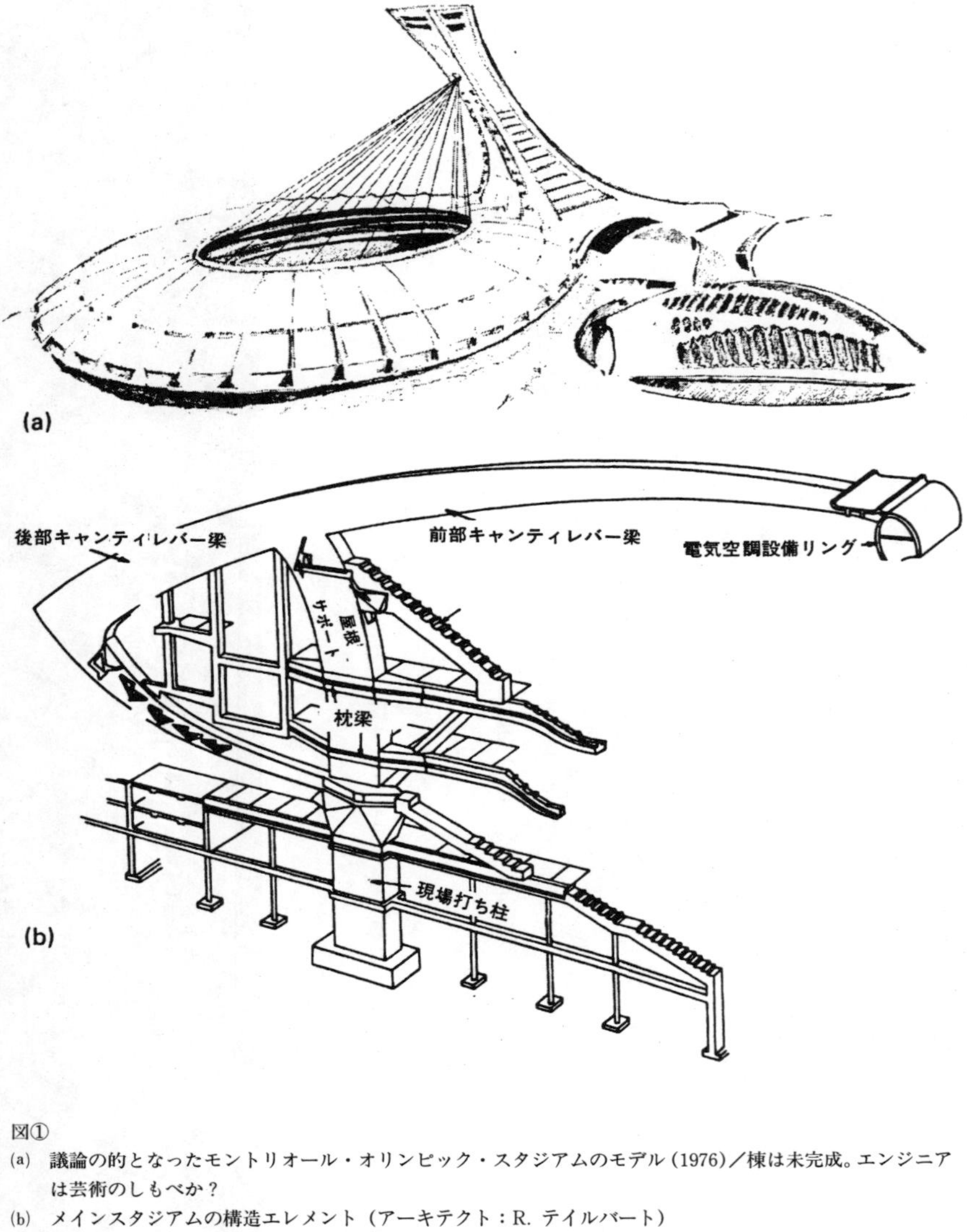

図①
(a) 議論の的となったモントリオール・オリンピック・スタジアムのモデル (1976)／棟は未完成。エンジニアは芸術のしもべか？
(b) メインスタジアムの構造エレメント（アーキテクト：R. テイルバート）

セスの初期から参画し、プロジェクトのオリジナル・コンセプトに影響を与えるべきだったと主張した。一方、このプロジェクトで協働した構造エンジニアのヴィニョは、「もしピカソの絵画を買ったら、その絵に手を加える人は誰もいないだろう」というたとえでアーキテクトを弁護した。

> 同様に、オリンピック・スタジアムに対するアーキテクトのアイデアは評価され、世界全体がそのプロジェクトを受け入れた。あらゆる現代手法を駆使して、その設計と施工をなしとげるのがエンジニアの本来の役割だと私は信じている。

同じアーキテクトに協力したエンジニアのザレスキーは、次のように述べている。

> 彼の創作は芸術作品だと考えられる。それは大規模な彫刻である。設計者として、私は何の変更も要求せず彼に構造的な支援をした。

そのプロジェクトで働いた別のコンサルタントは、より合理的な構造システムが可能だったことは認めながらも、次のように述べた。

> ……それらの構造物が、ある特定の機能をもつ彫刻だと考えることに同意するなら、美的判断はアーキテクトに委ねられるべきだ。

彼の会社は、このプロジェクトをアーキテクトが与えた形そのままに建つ構造物をつくることへの挑戦として請け負ったのである。

> コンサルティング・エンジニアが美的判断にかかわるべきでないということに同意するなら、私はこの構造物がもっているもう一つの欠陥「コスト」についても、討議できないと思う。

このタイプの連携を好んでいるアーキテクトはフライに代表される。「彼の」技術者に対する言及は右に引用したとおりである。ほとんどのアーキテクトが、エンジニアを何事もいとわない召使のように見ていることは驚くに値しない。一八五〇年代、ロバート・カー教授は、アーキテクトに「まさにエンジニアのごとく効率的な建物の設計をする公的な召使」になるように説き伏せようとした。ジェンクス（一九七三）は「エンジニアの存在価値は控えめで、奉仕的で、効率的で、変更に積極的でそして数量に明るいといったこと」と述べている。

ほとんどのアーキテクトとエンジニアは、その中間的な立場をとっていて、エンジニアは形態の概念に対する積極的な貢献をするほうがよいと思っている。一九七四年の『アーキテクチュラル・レコード』誌は、建築におけるエンジニアリングの特集を八月中旬号からはじめた。この特集は、「経済的で、合理的（かつ美しい）建物をつくり上げるために創意と工夫をもってアーキテクトと協働した建築エンジニアを讃えるため」のものであった。

モントリオール・オリンピック・スタジアムでの議論の中で、次のような感想を述べたのはアーキテクトであった。

> アーキテクトが神のように扱われ、そしてエンジニアは生まれながらにして彼の奴隷としてアーキテクトの意のままに働くのを見て、衝撃を受けた。

プロジェクトを批判した主唱者であるエンジニアのほとんどが、アーキテクトとエンジニアがより早い時期により良い協働関係を築くべきだったと考えており、ある人はエンジニアを抱えているアーキテクトは、エンジニアに提案についての構造的な面と同様に美的な面も含めて、素直で、正直な意見を期待している、と述べている。

ＲＩＢＡの『ハンドブック』は、エンジニアの貢献について非常に分別のある評価を与えている。

> 建築の分野では、構造エンジニアは他の分野の人とも設計チームの一員として働くのが一般的で……このような状況においてエンジニアは、自分の専門技術による貢献だけでなく、チームとしての仕事にも同様に貢献すべきだ。全体は各部分の総計より大きくなるのが通常である。したがってエンジニアは、構造の効率や安全性の条件を定めることに責任をもつのみならず、ほかの職能に対する設計的貢献にも協力する役割をもっている。そして、それがまた全体の構造形態にも反映される。

こういった姿勢の相違は、業界内での組織体制の違いに反映されている。個人的な指導的立場を求めているアーキテクトの対極にいるのは、プロモーターの総合的な指示のもとでほかのコンサルタントと対等の立場で仕事を引き受ける設計会社である。主任エンジニアの指示のもとで快く仕事をしているアーキテクトも少しはいるし、アーキテクト抜きで仕事をしているエンジニアもいる。主にこうした状況は、発電所や橋といった「技術的な構造物」の設計に関わっている政府の省庁や大規模な民間組織に生じている。だが、このような状況に満足しているアーキテクトはめったにいないだろう。すでに学んできたように、彼らはそういったこととは全く違う役割に備えて教育を受け、そしてそれを望んでいるからだ。シェレンバーガー(一九七九)とのインタビューで、国際的な建設会社であるベクテルの設計室の主任アーキテクトは、エネルギー部門のアーキテクトを「発電所に外装を施すためにいる」のだと述べている。

過去に多くの構造物が、アーキテクトの助けを借りずに、すべてエンジニアによって設計されてきた。それらには、ダムとそれに関連した施設、橋、発電所、坑道の枠組やばら積み貨物のための設備といった産業用の構造物、そして信号橋、サイロ、倉庫、工場が含まれる。多くの場合、特に工場はアーキテクトの間で興味の対象から除外されてきたが、このような状況は急速に変わりつつある。

アーキテクトの助言なしでも美しい構造のデザインをする感性をもっていたトロハとネルヴィのようなエンジニアは（二人とも主任技師かコンサルタントとして、しばしばアーキテクトと協働してはいたが）、特別な存在である。おそらくそうした例や慣例的に行われてきた役回りに対する人々の不満がきっかけとなって、エンジニアが「マスター・ビルダー」になるべきだという提言がされてきたのであろう。しかし、どちらの職能の直系の後継者も、将来のマスター・ビルダーとなる機会はほとんどないであろう。アーキテクトたちは、専門の「プロジェクト・マネージャー」を起用する方向にある最近の傾向に大いに脅威を感じているが、それは自分たちの職能がほかのコンサルタントと同様のレベルにまで落ちる結果になりかねないと見ているからであろう。

見解の相違、技能の違い

エンジニアとアーキテクトの連携に難しさをもたらす根本的な原因は、今日の建設工事の複雑さに起因している。このことが必然的に分業化を進め、異なった教育体系をつくり出している。異なる役割は異なる個性の人たちを引きつけ、さらに学校教育がその不一致を広げ、卒業生は相いれない価値判断をもって世に出ることになる。

英語圏では、ほとんどの構造エンジニアは土木工学の学校で教育されているので、その構造的な知識が輸送や水資源に片寄った一部の教育と、そのほか一般的な数学、科学、土木工学の基礎で形成されていることを、多くの建築評論家は忘れている。

教育上の主な実質的な相違は、建築教育が統合性を重点に課題の総合的な見地を取り上げて促進しているのに対して、構造は課題に対して断片的に取り組み、解析に重点を置くように教育されていることである。初めはエンジニアとして教育されたアーキテクトは、ある議論の中で、エンジニアリングの教育課程で最初にデザインを求められたのは、最終学年になってからで工業用ミシンの小さな台板だったと指摘している。その直後に建築学科の第一学年に移ったが、すぐにスイミングプールを「設計する」課題を与えられた。

彼はまた、建築学科で採用している「スタジオ」というシステムが、体系化されていない教育課程をもたらしている、とも述べている。スタジオでの授業は、おそらく週一日か二日を教育にさいている実務家のアーキテクトによって行われている。このように学生たちは、まさに設計の実務の現場に携わっている先生と肩を並べて、実際のプロジェクトの仕事をする機会を得られるのである。

前章でふれたインタビューで特筆すべきなのは、アーキテクトたちが特に大学院レベルで指導を受けた先生たちの中に一人の「英雄」を見いだすことが多い点である。ここが平均的なエンジニアリングのコースとの明らかな相違点といえよう。

前述したように、建築のコースは想像力、統合力、計画能力に最重点を置いている。一方、エンジニアリングのコースは解析、実際的な情報、計算技術に重点を置いている。したがって、卒業生たちはそれぞれが非常に異なる技術を身につけて社会へ出ることになる。シェレンバーガーの報告によると、ベクテルのアーキテクトは、二つの機能が互いに責任をもって協働すれば、多くのことを学び得ることを知っている。

建築のプロジェクトを受注したとき、事務所で最初に取りかかるのは、プログラムをつくることだ。それが何を意味しているのか、「エンジニア」は何もわかりはしない。

エンジニアのチームの一員として雇われたアーキテクトは、下水設備や水処理工場施設の設計で、エンジニアがその物理的な水の流れの図式の示すままに施設を配置しようとする傾向があることに気がついた。

こうした計画の仕方は、一般的に無秩序な結果を招くばかりではなく、非効率的でもある……最も有能なエンジニアでも、アーキテクトにとっては当たり前の空間や動線の問題について考える教育を受けていないのだ。

通常、エンジニアによる最初の計画案は、特に装置への近づきやすさや動線を短くするといった、施設で働く人たちへの配慮がなおざりにされている。アーキテクトの参画する効果は、簡単な計画をコンパクトにして外観を改善するとともに、通路や人事管理を単純化し、そして空調、配管のレイアウト、防火・排煙区画を改善することである。

一方、ベクテルのアーキテクトは次のように述べている。

私は建築設計事務所では決して出会えないことを学んだ。それはプロジェクトにおけるコスト・コントロールの方法、どれくらいのコストになるかをクライアントに知らせる方法だ。……そして建築事務所では、この種の手法が用いられるのをめったにあるいは全く見られないだろう。というのは、通常の設計事務所では、見積りをするときには、実施図面の七五～九五％ぐらいは進んでしまっているからだ。……

ＲＩＢＡが出している『計画について』に記載されているように、設計プロセスの段階でエンジニアとアーキテクトがいかにしたら互いに最高の貢献ができるかについて、アームストロングとジャック(一九七〇)は異なる職能のいくつかの連携の方法について言及している。二人は初期の段階「企画」を主に情報収集の段階としてとらえ、そして「聡明なエンジニアの理論的で分析的な取組み方が……特にアーキテクトが不得手なこのプロセスでの客観性や分析的な要求に、かなり寄与するのではないかと考えている」。統合することが大部分を占める「現実化の可能性」と「基本計画の提案」の段階、「すなわちアーキテクトにとって要の段階は、基本構想を固める時間でもある。ここではエンジニアによる相当な協力が可能だが、効果的に寄与するつもりなら、エンジニアとしての慣例を越えた流動的な取組み方が必要だ」。二人の著者はさまざまな分野のコンサルティングをする「ビルディング・デザイン・パートナーシップ」の共同経営者で、一人はエンジニア、もう一人はアーキテクトである。

彼らはまた、アーキテクトの広い視点とは、言い換えれば「すべてにあまりにも頻繁に直感に頼った判断を下す罪を犯しがちだということで……いままでの確立された仕事の進め方に不適切なところがあったりつまらないと思えば、それを無視する傾向があり、そして著者たちのこれまでの経験では、主要な関連分野すべてにおいて高い水準を保っているアーキテクトはほんの少しである……」。アーキテクトはこのようにゼネラリストとしての機能を果たそうとするあまり、専門家の範疇に入り込んだとき簡単に欠点をさらけ出す。自分の領域では、アーキテクトは専門家を専門分野以外の知識のなさや総合的な見方ができていないことを批判することができる。ダニカン(一九六六)によれば、

残念なことだが、多くのエンジニアが、協働しているアーキテクトの技術的な手腕に疑問をもっているのは事実だ。このことはトップレベルにいる人たちには必ずしも当てはまらないが、こういった疑念は図面を描く事務所では確かに存在する。このことがエンジニアの領域での技術的な傲慢さを導くことがしばしばあって、アーキテクトの知的な傲慢さとの摩擦を生んでいる。

典型的な例が建物の外装である。エンジニアは建物の雨水対策が不完全だとか、あるいは外装の構造的妥当性に問題があるといって、アーキテクトをたびたび非難する。確かにこの分野には、多くの欠陥があって、中にはかなりコストのかかる欠陥もある。前の章で述べたように、設計の現実的な側面に我慢強く対応しないアーキテクトの姿勢、特に人間にとって最低限の快適さをないがしろにすることが、エンジニアとの摩擦の主な要因の一つである。

チャンディガールのル・コルビュジエのデザイン(図②)についてのフライの心酔的な文章と、イベンソンによる使用

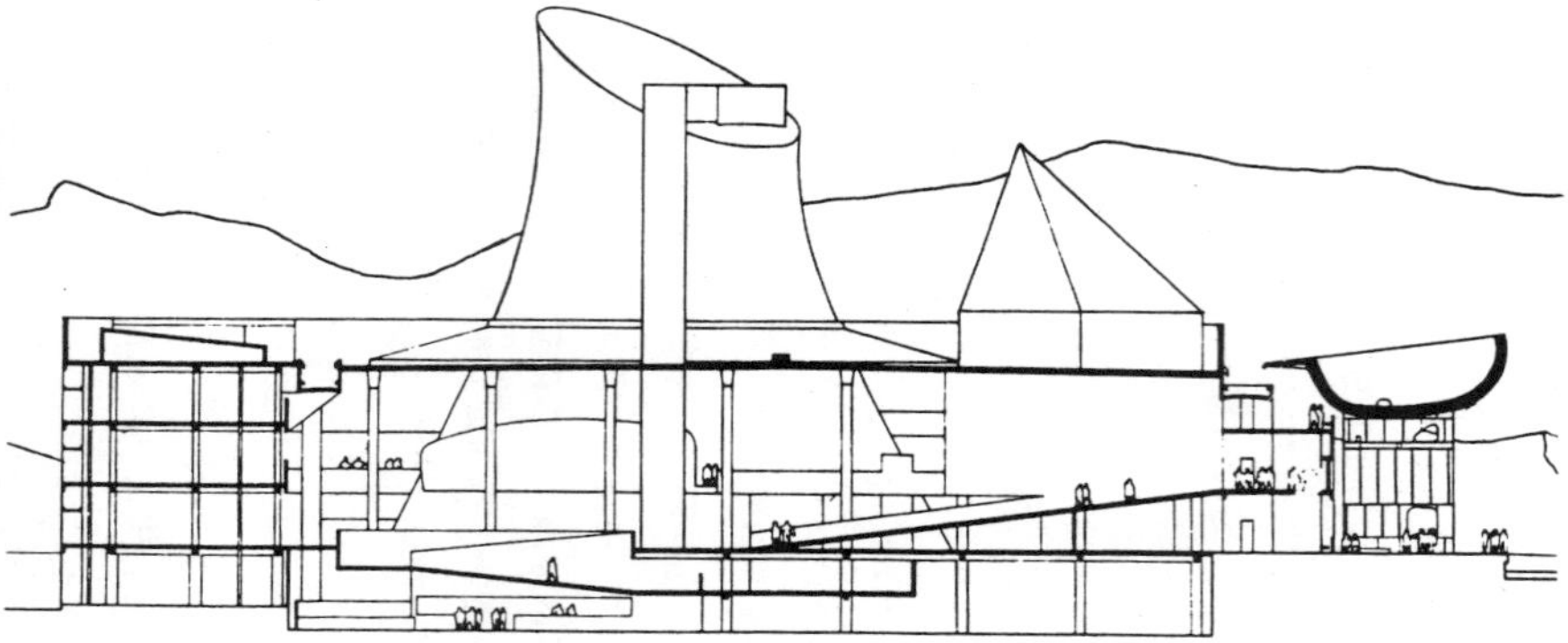

図②　チャンディガール議会棟（インド）／双曲線の形をもったクーリングタワーの大胆なシンボルが，議論する場所として効率的に機能するのか。（アーキテクト：ル・コルビュジエ）

図③　ガラスの家(コネチカット州ニューキャノン)／建築家でありオーナーであるフィリップ・ジョンソンは，芸術のためなら「納屋にでも住む」と語る。(撮影：エズラ・ストーラー，©Esto.)

者の苦情リストを比べてみると興味深い。機能的な効率への関心の低さは、美的な原則を追い求めるあまりに、アーキテクト自身が快適さと便利さを無視したことに起因しているといえよう。ある建築の集まりでは、「モニュメント」は悪趣味だとされているが、有名な米国のアーキテクトであるフィリップ・ジョンソンは、自邸のガラスの家（図③）をモニュメントかと尋ねられたとき、「もちろん住むこととは無関係だ。でも、私はここに住んでいるが、住むのは納屋でもかまわないと思っている」と答えた。またある建物が機能的な面で成功したかどうかを尋ねられたとき、彼はこう返答した。

「機能的」に成功したからといって、それはとるに足らないことだ。

アーキテクトがプロジェクトの寛大さや偉大さといった側面に夢中になるようなら、エンジニアは自己防衛的な理由で（しかし多くの場合はもっともな理由で）、些細なことにこだわっていると非難されてきた。アメリカで多くの高層ビルの革新的な構造を手掛けているファズラー・カーンは、問題の最もよい解答についてエンジニアの意見を求める傾向がアーキテクトに芽生えてきているのに、「二〇〇元の連立方程式」を解くほうに幸せを感じて、「極力よけいな責任を回避したい」と考えているエンジニアが多くなり過ぎている」と指摘している。

このような要因を促進しているのは、一般的なエンジニアが「自然の法則」やニュートン、テルツァーギの法則、それに地域の基準、設計ハンドブックなどを手本にものを考えているからに違いない。トロハなどのもっと革新的な人たちでも、新しいアイデアを実施する前には、検証や模型実験を行うことを余儀なくされている。したがって、議論の場で彼は、おそらく次のように発言するだろう。「そのとおりだというのは、ニュートンがそう言っているから」、もしくは「私の実験が証明しているので」、それに「われわれはこの方法をとるべきだ。なぜなら計算ではそれが最も安いから」。

一方、アーキテクトは、「この建物の性格を最も表現できるのは、煉瓦だと考えたので、この壁は煉瓦にすべきだ」と言いたければ言えると思っている。巨匠たちの警句を引き合いに出したいと考えているアーキテクトもいるが、概してその違いは明らかで、お互いの「傲慢さ」を非難し合う一因となっている。おそらく、スタジオ制度と英雄の存在を認めることがアーキテクトの自信と何らかの結びつきをもっているのであろう。

ブロードベント（一九七三）はまた、エンジニアは曖昧な建築的価値判断よりもむしろ構造設計の相対的確実性を選択してきたと見ている。そして、エンジニアの仕事が結果としてアーキテクトの仕事より厳しいと考えている多くのエンジニアたちの風潮に疑問をもっている。

アーキテクトとエンジニアの間に生じる意見の不一致の最

大の原因は、おそらく金銭感覚の違いであろう。エンジニアの完全合理主義は、コストに対する最大限の効果を基本としている。理想家あるいは芸術家としてのアーキテクトにとって、お金は単に目的を遂げるためのもので、より多く手に入ればそれだけ自分の目標に近づくことができてよいと思っている。あるエンジニアは、チームの仲間と苦心惨憺したあげく建物の構造システムを改良し、クライアントのために一万ドルのコストダウンができるだろうと計算した。彼らがそれをアーキテクトに知らせたとき、その反応は「それはいいね、これで外装をアルミにする余裕ができたわけだ」であった。そしてさっそくこの一万ドルをこの目的に転用したのである。

ニューヨークの連邦準備銀行の建物（図④、着工直前に中止になった）のデザインについての議論で、ケヴィン・ローチは次のように発言している。「この建物は同じ街区にある高層オフィスビルと、その他の大きな長方形のビルに関連づけた計画が必要だ」。続けてワールド・トレードセンターを含む周辺の建物の計画にまで言及して、「このビルは怪物のような建物に囲まれて、穴の中に入ってしまったようになるだろう……（地上面に）一階のロビーをつくる気になれないね……それに穴から抜け出したいんだ。そうだ、建物全体を上にあげて、向かい側の道路の古い建物の軒先まで持ち上げよう」。

そうして、直径一一フィート（三・三五m）の巨大な脚を組み込んで、建物を広場から一六五フィート（五〇・三m）の高さに持ち上げる設計となった。この種のアプローチに対するエンジニアの理解力が乏しいことは、シドニー・オペラハウスでのオーディトリアムの音響用天井を支える下地について、ウッツォンにより提案された木質系のものより、鉄骨の骨組のほうが良いとしたアラップの手紙の中に表されている。

図④　連邦準備銀行プロジェクト／周囲の建物に負けないように建物に竹馬のような脚をはかせている。（アーキテクト：ケヴィン・ローチ）

私が理解する限り、この案（鉄骨の骨組案）は、あなたの計画案と全く同じ外観になるはずです。しかも重量はずっと少なく、施工も容易で、コストも安くできる。それなのに何がひどく気に入らないのですか？

もちろん、すべてのアーキテクトがお金と構造の必須条件に対して、このように無頓着な態度をとるわけではないが、美と機能に関わる価値指標はいつもエンジニアとは異なっている。

その極端な例が「構造的なジョーク」である。ジョン・ディア金融センター西館ビル（図⑤）で、正面入口のポルティコを支えているように見える柱は、実はポルティコから吊されていて、下のテラスには触れていない。ル・コルビュジエによるインドのチャンディガールにある議会棟の原子炉の冷却塔のように見える形は、政治家たちの出費によるとんでもないジョークに見えるかもしれない。

アーキテクトとエンジニアを別々にした教育が、同じ言葉を違う意味にとるような、全く異なった言語の発展をも許容してしまった。その例が、二つの職能の分野で用いている「デザイン」という言葉の使い方である。ほとんどの建築の本では、ミュンヘン・オリンピック・スタジアム（図⑥）のケーブル・ネットの屋根を、フライ・オットーの「デザイン」だとしている。ところが、オリジナルのアイデアはベーニッシュ建築事務所のものであり、オットーはレオンハルトとアンドレの構造設計事務所に専門コンサルタントとして参画しただけである。ベーニッシュが提案したオリジナルの形態は

図⑤　ジョン・ディア金融センタービル（イリノイ州モリネ）／モダン・マニエリストのジョーク。建築家ケヴィン・ローチは，「これは車で通りすぎる一瞬の間に木々の間から見える建物の一つである。右側のコンクリート壁に本当の影が映り，左側の壁はそれ自身が鏡であるため反対側の影が映っている。2本の柱が正面に据えてあり，それは通りすぎる一瞬にも認識され，柱は建物の構成の一部をなしている。鉄骨を使えばその程度のスパンは柱なしで可能だ。それゆえ柱は下まで到達していない。そこにはよいテラスがあるが，柱があると視界が遮られてしまう」と述べている。

力学的な安定性のために修正され、オットーは張力構造に対する幅広い経験と模型実験をもとに、実施する形態の採択と最終形状の決定、そして初期形状の解析に貢献した。つまり、エンジニアとしての貢献は、形態に対して大きな変更をしないで「それを建てる」という伝統的な仕事をすることに尽きるのである。ケーブル・ネット構造では、厳密な形態の確定が非常に重要なので、アルギリス教授と彼の同僚は丸一年を解析方法の開発に費やした。その後、エンジニアによって膨大なコンピュータ解析と詳細な仕様書が作成された。たとえそうであっても、ほとんどのアーキテクトは、ベーニッシュの事務所とオットーが「真の」デザイン、すなわち難しいコンセプト化の第一歩と形態を定めたといまだに考えているであろう。一方、エンジニアは、変わった形を発想するのは誰にでもできることで、レオンハルトと彼の同僚がコンセプトの具体化という最も重要な貢献をしたと思っている。このプロジェクトは、政治の介入やアーキテクトとエンジニアとの緊張もあった。その個人的な記録がレオンハルト（一九八四）とオットー（クロッツ、一九七七）によって（ドイツ語で）残されている。

二つの職能における言語の問題については、「機能」と「経済」を扱う後の章で再び論じるつもりである。

学校を卒業すれば、今度は職業の制度によって、両者の溝は保たれることとなる。われわれは、設計チームの指導的立場をめぐる、そして外装の設計をめぐる論争での、ある種の

図⑥　ミュンヘン・オリンピック・スタジアムの屋根（1972）／テンション（緊張）は構造だけにとどまらなかった。（アーキテクト：ベーニッシュ＆パートナーズとフライ・オットー，エンジニア：レオンハルト＆アンドレ）

職能上の嫉妬ともいえるものをすでに見てきた。エンジニアの多くは、またアーキテクトが自分のコンサルティング・フィーをできるだけ残しておきたいがために、エンジニアを構造設計の全体にわたって参画させるのを嫌っているのだ、と思っている。

アーキテクトはまた、強風時の風荷重や構造物における熱変形や長期的な変形など、実際にエンジニアの力を必要とする高層ビル外装の技術的仕様の決定権をもっていることについて、ずっと批判をあびてきた。アーキテクトがこのことについて非難されながらもこだわっているのは、全設計料の中で外装のコストが占める割合が、構造コンサルタントが受け取る構造設計料の金額とほぼ同程度だからと言われている。

そこには、エンジニアを施工監理から閉め出そうとする動きや、難しい部分の検査にだけ使おうとする、一部のアーキテクトの趨勢に対する不満もまたある。後者の場合、エンジニアが自分で設計したが検査を契約していない建物のある部分に施工欠陥が見つかったときには、複雑な問題が生じるであろう。職能的な責任や単純に論理的な側面からでも、気がついた欠陥は修正するのが当然だが、彼が行った実際上の監理業務に対して妥当な報酬を得るのは難しいかもしれない。

こうした多くの意見の相違にもかかわらず、アーキテクトは時折エンジニアに対してかなり肯定的な態度を示すこともある。ロンドン建築協会は、一九八二年に「エンジニアたち」という展示会を催した。そして建築評論家のピーター・クックは最近の記事で、英国のハイテク運動におけるエンジニアの活動に賞賛を惜しまなかった。昨今では、建築雑誌の新しいプロジェクトの記事にエンジニアリングの専門家の名前を載せるのが通例となり、そして本文にもエンジニアの貢献を記載するのが当たり前になった。

対照的に、エンジニアのためのそういったプロジェクトの公的な論文には、まだアーキテクトの名を記載すること、あるいは建築的な考え方が構造設計にどのように影響したか、についてふれていないのが通例だ。明らかに、これはエンジニアが科学の世界から受け継いだ慣習で、論文は意識的な選択より不変の理論が設計の発展をもたらしたのだという印象を与えるために、受動態で記述されなければならないのである。それにはまた、アーキテクトの個人主義と対照的に、エンジニアの「チーム志向」が影響しているのであろう。

とはいえ、アーキテクトはそういった態度とは逆に、エンジニアの貢献に社会的な評価を与えようとしているように見える。それは、エンジニアのほうがアーキテクトよりよい仕事をしているからだと言えるのであろうか？

職能分離の歴史

西欧におけるこの二つの分野の分離の歴史は、特に一七四七年パリのエコール・デ・ポン・ゼ・ショセ（橋と堤防の学校）と一七四八年にメジエールの工兵学校が創設された一八世紀中頃にさかのぼる。

当初、アーキテクトとエンジニアの区分はぼんやりとしたもので、アーキテクトがまだ橋を設計したり、場合によってはエンジニアが倉庫や教会の設計でさえも全責任を負わされていた。

一九世紀に材料強度に関する理論が確立し、工学的な検討を要する仕事が増大するにつれて、二つの職能間の距離はさらに遠くなっていった。しかし、まだ当時、アーキテクトはプロポーションの決定に「勘に頼った」古い法則を用いて、短スパンの組積造や木造の建物を設計することができた。エンジニアは自ら正確な計算を要する大規模な構造物だけを扱うようになり、その後、鋳鉄や鋼鉄といった新しい材料と最終的には鉄筋コンクリートが導入されて、自らその世界に範囲を限定していった。ストーン（一九六九）が指摘しているように、今日私たちがよく知っている構造エンジニアの地位が最終的に固まったのは、一九世紀から二〇世紀初頭にかけて、この新しい材料が発展した時期のことである。

しかし、コリンズが考えているように、共通の立場から出発しながら、分裂は主に規模の相違からきていて、その原因が単に興味の対象が分かれたからとはとうてい考えにくい。英国では、アーキテクトは何かと「紳士的」な面があって、自ら職人や労働者とは一線を画してきたにもかかわらず、一九世紀の英国のエンジニアは多くの場合は特に裕福でもない家の出であり、仕事一筋で、構造工学の分野と同じぐらい機械の分野にも従事している。

イタリアでは、ゴシックの伝統が顧みられなくなった時点で、建築は画家や彫刻家、そしてデッサン画家に引き継がれた。単純に分裂が進展したと考えられるのは、建築を「建物の芸術」だと考えていたフランスと、大聖堂の工匠から直接伝統を受け継いだドイツだけである。このフランスとドイツの大学では、建築と土木工学は当初共存していたので、学生や研究者は一方から他方へと簡単に移ることができた。そのため分裂と同時に、再合併の呼びかけとその理由、そして可能な改善法についての議論がはじまった。

その間、大多数のアーキテクトたちは、様式上の内部論争に閉じこもり、ただ建物のファサードの飾り付けをするのみで、過去につくられた様式をしのぐことができないと信じ込むようになり、文学、歴史、考古学、美術にインスピレーションを探し求めるようになった。一方、エンジニアたちは、産業革命の波に乗って、材料の試験や開発、そして解析技術を用いることに夢中になり、(自身の研究に没頭していないときには）物理学者や数学者にインスピレーションを求めるようになった。

しかしながら、一九世紀末にはアーキテクトは、エンジニアの「機能的」取組み方こそ様式と装飾へののめり込みから解放される鍵だ、と考えるようになった。彼らのエンジニアに対する姿勢は、こうしていくぶん複雑な様相を呈しはじめた。フランク・ロイド・ライトでさえも、マスター・エンジ

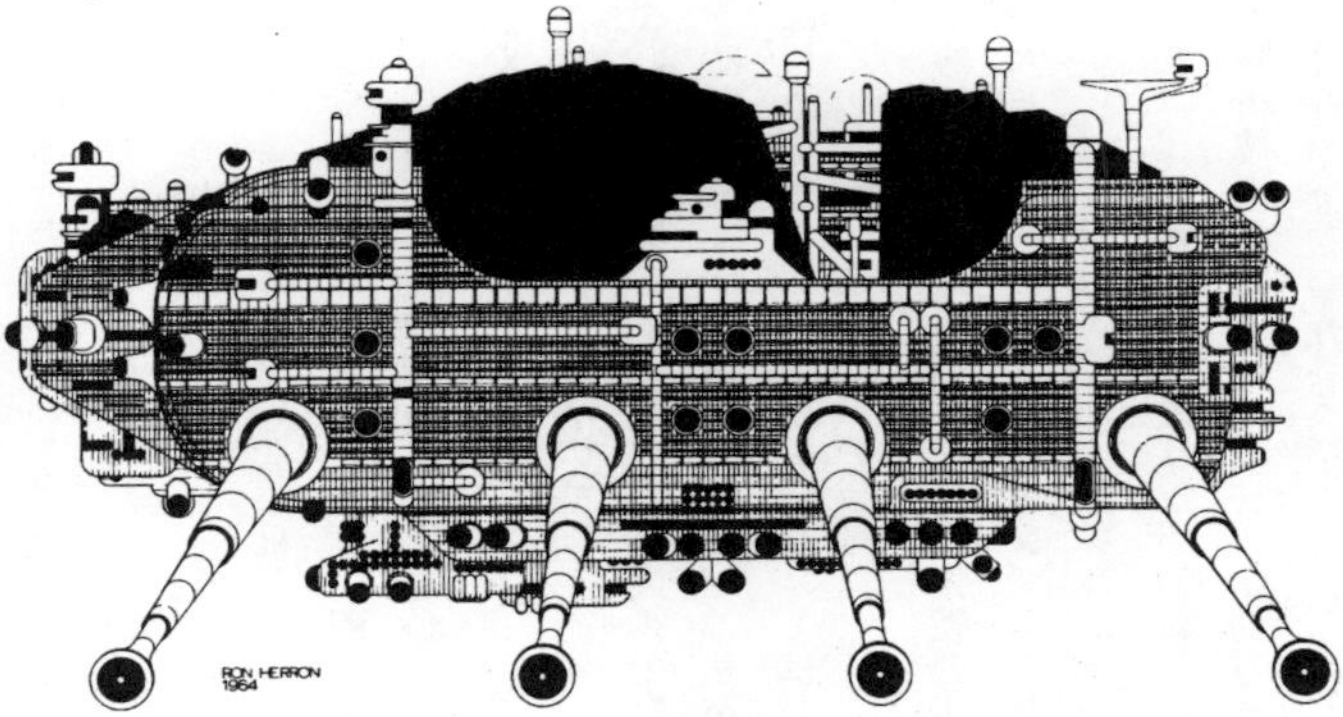

図⑦　ウォーキングシティ・プロジェクト／建築家のビジョンはエンジニアの視野を広げられるのか。（建築家：ロン・ヘロン，1964）

(a)　(b)

図⑧

(a)　シャトル組立工場（ケープケネディ）／その中に雲や雨を起こすほど大きなメガストラクチュア。（アーキテクト：マックス・ユーバーン，エンジニア：ロバーツ＆シェファー社，1966）

(b)　移動式発射台とサターンＶ型ロケットを載せる移動式サービス台／1960 年代の２つの「ウォーキングビル」である。（アーキテクト・エンジニア：レイノルズ／スミス＆ヒルズ）

ニアとして認められるのを望んだ。ル・コルビュジエは『建築をめざして』の中で、「われわれのエンジニアの仕事ぶりは、健全で活気に溢れ、活動的で有用で、調和と幸福感に溢れている」と書いている（残念なことにコルビュジエは、芸術家の域に達しえなかったアーキテクトは「ただのエンジニアにほかならない」などと不隠なことを別の場で洩らしたために、この描写をだいなしにしてしまった）。

こうして、さまざまな機能主義者の理論と共に、エンジニアを時として美の創造に責任を負う、気高い雇い人とする概念が生まれた。なぜなら、エンジニアは命じられるままに働き、ある時には「自然の法則」をすべて表現しなければならないからである。一九二〇年代までには、アラップが次のように書けるような状況になった。「私がアーキテクトと協働しはじめたときには……エンジニアは一種の英雄だった……少なくとも理屈の上ではね」。

機能主義者の論理は第二次大戦の後も生き続けた。そして一九五〇年代には、構造エンジニアリングを建築に組み入れようとする運動は、大スタジアム、公会堂、体育館の需要とそういった大空間を覆うための新しい形態を扱うことのできる解析技術の発達が、新しい原動力となった。

最近では、一九七〇年、ブレイクが移動式の建物やプラグ・イン・シティが空に高くそびえ、あるいは海上の人工地盤上に建てられるアーキグラムの構想を発表したとき、再びエンジニアの仕事に対する賞賛が表面化してきた。その構想は明らかに非現実的なものとして、多方面で軽蔑の目で受け取られた。しかし、ブレイクに言わせれば「ケープケネディの連中も十分にいかれている」。なぜなら、そこに建造された可動のロケット組立工場（図⑧）は、その中に雲が立ちこめるほど巨大で、二二階建に匹敵する高さをもち、作業場はクレーンで吊り上げられ、プラグ・インされるのだ。また、エンジニアたちが創造した「街」は、石油掘削プラットフォー

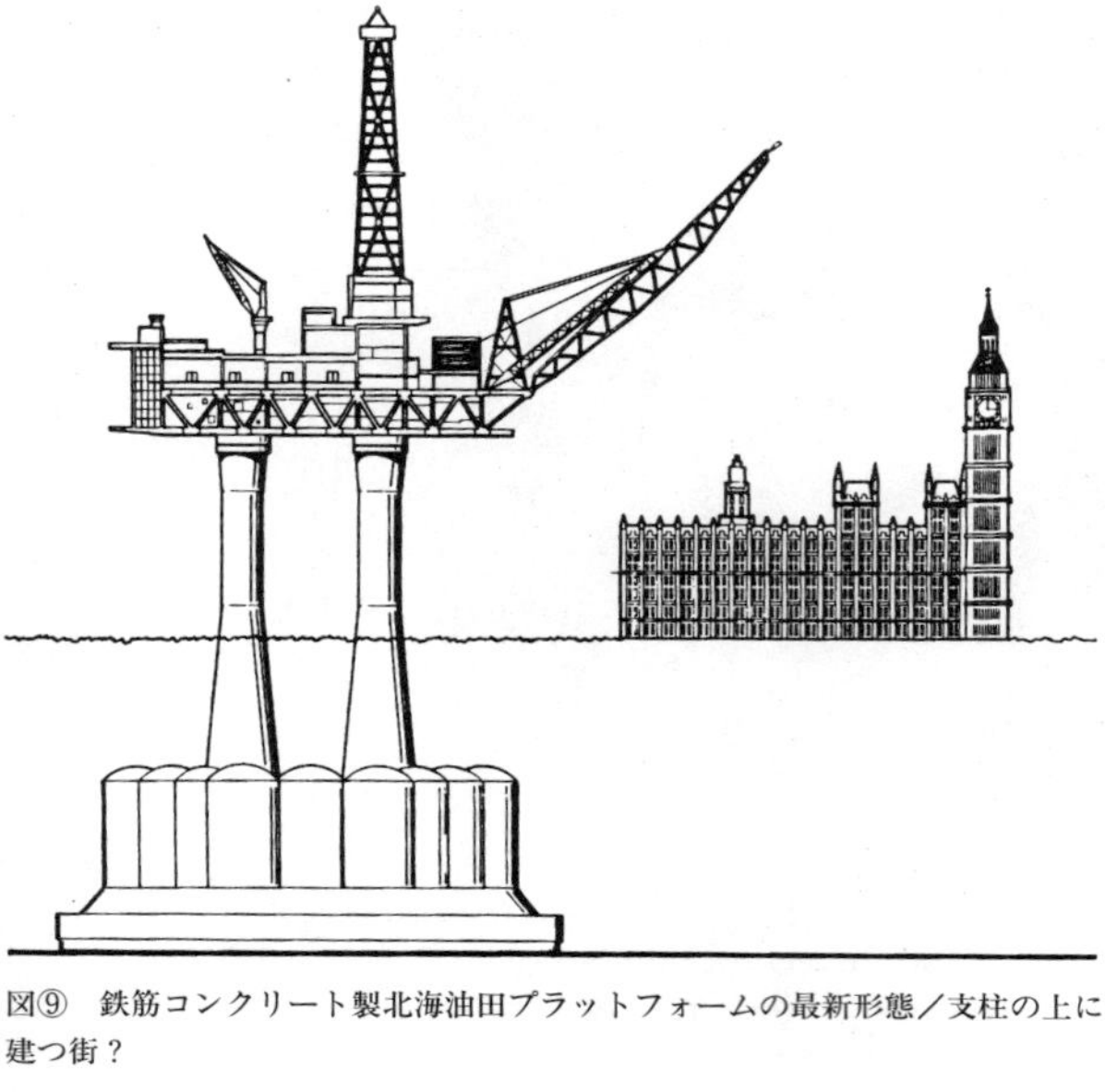

図⑨　鉄筋コンクリート製北海油田プラットフォームの最新形態／支柱の上に建つ街？

ムの形を借りて、外洋の中に立てた支柱の上に建っている(図⑨)。こういった興味は、特にイギリスで強く、「ハイテク」運動(10章)に引き継がれていった。一方、エネルギー危機や建物に人間的スケールを与えようとする欲求に刺激された建築思想の発展は、多くのアーキテクトがこれまで以上に構造エンジニアの役割を顕著に受け止めないことを示唆している。

可能な解決策――専門分野を超えた組織づくり

二つの専門分野間の和解の試みは、一八四〇年以降多少なりとも間断なく続いてきたが、実に扱いにくい問題だ。まずあげられるのは、建設業界が極度に複雑化している上に、ネルヴィのようなまれに見る天才は別にして、いわゆるマスター・ビルダーといった理想を実現するのはたいへん難しい。ボイドの観察によれば、

理想主義者の中には、第二次大戦後のエンジニアとアーキテクトの和解を大いに歓迎する人たちがいて、彼らは芸術と科学の分裂が終わることと、建物をつくるのに極めて有益なアーキテクトとエンジニアを合わせたようなマスター・デザイナーの出現を信じている。

この説を論理的につきつめるならば、この複合的な人物はその他のコンサルタントすべての技術を併せもっていることになるはずだ、とボイドは指摘した。このことはエネルギーを制御する設備が形態を決定したり、時として構造コストなどは問題にならないような建物については特に当てはまる。ボイドは、またあらゆる分野で絶えず増大する複雑さは、さらに再分割され、構造エンジニアはシェルのスペシャリストや吊り構造の専門家に細分化しそうだ、と述べている。

それゆえ、将来はむしろ百科事典的な個人の才能より、まとまりのよいチームが必要と思われる。ネルヴィは当然マスター・デザイナーという理想を主張しているが、彼自身がそのような個人を教育することについては、はかり知れない問題があることを認めている。そしてそれぞれが「他の人にない特別な知識を出し合い、誠意をもって協働すること」を呼びかけている。

旧来のアーキテクトとエンジニアとの関係につきまとった複雑な管理体制は、この協働作業のプロセスを阻害する。これに対する一つの答えは、アーキテクトとエンジニアが同じ会社に属している多様性のある専門分野をつくることである。

私たちがあらゆる面で優れた設計をなしとげるために最も望ましいのは、おそらく真に平等なパートナーシップであろう。ところが、そのような共同体の設立と運営には、さまざまな問題がつきまとっている。ビルディング・デザイン・パートナーシップの創設者で、アーキテクトのG・G・ベイン

ズは、多様性をもつ専門家集団での多くの試みが失敗したのは、個人に全体像が見えなかったこと、そして誤った動機で一緒に組み合わせられたからだ、と考えている。多くの人たちがそこに集まってきたのは、大事務所や総合建設業と戦わねばならなかったからである。パートナーシップの思想について述べた論文によると、その最大の問題は難局に直面したとき、職能別教育の視野の狭さが表面化してしまい、全員が結束して解決しようとしないことだ。

自分の専門領域に閉じこもり、個人の手腕だけで戦おうとする、もって生まれた傾向があって……このようなことが起きると、いつもエンジニアよりアーキテクトにその傾向が強いのはしかたがないことだ。

あるコンサルティング・エンジニアが語ったと伝えられているのは、プロジェクトに対するアーキテクトの報酬は、エンジニアの約三倍だから、彼が建築事務所と合同することを望むとしたら、自分の事務所の規模の三倍か四倍の所員を抱える事務所を見つけなくてはならない。「そしていったい何人のアーキテクトが二〇〇人、三〇〇人のスタッフを抱えていけるだろうか？」。ヨーク／ローゼンベルグ＆マダールといった建築事務所が内部に独自のエンジニアを雇うのを断念したのは、立場は逆だが、彼らが内部で維持できるエンジニアの力量は能力的に外部から召聘できる人材には太刀打ちできないという全く同じ考えに基づいている。その上、多様化した専門分野の仕事には、あらゆる性格の人物が適するとは限らない。ビルディング・デザイン・パートナーシップ（BDP）の経営の秘訣について、アームストロングとジャック（一九七〇）は次のように述べている。

BDPの事務所において明らかに見て取れるのは、ある特定のエンジニアはチームにとけ込み、楽しみながら仕事をしているのに対して、他の人は仲間の専門家に囲まれてより静かな環境で働くほうがより幸せだと思っているということだ。……専門家だけのグループを好む人たちは、より反動的で、保守的で考え方が狭い傾向があり、したがって、生来行動力が不足している人間だ。これからは徐々に職能の境界が拡散することが望まれており、どんな職能の人でも、それぞれの才能と能力と意欲によって、総合的な感覚で、設計チームにより完璧に寄与することが許されるようになる。

オウヴ・アラップ＆パートナーズのマーティンは、現在の状況ではチームの「ボス」になるのは、結局はアーキテクトであって、チーム全体を鼓舞するには非凡な個性が必要だ、と述べている。アーキテクトにそういった能力がなく、チームのそれぞれのメンバーが従来の方法で勝手に仕事をこなしている光景をよく見かける。

オウヴ・アラップの事務所には、三つのタイプのエンジニアが在籍している。第一は、安定した複数分野協働のグループで、長期的に仕事を担当するタイプであり、マーティンはここを「まるで僧院の中に入るようだ」と述べている。ここのエンジニアは建築や設備にも精通し、どの分野の設計にも対応できるが、専門的な独自性を失っているように見受けられる。問題は、こうしたグループは扱うプロジェクトが自然と中小規模のものに限られ、しばらくするとエンジニアは、チームに所属するアーキテクトの仕事のほとんどが見えてしまう。その結果、仕事への意欲を失ってしまうことだ。

第二のタイプのエンジニアは、エンジニアだけで構成された総合的な専門分野のチームに所属する人である。ここは特定のプロジェクトに関して、アーキテクトが取り組むどんなことにも対応する。そういったチームの仕事はより変化に富み、そしてグループの規模や体制もより柔軟である。

第三のタイプは、技術そのものに興味のある旧来型で、送信塔や大規模な橋といった特殊で、複雑な構造物に好んで挑戦するエンジニアである。

このようにアーキテクトとエンジニアの連携には、多くの可能な型があり、成功の秘訣は、個人がもっている性格がどのタイプに適しているかを知ることであろう。

09 建築評論とその歴史

Architectural criticism and history

二〇世紀建築の「偉業」は、私たちの回りに氾濫している。しかし、雑誌や教科書に取り上げられている「近代建築」はその一部にすぎない。その中で数百の作品がエリートによって設計され、そのエリートたちと少数の批評家グループや学者に特に賞賛されるか、価値があるとされているもので構成されている。近代建築のさまざまな思想もまた、そういった少数のグループによって生み出され、議論されてきた。それらの建物とそれにまつわる設計思想から何を得ることができるかを問うのは、価値あることである。

というのは、それらがごくありふれた建物にも、実質的な影響を与えているからである。これまで述べてきたように、アーキテクトは非常に複雑な仕事に挑戦している。ル・コルビュジエの言葉を言い換えると、アーキテクトはユーザーに効率的に「生活したり、働いたりするための機械」を提供するとともに、そこに建築とは切り離せない美的あるいは文化的側面を巧みに取り入れることを期待されている。アーキテクトは椅子に座って自身をみつめる時間がほとんどないので、困難を通り抜けられる道を示した既成の設計思想を受け入れてしまうのは避け難いことである。それらは、ロビン・ボイドのいう「直観力の導き」を自ら確立する手助けにはなるだろう。実際には、仕事の圧力や物理的な現実が妨げとなって、そういった考え方を十分に行使することはできないが、特に構造エンジニアに対するアーキテクトのふるまいには、それらの影響のなごりが見てとれる。

フランク・ロイド・ライトの木材と煉瓦の素朴な性質を生かした表現と、「外部」と「内部」を区別しないという考え方は、今日の郊外住宅に明らかに生かされている。そういった「先導者たち」が実際に新しい視点でもって社会を変えたのか、あるいは別の大きな力で社会が変革されていく中でたまたま最初にことを行っただけなのかはさして重要ではない。

後者が真実であれ、彼らは新しい運動と視点を体系化し、そうすることによって、それらの考え方を論議するための基本的な言語を整えたのである。

今日、仕事を進めていく上でエンジニアが出会うであろう一連の建築的な理想主義を、ほんの数頁に要約する試みは気が進まない仕事である。

実務的なアーキテクトたちはもちろん、批評家や建築歴史家をも巻き込んで、建築界は揺れ動いている。そこにはいつも建築が目指すべき方向についてのさまざまな見解や激しい議論があった。しかしながら、いつでもあるタイプの方法論が議論を支配しがちで、それが実際の建築物にも強い影響を与えてきた。

次の章では、一九世紀後半の折衷主義からどのように近代主義へ移り変わっていったのか、特に、一九二〇年代と一九三〇年代に発展し、第二次世界大戦後の建設に多大な影響を与えたインターナショナル・スタイルについてふれるつもりである。過去二〇年間には、もう一つの重要な状況の変化があり、それらの影響が主要な建築のプロジェクトから感じとれるようになりつつある。今日、多くの評論家はモダニズム運動がアーキテクトという職能を袋小路に追いつめてしまい、近代建築の思想は「死んでしまった」と考えている。しかし、モダニズムの支持者たちは今日でもそうした情勢に対して戦い続けている。

このような混乱に加えて、建築についての本や論文の著述は一つの職業分野となり、多くの実務建築家の心配のとおり、建築という職能から遊離し、美術史を学んだ批評家たちに支配されていった。評論家たちは新しい概念を求めて、哲学、社会心理学、文学、音楽、古代修辞学そして記号性や象徴性の理論（記号学または記号言語）といった分野に注意を向けていった。そういった他分野から引用される難しい専門用語は、彼らの文章をいくぶんわかりにくくしている。

モダニズム運動が盛んだった頃に書かれた建築の発展史が、ある目的をなしとげるために、あるときは極めて意図的に注意深く事実の選択をしていたことに、最初に気づいたのはこうした評論の著者たちであった。ジェンクスが指摘しているように、「建築家が好むトレンドをあたかも必然であったかのように見せかけて、社会に受け入れさせようと強要したり、煽動したりする企てが行われてきたといっても過言ではない」。このことが評論という行為のプロセスや、建築史がどう書かれてきたかといったことに対する興味を飛躍的に増大させることになった。

評論という分野の発展に伴い、建築を図面や写真で表現する技巧に綿密な吟味が行われるようになった。ほとんどの批評家たちは、建築が動きやそのほかの感覚、そして純粋な視覚以上の印象を含んだ三次元の体験であるべきなのに、二次元で表された資料をもとに仕事をすることを余儀なくされた。一方では、図面や特に写真が、いかに誤解を招きやすいかがより意識されるようになりながらも、建物の美しい図面を製作することが最終の目的であると見る一派も現れた。そして、建物を説明するために平面図・断面図に加えて外観写真を用いるのは、いまでは当たり前になっている。たぶん、これは建築の本質に対する姿勢の変化がもたらしたものであろう。そうはいっても、建物の構造に関する詳細な情報を知るには、「ハイテク」アーキテクトの作品でない限り、いつもエンジニアリング雑誌から見つけ出すほかはないのである。

芸術と建築の歴史は、革命的あるいは慣習にとらわれない方法をめざすという共通の目的のために手を結んだ実務家と理論家のグループが形成され続けることによって記録されてきた。多くの場合、資金力と影響力のある後援者の援助を得て新しい雑誌が発行される。あるグループとその支持者たちが成功すれば、それは新しい「運動」として認知され、その影響は建築はもちろんのこと、芸術分野の境界をまたいで絵画、彫刻、文学、音楽にまで及ぶ。建築に関わる例には、「デ・スティル」（図①）と「キュビズム」がある。

芸術の歴史に何の知識ももたない人は、二〇世紀に建てられた建物を見て、おそらく建築批評家がするのとはかなり異なったカテゴリーに位置づけるであろう。そうした人たちは、ミースが一九一九年に発表したガラスで覆われた摩天楼プロジェクト（図②）――それは一九八〇年代初期の「レイトモダン」のアメリカの超高層ビルに非常によく似ている――が、「表現主義」としてアインシュタイン記念塔（図③）と同じところに分類されているのを見つけて驚くかもしれない。

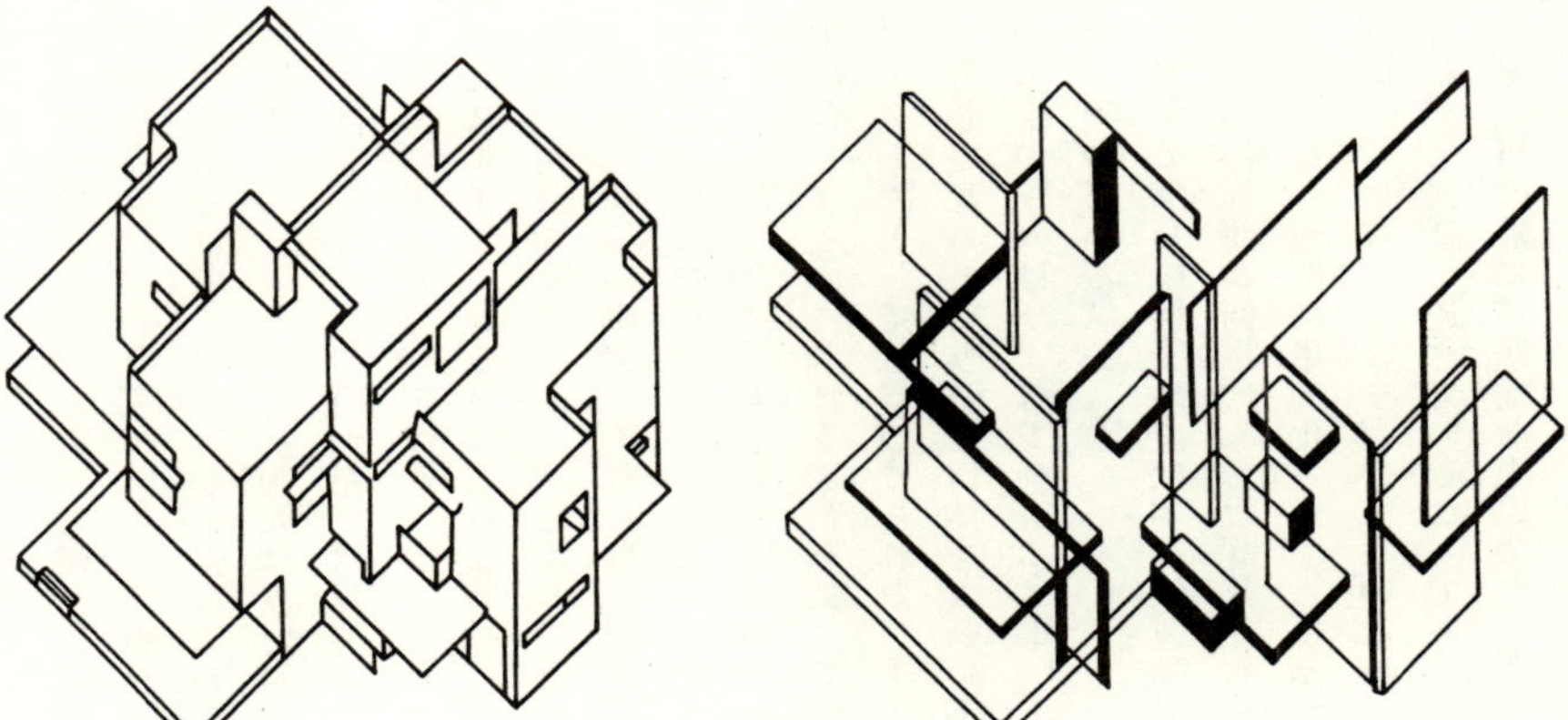

図①　芸術におけるデ・スティル運動は，平板の視覚的効果を問題にした。この図は建築へのコンセプトの適用を説明している。（アーキテクト：テオ・ファン・ドゥースブルフとコル・ファン・エーシュテレン，1923）

これは美術史家が、それらの建物に影響を与えた思想を見きわめ、そこに共通した「運動《ムーヴメント》」あるいは思想の原点をたどったからである。

図② ミース・ファン・デル・ローエによる有名なプロジェクト「ガラスの摩天楼」(1921)／これは表現主義として分類されている。(ニューヨーク近代美術館所蔵)

図③ エリック・メンデルゾーンの「アインシュタイン記念塔」天文台(1919頃)／これもまた表現主義として分類された。

あいにく素人には、アーキテクトが語ったり書いたりしていることと、生み出しているものとのつながりは、いつも稀薄に思える。評論家自身は、芸術家が自らの仕事を的確に説明したり、解説することはできない、と主張している。こういった難しさに加えて、アーキテクト個人は互いに矛盾するいくつかの見解に同意し、そして時がたてば見方が変わることもあろう。だから、ある特定のアーキテクトや彼の作品が個々の「運動」に必ず属しているとは限らない。

すべての「運動」が芸術家のグループによって意図的につくられたのではない。多くの場合、それらは思想やデザインに現れる確かな傾向を感じた批評家たちによって見きわめられる。しかしこういった場合に、実務家たちはいつも厳格なカテゴリーの中にひとまとめにされることを嫌っている。今日「ポストモダニスト」として位置づけられたアーキテクトのほとんどが、分類されるということ自体を大いに不本意に思い、そしてその中の一人は、ましてや「ポスト」云々とはもってのほかだと語っている。

ここで憶えておいてほしい最後の点は、近代運動の「巨匠たち」が、自分たちの思想が何世代もの批評家たちに誤解され、間違って引用され、過度に単純化されてしまった、そして自分たちが意図していないことや言ってもいないことで攻撃され続けてきた、と異議を述べていることである。グロピウスは七〇歳の誕生日の際に、悲痛な思いで次のように記述した。

私の人生の新しい章をはじめるに当たって……私は、自分が誰だかわからなくなるほどたくさんのラベルを貼られているのを知っている……モダンデザインのさまざまな分派の代表者によって繰り広げられている混乱した言葉のバトルをじっと眺めていると……非常に不快な気分になってくる。そういった美的な論争は、通常、アーキテクトたちが自ら進んで引き起こしたものではないが、良心的か否かは別にして、自分たちの美的なあるいは政治的な理論を支えようと自ら買って出た批評家たちが、創造的な人たちの仕事を、その背景や前後関係を理解しないままに、いくつかの発言の言葉尻をとらえたり、わざと悪いほうに解釈して、ぶち壊そうとしている。

建築思想についての洞察力をいくらかでも得ようとしているエンジニアは、諺の地雷原に足を踏み入れているようなものだ。図書館の棚を一見すれば、それに関する文献がどれほど膨大な量なのかがわかるだろう。一〇年か二〇年前なら、一八九〇年以前のことは度外視されていたから、二〇世紀の建築の歴史から何かを学びとれば十分だったかもしれない。ところが最近は、歴史的な様式の引用がもてはやされているので、彼らが普通の人以上にポストモダン建築を理解しようとするなら、世界の建築史に関するひとところの知識をもつ必要がある。

建築の歴史は、思想と技術がゆったりとした連続的進化をとげていった中で、一九世紀末頃はいくぶん危機的状況にあったと見るのが、以前は一般的であった。この時代には、建築の革新が停止したと見るのが通常の感覚である。その間、産業革命によって生じた機能に対して過去の様式を適用することに甘んじていた何人かのアーキテクトがいた一方で、時代に適した新しい様式の必要性を感じながら、その開発に絶望していた人たちもいた。

進化論的な見方をすれば、このような不満は鋼構造と鉄筋コンクリート構造の発展と共に増加したと見られており、モダン・アーキテクトの最初の世代が機械時代の意味を把握するようになり、そして新しい工業化技術を、さらには広範囲にわたる新材料を十分適切に生かす形態を生み出しはじめた二〇世紀初期まで続いた。

建築思想についての別の見方は、ジェンクスによって再び提唱された「変転状態」と呼ばれる見解のたぐいであろう。この見解は思想の動揺が続くことを前提としている。そこには少しずつ違う多くの意見があって、いまはあるものが、次には別のものが優位に立ったりする。この多元論的な見解は、さまざまな思想の絆の運勢をたどっていくことに重点をおいている。ジェンクスは、矛盾した建築思想が社会全体だけでなく、個人の中にも同じように存在しており、この多様性の感覚が建築作品を見聞きする人たちに豊かさをもたらしている、と主張している。

二〇〇〇年前のヴィトルヴィウスの古い格言がいまだに頻

繁に引用されていること、そして一八世紀から続いている建築文献での変わらない論争を考えてみると、進化したのは唯一建設技術だけだと言いたくなる。次の二つの章では、建築の歴史とその思想を一連のものとして紹介するために、いま挙げた視点の両方を適用して述べてみようと思う。

10 建築史の年代順スケッチ

A chronological sketch of the history of architecture

一九世紀中期までの建築

本章での建築史のスケッチは、本書の性格上、二〇世紀に重点を置かざるをえないため、いわば風刺画に近い性質のものかもしれない。

最も初期の様式は、古代エジプト、ギリシア、メソポタミアなどの古代文化と関連している。

古代ギリシア建築は、ローマ人によって育まれ改良が加えられていった。これらは私たちに「様式」（モニュメンタルな建造物のプロポーションと装飾のシステム）をはじめとする、多くの公共の建造物を飾っている台座《ポディウム》や列柱《コロネード》、切妻《ペディメント》といった、特徴ある要素で構成されている「古典主義」の遺産を残してくれた（図①）。

エジプトやギリシアのモニュメントは、石が引張応力に弱い性質をもつので、必然的に短スパンの石の梁とそれを支える高い列柱で構成されている。円形のアーチとバレル・ヴォールトの原理は、その時代にもよく知られてはいたが、なぜかモニュメンタルな建造物には用いられていない（図②）。

ローマ人は円形のアーチの利用法を発展させ、より広い柱間隔の列柱をつくることを可能にした。特に、道路橋と水道橋にこの効率的な構法を取り入れた。彼らはコンクリートをつくるセメントを得るために、火山灰の硬化作用と砕いた煉瓦を用いた。これを用いて彼らはドームや比較的大スパンの交差バレル・ヴォールトを建設したが、かなり厚いものであった。やがてローマ帝国の西半分の崩壊とともに、こうした技術のほとんどが失われた（図③）。

煉瓦の建築の豊かな伝統はビザンチンにおいて繁栄し、そして一五世紀にはイスラムの伝統と結びついて、二～三世紀の後には、標準的なアラブ様式の建築を生み出すことになる。ところが、アラブ諸国からの委託で西欧に建設されるモ

図①　古典主義の柱頭／トスカナ，ドリス，イオニア，コリント，コンポジット(C．ペロー，1676)／プロポーションと美の手法は，ルネッサンス時代に再び採用された。モダニズム運動の時代には避けられたが，「ポストモダニスト」によっていま一度モチーフとして好まれている。

図②　古代ギリシア寺院(ヘファイスティオン，アテネ)／エジプトとギリシア建築の特徴は，柱とまぐさによる構法である。この例では，最も視覚的に明快な構造上の特徴となっている。

(a)

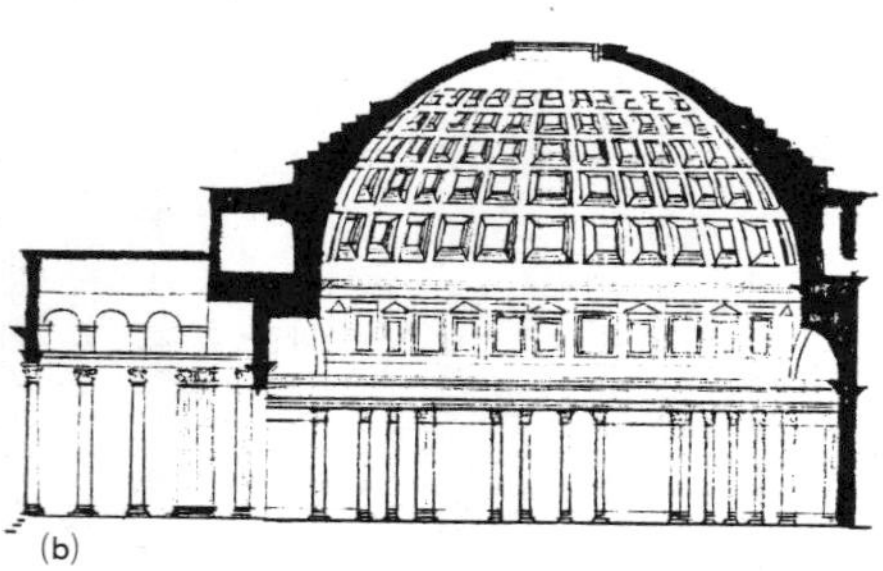

(b)

図③

(a)　ローマ人は橋，水道橋（ポリオの水道，エフェサス）や円形劇場の構造にアーチを適用した。

(b)　また，ローマ人はドームを導入した。ローマのパンテオンはマスコンクリートでつくられ，重量は格天井とすることによって軽量化されていた。

スクや大使館を除いて、現代のアーキテクトがビザンチンとアラブ様式を参考にすることはほとんどない。

西欧における石造の建築技術は、「初期のキリスト教」の伝統という形で、技術的により低い水準のまま引き継がれてきた。それでも、工匠たちは明らかにローマに残ったモニュメントからその着想を学んできた。社会がその安定を取り戻し、より組織化されるようになると、数世紀のうちに彼らは大きな建造物に対する要請と、空間と形態についてのより厳密な要求に対しても応えることができるようになった。こういった初期の教会は、ずんぐりとした重い球形ドーム、円形のバレル・ヴォールト、厚い壁と壁柱で支えられたアーチが特徴的である。

七六八年に王位についたシャルルマーニュは、ローマの哲学の伝統と政治体制に復古する政策を制定した。この時代の建築は「カロリング朝建築」として知られている。ロンバルド建築の影響を受けたこの様式は、一般的には一〇世紀頃からのものといわれている有名な「ロマネスク」様式へと発展していった。

ロマネスクの教会は、それ以前のものと比較して非常に高く、規模も大きい。それらには依然としてバレル・ヴォールトとマッシブな壁柱に支えられた円形のアーチが用いられていたが、後期の例の中には高さへの挑戦と材料の経済性を考慮したものもある。三層の円形アーチによる大教会の回廊は、いくぶんローマの水道橋を思い起こさせる。

一二世紀の後、多くの重要な構造革新が「ゴシック」様式（図④、図⑤）において実を結んだ。それらは尖塔アーチとリブ・ヴォールト、それにフライング・バットレスである。石の積み方はより効率化され、軽快さを増して洗練された架構となり、そして建築的な納まりと装飾は垂直性を強調するものとなった。この時代の民間施設や（宗教建築の対極としての）軍用施設に関する資料は、現在も多く残されているが、教会だけを扱った「ゴシック建築」の本だけが目につく。

一五世紀に西欧では、古典様式が「再発見」され「ルネッサンス」として知られている時代がはじまる。ゴシック建築は粗野なものだとみなされるようになり、結局それがそのままゴシック（粗野な）という現在の名称になった。

この時代、社会の資金力のより多くが大邸宅や別荘といった民間の建築へ向けられた。そこには円形アーチの回廊やド

図④　コンクリート構造の技術は衰退し，12 世紀から 14 世紀のゴシック建築の職人は比較的美しく調和した組積造を大寺院のために発達させた。風と重力によるスラストは，ヴォールト，リブ，バットレスを注意深く配置して処理した。

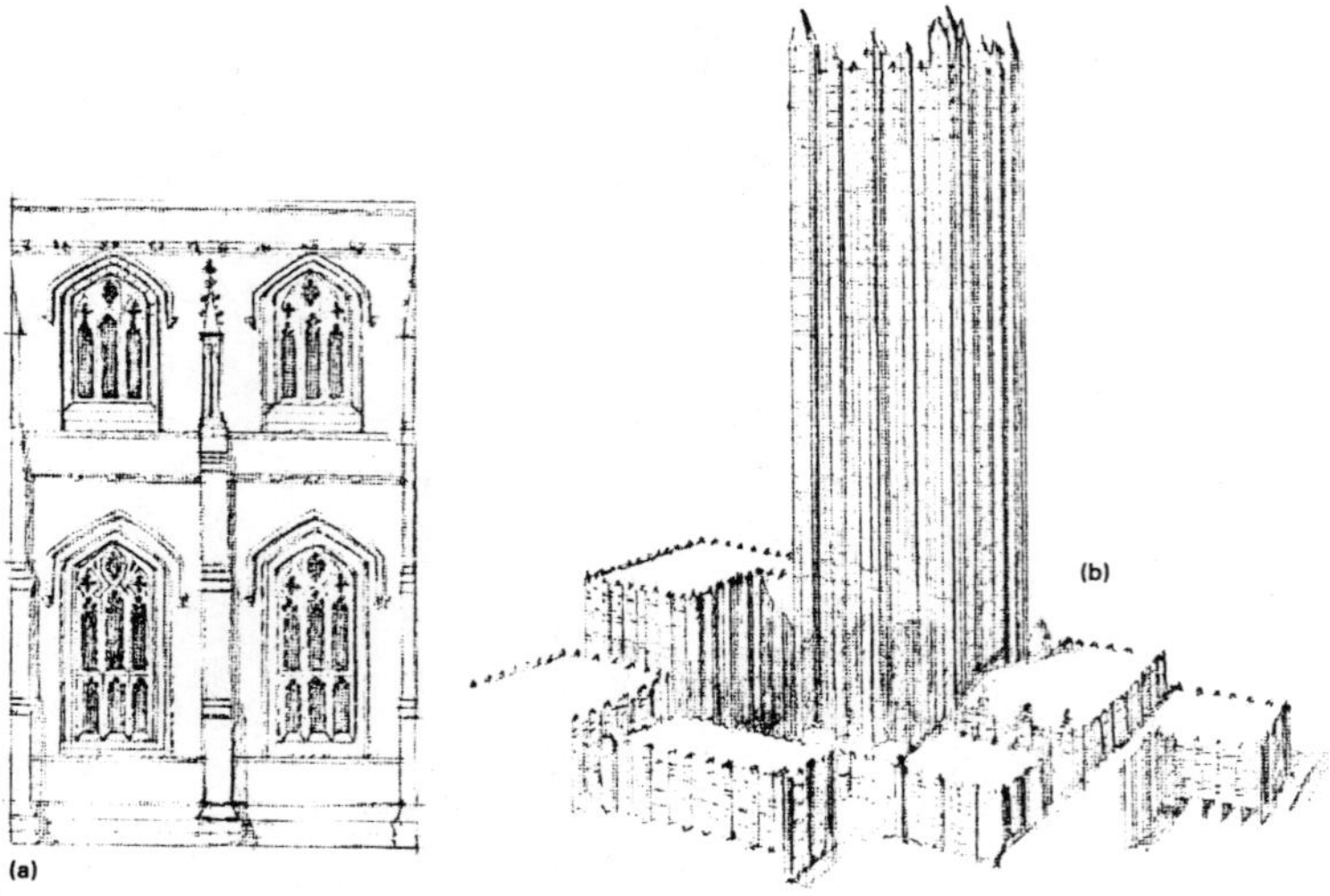

図⑤　(a)ロンドンの議事堂にみられる「切り立った」ゴシックの尖塔様式は，フィリップ・ジョンソンによって(b)ピッツバーグのPPGビルに適用された。

ームといった「様式」への回帰があり、そしてゴシック教会の細長く狭い「バシリカ」形式と対照的な、集中式平面の教会を復活しようとするあこがれがあった。しかし、古い様式には洗練された新たな解釈がなされた。列柱の回廊は古代の原形よりずっと軽やかに、ドームは球面より尖った形となり、頂塔が載せられた。コンクリートはまだ再発見されておらず、時には誤った用い方もあったにせよ、構造的な安定を得るための多くの工夫がなされた。

古典的な伝統は釣合いと調和、そして秩序を尊重するのが特徴である。幾何学と数学の基本的原則は神聖な秩序と完全性の反映と考えられていた。一世紀もたたぬうちに、アーキテクト（と芸術家）はこれらの原則を適用するための高い水準の技術を修得していった（図⑥）。

その後、「マニエリスム」と今日定義され、ルネッサンスと共に今日のアヴァンギャルド的なアーキテクトから特に注目を浴びている反動の時代が展開した。マニエリストたちは優れた技巧で、意図的に規則を曲げて保守的な評論家に衝撃を与え、そして進歩主義者をより楽しませた。調和は不協和音に、単純さは複雑さに、明瞭さは曖昧さに置き換えられてしまった（図⑦）。

その後、「バロック」として知られている様式が導入されると、ルネッサンス・クラシシズムは全く無視されてしまう。バロック様式は構成要素と建物全体の両面で、入り組んだ形態が特徴的である。その巨大な規模と贅沢で複雑な装飾は、偉大な王子たちと、復活を果たした当時のカトリック教会を賛美するものであった。

一八世紀中頃に、また別の観点から古典原理が再評価されることになり、これを今日では、「新古典主義《ネオ・クラシシズム》」と称している

(a)

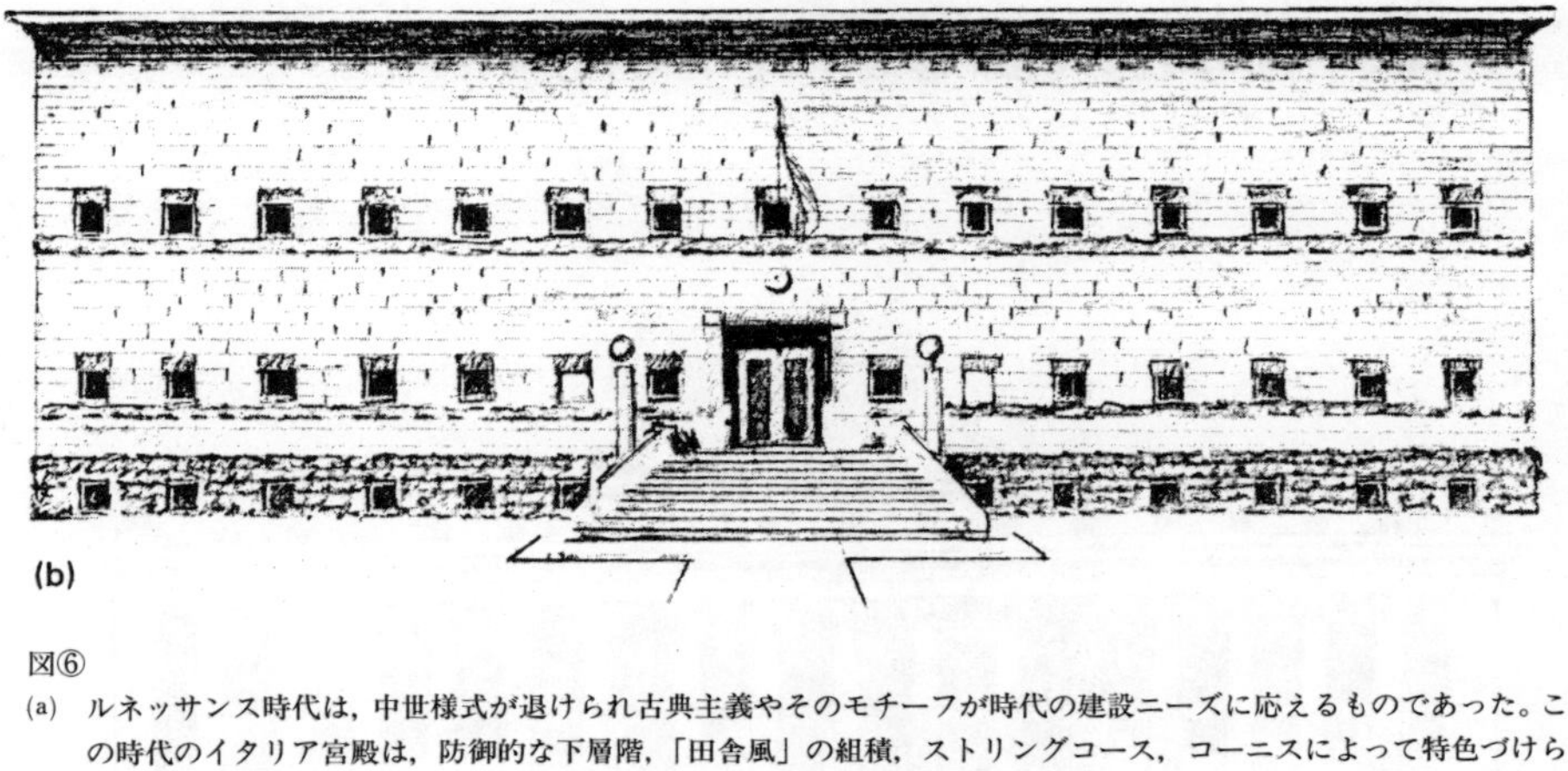

(b)

図⑥

(a)　ルネッサンス時代は，中世様式が退けられ古典主義やそのモチーフが時代の建設ニーズに応えるものであった。この時代のイタリア宮殿は，防御的な下層階，「田舎風」の組積，ストリングコース，コーニスによって特色づけられる。(パラッツォ・ストロッツィ，フィレンツェ，B.ダ・マイアーノ，1489)

(b)　ルネッサンス・パラッツォのテーマは，フーバー/ベルク&デズモンドによってコロラド州キャッスルロックのダグラス郡庁舎に適用された。

図⑦

(a) ルネッサンスの技術や象徴主義が徹底的に使われてしまった後，建築家はセゴビアのカサ・デ・ロス・リコスのドア上のアーチ（1500 頃）のようにユーモラスな誇張を楽しんだ。

(b) ポストモダンのマニエリスム／アーチの迫石とキーストーンの視覚的印象が，ロンドンの TV-am 本社の入口上部にスチール・パイプでつくられた。（アーキテクト：テリー・ファレル・パートナーシップ）

図⑧　ネオ・クラシシズム建築／ルネッサンス古典主義のあとに，バロック，ロココ様式の複雑さ，華やかな飾りが続いた。反動として，古典主義へ回帰が起こり，19 世紀の建築の要求に適用された。（アルテス・ムゼウム，ベルリン，アーキテクト：シンケル，1830）

（図⑧）。一部の地域では、「ネオ・クラシシズム」は「バロック」の過剰表現に対する良識的な反動として正当化されている。古典建築の遺跡調査は以前にも増して入念に行われるようになった。しかしながら、ルネッサンスの場合と同様に、アーキテクトは古い建物を単に再現しようとしたわけではなく、その時代の建物に要求された機能や社会的環境の枠組みの中で古典主義の原則を当てはめようとした。秩序と調和という古典原則の再現をめざしたネオ・クラシシズムは、それが同時にローマ帝国の中央集権型権力構造を連想させることから、独裁者たちによって熱狂的に用いられたのである。

これに対する必然的な反応として、神秘的なものに対する魅惑と回顧主義、そして個人主義的な思想を強調したロマン主義運動を生み出すことになった。興味深いのは、これが何となく建築界での最近の感覚と似かよっていることだ。ロマン主義運動は、特にその理想の多くをゴシック期に見いだしている。

ここでは、ゴシックとルネッサンスといったそれぞれの時代を建築だけで語ってきたが、絵画、彫刻、音楽、文学、哲学、といった他の芸術分野、そして政治思想にも同様に特色のある時代だったことを強調しておきたい。

一九世紀中頃から第一次世界大戦まで

一九世紀中頃は、このように新古典主義とロマン主義が同時に存在していて、どこか不思議な状況が見られた。このような混乱に加えて、いわゆる「産業革命」に伴う社会の大変動が、病院、刑務所、収容所、学校、銀行といった大規模な公共施設に対しての圧力を増大させた。一方、その間の技術の急速な発展は、工場、倉庫、そして一九世紀後期には鉄道の駅に対してあらゆる点で新しい要求をもたらしたのである。公共の施設の多くは、気ままな新古典主義やネオ・ゴシック様式風の外観で包まれている。そして二つの様式が暗示している政治的、哲学的な相違のためにそれぞれの優位性について、激論が交わされた（図⑨）。

ところがすぐに、クライアントが満足するなら、アーキテクトはどんな様式でも設計するのが当たり前になっていった。いわゆる「折衷主義」の台頭である。一般に建築でいう折衷主義とは、特定の状況の要求に対して最適と思われるものを、さまざまな様式の中から借用することである。こういった考え方が時には純粋なものより、むしろ要素が混合したことで調和した表現に向かう結果となった。こういったひどい状態での仕事にかなりの不満があったのは、驚くに当たらないことだが、ほとんどのアーキテクトたちは、過去の時代の様式に勝るものはないと信じていた。

しかし、彼らは当時のエンジニアたちがつくった倉庫、工場、鉄道のターミナルの内部空間や鉄橋といった飾り気のない単純な建物に注目した。そして外面的な出来映えよりむしろ、機能的な効率、施工の容易さ、力学的合理性の要求に適

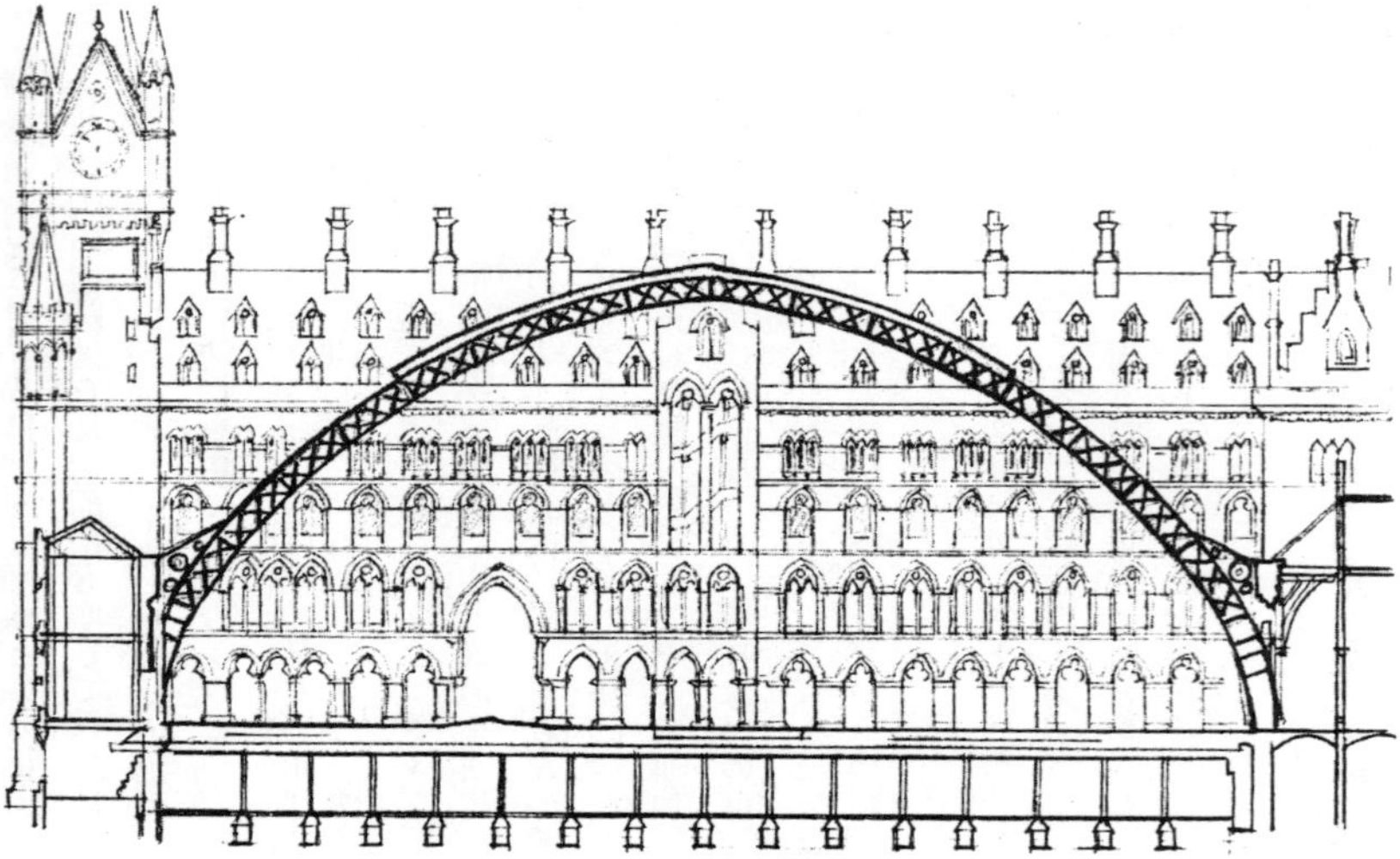

図⑨　セント・パンクラス駅ホテル（ロンドン，アーキテクト：G. G. スコット卿，エンジニア：W. H. バーロウとR. M. オーディッシュ）のネオ・ゴシック様式のデザインは，線路上屋の機能的で飾りのないデザインと好対照をなしている。

図⑩　ビクトリア時代の比較的飾りの少ない機能的な「エンジニア建築」として，鉄道橋，駅，工場建物，倉庫が例として挙げられる。（アルバート・ドック，リバプール，エンジニア：ジェシー・ハートレイ）

合した建物形式を選択するという、エンジニアの実用本位な姿勢の設計が、歴史を参照することのゆきづまりを打開するために探し求めていた、新しい美意識への突破口になると認識したのである（図⑩）。

一九世紀の後期には、鋼の製造技術の改良と鉄筋コンクリートの開発が促進されて、建物を組積造の制約から解放した。新しい美学の必要性がさらに高まり、そしてそれが可能となった。

この時代を通して、「ネオ・クラシシズム」の原則は、「エコール・デ・ボザール」と呼ばれるパリの学校の授業で重要視され、まさにフランスは建築理論の中心となった。ボザールは古典的な秩序と左右対称（特に平面上の）を尊重することで有名であった（図⑪）。そこでは、美術学校として建築とともに絵画や彫刻が教えられたが、全体として心地よい効果を達成する建物の「構成」に重点がおかれていた。また、ボザールは建築に新しい材料と技術を取り入れるべきだという考え方には、強い抵抗を示した。画家で、校長のイングレスは一八三四年、工業化について次のように述べている。

　工業化は工業の領域にとどめよう。そしてそれをわれわれの学校に持ち込んではならない。アポロの真の神殿には、ギリシアとローマの芸術だけが捧げられる。

これによってボザールの信奉者たちは、新しい建物の材料と工業生産に新しい美学の可能性を見た人たちの対極として位置づけられてしまい、ボザールの名はモダニズムの運動の中では軽蔑をもって語られることになった。ただ近年では、「ポストモダン」のアーキテクトと評論家がボザールを復権させている。

一九世紀末から二〇世紀初頭にかけての新しい思想の探求が、機能的な美学を追究するために増大した圧力に反抗する形でいくつかの運動を盛り上げた。二〇世紀の建築思想の主流はそれらの運動を軽視したが、近年「アヴァンギャルド」によって復権されてきた。それらは、フランスとベルギーにおける「アールヌーボー」であり、ドイツの「ユーゲントシュティル」、オーストリアの「ゼセッション」運動、そして英国での「アーツ&クラフツ」運動が含まれる。それらの運動を総称して「フリースタイル」と呼ぶことが多い。

これらの中で最初の三つの運動は、自然の中の有機的な形態の中に新しいスタイルを見いだそうとし、最後の運動は職人の技巧に戻ること、そしてゆるやかな資本主義社会を理想とした。この時代のアーキテクトの一人、ラッチェンスが近年再び注目され、「アヴァンギャルド」のインスピレーションの源として引用されるようになった。

しかし、当時の多くの批評家が駆り立てられていたのは、新しい材料と効率的に利用するための新しく、適切な構造形式を見いだすことであった。そんな中で、一九世紀の後半に活躍したのは、ゴシック建築の擁護者ウジェーヌ・エマニュ

(a)

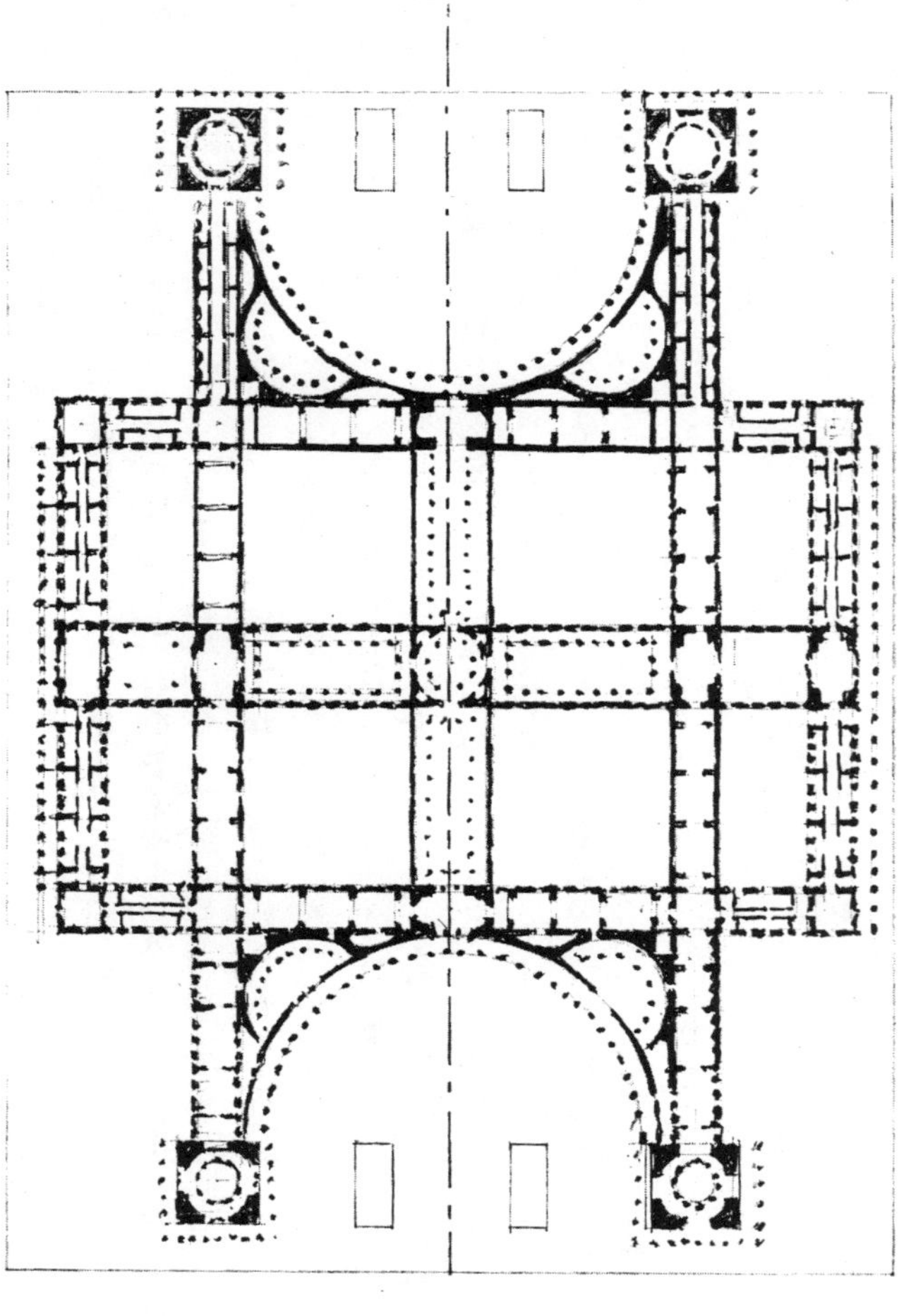

(b)

図⑪

(a)　20 世紀に続くボザールの伝統は完全な対称性にある。

(b)　ボザールの学校は，しばしば機能的にかなりの欠点があったにもかかわらず，平面の美しさと対称性にたいへん関心をよせていた。(美術館計画：J.N.L. デュランド，1779)

エル・ヴィオレ・ル・デュクであった。実用的なレベルで、施工者とアーキテクトたちは、鋳鉄、鋼、鉄筋コンクリートの新構法を徐々に開発し、適用していった。

一九世紀末から第一次大戦にかけてのモダニズムの先駆者たちは、多彩で複雑に絡み合っている。そのうちの何人かは、エンジニアにとっての興味の対象には値しないと思う。

シカゴでの高層オフィスビルや一九世紀末の商店建築における鉄骨構造とフロートガラスの導入は、内部の構造計画を反映した新しいスタイルの外装を生み出した。これが「シカゴ派」として知られるようになった（図⑫〜⑭）。「形態は機能に従う」という名文句は、この時期につくられ、アーキテクトのルイス・サリヴァンによって唱えられたとされている。第一次大戦の直前、ドイツにつくられたベーレンスのAEGタービン工場、そしてドイツのアーツ&クラフツに相当し、「ドイツ工作連盟」博覧会で発表されたグロピウスとマイヤーの工場は、工場がアーキテクトにとって真剣に取り組むべき主題であることを示した。フランスのアーキテクトのペレーは、施工技術者エンネビクが開発した接合部を一体化したコンクリート構法の適用をさらに発展させた。

こうして、第一次世界大戦後のモダニズム運動が十分に発展する基盤が整えられたのである。

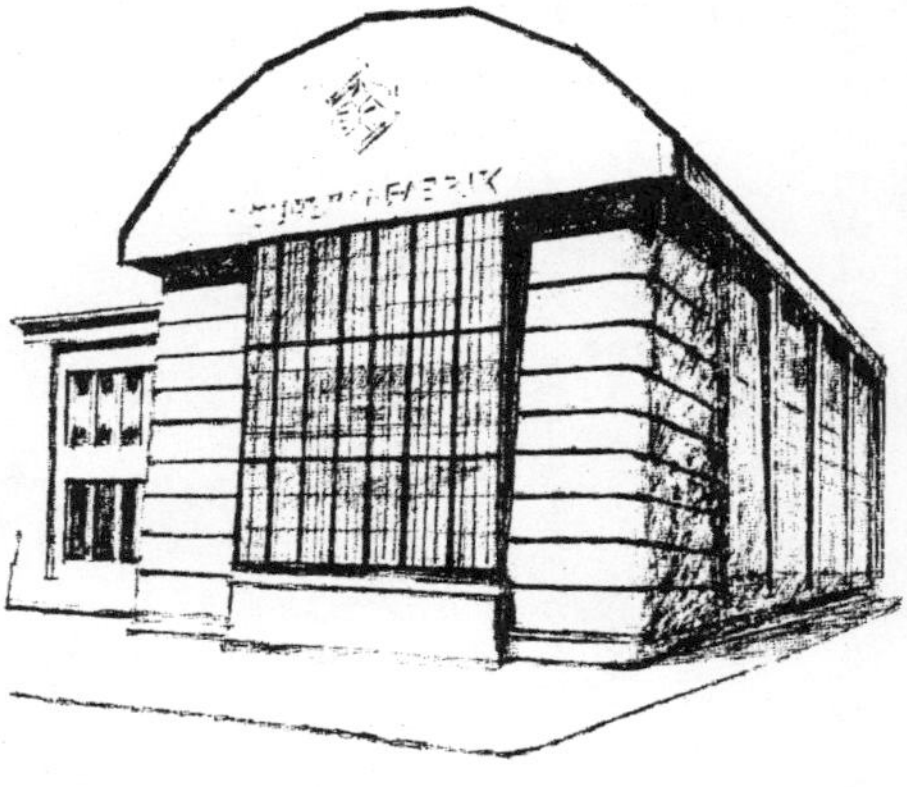

図⑬　歴史的先例から建築を解放しようとする動きは，ベルリンのAEGタービン工場のような産業施設に成果を生みはじめた。構造が露出した柱，ピン支持の基礎で表現され，窓が近代的である一方，建物の隅部は田舎風になっている。（アーキテクト：ペーター・ベーレンス，1909）

図⑫　19世紀後半の「シカゴ派」の建物では，新しい鉄またはスチールのフレームの骨組を表現した新しいファサードが発達した。しかし装飾はまだ重要だった。（カーソン・P．スコット・ストア，アーキテクト：ルイス・サリヴァン，1901）

図⑭　ドイツ工作連盟博（ケルン，1914）のこのパビリオンで，ワルター・グロピウスとアドルフ・マイヤーは，階段室の機能をはっきり表現し，作業場と事務局のブロックを分離した。

二つの世界大戦の間の時代

二つの世界大戦の間の時代に、モダニズムの第一段階が確立された。その時期は、グロピウス、ミース・ファン・デル・ローエ、ル・コルビュジエ（シャルル・ジャンヌレ）、そしてフランク・ロイド・ライトの四人の著名なアーキテクトが主導権を握っていた。

機械時代の到来がこの数十年も前から言われ続けていたが、美術や工芸がモダン建築に与えた影響は奥の深いものがある。四人の「巨匠」のうち三人は、工芸や技巧に結びついていた。

モダン運動の信条は主に「機能主義」と機械美である。一般に機能主義は、異なる機能をもつ建物の部分を分離し、分節化することにより表現される。それゆえ、複合建築のバウハウスでは、事務室、教室、宿舎はそれぞれ異なった内容をもった建物で、外観の表現はその個々の目的のために要求される内部空間のタイプがそのまま外に表れている（図⑮、⑯）。

階段はドイツ工作連盟パビリオンのように、建物本体から離れてつくられ、そしてその機能を誇示するためにガラスで覆われていることが多い。現在では当たり前となっているが、建物のレイアウトは内部の動線を容易にするように、あるいは統制するように計画された。しかし、この考え方は、たとえ使用上の不便さを導くとしても計画は軸対称の原則を

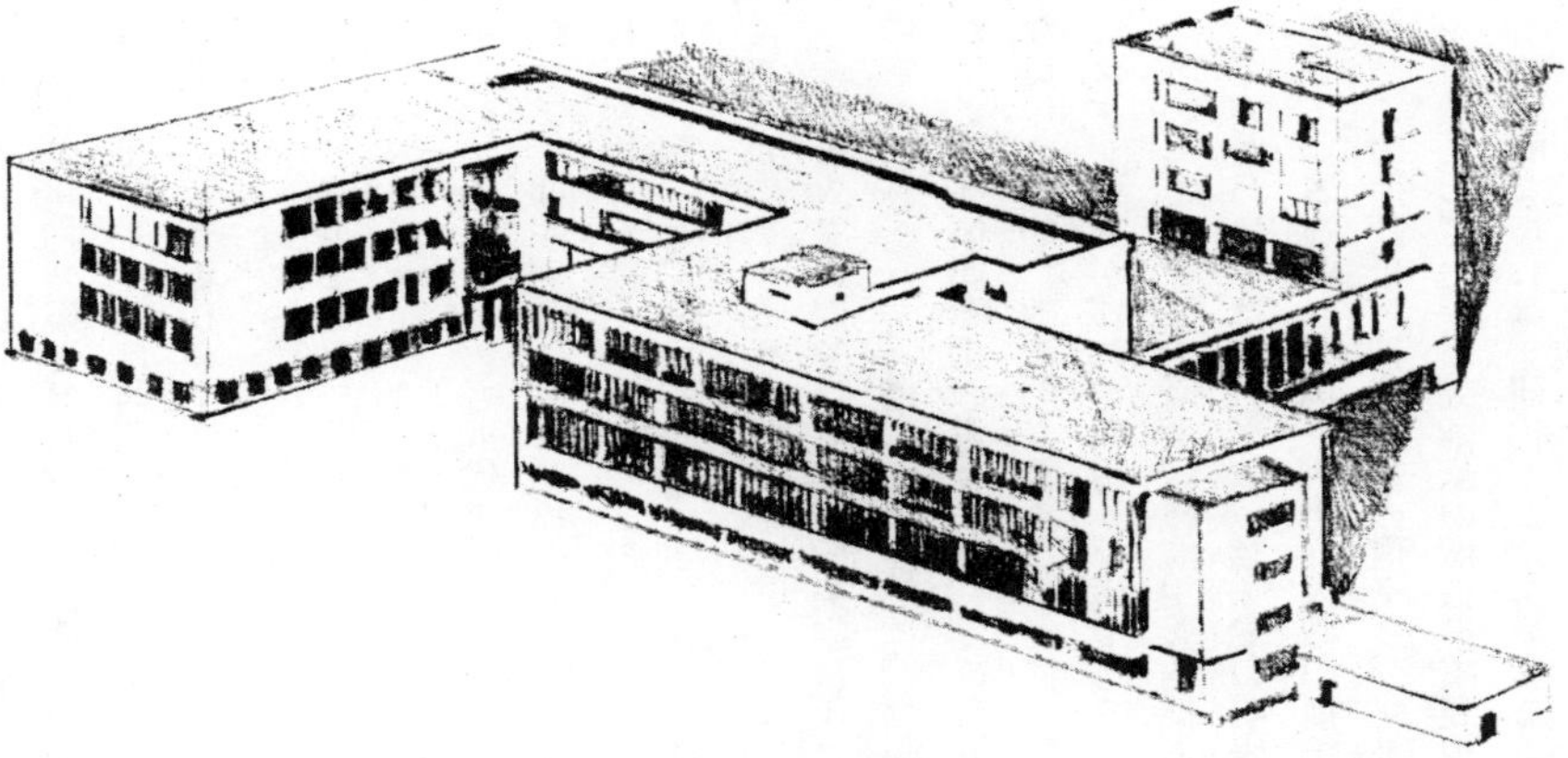

図⑮ デッサウのバウハウス校舎の機能は，事務棟，住居棟，作業棟の3つに分かれたウイングで表現された。ファサードは，それぞれの目的に応じた異なる建築的要求を反映している。(アーキテクト：グロピウス，1926)

図⑯ 新しい材料によって，講義ホールを建物側からの片持ち梁にすることが可能となり，座席の下の勾配の床によって決まる側面の形状が校舎のシンボルとなった。スターリングとゴーワンによるレスター大学工学部棟。(1963)

守るべきだ、というボザールの教えを否定することになる。こうして建物外観をソリッドな形態で構成することに重きをおいたボザールとは対照的に、内部空間の外部への表現を重視するという新しい手法が生まれることとなった。

機械的な美学は、装飾を排除すること、そして直線、直角、なだらかな表面を用いることであった（図⑰）。

滑らかで、流線型で、機能的な形態の船や航空機、そして小麦のサイロでさえも近代デザインの縮図だとみられ、コルビュジエは住宅を「住むための機械」だと定義した。そこには、建物の形態が、ちょうど航空機産業で起きていたのと同様に、あらゆる適用性をもった一つの「型式」へ向かっていくのではないかという期待感があった（図⑱）。

一部の人々の間では、機械的美学はイタリアの未来派運動に特徴づけられる機械の不合理な偶像化へと発展していった。この機械偶像化の思想には、そのSF的都市像の裏にきな臭い心理的、政治的な響きがあって、第二次世界大戦の前にファシストがこれを利用したのである。

といっても、この時期、機能主義的機械の論理だけが支配していたわけではない。広い意味での「表現主義」として知られている運動は、第一次世界大戦の前後にドイツで発展した。この運動は、神秘主義の信奉と、ブルジョワ原理の否定を特徴としており、芸術家の個性を重要視していた。その最も物理的な現れは、建物の要素を流れるような形態の中に溶け込ませること、全体として彫刻的にすること、そして特別な雰囲気をかもしだすためにゆがみを用いていることである（09章図②、③）。芸術家モンドリアンは、「知性が直感を妨げる」ことを理由に、設計の根拠としての技術と功利主義を拒否した。

一方、米国ではフランク・ロイド・ライトが空間に対する新しい姿勢の表現として「有機的建築」を提唱した。彼のデザインは水平線が強調され、地元で産出される、煉瓦、木材といった「自然素材」を表現した地に根ざしたような建物を特徴としている。これは欧州の「白い建築」とは全く対照的である。機能主義の機械的な美学は、純粋に目的に適合するように工夫され、その必然的結果として簡素で知的な美を自動的にもつことを求めてきたが、実際のところそのデザインはデ・スティルのような絵画的様式へのアーキテクトの愛着と、立方体、円柱といった純粋幾何学形態への執着に支えられてきたといえよう（図⑲）。

ライトはこのような「インターナショナル・スタイル」を評論を通じて酷評し、あるときフィリップ・ジョンソンに問うている。「君はいまだに小さな家々を建てて、それらを雨の中に放置しているのか？」。彼は新しい様式を「非人間的、非民主的で、そして……反アメリカ的」とみなして「それは技術を崇拝するあまり、そこに住まわされるかわいそうな人々の人間性を無視している」と信じた。

今日、振り返って見れば、機械的な美学は一種の逆説的なロマン主義だったと見ることができよう。通常より不経済

図⑰　工業化または「機械化」生産は，なめらかな表面，ストレートなエッジ，鋭いコーナーに帰着した。このような「機械美」は，ル・コルビュジエのような建築家によって建物に取り入れられた。(ヴィラ・シュタイン，ガルシュ，1927)

図⑱　「型式」：ボーイング727便の尻尾／全く同じ市場要求に応えるために，全く同じ形態がこの航空機と英国の「トライデント」機で開発された。開発は同時にしかし，明らかに別々に行われた。

で、防水が非常に困難なのにもかかわらず、勾配屋根を禁ずるといった全く不合理な禁制がしかれた。まさに「インターナショナル・スタイル」の象徴であった陸屋根のほとんどは雨漏りに悩まされた。ボイドは次のように記述している。

すべては合理主義、現実主義、そして機能主義の名のもとでなされた。しかし、その結果は……ただ、それらの原則の「芸術的な表現」以上のものとはなりえなかった……

私たちは建物への要求を明確に捉えること、その性能を評価すること、そしてさまざまな代案に対するコスト予測の難しさをすでに学んできた。最適な「型式」へと導いてくれる合理的で明瞭なデザインプロセスの概念は、建築とエンジニアリングが極度に単純化された結果であり、建築の目的と実現方法に対して、膨大なかつ恣意的な条件づけを行った場合にのみ成立する。そして、これがモダニズム運動の信条を満たすために実際に必要なことなのである。

さらに、一九二〇年代には明らかに新しい気運が盛り上がっていた。ゴシックあるいは古典といったおのおのの時代にはそれぞれ特有の風潮や「時代精神」があり、それがその時代の建造物を性格づけるというヘーゲル哲学に由来する理論がある。この理論は現在の美術史学においては、特に人気のあるものではないが、当時の実務派アーキテクトは次のよう

図⑲　ヨーロッパの「白い」近代建築の視覚的対比として，アメリカのフランク・ロイド・ライトによる「有機的」近代建築がある。(ロビー邸，シカゴ，1909)

に回想している。

まずはじめに、一九二〇年代にわれわれが繰り返しはまりこんだ使い古しの様式と、生命を失った伝統の泥沼があった。そして次に来たのは、モダニズム運動がもたらした無条件の解放と新しい生命だった。機能への忠誠と構造の正直な表現という一対の岩に、私たちは安定した基盤を見つけた。それは新しい命のようなもので、単純で、純粋であった。

フィリップ・ジョンソンは次のように述べている。

私たちにとって一九二〇年代は信念の時代であった。このような強い感情はルネッサンス最盛期以来なかったように思う。もしかすると、フランス革命の時代には古典主義（その時代のスタイル）が革命的で純粋だという、同じような感覚があったのかもしれない。

モダニズム運動の先駆者たちは、このような熱狂的な風潮にのって、個人的なネットワークに加え、新しい写真ジャーナリズムの出現、宣言《マニフェスト》の公表、講演旅行、会議の開催によって、皮肉にも建築界全体をゆきづまりへと導くことになったインターナショナル美学の規定を打ち出したのである。

とはいえ、決して新しいインターナショナル・スタイルが

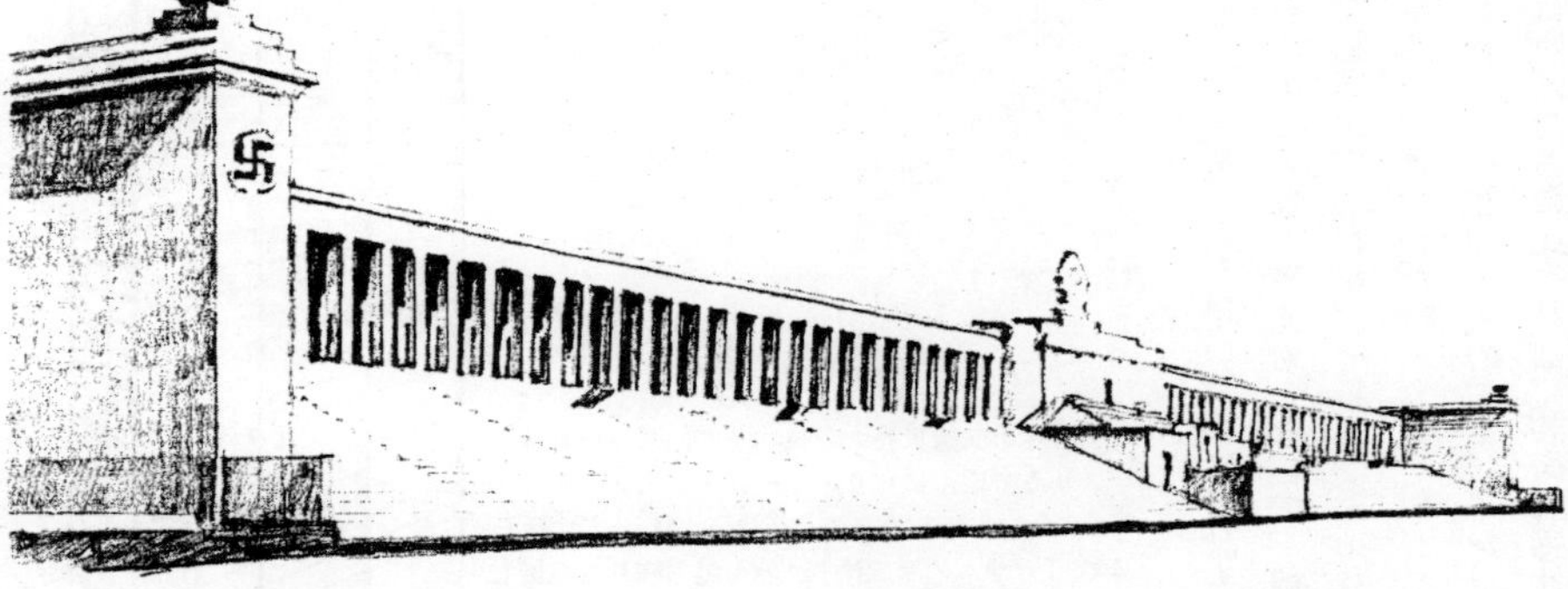

図⑳　モダニズム運動の理想は権威主義が力をもったところで，その政治力によって，古典主義の再生にとって代わられ，そのパイオニアの多くはアメリカへ逃れた。（ツェッペリン広場，ニュルンベルク，アーキテクト：A. シュペーア，1934）

独走していたわけではない。特にアメリカには、一九三〇年代に入ってもボザールの伝統を守り続けたアーキテクトたちがいた。フリー・スタイルと表現主義も続いていた。同時に、ライトが提唱した有機的建築運動も依然として有力であった。

自由と光に囲まれた幸せな労働者のために、上質な大量生産住宅を提唱する理想的なヴィジョンをもったモダニズム運動の政治的な一面が、ヒトラーとスターリンの独裁主義体制によって迫害された。イタリアとドイツそしてソビエト連邦において、古典主義から派生したさまざまな形式が国家的様式として用いられている（図⑳）。

グロピウスとミースに代表される多くのモダニズム運動の先駆者たちは、アメリカ合衆国へと移住していった。しかし、この移住こそが、戦後のインターナショナル・スタイルの大いなる発展を確固たるものにする出来事だったのである。

近代建築の第二段階

第二次世界大戦の直後には、モダニストたちは以前にも増して抑制から解放され、そしてガラスボックスの超高層建築の完成を見ることになった（図㉑）。住宅建築のレベルでは、その抽象的な理念がミース・ファン・デル・ローエのファンズワース邸で結実した。この家のデザインはジョンソンの「ガラスの家」に似ているが、より早い時期に設計されている。ここでは、住む人のことなど考えもしないで、機械的な美学や純粋主義的な論理が貫かれた。そして、ミースはクライアントと裁判で争うこととなった。

押し寄せる開発と戦後の再建の大波の中で、インターナショナル・スタイルは巨匠たちに比べれば、芸術的感性の劣っ

図㉑　第二次世界大戦後，モダニズム運動はアメリカで盛んになり，ミース・ファン・デル・ローエの主張である“Less is More”に従って，「ガラスの摩天楼」が最小限の飾りで発展した。（リチャード・J. デイリー・センター，以前のシビックセンター，アーキテクト：C.F. マーフィー，エンジニア：SOM，1965）

た多くのアーキテクトたちに引き継がれていった。まもなく建物がI形鋼の鉄骨とガラスのカーテンウォールによる理想的な「型式」に近づきはじめるのと同時に、平面計画と技術的な検討によって決められたカーテンウォールを構成する窓のマリオンとパネルをうまく処理するディテールを選ぶだけの「装飾屋」の役割に再び落ちぶれてしまったと、アーキテクト自らが感じはじめたのである（図㉒）。

こういったことが、初期段階での近代建築の原則に対する反発を招いたのは当然である。理論上の大きな変化は、あらゆる建物に適用できるという普遍的な原理の存在そのもの、すなわち、「型」の思想を放棄したことである。新しい考え方は、一つ一つの建物を、立地条件、敷地とのかかわり、居住者の機能的な要求をもった独自の問題と見ている。したがって、古くからある機能的な原則も、まだ指標となりうるが、それらを適用した結果は建物ごとに異なった意味をもったものになる。

すでに見てきたとおり、一九二〇年代のグロピウスによるバウハウスの設計は、施設を構成しているそれぞれの建物がもっている目的に対して、何らかの合理的な意味をもたせて表現することで相違点をつくり出してきた。したがって、宿舎棟の壁はバルコニーで分断され、ほどよい光が必要な仕事場はコンクリートの骨組をガラスで覆っている。こういった考え方は、戦後の設計者に日除けを用いることや片持ち形式で支えた庇をある程度正当化させたのである。しかし、この

図㉒　不幸にも，多くの高層事務所ビルはエレガントさに欠けている。ニューヨークのパークアベニューに沿った景色。

図㉓　建築家は徐々に古典的象徴主義やオーナメントを再び導入するようになった。ニューデリーのアメリカ大使館（アーキテクト：エドワード・ダレル・ストーン，1954）の日除けキャノピーやスクリーンのように，機能性を根拠として理由づけが可能な部分に特に取り入れられた。

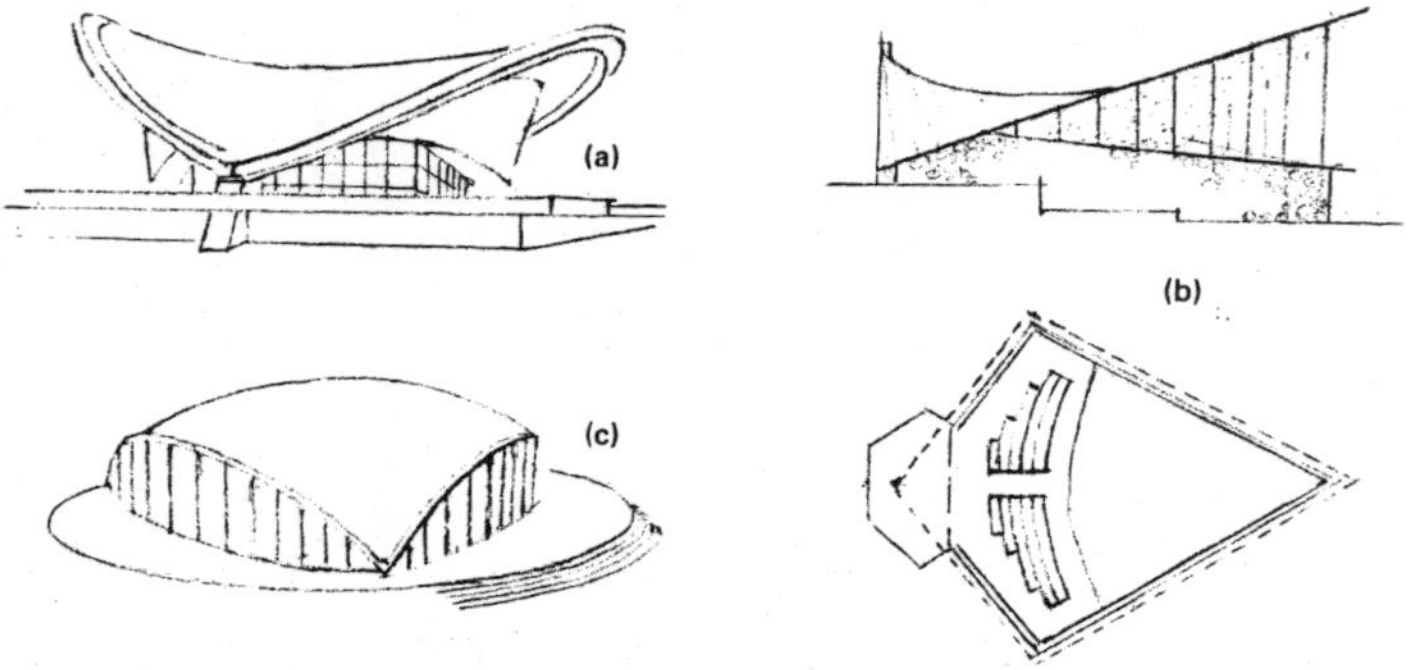

図㉔　力強い構造の形は，顕著な彫刻的効果を正当化する。

(a)　コングレス・ホール（ベルリン，アーキテクト：H.A. スタビンス，エンジニア：ジーファルト/エルシュタット/クルーガー，1957）

(b)　コヨアカンの教会（メキシコ，建築家：フェリックス・キャンデラ，1956）

(c)　マサチューセッツ工科大学クレスジ講堂（マサチューセッツ州ケンブリッジ，建築家：エーロ・サーリネン，エンジニア：アンマン＆ホイットニー，1955）

図㉕　彫刻的形態は，そのままシンボルとなり表現となった。TWA ターミナルビル（ケネディ国際空港，ニューヨーク州，アーキテクト：エーロ・サーリネン，エンジニア：アンマン＆ホイットニー，1961）

ような機能を満たすためには、さまざまなパターンを用いることができるので、無装飾の簡明さをすぐにそれて、ボイドが「贈答用に包装したインターナショナル・スタイル」と呼ぶ方向に向かうようになってしまった。装飾化への傾向は、意識的な象徴主義を通じて建物の目的を「表現する」という方向に向かわせたのである。こうして、外国につくる大使館はその国のヴァナキュラーな建築を連想させる形態を用い、企業の本社ビルでは、その会社をイメージする何かを表現する正当性のあるものになった（図㉓）。

同じ時期、大規模なオーディトリアムや屋根付きスタジアム施設においてエンジニアとアーキテクトが協働する際に、構造があまりにも目立って一般の人々の注目を集め過ぎる傾向になったが、そのことは非常に個性的な建物を建設することに関して別の意味での正当性をもたらした。アーキテクトたちは建物の形態は構造的必然性を反映したものだと主張してきたが、そもそもなぜ他のどんな案よりドーム、ハイパラボリック、パラボロイド、あるいはサスペンションといった屋根を選択したのかの理由を明らかにしようとはしなかった（図㉔）。

モダニズムの初期段階での理論が、いかにして単純な四角のガラス箱にすべての機能を詰め込むかという要求にすり替えられたのと同様に、第二段階における「構造スクール」は、ドームのような明快な構造形式の中にそれらをすべて入れ込んでしまうことを正当化してしまった。

多くのエンジニアたちを巻き込んだ興奮は、興味深い新しい形式のアイデアが底を尽きるとすぐに冷めはじめた。また、内部の機能的な要求に対して強い構造形式を適用するには多くの実務的な難しさがあることも明らかになった。限られた部屋の配置、そしてあらかじめ決められた覆いの形状によって生じる音響の問題、一方では、構造的妥当性を崩さずに窓開口を設けることの難しさも生じることになる。そして、構造体の熱応力の変形による防水の問題も数多く見られた。

構造形態への興味と、表現主義的傾向の拡大が結びついて派生したものが、鳥の翼やヨットの帆を暗示したケネディ国際空港のTWAターミナル（一九六一、図㉕）やシドニー・オペラハウス（一九五六～七三）である。

近代建築の第三段階

一九五〇年代の中頃、多くの人々が近代建築の転換点だと考えている出来事が起きた。それはル・コルビュジエの設計によるロンシャン教会堂の建設であった（図㉖）。裏にある簡素な階段を除いて、この建物は全く芸術的な創造物——丘の上に置かれた一つの彫刻であり、それは周囲の景観と綿密に融合している。一見すると壁はマッシブな屋根を支える非常に厚いコンクリートのように見える。南面の壁にはトンネルのような深い開口が設けられている。実際には三枚の壁は石積みで、コンクリートを吹き付けて補強してある。南面の壁は格子状のウェブの連続体で構成され、コンクリートを吹き付けた被膜で覆われている。屋根はその壁に直接支えられているわけではなく、壁の上部にめぐらした空隙が見えるようにするために短いコンクリートの柱で支えられている。その屋根はソリッドな表情をもつが、実は六〇㎜厚の二枚の曲面スラブを約二m隔てて配置し、その中に七枚の薄い鉄筋コンクリートのウェブを挟んだもので構成されている。

「住宅は住むための機械である」というフレーズをつくり出し、戦後ラフな仕上げ「ブルート」のコンクリートを用いるのを大いに奨励したのはコルビュジエ自身であった。コルビュジエの機械―機能主義からの明白な離反は、ひとつの時代が終わりを告げたしるしだと言える（図㉗）。

この頃、若いアーキテクトと理論家の間に、実利を優先した古い世代のやり方に対する幻滅感が芽生えはじめる。

古い原則を尊重しながら新しい方法で解釈する気運が、英国において「ブルータリスト」の発展を促した。その指導者はピーター＆アリソン・スミッソンで、彼らによるハンスタントン中学校にその気風が表されている（図㉘）。外観は「ミース風」だが、その特徴はバンハム（一九六六）の次の記述によく表されている。

基本架構は部分的にあらかじめ溶接した鉄骨造で、塑性理論に基づいて解析され……最高度の経済性を狙ってい

図㉖　近代運動の先駆者であるル・コルビュジエはフランスのロンシャンの巡礼教会ノートル・ダム・デュ・オーの教会（1955）で彫刻的形態を採用し，近代建築の危機を招いた。

図㉗　ル・コルビュジエの初期の作品は，近代運動主義の典型となっていた。ここでは鉄筋コンクリートは，型枠の縞模様を「そのまま」残している。（ユニテ集合住宅，マルセイユ，1952）

る。床と屋根スラブはプレキャスト・コンクリートで、スラブ下端はコンクリート打放しのままだ。壁は煉瓦で内外面とも素地のままである。学校のどこに立っても、そこには露出した構造材が見えるだけで、プラスター仕上げもなく、多くの部分で塗装もされていない。電気の配管、配水管そしてその他の設備も同様にあるがままに露出している。

これでは以前にもまして、より無慈悲で（意識的に）芸術的味つけのない古い原則に戻っただけである。バンハムが論評したように、いつものことだが、そういったアーキテクトの理解の範囲内ではそれは道義的、倫理的なことであって「健全なる精神は健全なる身体に宿る」という標語の実現であった。徐々に最初の勢いは衰え、つくられるものは洗練され、スマートなものになっていった。いまだにそのすう勢のなごりが現代の露出した設備機器に見られるが、この頃、米国においても鉄骨のI形断面を露出した百貨店が現れはじめている。

一方で、大きく見れば建物のある特定の機能を強調するという考え方は、独自性を確保する手段として認められるようになった。一般的には、リチャーズ医学研究所（一九六〇）がこういったタイプの先駆者であるといわれている。ルイス・カーンは、ここで研究室群を透明で、広がりのある領域としてつくり、そして垂直な排煙ダクトと階段室を大きな組積造の塔門のごとく強調した。ここでは、カーンは「機能主義」の理論に見かけ上従いながらも、ミース的な箱と構造表現という二つの単調な表現を避ける方法をとっている（図㉙）。

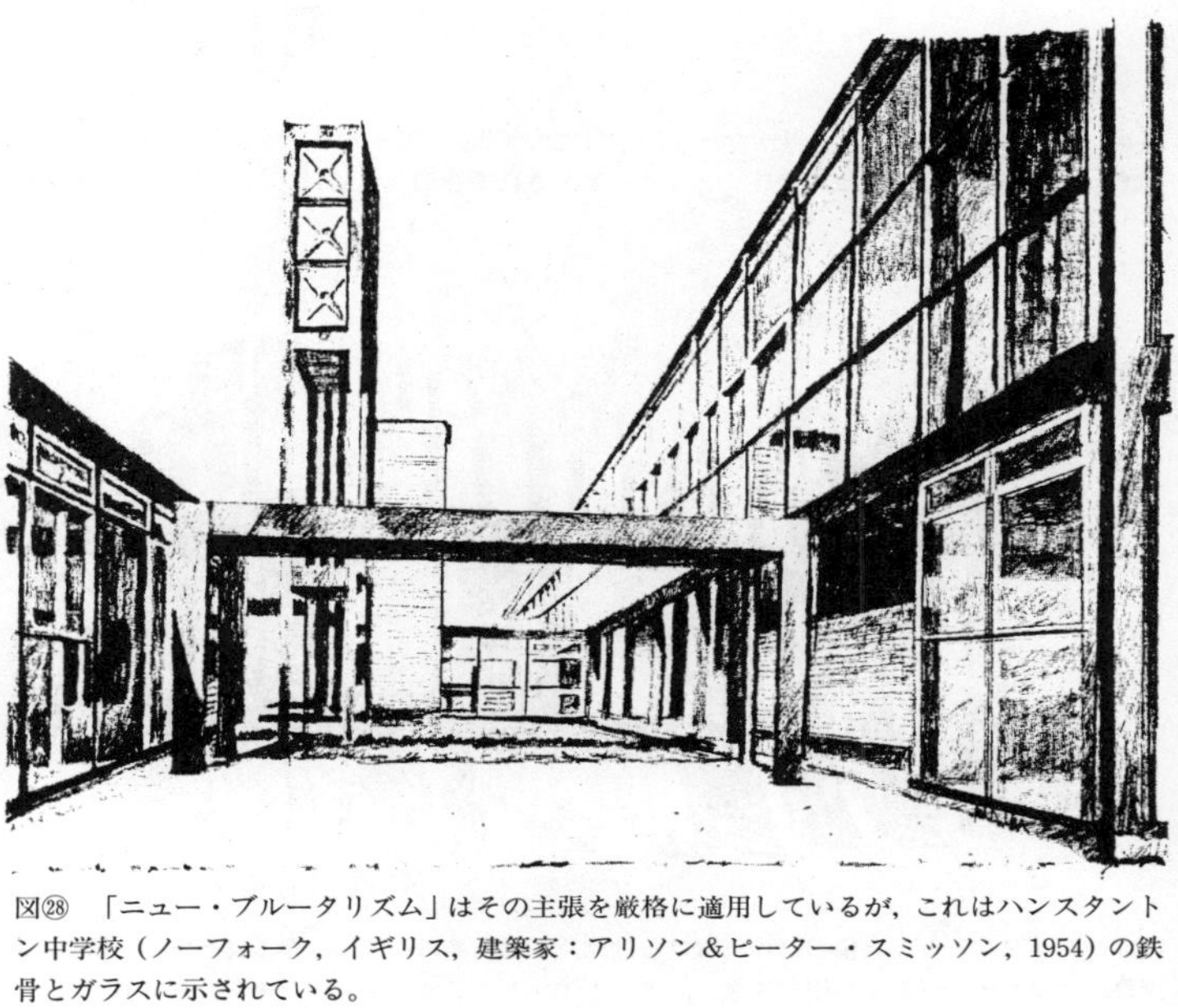

図㉘　「ニュー・ブルータリズム」はその主張を厳格に適用しているが，これはハンスタントン中学校（ノーフォーク，イギリス，建築家：アリソン＆ピーター・スミッソン，1954）の鉄骨とガラスに示されている。

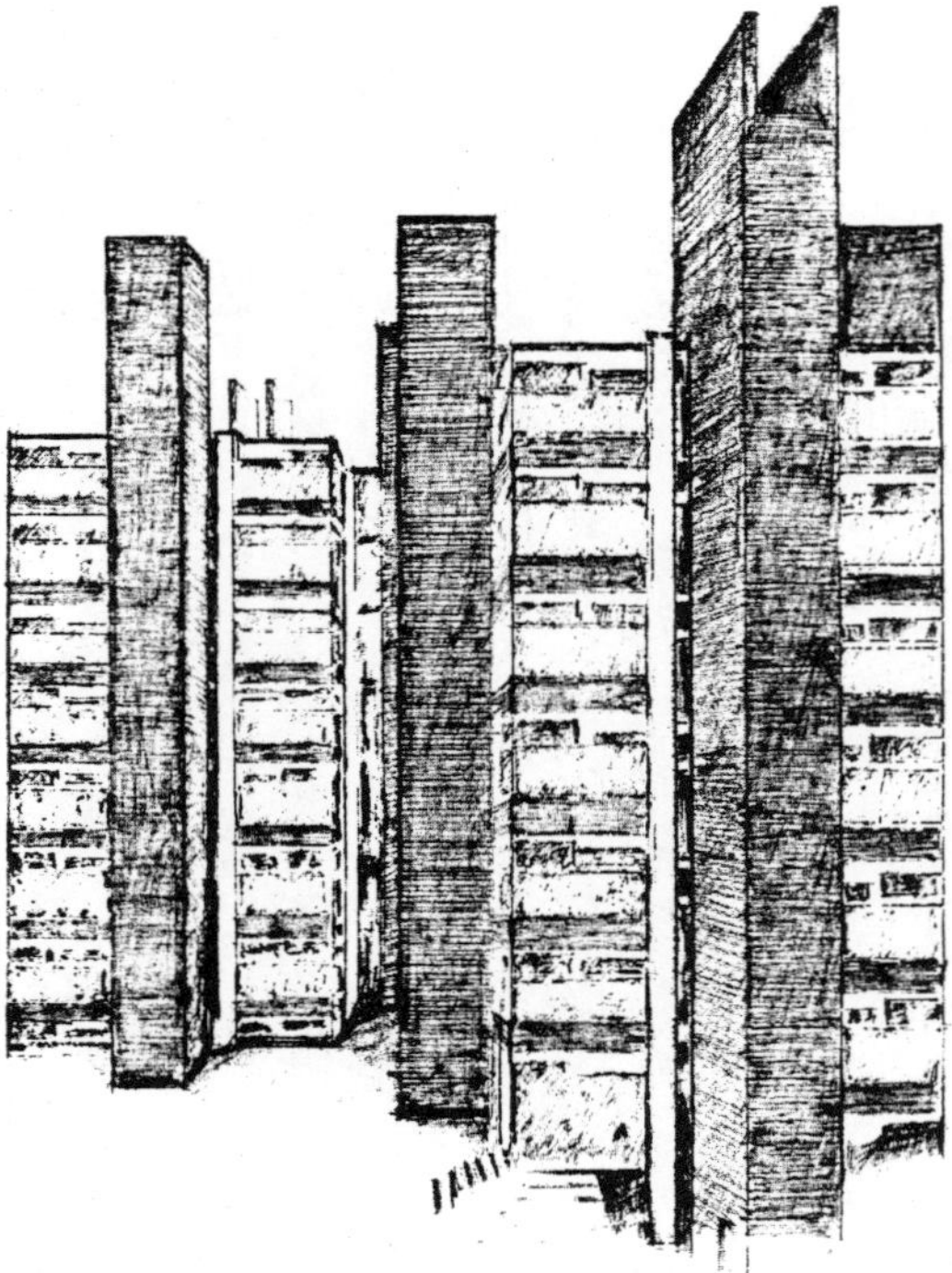

図㉙　ルイス・I. カーンは，リチャーズ医学研究所（ペンシルバニア大学，フィラデルフィア，エンジニア：A. コマンダント，1960）でサービスタワーと「サービスされる空間」を設けて，モダニズム運動の中で形態の個性を表現した。

図㉚　コンクリートと組積の建物における機能的スペースの表現は，全く違った美を導いた。（クラーク大学ゴダード図書館，マサチューセッツ州ウスター，アーキテクト：ジョン・ヨハンセン，1969）

モダン建築の第三段階でのこのような外観の多くは、概してぼってり、ごつごつして、内部の平面計画の必要性と設備的な面にある程度の配慮がなされているが、構造的な論理についての配慮は第二段階よりかなり少なくなっている（図㉚）。

こうしたことに連動して、機能的な計画を絶対とする考え方から離れようとする動きが出てきた。今日、社会と技術の発展する歩調は非常に早いので、病院の計画で建物が完成する前に時代遅れになることもあろう。また、多くのクライアントが多目的な建物を依頼するようになったが、これでは一つの機能もかっちりと設計することができない。こういった状況下では、形態と機能との結びつきは曖昧にならざるをえないであろう。

モダニズム運動のつまずき

溢れんばかりの革命的な情熱をもってはじまったモダニズム運動も、幻滅とともに終焉を迎える運命にあった。若い世代は、芸術家による形態の追求と実業家による企業イメージの探求の陰に人間性が軽視され続けてきたことを無視できなかった。モダニズムの当初の理想は「日光と緑のあるスペース」を提供することにより社会を変えることであったが、多くの建物は疎外感を生み出し、極端な例では、破壊や罪を生んだともいえよう（図㉛）。

図㉛　1960年代，建築家の新世代は光に満ちた都市という新しい考え方が，戦争直後の住宅プロジェクトで実現しなかったという事実に直面した。（300万の現代都市，ル・コルビュジエ）

若い世代はまた、革命的な英雄たちが保守的な団体から委託される仕事に甘んじていることにも気がついていた。ジェンクスはモダニズム運動の主な原則について次のように指摘している。

　一貫性や純粋主義は完全性と等しいと考えるべきではなかったようで、むしろ全くその逆であった……、というのは、インターナショナル・スタイルは……いまや、支配階級とその官僚主義の習慣的なスタイルになってしまったのだ。

　近代建築がその意図しているように歩んでいないのは明らかで、そして評論家たちはたいそうな修辞学の空虚さに気づきはじめた。例えば、ミースの「機能的で効率的な」建物は、極度に高価で、単純にして優雅な印象を与えるために注意深い技巧がこらされているものだ（ミース自身が、エンジニアリング的意味から、それらが真に機能的あるいは効率的かを一度でも真剣に考えたことがあるかどうかは、この際問題ではない。図㉜）。

　さらには、一般の人々は近代建築を理解させるための「教育」を受け入れることなく、近代建築の意味を、象徴的あるいは歴史的な尺度でのみ解釈しようとしていたことも明らかになってきた。業務用のビルにしか見えないミース・スタイルのアパートや、ガラスと鉄の覆いでつくられた一階建の四角い箱に大量生産の工場から宗教まであらゆる種類の機能が飲み込まれていることに、一般大衆は当惑した。全面をガラス張りにしたオフィス・ビルの匿名性に脅威を感じた人々は、それらを「シガレット・ボックス」と呼んで軽蔑した。一方、近代建築の第二、第三段階でつくられた作品について、彼らはバースデイ・ケーキ、薬箱といったやぼったくて建築的でないたとえを用いた（ジェンクス、一九八一）。

　一九六六年にヴェンチューリによる『建築の多様性と対立

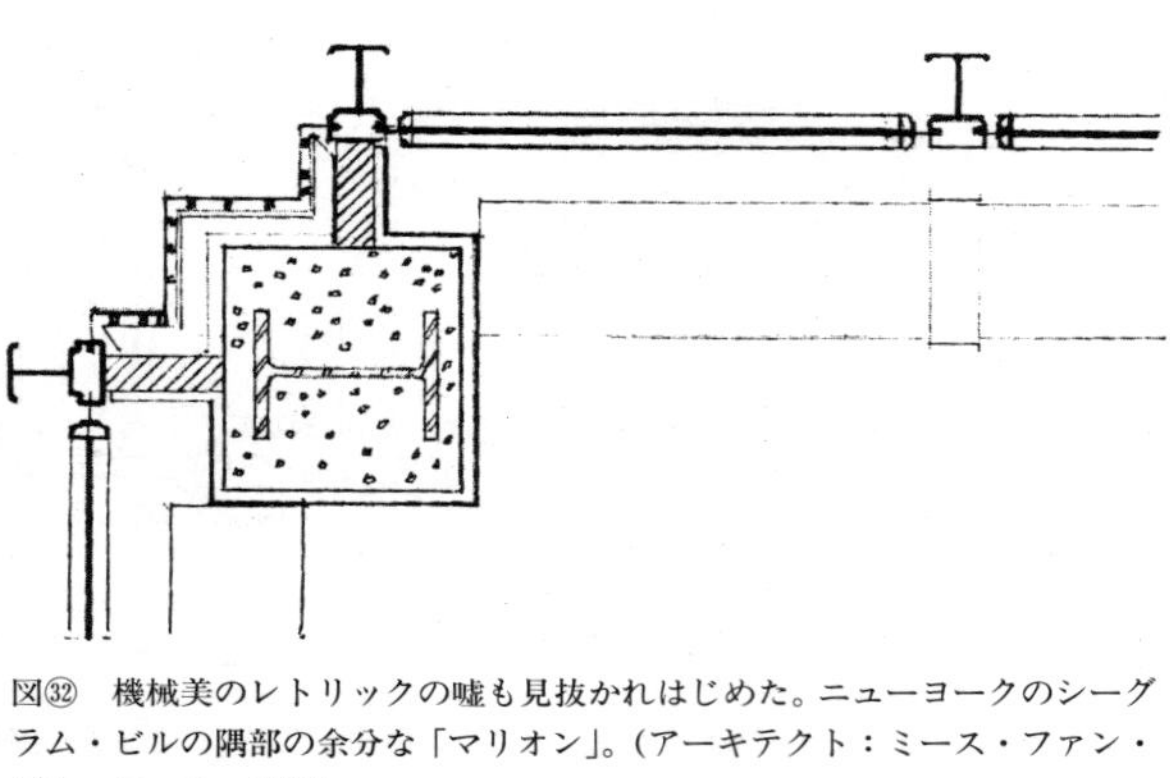

図㉜　機械美のレトリックの嘘も見抜かれはじめた。ニューヨークのシーグラム・ビルの隅部の余分な「マリオン」。(アーキテクト：ミース・ファン・デル・ローエ，1958)

牲』の刊行とともに、大いなる転機が訪れた。ヴェンチューリは明快さと単純さを探求したモダニズム運動を拒否し、そして彼の本のタイトルが示しているように、曲解され、曖昧でさえあるメッセージをあらゆる水準の人たちに伝えるために書いたと主張している。彼は商業社会が、ごたごたしたけばけばしいネオンサインや看板を用いて人々を街の中心に集めているという事実が、アーキテクトにとって教訓となるであろうと示唆し、そして次のように問うた。

メイン・ストリートはおおむね大丈夫なんじゃないでしょうか？

彼の本は、モダニズム運動の独断的な倫理とその目標である純粋さ、規則性、機能性を拒否してきた多くの若いアーキテクトたちに光明をもたらしたのである。

一九六〇年代は他の多くの分野と同様に、建築界での激しい混乱と実験的段階の期間であった。ルドルフによるイェール大学の美術館と建築学部棟（一九六三）は、その記念碑的性質と、利用者にアーキテクトが決めた使い方を強いる「トータルデザイン」の手法に反抗する使用者によって破壊され、内部は改造されてしまった。そして一九六九年には、火災とそれに続いて起こった爆発で損傷を受けた。

ジェンクスが一九七二年七月一五日をモダン建築の「命日」と定めたのは、そのときにプルイット・アイゴー集合住宅の一部が爆破されたからである。

このプロジェクトはモダニズム運動の伝統である合理性を最もよく表しているものといわれ、歩車分離のための「空中の道」、地上面には「光と緑の空間」、そして遊び場、託児所、井戸端会議をする中心広場等が、入居者たちが昔から馴染んできた路地や庭やその他の半私的な空間に取って代わるものとして設けられていた（図㉝）。

問題提起的な本の氾濫は、建築家自身の内部に次第に広がっていく幻滅感の前兆であった。ジェンクスは、競技施設、運動場、航空機の格納庫など、それまでエンジニアリングの産物として位置づけられていた大空間建築だけが「近代建築の中で満足のいくレベルに達したと言い切れるものである」と結論づけている。

これらの討論の終わりに、L・ライトは次のように述べている。

モダニズム運動の革命の成功は、われわれの社会を二度と戻れないように変えてしまった。それはよりよい方向への変化であったが、革命はすでに終わり、いまはより普通の時代へと戻りつつある。いまこそ自分たちの回りを見回し、予期せずに起きてしまった革命の犠牲を拾い集めることができる。アーキテクトと一般大衆との結びつきが失われてしまったことは、こうした犠牲の一つであった。

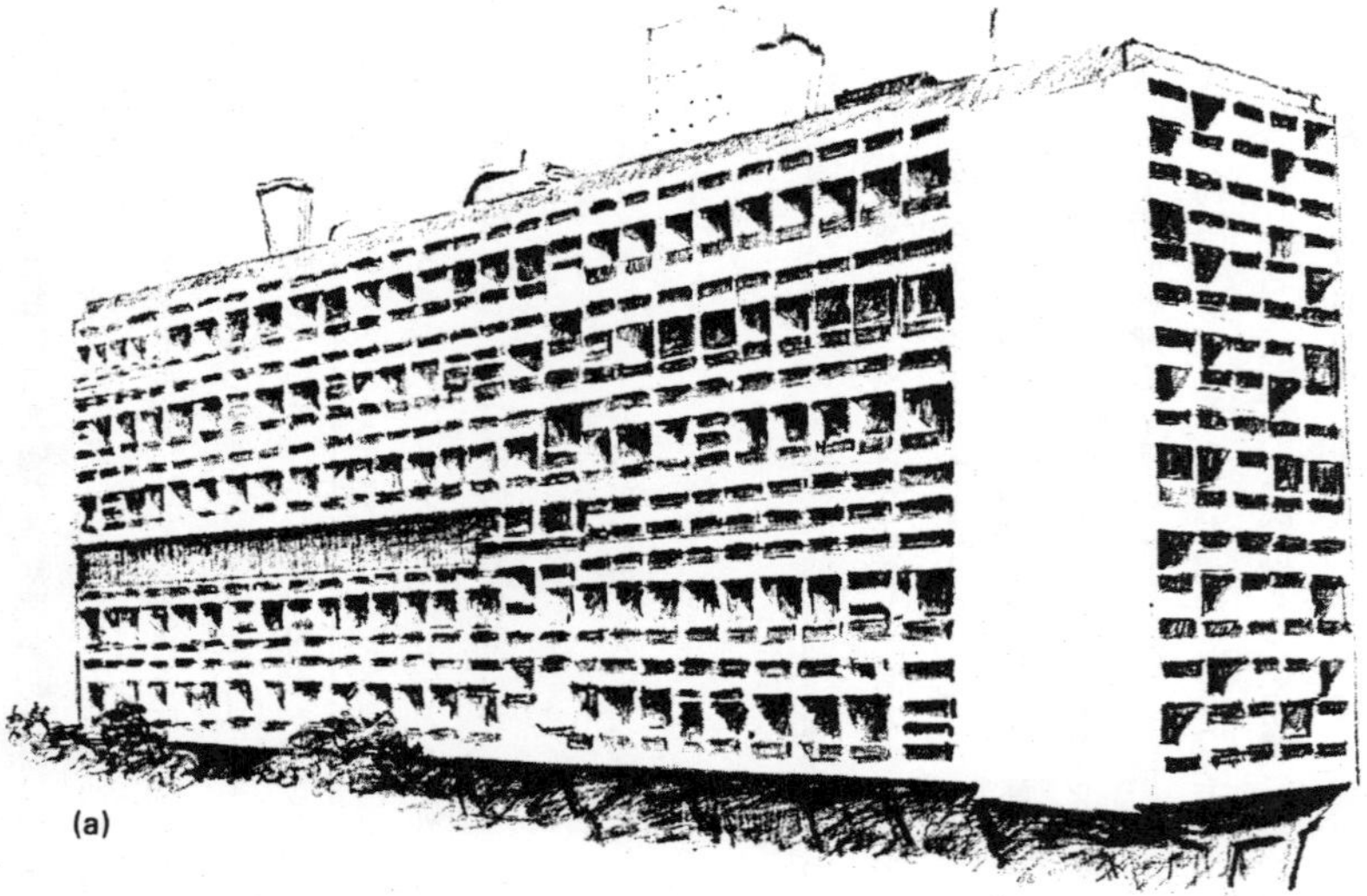

(a)

(b)

図㉝

(a)　ル・コルビュジエのユニテ集合住宅（マルセイユ）／住居ユニット間に連結するスペースを設け，近代運動の考えを示した。建物全体はせりもちの柱（ピロティ柱）で支えられ，地上面の植栽への干渉を最小限にしている。（図㉗参照）

(b)　コミュニティ・スペースの機能をもつ「空中歩廊」はユニテ集合住宅の重要な特徴であった。しかし，1972 年のセントルイスのプルイット・アイゴー・プロジェクトでの失敗でこの考えは大きく後退した。

近代建築のその後

建築思考における現代の特徴は以下のように要約できるだろう。

- 統率力をもった哲学の欠如と独断主義への反感が導いた「新しい多元文化論」
- 建物のもつ顕在および潜在意識レベルでの象徴性への理解
- 住民の文化的、地域的、そして社会的な小団体が与える連想や暗示の性質に対する強い興味、そしてこの章のはじめに挙げた、よく知られている歴史的様式への強い興味
- 「都市的文脈《アーバンコンテクスト》」への関心——建物周辺のスペース、そして隣接する建物との関わりをどうするか（これはおのおのの建物を独自の作品として取り扱うモダニズムと対照的である）
- 建築の「民主化」への関心——すなわちプロジェクトの将来の居住者が、デザインにできうる限り参画すること

これらの特徴のすべては、「ポストモダン」という表題のもとにひとまとめにされ、いまや一部の評論家たちはこの表題のもとに建築やアーキテクトを「第二段階」までさかのぼって再編成しようとしている。しかしながら、本書においては、ポストモダンという言葉は哲学的あるいは歴史的な引用、マニエリストのジョーク、そして絵画的構成を強調した建物に限って用いることにしたい。

一般の人々がインターナショナル・スタイルを受け入れなかった理由は、その感性的な思想の貧困さのためであるとして、ポストモダン派のアヴァンギャルドたちは、自らをヴィクトリア朝の芸術家たちの伝統的な役割に見たて、社会をその自己満足から目覚めさせ、さらに神秘と挑戦を同時に与えようとしたのである。

ピーター・アイゼンマンは、二つの三次元の格子をある角度で交差させた家を建てた。壁、梁、柱は、どちらかのグリッドに属することになるので、物理的な感覚と見る人の予想にズレが生じる。柱はベッドの真ん中を貫通し、扉は軸線上を回転するが、枠内にきちんと収まらない（図㉞）。

より多く見られるものは、建築家が、あからさまな商業主義（例えばネオン管の照明）を思わせる要素と、教養のある人だけが理解できるような歴史的な建造物や様式への暗喩を組み合わせた建物だ。

おそらく後者の傾向の例で最も有名なのは、マンハッタンにあるフィリップ・ジョンソン設計のAT&Tビルであろう（図㉟）。ロバート・ヒューズはそれを次のように記述した。

その建物の主な要素は高さ六六〇フィート（二〇〇m）のガラス製の板であり、ボザール風でマンハッタン流の

図㉞　ポストモダニズム／1966年にヴェンチューリは，建築を再び活気づけるために「複雑性と矛盾」を取り入れた。この考えはピーター・アイゼンマンの「住宅Ⅲ号」（コネチカット州レイクビレ，1973）で三次元グリッドの衝突するシステムによって示されている。

図㉟　ポストモダニズム／AT&Tビル（ニューヨーク，1983）でフィリップ・ジョンソンはチッペンデール家具の親しまれた形で「箱」を覆うことにより，一般の人の評価を得た。一方，専門家に対しては1階レベルではパッツィ家礼拝堂を，最上部は18世紀の幻想的プロジェクトを引用してアピールした。（図㊱㊲参照）

図㊱　パッツィ家礼拝堂，サンタ・クローチェの教会（フィレンツェ，アーキテクト：ブルネレスキ）

ピンクグレーの御影石でできたコルセットにはめ込まれている。この高層部は、フィレンツェにあるブルネレスキによる一五世紀パッツィ教会の前庭を巨大化して貼りつけた正面玄関の上に乗せられている（図㊱）。……小さなルネッサンスの私設教会をカラカラ浴場ほどの大きさにまで拡大したりするのは、ジョンソンが好むひねくれた遊びで……それは建物頂部に顕著に表れている。それは、寒い日には暖房装置が蒸気の雲を吐き出す円形の切れ込みのある切妻《ペディメント》で、いまでは「おじいさんの時計」として有名である。これもまた、ジョンソンが好んだ過去の建築家をほのめかすもう一つの歴史家的なジョークだ。ここで引用された建築家ブーレーの残した広大なピラミッドのパノラマ、組積造の天球儀、煙を吐く火葬場といった計画は、産業革命の特異な記録である（図㊲）。

ジェンクスは、その歴史的参照の仕方によってさまざまなポストモダニズムのサブ・カテゴリーを定義している。例えば、「ポストモダン古典主義」や「ポストモダン・フリースタイル」といったように（図㊳）。

より実際的なほとんどのアーキテクトは、そういった展開を苦々しく思っている。特に古い世代の人たちの多くは、モダニズムの基本理念を信じ続けていて、彼らの理念が評論家や特にメディアの裏切りにあったとして、近代建築自身は少しも「死」んでいないと思っている。しかし、事実、評論家たちは、すでにポストモダニズムの「死」を宣言しているではないか。

現代の建築哲学には、確かにいくつかのより慣習的な流れがある。モダニズム運動の第三段階からの論理的な展開は「レイトモダン」と呼ばれてきた。エネルギー危機は実用的な建築に対してかなりの影響を与えた。しばらくの間、ガラスは外装材としては全く不適切だと考えられてきたが、反射ガラスの新しい取付け方法が開発され、ガラスは再びかなり一般的な材料となった（図㊴）。アトリウムは大きな都市建築物において、省エネルギーと人々に心地よいアーバン・スペースを提供する（アトリウムの多くは一般に開放されている）という理由で正当化された。基本的には垂直方向への床の量産である高層ビル建設では、経済的に建物の上層部にかなり厳しい規則性が必要であるが、アーキテクトは外装を宝石のように輝くガラスで覆ったり、単調さから逃れるために建物の頂上をねじ曲げたり、切り落としたりする気ままな手段をとるようになった。

省エネルギーに対するニーズは、05章で解説したように建物の平面設計に影響を及ぼすようになった。多くの場合、構造に代わって省エネルギーが建物の形態を決める主な技術的要因となった。今日では、しばしばこういった省エネルギーに対する実際的な配慮が建築のヴァナキュラーで歴史主義的なスタイルと結びつき、人々に親しみやすく身近に思える建築を提供している（図㊵、㊶）。

図㊲　労働者の宿泊所プロジェクト（建築家：C.N. ルドゥー，1736～1806）

図㊳　ポストモダニズム／パリ郊外，マルヌ・ラ・バレのアブラクサス集合住宅で極端な古典趣味が導入された。（アーキテクト：R. ボフィール，1983）

図㊴　レイトモダニズム／ポストモダニズムと並んで，“Less is More” の概念がミラーガラスを使った建物に生き残っている。ガラスのカーテンウォールのエネルギー問題は低減されている。そして，建物が周囲を映して「消える」ので，還元主義が鼓舞された。ウィリス・フェイバー＆ダマス本社（イプスウィッチ，アーキテクト：ノーマン・フォスター，エンジニア：アンソニー・ハント事務所）

図㊵　ポストモダン・ヴァナキュラー／現代建築に親しみのある表情を与える一つの方法。ヒリンドンのシビックセンター（1977）では，その行政棟がイングランド郊外のよく知られた勾配屋根で架けられている。（アーキテクト：R. マッソー事務所のアンドリュー・ダービシャー，J. マーシャル＆パートナーズ）

図㊶　ポストモダンの「白い建築」／ヴォールトの屋根をもった19世紀の「ガレリア」の再生はポストモダン建築の証しとなった。ここではヨーロッパにおける両大戦間の「白い建築」を思い起こすなめらかな仕上げが使われている。（AT&T 東部本社，ヴァージニア州オークトン，アーキテクト：コーン/ペダーセン/フォックス，1981 頃，©Esto.）

こういった要求を満足させようとする願望によって、一部のアーキテクトは、建物に対する人々の反応を理解するための心理学や社会学に目を向けるようになった。また、建築の意識的・無意識的なレベルにおける「意味」を理解することにも多大な関心がもたれた。それらの意味が、アーキテクトが一般大衆と「コミュニケートする」ための「言語」であると考えられたからである。そういったアプローチのすべては、一般の人たちのニーズを定めて、そのための最良のものを提供するというアーキテクトの職業上の判断能力と責任が前提となっている。

対極にあるのは、建物の設計において将来の利用者を活性化し、先導していく立場をとるアーキテクトたちである。このアプローチでの二つの主な例は、英国ニューキャッスルのベーカーウォール（一九七四）とブラッセル近郊にあるルーヴァン大学医学部の建物（一九六九〜七四）である。このタイプの建物は、モダニズム運動の理念と対照的にコンクリート、鉄、木材、煉瓦といったさまざまな材料がまとまりもなく（時には「混乱」とも言えるように）用いられているのが特徴である。ここではその機能性と象徴性という両側面がかなり入り混じったものとして体験することができ、異なる使用者の複雑に混ざり合ったニーズと、それぞれの人の視覚的コードに基づいた異なる水準で、違った意味を伝えてくる（図㊷）。

英国での特に強力な動きで、エンジニアにとって興味を引

図㊷　現代建築の夢から覚めた反動として，参加する建築があった。そこでは建築家は，その権限の一部を放棄し，建物の使用者側の提案を取り入れている。（ルーヴァン大学医学部教職員棟，アーキテクト：ルシアン・クロール，1974）

図㊸　「ハイテク」はモダニズム運動の正しい主義を具体化するものと公言されている。一つの例として，なめらかな長方形の箱がある。そこでは外皮の厚みの中で設備が配置され，順応や増築ができるように設計されている。（イースト・アングリア大学セインズベリー美術センター，ノルウィッチ，アーキテクト：フォスター・アソシエイツ，エンジニア：アンソニー・ハント・アソシエイツ，1977）

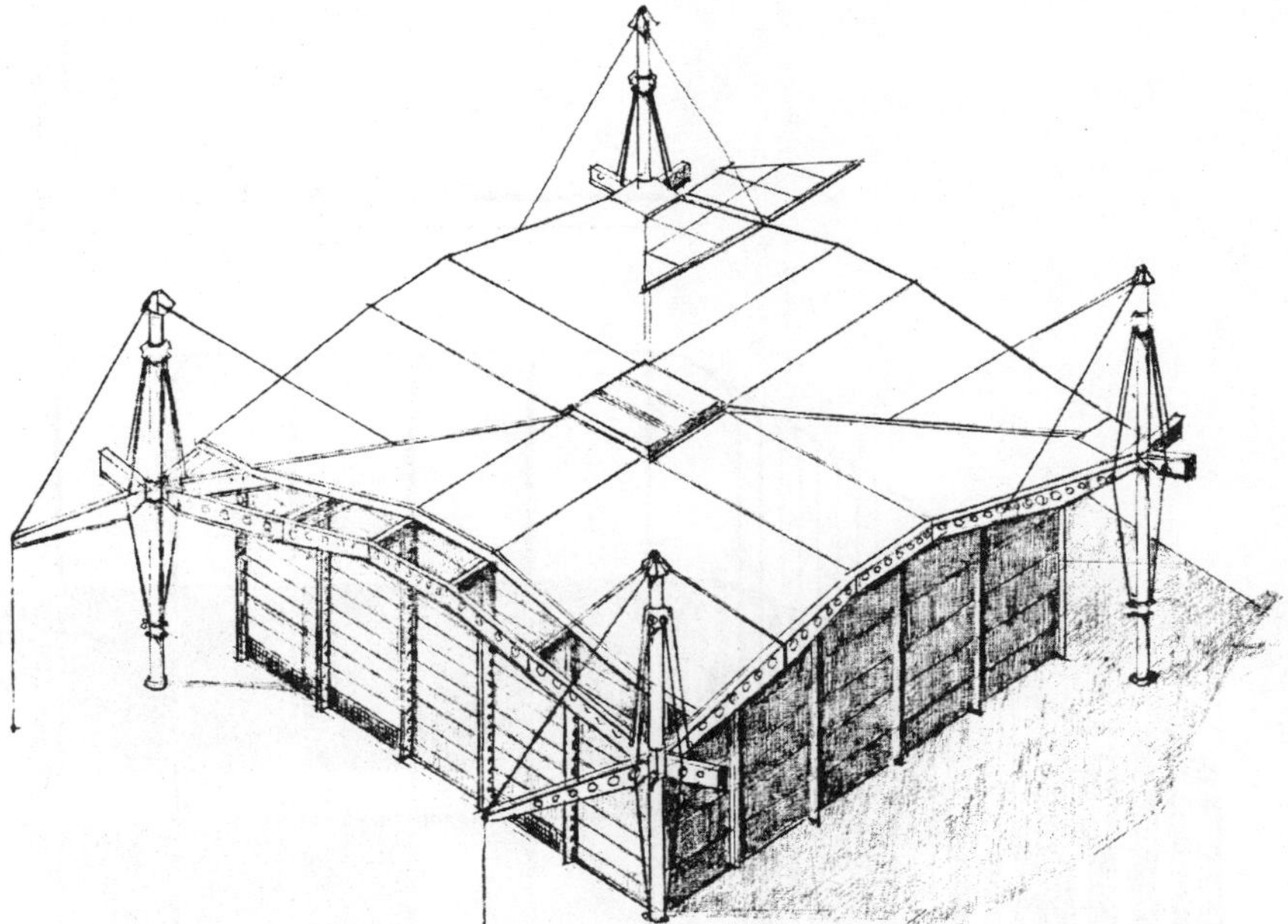

図㊹　ハイテクの「棒と弦」による表現／新たに開発された部品を使って，マスト柱とケーブルによって，柱のない空間を実現した。（英国ルノー社部品配送センター，スウィンドン，アーキテクト：フォスター・アソシエイツ，エンジニア：オウヴ・アラップ＆パートナーズ，1983）

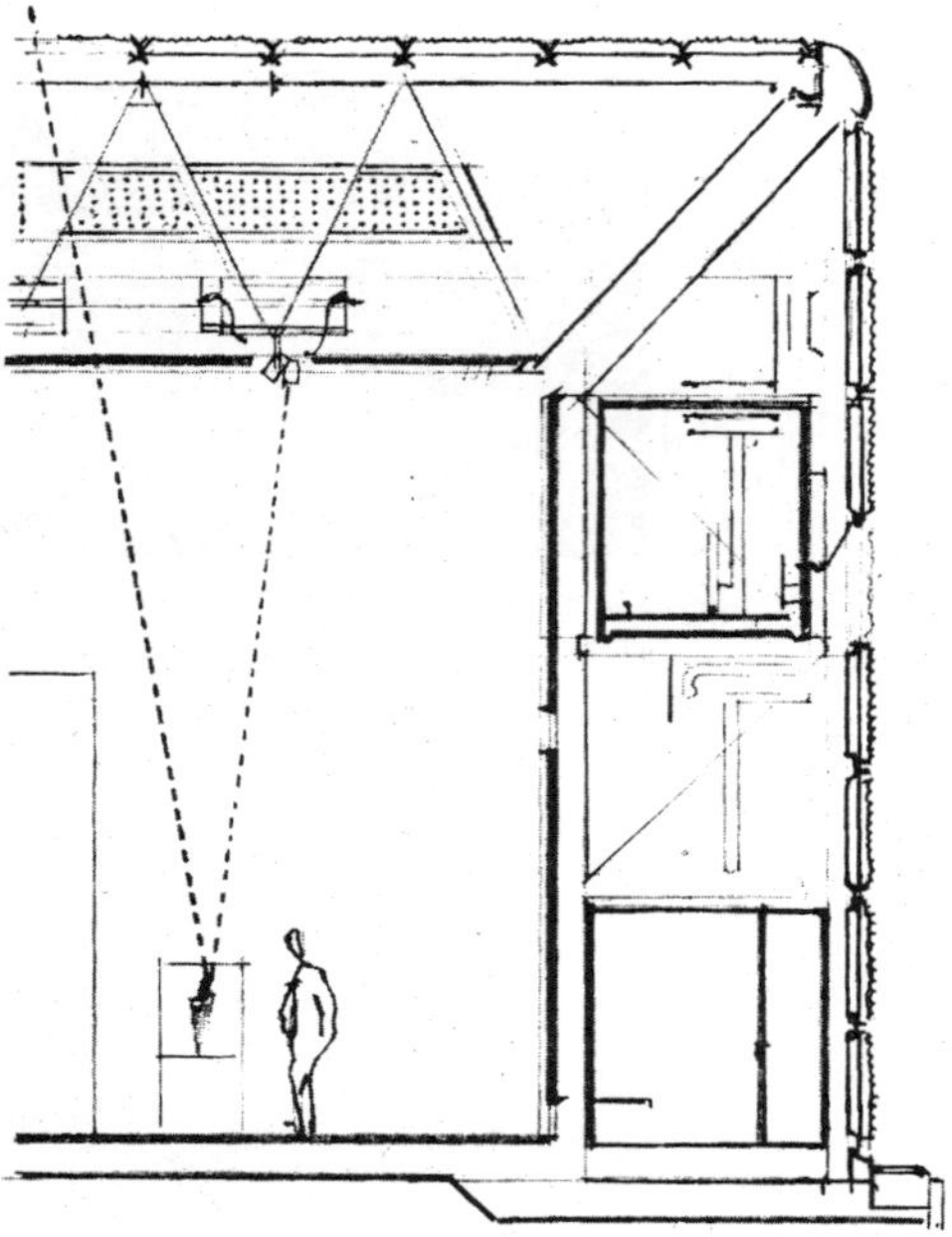

図㊺　セインズベリー美術センターのディテール／壁と屋根の中にある設備。

図㊻　壁，窓，トイレの選択が自由にできる交換可能なパネルでハイテクの適応性がなしとげられた最新工業ユニット（イギリス，ウォリントン，アーキテクト：ファレル/グリムショー，1979）

くものは、「ハイテク」であろう。その運動は工場建築物の設計分野で発展し、そしてこの分野におけるアーキテクトの役割を確立するために大いに役立った。その主たる特徴は、建物の改修と増築への柔軟性をもたらしたことである。これは構造的に独立したユニットを繰り返すことで、屋根を支える柱から解放された大空間を提供することでなしとげられた。それらは多くの場合、三角形断面のトラスあるいは鋼製のマストからケーブルか、ロッドで吊った屋根のいずれかである。通常、外装は取り外し可能のメタル・サンドイッチ・パネルで、窓、壁、扉、あるいは便所のユニットでさえ、使用者の要求に応じて置き換えられるようになっている。設備は容易にメンテナンスできるように、建物の外周に設置した広いシャフトに入れられたり、屋上にそのまま露出させたりしている。

　実用主義だとはいえ、ハイテクには二つの決定的なスタイルがある。その一つは、輝いた被覆で覆われた箱のような形態で、その最も特徴的な要素は、曲線が外壁から屋根まで明るい色で続き、多くは列車の車体を思い起こさせる機械的な美である。一方、「棒と弦」を強調した構造のものは、マストや三角形状の塔からロッドで吊られた屋根と線材のトラスで、ヴィクトリア朝初期の架構方式を思い起こさせる（図㊸〜㊻）。

　いまでこそ工業施設と強く結びつけて考えられているが、そもそもハイテクスタイルをはじめて世に知らしめたのは、

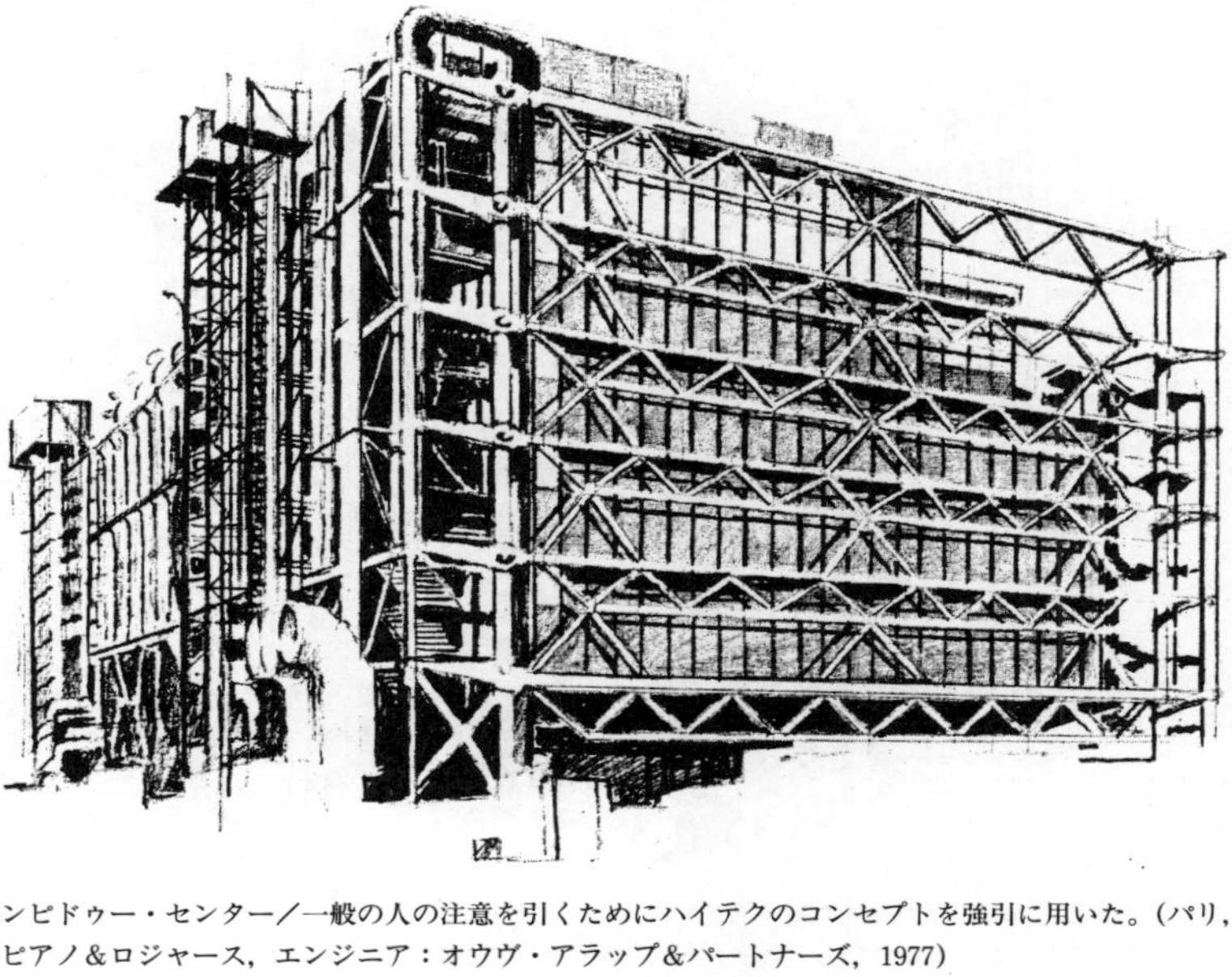

図㊼　ポンピドゥー・センター／一般の人の注意を引くためにハイテクのコンセプトを強引に用いた。（パリ，アーキテクト：ピアノ＆ロジャース，エンジニア：オウヴ・アラップ＆パートナーズ，1977）

パリのポンピドゥー・センターという文化施設であった。そして、ロンドンのロイズ本社ビルと香港上海銀行ビルの二つの建物の完成によって、さらに知られることになる（図㊼〜㊾）。

インターナショナル・スタイルがそうであったように、ハイテクについても外面的な表現だけが（バンハムがそれを「ハイ・フィニッシュ」と定義したように）無能なアーキテクトたちに引き継がれ、ユーザーのニーズへの配慮や技術的必要性というもともとの意味づけを理解しないまま用いられる徴候がすでに現れている。

おわりに

ここで、概略的な歴史と今日的なスタイルの紹介を終わらねばならない。現代の建築思想には、識別することのできる確かな傾向が見られるようではあるが、直感的な印象としては混乱の中にある。近代建築は完全に死んだのではない。世界中の多くのアーキテクトは、まだそれに真剣に取り組んでいる一方で、ポストモダニズムの中にはモダニズムを歴史的に参照するものもあり、混乱を増している。ジェンクスは次のように指摘している。

私たちの世代のアーキテクトが直面している矛盾は、前進するためには以前の理論に逆戻りして、切り離された

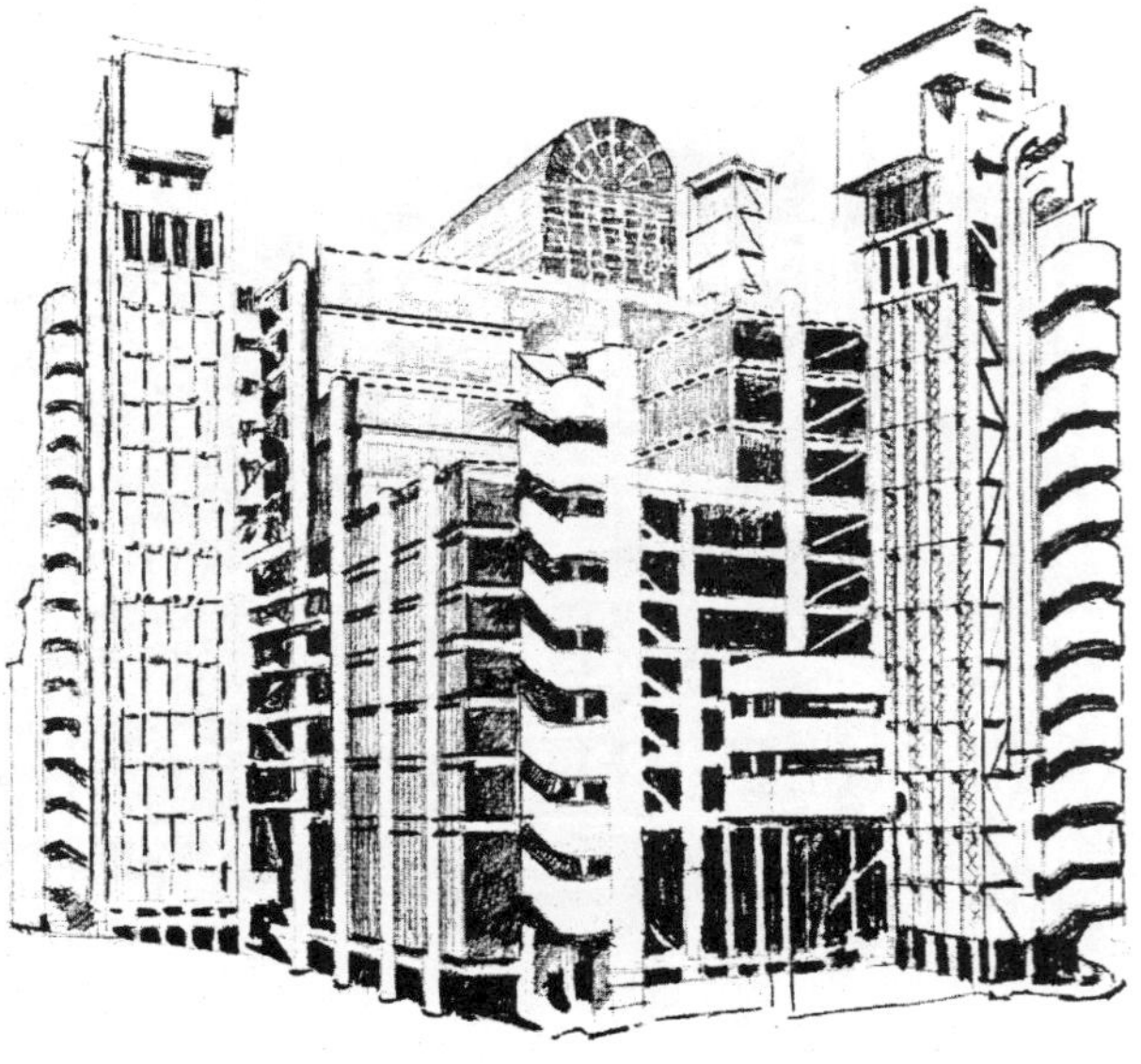

図㊽　ロンドンのロイズ本社に用いられたハイテク・コンセプトとガレリア（アーキテクト：リチャード・ロジャース&パートナーズ，エンジニア：オウヴ・アラップ&パートナーズ，1985）

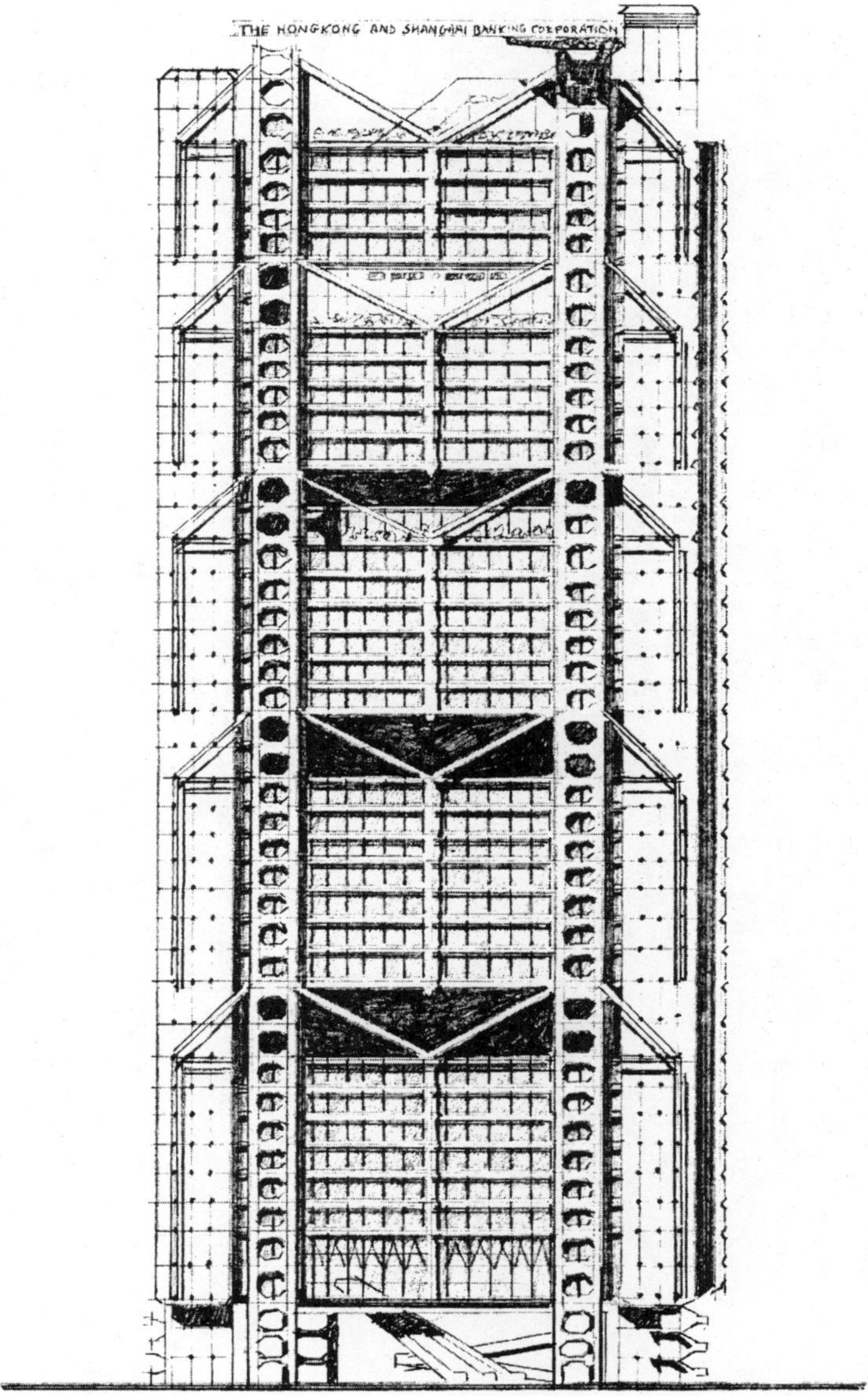

図㊾　香港上海銀行の香港本社におけるハイテク（アーキテクト：フォスター・アソシエイツ，エンジニア：オウヴ・アラップ&パートナーズ，1985）

何本かの糸をつなぎ直さなければならないことだ。

多くのアーキテクトや評論家がポストモダンやハイテクを一時の流行としか見ていないが、建築雑誌にはより多くのクライアントがそれらを選択しているとの報告が掲載されている。こういうなりゆきからすれば、ポストモダンやハイテクは広く認知されるようになり、そして世の中に受け入れられ、政府や「大企業」にもてはやされるであろうが、インターナショナル・スタイルと全く同じような理由で拒否される運命を辿るであろう。

エンジニアたちが社会心理学と記号学さえ駆使して、問題解決のアプローチを見つけること、そしてモダニズム運動の名ばかりの「機能主義」よりも理解しやすい「ハイテク」建築の真の技術的内容を見いだすのは、疑う余地もないであろう。とはいえ、エンジニアがその倫理観にふたをして素直に以下に述べるジェンクスの意見を受け入れなければ、ポストモダンのエリート的で、秘教的で、芸術的な側面が、アーキテクトとエンジニアの協働を以前よりもっと困難なものにするであろう。

物事の意味づけを明確に行い、環境というものを感覚的で、ユーモラスで、驚きに満ちたものであると知覚し、暗号化された文脈を読み解くことができる職能は、アーキテクトをおいて他にはない。

限られたページで建築思潮の歴史といった広い話題を取り扱うのは、当然不可能なことだ。読者にはそういった種類の入門書を最低一冊、できればそれ以上読んでいただきたい。建築雑誌はプロジェクトに関する最新の情報や写真を提供してくれるが、それ以上に実務的なアーキテクトたちが自分の考え方を評論家と同じ誌面で表明することができる情報の経路として重要なのである。

11 建築思想におけるテーマ

Themes in architectural philosophy

はじめに

前章で述べた短い文章からも明らかなように、建築の歴史を通じていくつかの同じ主題が繰り返し現れてきている。建築を理解しようとし、アーキテクトと共に仕事をするのを望んでいるエンジニアにとっては、建築についてのさまざまな見方について知るほうが、それらの見方から姿を変えて生み出されるさまざまなスタイルを見分けることよりも多くの意味で有益であろう。

倫理主義、純粋主義、マニエリスムといった主なテーマの多くが、それぞれの主唱者の個性を反映している。人間というものの性質が変わらない以上、あらゆる時代においてそれらの主題について語ることは可能である。ただそのときの社会の状況や流行の変転の仕方によって、ある主題が他の主題よりも目立つという違いでしかない。ここで取り上げている思想は、慣習的なエンジニアリング的思考からすると、かなり異質であるもの、あるいは一見非常に似通っていると誤解される可能性があるもののいずれかの基準によって選んだ。エンジニアリングの世界では、「合理的」とか「機能的」とかいう言葉がよく用いられるが、アーキテクトにとってはかなり違った意味をもつことが多い。それらの考え方のうちいくつかは一人のアーキテクトの仕事に同時に影響を与えることもあり、そしてほとんどのアーキテクトの姿勢は、生涯の間に変化するのを覚えておくことが肝要である。

ヴィトルヴィウスの理想

ほとんどあらゆる建築の教科書では、どこかはじめの章で紀元前一世紀に生きたといわれるローマのアーキテクト、ヴィトルヴィウスの言葉が引用されている。ラテン語では、次のように表現される。

Haec autem ita fieri debent, ut habeatur ratio firmitatis, utilitatis, venustatis.

一九二四年に、サー・ヘンリー・ウォットンは、『建築の要素』でこれを次のように表現した。「よき建物は、便利さ、堅牢さ、それに歓喜を与える三つの条件を備える」。ヴィトルヴィウスのこの概念は、常にこのように引用されてきた。この言葉は、数世紀にわたっていくども用いられ続けてきたので、しばしばパラディオやパッギンといった後の建築家によるものだと誤解されている。

最近まで、この種の教科書のほとんどが、これより以前に書かれたヴィトルヴィウスの『建築書』の第二章にあるもう一つの定義を見過ごしていた。ヴィトルヴィウスは、「建築は秩序、配置、調和、対称性、適合性、経済性によって成り立っている」と述べている（一九一四、モーガンによる訳）。

この引用文は、おそらく視覚的な美学への独断的なアプローチであることを理由に、モダニズム運動の著述者によって、あえて切り捨てられてきたのであろうが、そこで「経済性」という重要な定義が共に提示されていることは注目に値する。

ヴィトルヴィウスは次のように述べている。

経済性という言葉の意味は、コストを考えて倹約するのと同じように、材料と現場作業を適切に取り扱うことであり、ものづくりに共通する感覚だ。基本的に、アーキテクトが存在しないものや多大な費用をかけなければ用意できないような材料を要求しなければ経済性は順守される。

ここで彼は、他の同様に適切な木材が近くで採れるにもかかわらず、モミ材に固執する例を挙げている。しかし、当時の「アーキテクト」とは、居住用の建物のほかに、防衛施設や港湾施設といった建設にも携わって、自ら技術的側面にも関与している人物であったことを忘れてはならない。

コリンズはすべての理論にヴィトルヴィウスの三つの基本原則「有益性」「堅牢性」「優美性」が当てはまると考えた（経済性が再び省略されたことに注目されたい）。アーキテクトは次の手段でのみこの基本原則を変化させることが可能である。

①三つの原則に別のものを加える（例えば、二〇世紀の建築のように四番目のパラメータとして空間の操作を導入する）

②基本原則の中の一つを極端に際立たせる（例えば、誠実さの強調や構造の技巧）

③「美」の新しい定義を創案する（例えばマニエリスム）

これは、まぎれもなくアーキテクトの思想が多くの時代を通して受け継がれていくことの証左である。

合理主義と機能主義

工学で用いられる「合理的な」という言葉は、哲学の分野で用いられる意味とほぼ同じと考えてよいだろう。新しい理論は、よく「合理的な」と記述されるが、それは、本来の挙動を予測するための法則をえるために、まずどのパラメータが重要なのかについて規定する既存の前提条件からはじめて、機械工学の分野ですでに知られている法則を通して論理的に考察を進めるからである。

また、「合理的」という言葉を、エンジニアたちは「感情的」とか「芸術的」とは反対の「常識的」あるいは「実用的」という意味として、より慣用的に肯定的な意味で用いている。

哲学における近代的なこの言葉の用い方は、私たちが経験する現象とは別のところに純粋な真実があるという理想に帰着する。対照的に経験主義者的な視点では、理想が私たちの感覚の証言（訳注―直観的に真理であることが疑いえないこと）からつくられた抽象的概念であることにこだわりをもっている。

合理主義が建築のような分野で用いられる場合、すぐに行きつく考えは絶対的な理想（例えば「平板」や「立方体」の概念）こそが「純粋」で、実際に表現されたものは、単にそれらに似通ったものにすぎないとするものである。これが、機械生産のもつ正確さと均質性が一部のアーキテクトにとって純粋な理想に一歩近づくための手段として非常に魅力的なものに映る理由である。

「純粋性」の理念の一歩先には、倫理主義的な観念があり、これによれば、より抽象的理想型に近いもの（規則正しいグリッドで計画された都市、立方体や円筒形の建物、また装飾を廃した建築物）が必然的に、とりとめのない中世都市や複雑で装飾的な建物より「良い」ものとなる。

このように本来は「論理的に考えられた」という意味の言葉が、倫理的、情緒的な含みを強くもつようになってきた。

建築史家は、「合理主義」という言葉を構造的な効率が建物の形態を決める第一の要因だと主張する一派を指すものとして用いてきた。このような見解は、特に一八世紀から一九世紀にかけてのフランスでその傾向が強く、ウジェーヌ・エマニュエル・ヴィオレ・ル・デュクがその提唱者として最もよく知られている。荷重は空間的要求と建築的効果を満たす最短ルートで地面に伝達させるべきだとされた。この思想は、しばしば「構造合理主義」と呼ばれる。

「機能的」という言葉もかなりひどい扱いを受けている。エンジニアたちは、それは最小限の資材で最大の効果をもたらすように設計することだと考えている。他にも、維持管理の容易さなどの要因は、機能的という面で高い重要度を与えられるし、外見についてはほとんど評価されまい。オートバイ、蒸気機関車、月面着陸船、そしてほとんどの工業建造物は、このカテゴリーの中に入るだろう（図①）。

アーキテクトはと言えば、形態を決めるための特別な理論

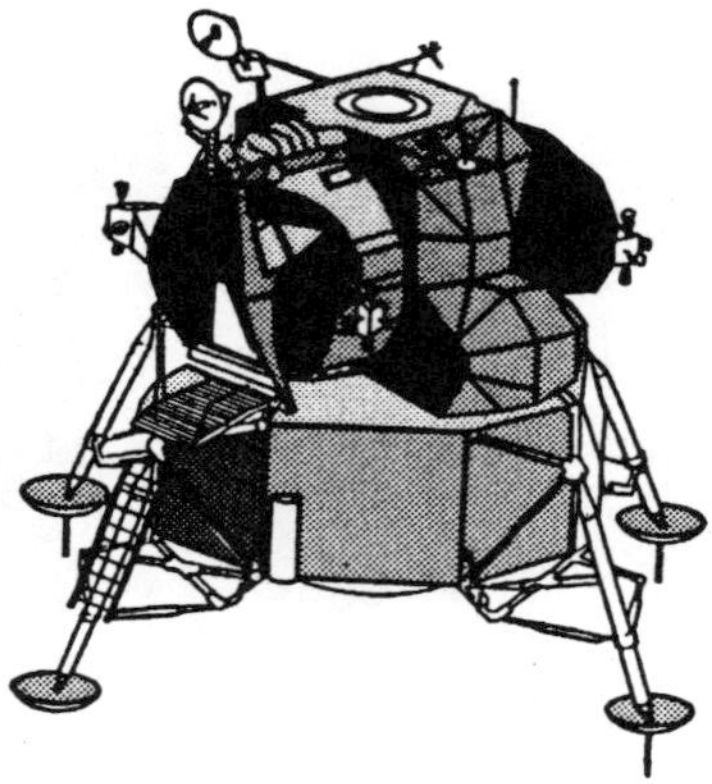

図①　月面着陸船（NASA）／効率，信頼性，重量制限の厳しい条件の下に設計された。結果は，審美的に満足するものだったか？

的根拠を探していて、外観を意識せずにエンジニアが設計した多くの構造物や機械がもつ美的価値に注目する。

建築における「機能主義」の運動は、その実際的な側面と美的な結果が無意識のままなし遂げられるというニュアンスが含まれていたので、最もエンジニアたちの興味をひくものである。しかし、残念なことに、私たちがすでに見てきたとおり、言葉は人それぞれの解釈があって、場合によっては「機能主義」の結果できたものは単なる「芸術家の感覚」以上のものではないこともある。

ハンドラー（一九七〇）は、アーキテクトに見られる「機能主義」という言葉の一般的な解釈を六つに分類している。第一を彼は功利主義と呼んでいる。形態は機能に従うはずなのだが、ここには二つの違ったニュアンスがある。建物をその目的に従い差別化すること、そして構造と内部空間は使用者の要求に適合させること（10章図⑮）である。第二の解釈を彼は「構成主義」と呼んでいる。それは建物の構造表現に重きをおき、形態の決定において材料の機械的特色を重要な要素と考えることである（10章図㉔）。また、形態は地盤までの「自然な」力の流れ、そして材料自身の性能とその加工方法とも調和したものでなければならない。

ハンドラーは第三の解釈を「表現としての機能」と称している。このアプローチでは、形態は建物の目的を明白に表すべきだとしている。たとえ単なる象徴にすぎないとしても、ル・コルビュジエの格言にあったように「外観は内部空間の結果として表される」（10章図⑯）。この考え方をつきつめれば、構造と素材、そして機械設備が露出されるであろう。第四の解釈は、「幾何学としての機能」である。ここでは単純さが重要で、建物は基本的な幾何学的形態となり、使用法は建物に合わせられなければならない。これがミースのいう「機能的」な設計思想である（10章図㉑、図㉚）。第五の解釈は「有機体としての機能」である。その中心的なテーマは自然に逆らわず、共生することである。建築設計のインスピレーションのために自然の摂理や構造を研究すべきであり（図②）、「自然の」素材を用いるべきである。最後に、ハンドラーは「機械学的な」という言葉に代えて「効能としての機能」という言葉を用いている。これは、状況のニーズの合理的な分析、そして恣意的な規則にとらわれない最も適切な方法の選択を特徴としているので、エンジニアの「機能主義」の概念に最も近い解釈である（図①）。

　その上でハンドラーは、これらすべての機能主義の概念は不完全なものであると論じている。なぜなら、それらはどれも全体システムのある部分だけに注目して、特別視しているからである。古い規則や姿勢を排除するという名目で、多くの設計者たちはそれらを新しい形式主義に置き換えているだけである。そして、上述のすべての解釈は、古い観念論の残滓にまみれている。ハンドラーの見るところ、私たちはいまだに、完全に論理的な方法でプロジェクトを設計できるに足るだけの事実と統合の術を持ち合わせていない。依然として多くの多くの直感力が必要とされ、このために設計者は観念論を頼りに曖昧な部分を乗り切ろうとする（後の章で見ることになるが、多くの設計者は、直感が設計に不可欠な部分で、それゆえデザインは決して論理的になされるものではないと考えている）。

　パイ（一九七八）は、エンジニアリング的な意味でさえ、「機能」という言葉を定義することの難しさを指摘した興味深い分析をしている。彼はサリヴァンの文章を引用しながら、もしサリヴァンが「形態は機能に従う」という文をつくり出したのであれば、彼はその言葉をずいぶんと不可解に解釈しているものだ、と述べている。

　このようにアーキテクトや、特に批評家、そして美術の歴史家が「機能主義」の理念について議論しているときは、まず間違いなく彼らが問題にしている建物の機能は、エンジニアが考えているそれとは別のものなのである。

図②　自然界の構造／人間が求めている構造に適用できるインスピレーションの基となるか。鳥の羽の骨の内部構造。

倫理主義

　私たちは、建築の理想がいかに安易に教訓的な含みをもつ方向に向かうのかをすでに学んだ。バロックに対する新古典の反動は、「過剰」と「贅沢」を否定することで正当化された。モダニズム運動台頭の頃にアドルフ・ロースは、「装飾」と「罪悪」を同一視し、論争の的となった著述を残した。

多くの運動に共通するテーマは、建築における「真実」「正直さ」、そして「誠実さ」を探し求めることである。このことは、一般的に材料の「本質」（素材のテクスチュアあるいは外観、加工の方法あるいは機械的な性質といったさまざまなレベルのいずれかにおいて）に対する忠実さ、構造の静的な力学に対する忠実さ、機能的な要求に対する忠実さによって表現される。

打放しコンクリート、平積みの煉瓦、そして露わしI型鋼は、すべて一番目のカテゴリーに当てはまるであろう。それらが天井の仕上げやプラスターの後ろに隠されると、不正直だと見なされよう。このように、定義された正直さは、しばしば「率直さ」や「力強さ」と同様に扱われる。

構造への忠実さは、不必要な構造部材や材料を避け、そして構造における「自然な力の流れ」に一致する配置が確保されていることにある（19章を参照）。

こういった風潮は、すでに一八世紀の古典的な合理主義においても存在しており、ゴシック教会を讃えたヴィオレ・ル・デュクによって再評価されることとなった。

機能に対する忠実さは、エンジニアが合理的計画と称していること（機能的な便利さよりも左右対称のプランを最も重要視しているボザール・アートの概念に対立するものとして）、それとはまた別のものである「明瞭さ」、そして特に人々に真の機能的な加工品をイメージさせる形態の要素を用いた象徴的な「機能」表現を含んでいる。

古典的な理想もまた、プロポーションの原則に示される法則や秩序、およびその安定と「平穏」そして調和への指向に伴う倫理主義的な含みをもっている（それらの概念については次の章で述べる）。

初期のモダニズム運動もまた、一九世紀中頃のゴシック・リバイバルを連想するほど徹底した倫理主義を示すものであった。

多くのアーキテクトにとっては、最少のコストという解を目指すエンジニアの関心事もまたこれらの他の理念と同じくらい、不合理な倫理観に映っているのだということは述べておくに値するだろう。

政治

多くの建築思想には、強い政治的なテーマがある。アーツ&クラフツ運動の一部は、資本主義社会の疎外感や物質主義への戦いからはじまったものだ。一九二〇年代には、労働者用共同住宅プロジェクトのために多くの努力が費やされた。今日、それらのプロジェクトを一部の評論家は、望ましくない「社会主義」だと見ている。なぜならそれは、人々を標準化させた大量生産の住宅に押し込め、個性の入り込む余地のないまでに彼らのライフスタイルを決めつけようとする家父長主義であるからだ（もっとも、これらは「ヒトラーのフォルクスワーゲン」や近代的な高層アパート団地ほどは社会主義的ではないだろう。いずれにしても、ル・コルビュジエの悪名高いペサックの集合住宅の住人たちは、結局のところすぐに自分たちの個性をそこに加えていったのである。いつものことだが、一部の批評家にとっては、作品の実質的な結果より、アーキテクトが「やろうとしたこと」のほうが重要であるように見える）。モダニズム運動の過去とのつながりを断ち切ろうとする決意——人々のライフスタイルを根本的に変え、装飾を望んできた人々の心を評価してくれる新しい機械時代を描き出すことへの思い入れ——は、過去の制度からの政治的な脱皮を望む人々にとって明らかに魅力的であった。

新古典主義《ネオ・クラシシズム》やバロックといった運動は、多かれ少なかれ教会や国家によって意識的に採り入れられたものである。そして近年では、インターナショナル・スタイルを企業や資本家が、次第に採り入れるようになってきている。私たちがこれまで学んできたように、こういった傾向は左翼の批評家たちをして、近代のアーキテクトたちが自分自身の主義に背いた結果である、と言わしめることとなった。しかし、より公平に見れば、近代建築の先駆者たちは、そもそもはじめから強い政治的立場などとっていなかったのである。それは彼らが戦前のファシスト政党から委託された仕事を引き受けるのをいとわなかったことでも明らかであろう。大規模な建築物の委託が政府や企業、まれには個人的な資産家によって行われることが避けられない以上、いかなる様式でも大規模に表現するには、そうしたクライアントに受け入れられる以外に方法がないのは当然である。

今日、一部のポストモダンのアーキテクトたちは、過去に葬ったはずのイタリア・ファシストのネオ・クラシシズムを復活させたことへの責任を追及されて、弁解に懸命である。アーキテクトたちは、数世紀にわたって発展してきた様式が一人のクライアントに採用されたからといって、それが急にファシズム様式になるはずはないと主張している。一方、反対派の主張は、その様式から現代人が受けるイメージを、設計者として無視することはできないというものである。

街や建物がユーザーのニーズを満たせないのは、本来一般の人々のものであるそれらのデザインが資本主義、あるいは社会主義的な計画、また建築家たちによってゆがめられ、私物化されてきたからだという主張は、いささか政治的なにおいがする。緊密な結びつきをもった「シンプルなつくり」の街こそが理想とされる。一部の批評家は、アーキテクトという職能がないほうがよいと思っているくらいである。一方、前章（10章図㊷）で学んだように、クロールやアースキンのような人たちは、建物をデザインするに当たって、最終的なユーザーを参画させることによってそういった問題を解決しようとしている。

アーキテクトと同様に、エンジニアも創造的になることが期待されているのだが、一般的には、もしエンジニアが、五kmのスパンの吊り橋を思い描いているとすれば、彼は同時に合理的な力の流れの概念、そして橋脚、支柱、橋桁、吊り材の断面をどう組み立てるか、といったことについてもそれなりの考えをもっていることが期待される。アーキテクトの思想には、そういった実質的なことを重んじるのは無意味だとする根強い考えがある。プロジェクトは途方もなく巨大なホールやピラミッド、そしてルドゥとブーレーの組石造のドームから、日本のメタボリズムへ、さらにアーキグラムのウォーキング・シティ・プロジェクトへと続く（図③、図④）。

このような行き過ぎを否定的に考えるべきではない。というのは、一八世紀の空想的なプロジェクトが後のアーキテクトにとって、一九世紀の新しい素材や新たな需要の可能性を生み出す原動力となったかもしれないからである。現実の制約を一時忘れることの効用は、設計者に創造性を高めさせるための手法「ブレーンストーミング」において広く知られている（15章）。

08章で述べたように、「ウォーキング・シティ」の考え方は、ケープケネディで実現し、そして英国のウォリントンにおける工場（10章図㊻）は、「プラグ・イン」の思想をもってプランニングの柔軟性が考慮されている。

図③　実行できない幻想／これもまたインスピレーションの源か？　パリの王立図書館（後の国立図書館）の再建プロジェクトは，現代の材料を用いたとしても実現できなかった。（アーキテクト：E. L. ブーレー，1785）

この種の空想的な建築は、より実際的で、驚き、喜び、まやかしといった意図で現実にも建てられてきた「ファンタスティック建築」とは区別されなければならない。

アートのためのアート

その実現のために多くの実際的要求を満たさなければならず、膨大な資金を要し、そしてしばしばあまり発言権のない納税者や顧客によって支えられる建築という分野において、このテーマは最も理解に苦しむものだろう。08章で見たように、エンジニアの一部は、構造の美的な面を何も考慮せずに、単にアーキテクトが要求するとおりに仕事をこなしている（おそらくコストを最小限にしようとはしていないだろうが）。

ここでの主題は、外観に対する平均的なアーキテクトの関心のレベルではなく、一九世紀に特に広まっていた「芸術家は一般の人間とは一線を画する存在であり、より理不尽に、自己中心的に、そして感情的に振る舞うことを許されている特権階級である」という思想である。言い換えれば、アーキテクトは社会が抑圧しようと努めているそういった感情を表現することの義務と責任を背負うことを期待されているのである。今日では、マシーン・エイジの先駆者でさえ、いくぶん「美学」的であったといわれている。ミースの「貼りつけられた」サッシュの方立《マリオン》がその例であり、箱のような建物は毎日の快適さを無視したものだ。

しかし、近年マニエリスト的な傾向が目立っているポストモダン運動に伴い、芸術的な意識の復活もあって、アーキテクトの中には、現代人の理解の先を行く「芸術作品」を提示し、一般の人たちを導くことが自分たちの任務だと考えている人たちもいる。

10章で学んだように、「マニエリスム」という言葉は、美術史の中でルネッサンスに続く時期を表すものとしてつくり出された。それは、秩序と規律、そしてそれ以前からあった合

図④　メタボリズム／日本の大阪万博（エキスポ '70）のタカラ館で黒川紀章が表現した適用性と増殖性の空想的コンセプト。

図⑤　ニューヨークのリンカーン芸術センターの中庭の周りに立つ建築群／ローマのカンピドリオ広場を参考にした舗装デザイン（建築家：アブラモヴィッツ/ハリソン/ジョンソン/サーリネン，1966，図⑥参照）

図⑥　ミケランジェロによるローマのカンピドリオ広場（16世紀半ばに設計）

理主義を完成しようとする動きに対する反動であった。この概念は、同様の反動のプロセスに対しても用いられるようになっていった。マニエリスムの主たる活力源は技巧であるのだが、それが先走るあまり、ある思想が育まれるために存在していた束縛を、それ以上受け入れられなくなることがあるように思う。マニエリスムの傾向は物事を「やりすぎる」ことである。ヴェンチューリが言うところの「多様性と対立性」を実現するべく、同時多発的にさまざまなレベルで矛盾する情報を発信する。建築的シンボリズムと言語のつながりを語る中で、ジェンクスは「言語自身への注意を喚起するために、誤った使用法、誇大な表現、重複をはじめとしてあらゆる修辞法の技を用いるのだ」と述べる。その結果が柱のフルーティングであり、基壇であり、通常は「円柱」に関連づけられる（アーキテクトにとっては円柱を「表明する」）はずの柱頭が水平の欄干に載せられることになる。

マニエリスムの大切な意義は、より微妙な引喩を理解する人々に楽しみをもたらすことである。これをシャーマンは、見る者が自らの貢献でプロジェクトに参加する機会だと思っている。一方、ジェンクスは、人々が決まりきった結末に向かうギリシア悲劇を見物しながらただ単に目の前に展開する複雑性に驚いているだけなのと同様に、マニエリスムを見る者も何ら建物とかかわりなどもつことはないと考える。

ニューヨークのリンカーン芸術センターの中庭（図⑤）が、ローマにあるミケランジェロのカンピドリオ広場（図

図⑦　シュトゥットガルトのステイツ・ギャラリーにおける建築的ジョーク／ポストモダン・マニエリスムか？（アーキテクト：ジェームズ・スターリング，1983）

⑥）のパロディーであると理解するには少々美術史の知識が必要だが、誰もがアメリカの建築事務所であるサイトのデザインのジョークやシュトゥットガルトにあるスターリングのステイツ・ギャラリーの壁に開いた穴を楽しむことは可能である（図⑦）。

おわりに

このあたりで建築哲学における「○○主義」についての短い考察を終わるべきであろう。図書館の関連書の棚を見ればおわかりのとおり、この件について語るにはいくらスペースと時間があっても足りることはない。いくつかの思想についてはアデヤ（一九六三）が簡潔に語っているし、一般的な百科事典でも説明されていよう。構造エンジニアとしては、この分野に関しての詳細な理解は必要ないだろう。しかし、モダン建築、そしてポストモダン建築で用いられている言語をある程度フォローできること、また、あるアーキテクトが目を向けがちな方向性の大まかなところを理解しておくことは、彼らと仕事をする上で助けとなるだろう。

12 建築を体験する——美学、心理学、意識学

Experiencing architecture: aesthetics, psychology, and semantics

はじめに

ショーター・オックスフォード英語辞典によれば、「美学」とは「審美的な知覚の哲学」または「嗜好あるいは美に対する知覚作用の科学」と定義されている。「美学」は一般的に視覚のみに関する言葉であると考えられていて、建築を鑑賞するための多くの本は建築が絵画や彫刻と共有している形態的構成の法則に主眼をおいている。こうした偏見をふまえつつも、この章の約半分は美学の視覚的な側面について言及したい。建築の視覚以外の感覚——感触、匂い、音——に重きをおく者もいるが、書物の上でこのような例を示すのは非常に難しく、ややもすると視覚的な話に戻ってしまう。

「美学」が知的な側面をもつことは周知の事実である。そこには、プロジェクトでのあい矛盾する要求を見事に解決した設計者の直感か、数学における明快な解答の「優美さ」を正しく評価する楽しみがある。そこに示されるのは、他の者が努力してもうまくいかなかったことをやすやすとやりとげる力である。当然、こうした知的側面を満喫できるのは、建築界の限られた人だけである。アーキテクトが自分の建築のテーマに妥協することなく、機能的要求を満たすために編み出した手法が隅部のディテール（図①）の解決となったり、あるいはポストモダン住宅に奥深い歴史的な引喩が用いられていることを、批評家たちは賞賛するであろう。

多くの執筆者たちは、建物に対する人間の潜在意識による本能的な反応、例えば子供の頃の思い出を呼び起こすこと、若いときの経験を連想すること、密室の恐怖や奇妙で未知のものへの恐怖、といったことの重要性を認識している。したがって、建築の鑑賞についての多くの著述には「アマチュア心理学」的な要素がある。

心理学の専門家が、ここ二〇年間にこの分野に進出し、エ

図①　シーゲルビル（イリノイ工科大学校舎）／建物のコーナー部の処理についてのミース・ファン・デル・ローエの解答。（シカゴ，1947）

ンジニアの興味をそそるような建物に対する心理学的な反応の分析を試みている。「自らの姿勢を示すアンケート」や低相互関係係数に基づいた事実分析といった心理学の実験的な方法では、多くのエンジニアたちの心を動かせないと思うが、ミケリデス（一九八〇）は、すでにこれまでに前提とされてきた事実を覆すに足るだけの研究結果が得られていると主張している。そのねらいはアーキテクトに、使用者や見る人がもくろみどおりの心境と感情的な反応を起こすような建物のデザインを可能にさせるということなのだが、いままでこういったかたちの手法が適用されたと言い切れるような例は少なく、そして心理学者たちの興味があまりに孤立した現象の詳細な研究に向かいはじめたとの懸念もある。この分野は特に新たな洞察や概念を与えてくれるという意味では、かなりの可能性をもっていると言ってよいだろうが、これを正式なデザイン手法として使えるようにするには、いまだ多大な努力が必要とされている。当面は建築鑑賞の教材にある「アマチュア心理学」が実際には使えると思われるので、短い考察を次章に用意している。

　アマチュア、プロのレベルを問わず、心理学分析の大部分は建物のもつある特徴が見る人に伝える「意味」を扱っている。したがって、最も初歩的な段階では、建物につけられた新古典様式《ネオ・クラシシズム》のポルティコは、ほとんどの人々にとって「公的な建物」を表すものであり、たとえその建物が「美術館」あるいは「古典様式の教会」であっても、おそらく「市庁舎」

だという印象を与えるであろう。もっと深いあるレベルでは、勾配屋根は「保護」とか「安全」を意味するであろう。トラスやスペースフレームは、かつて「工場」を連想させ、ある人には冷たくうるさい環境での「苦しく、つまらない仕事の繰り返し」、またある人には「労働者階級の環境」を意味するものであった。

このためアーキテクトは長い間、構造として効率的なスペースフレームをショッピングセンターやホテルに導入することができなかったが、今後一般の人にスペースフレームが「魅力と興奮」をイメージするものだと思わせるまでにさほど時間はかからないであろう。

ここから、建築的な特徴をあたかも言語における「言葉」と同様に扱うことができ、それらが言葉と同様に文脈によって異なる意味をもつのではないかという考えが生まれてきた。この考えをつきつめれば、アーキテクトが意図した「メッセージ」を、人々に伝えるための「文法」を見つけることが可能になるかもしれない。

ある一つの特徴、といっても見る人それぞれの地理的な位置、社会的バックグラウンド、そして過去の経験によって異なった意味をもつことになるので、これは明らかに難しい問題である。また、スペーストラスのような要素がもっている意味は、めまぐるしく変化するであろう。にもかかわらず、建築関係者たちの間では、記号論への興味が近年一気に沸き立ってきた。この分野は二つの方向で発展した。一つはアメリカの哲学者ピアース（一八六〇～一九〇八）の記述にある「記号論」であり、もう一つは言語学者ソシュールの一九〇六年から一九一一年の講義を基にした「記号学」である。それら二つの定義とそれに付随する専門用語は、いまや建築分野での「意味」や「伝達」についての著述に頻出している。

新たな観点や役立つ概念を見いだそうと専門外の分野に入り込んでいくのは、多くの場合は実りあるものだが、一部の著述者たちは元来話し言葉としての言語を対象にした理論を、建築の心理学的な連想の事象に力ずくで当てはめようとして、時間を浪費しているように思える。そもそもアーキテクトたちが自らの言葉で、はたして一般の人々に「語る」ことができるようになるかどうかは疑問で、彼らが何を伝えることができるのか、あるいは伝えたいのか、そして伝えたところでどうしようとしているのか、といった部分が何ともよくわからないのである。

また、さらに、芸術批評の分野では、社会的・宗教的な「意味」をより特別に扱う「素人」心理学の伝統がすでに存在している。一例として、ノベルグ・シュルツの『西洋建築の意味』（一九八〇、Meaning in Western architecture）があげられよう。ゴシック期を論ずる建築批評家のほとんどがそうであったように、彼は教会の形態を中世の思想を反映したものと見ている。教会における初期の「理論的で開放的な構造」が、後期ゴシックのホールのある教会（パノフスキーに言わせれば、抑えがたいほどに絵画的で、そしてはてしない空間を包み込んだ「納屋のような外殻」にまで発展していったとき、高貴なゴシックの合理主義は、「新たな神秘主義によって埋没させられた」と述べている。

エンジニアにとって、こういったことは単なる思索に思えて、ほとんど縁がないようなことかもしれない。エンジニアは、教会の形態の変化を、構法、施工技術、そして構造力学の解析力の進歩に起因するものだと思う傾向にある。しかしながら、アボット・スジャー（一〇八一～一一五一）の記述の中に、初期および「高教会派」ゴシック教会の高さと、壁に対する窓面積の割合を最大限にするという設計者たちにとって試練となった欲求は、神学上の考慮から導き出されたものだという証言がある。

このように社会的・宗教的なシンボリズムは、デザインにおいても、建物周囲の多くの人たちの反応においても、かなり重要な要素だと言えよう。

建築体験の擬心理分析

心理的連想への興味は「ヒューマニスト」派に顕著で、スコットの『建築のヒューマニズム』（一九二四）は、この分野で影響力の大きい著作の一つだと言われている。しかし、スコットは人々が建物から何らかのイメージを「想起する」プロセスを強調しているのに対して、ゴールディ（一九六九）は幼年時代の体験に関連した潜在意識レベルでの連想により重点をおいている。そういった二つのプロセスのおのおのはなるほどと思わせるところがあり、そこに人それぞれで大きな差があるとしても、確かに多くの人に当てはまるようだ。次の調査は両者のやり方を併用しながら、人々の反応に対して重大な影響を与える数多くの要素を順番に考察したものである。

建物の大きさは、使用者やそれを見る人にかなりの影響を与える。これが高層のオフィスビルや高層住宅への反感が広まった理由の一つで、疎外感や虚無感と関連づけられている。今日、都市計画者たちは、変化をつけたアルコーブが設けられた低層のテラス群を用意し、そこに閑静な庭を設けて、そういった感覚に対応している。公共建築は、えてしてその大きさや華麗さで印象づけようとする傾向にあって、ファシスト時代の建物が典型的な例である。

建物が与える主な心理的影響のもう一つは、その建物によってつくられる「空間」の性質である。閉所恐怖症や広さに対する特殊な感覚は、論ずる必要もないであろう。ゴシックの教会やスポーツ・スタジアムのドームの空間と、天井が低いオープンプランのオフィス空間とでは、全く異なる感覚を呼び起こす。静止した人がそういった体験をするのは明白だが、建物の中を動き回ることによって得られる別の体験もある。例えば、閉鎖的な空間から開けた空間に移動したとき、あるいは螺旋階段に沿って三次元的に移動しているとき、特に異なるレベルや中二階のある場合である。有機的な建築を確立した一派は、そういった「自由に流れるような」空間をつくることで注目されている。

空間は必ずしも堅固な壁や屋根で仕切られている必要はない。空間の仕切りは、列柱をつくることで、あるいは床の段差やタイルのパターンによって示される心理的な垂直面や線によってさえもつくることができる。近代建築の特徴の一つは、壁に大きな開口を設け、そこに大きなガラスをはめ込むことにより、「外部」空間と「内部」空間の違いを目立たなくしたところにある。

一般的に体験されるもう一つの心理学的要素は、ある色や材料から連想する「温かさや冷たさ」の感覚である。煉瓦や木材は一般に「温かい」とされ、鉄や他の金属は「冷たい」と考えられている。幼少時の体験の暗示は明白なものだが、煉瓦積みが温かいと言われるのは、おそらくその色や質感によるところが大きいであろう。

多くの人たちは、人間の気分や動きが建物に左右されると考えている。スコットに言わせれば、「われわれは、建築を自身の用語で書き直しているのだ」。スカリー（一九四七）は、これを「人間中心的な」アプローチと呼び、図②に示すマーシャル・フィールド商会（一八八七）についてのサリヴァンの記述を引用している。

> あなたの前に立っているのは一人の人間である。彼は四本ではなく二本の足で歩き、行動するための筋肉をもち……味気ないつまらない世界で生活し、呼吸している……
>
> ……男は……

図②　マーシャル・フィールド商会／「二本の足で歩く男？」（シカゴ，アーキテクト：H.H. リチャードソン，1887，写真はニューヨーク近代美術館提供）

図形や、さらにはがっしりして静的な構造形態を通して動きを表現するということは、エンジニアにとって理解しにくい概念であろう。アイザック（一九七二）は、流れるようで、力強く、落下し、そしてダイナミックな動きを表現するだけでなく、さらに発展して柔らかく女性的で、混乱して不確かで、危険で、華麗な感情的な連想をも暗示する、と彼が考える図形の例を提示している。彼は設計者がそのような応答をうまく操ることで、見る人に緊張、弛緩、恐れあるいは陽気さを感じさせることができると考えた（図③）。

ゴールディは、ガウディのカサ・ミラ（図④）のファサードを、「悪魔に取り憑かれたフラメンコ・ダンサーが着けるペチコートのように渦巻いている」と表現している。スカリーは、アアルトがイマトラ近くのヴォクセニスカに設計した教会（一九五九、図⑤、⑥）についての記述で、その計画を次のように説明している。

その平面は、説教者の声から広がる放射線に沿うように外へ向かってうねっているように思え……建物はその音に反応し、その平面を柔軟に包む込み一体となる一方、その塔は突如として松林の上に突き出し破裂する……

動きを伴うこういった印象が生じた理由は、十分に離れた所から見ているときでさえ、目がすべての構成を一瞬のうちに捉えてはいないからだと思われる。視線ははじめに、ある種の「視点の重心」あるいはある目立った要素に注がれるのが自然で、そこから全体の形やディテールをつかむためさまざまな方向に移動する。ここで、建物の集合の仕方やそれに

図③　アーティストとアーキテクトは，このような形の中に動きと感情的要素を知覚する。（アイザック，1971）

図④　バルセロナのカサ・ミラのファサードは，ダンサーの渦巻いたドレスにたとえられている。(アーキテクト：アントニオ・ガウディ，1910)

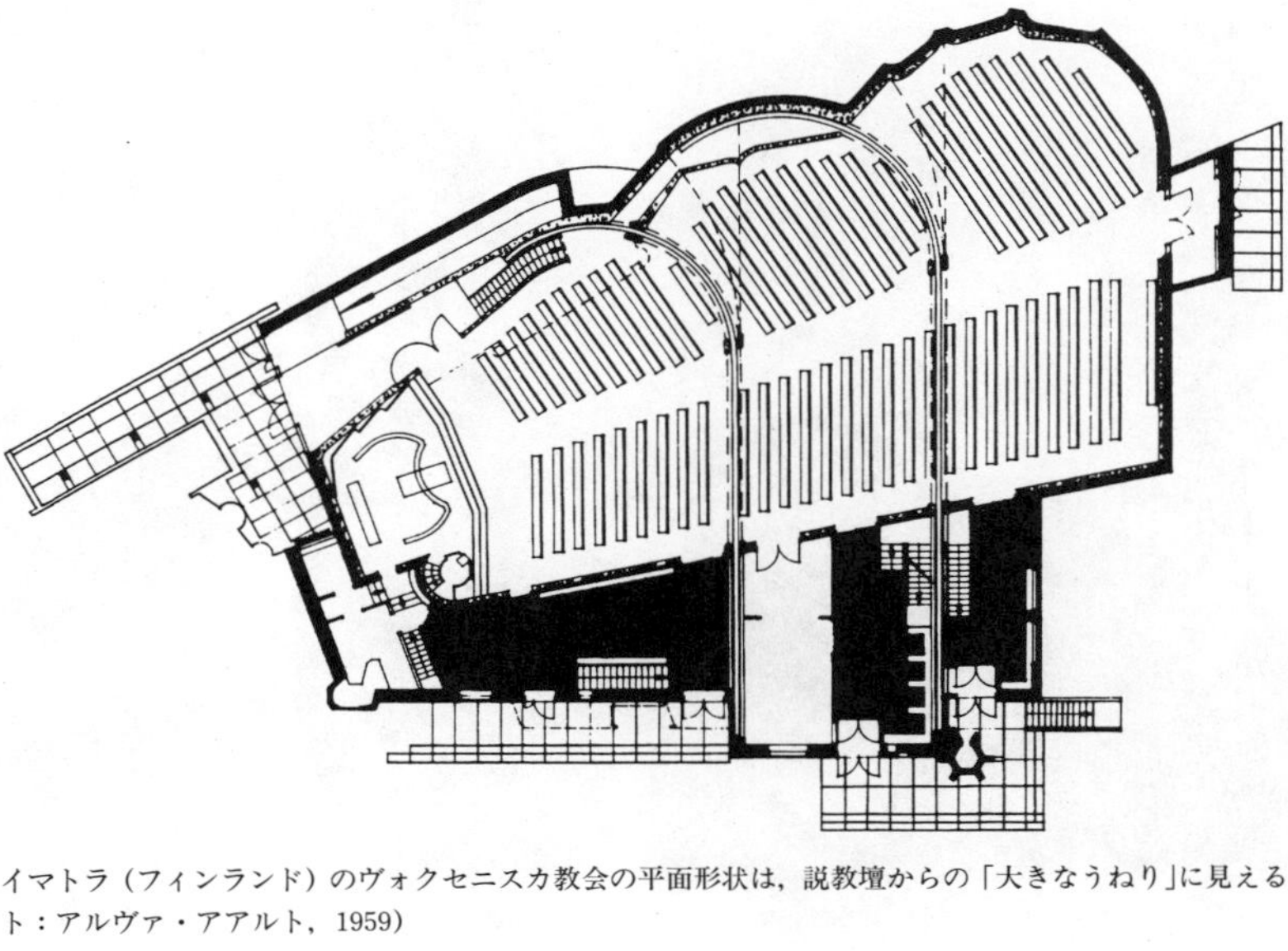

図⑤　イマトラ（フィンランド）のヴォクセニスカ教会の平面形状は，説教壇からの「大きなうねり」に見える。(アーキテクト：アルヴァ・アアルト，1959)

よってつくられるラインに沿ってある方向に引きつけられ、「動き」を感じることになる。このようにイマトラの教会での視線は、まず図⑥の幾何学的な中心に近いどこかに止まり、次に塔の基部に移り、続いて平行な側面をもった塔体を見上げることになる。見る人は頂部で見かけ上太くなる突然の不連続体を見つけて驚かされるが、詳しく観察すれば、それは羽形に広げられた開口部であることがわかる。スカリーの称する「破裂」である。

フィリップ・ジョンソンは、低層階の表現が建物の他の部分と同じである高層ビルのデザインに強い異議を唱えることで、高度に発達した動きの感覚を提示する。

昨今、多くの建物が地面にまっすぐに下ろされている。それらはまっすぐに下りていくばかりで、とどまるところを知らない。

ジョンソンが好むやり方は、低層部の柱を地面近くに来て間引くか、あるいは基壇部を加えることによってファサードを「空にする」ことである。しかし、ニューヨークにあるCBSビルの設計者エーロ・サーリネンは明らかに違う考えをもっていた。彼はクライアントに「窓間に設けられた三角形のマリオンは歩道から立ち上がり、四九一フィートの高さまで上昇する」と説明した（図⑦）。

エンジニアにとって、こうした「動き」の隠喩を理解する

図⑥　ヴォクセニスカ教会は西に向かって高くなり，塔は「立上がり，松の木の上で爆発している」ように見える。

図⑦　ほとんどの建築家は摩天楼に基壇と頂部を設けている（10章図㉟参照，AT&Tビル）／ジョンソンはエーロ・サーリネンのCBSビル（ニューヨーク）の柱を「地面に激突している」と考える。

のはたいへん難しい。というのは、構造エンジニアにとって激しい動きは最も望ましくないし、あってほしくないものだからである。静的な抵抗力に対してエンジニアがもっている感覚はより現実的で、高層建築では鉛直力に効率的に抵抗するように、すべての柱が地面まで続いていることが当然の理であると考えている。

スペインの著名なエンジニアであるトロハは、その著作『構造の哲学』（一九五八、Philosophy of structures）の中で、アーキテクトの隠喩に対して痛烈に反駁し、次のように述べている。

> 「上昇する力」とか「下降する力」といったような表現に出会うとき、われわれは救いようのない苦笑いを浮かべざるをえない。

彼は、エンジニアが「ゴシックのスレンダーなフライング・バットレスを勢いよく上昇する力と、パルテノンの重厚な柱をゆっくりと降下する力」を見分けることができる日が、はたして来るのだろうかと問う。

しかし、その数頁後、トロハはコンクリートの「どっしりとした落ち着き」と鉄の「か弱な軽さ」について自問自答している。

それ自身の重さ以上に支えられるように見える構造物の「落ち着き」や、脆弱に見える構造の「か弱さ」といったような「隠喩」は、構造の見かけと能力を同一視しがちな一般の人が多いことの現れとも言える。このように安全や不安の感覚は、構造に対する感情的な反応の中でも主要なものである。スコットの言葉では、私たちが壊れる寸前の建物を見て不安感をもつのは、「私たちが自分の感覚を建築の言葉に書き換えるからである」。もちろん、たまたま構造物の上に立っていたり中にいたりすれば、そういった反応を説明するのはより簡単であろう。

こういった反応を喚起する建造物としては、英国のコヴェントリー大聖堂（図⑧）の屋根とフロリダ州ジャクソンヴィルにあるガルフライフ・タワーの二つがあげられる。大聖堂の屋根では、内陣の列柱から立ち上がるリブは反対側の柱に直接架け渡されずに、間隔を一つずらされている。ガルフライフ・タワーでは、隅柱が省かれ、残った隅部の床は四二フィート（一二・八m）の片持梁として支えられている。エンジニアにとっては、その構造強度は計算されたものだということ、そして通常の建物での隅柱は、一般的に応力が小さいことはわかっているのだが、柱の完全な欠如と異常に長い片持梁は何か不安感を与えるのも確かである。

建築家たちは、よくそういった要因を美学的な判断基準と考えている。ルドルフはこう記述している。

ミースは、彼の細い柱が高層ビルでは十分な安心感を与えないことをよく知っていたので、柱を象徴化した有名なH形のマリオンを取り入れ、カーテンウォールを連続させることによって建物と一体的に見せるようにした。

そのような考え方は、構造形態において「正直さ」という点で疑問を生じるのだが、これはもっと知的な感覚による理解であると言える。

装飾の是非については「視覚上」の問題だと考える向きもあるかもしれない。しかし、この問題についての論争に伴う激しい感情や「ポストモダニスト」の「混乱」への興味は、それがより深い心理学的意味をもっていることを示している。

装飾は、それを一九世紀後半の建築の荒廃と結びつけて、近代建築のパイオニアたちに非難された。アドルフ・ロースさえ、論争の的となった著名な論文で、野蛮で堕落したものと決めつけている。とはいえ、大多数の民衆は相変わらず装飾に意義を見いだしていて、前述したように、ビジネスや政府のための単純な箱への装飾、あるいはジャズやポップスといった流行の形を借りて、近代建築運動の外縁部にも現れてきている。それは今日、ポストモダニストたちによって建築思想の主流に復帰させられたと言える。

図⑧　不安感は，構造の見かけ上の不規則性によって起される／イギリスのコヴェントリー大聖堂の天井のリブは柱頭から柱頭へ直接渡っていない。(アーキテクト：サー・バージル・スペンス，1962)

ポストモダニズムが広まる以前に、ハムリン（一九五二）は装飾に対する一般の人々の明白な要請を満足させる真の「近代的」な装飾の形態が見つかる可能性があると語った。ゴールディは、装飾に代わってテクスチュアがこの要請に応える現代的手段として受け入れられるであろうと考えた。つるつるで、無表情につくられてきた「機械時代」の外装は、特にコンクリートにおいて汚れと劣化によるむらのため、視覚的な不評で終わりを告げた。総ガラス張りの反射表面という選択肢は残されているものの、ついにモダニストたちも少なくともテクスチュアによる装飾を受け入れねばならない状況になってきたようだ。

視覚的な美学の法則と概念

目が対象物を追うときの動きによって、どういった印象が生じるかについてはすでにふれた。こういったふるまいは、おそらく人間に生まれつきのものなので、普遍的で予測可能であり、これによって全体の視覚的調和を図る、あるいは少なくとも醜いものをつくらなくてすむような法則を形づくるためには、他の多くの美学的な見方より広い視野を約束してくれる。そのような法則は、当然エンジニアを大いに感動させるものであり、驚くほど多くのエンジニアたちがこの主題について書いている。

これらの法則はゴールディ、アイザック、ハムリンをはじめとする多くの人々によって、エンジニアたちが納得いくような論法で詳しく論じられている。ここではほんの簡単に要旨だけを取り上げる。

ハムリンは良いコンポジションの要素として統一性、均衡、プロポーション、比率、そしてリズムを挙げている。ここではそれらを順番に論じてみたい。

統一性は、ほとんど普遍的に、基本的な要求だと認められている。目（あるいは脳！）は、自然に単純化を試み、「見かけの重心」を求めて対象を分解しようとする。この重心が見つからないような事態に直面すると、不穏な感情が生じる。例えば、構成において二つの等価な「重心」があるとする。これは「二元性」として知られ、一般的には過ちだと考えられている。同じような問題は、柱と窓あるいはフェイシアパネルで構成された建物の垂直と水平の線を等しく強調しようとするときに生ずる。いま、ポストモダニストが統一性の退屈さを救う手段として二元性を新しく提唱している状況だが、このコンセプトは何かに反抗するという意味においてのみ有効だと言える。

「均衡」も、「見かけ上の重心」と関わる概念である。ある意味で、目は見かけ上の重心がてこの支点であって、さまざまな構成要素が重りのようにその回りでバランスをとっていることを期待している。したがって、見かけ上のバランス概念は、視覚的な「重さ」の概念の存在を意味している。ゴールディは、「集積」と呼ぶのが二〇世紀ではより適切な言語だ

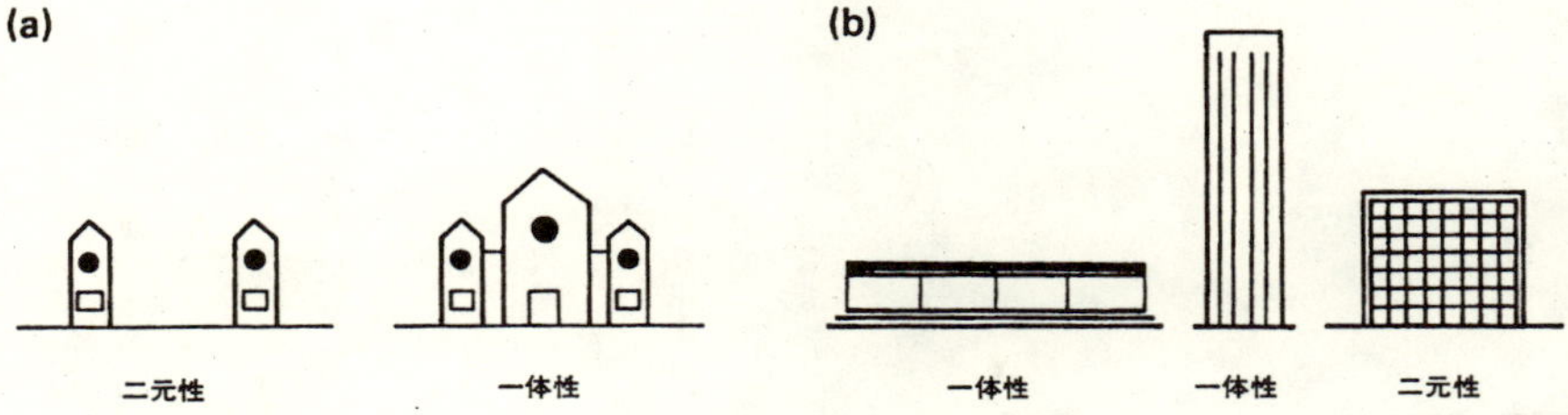

図⑨　２つの等しい刺激（二元性）はオーソドックスの美では禁忌とされた。
(a)　２つの同じような建物が二元性を構成したが，中央に建物を付け加えることによって一体化した。（ゴールディ，1969）
(b)　建築家は慣習的に建物の水平線，垂直線を強調する。両者を等しく強調することは二元性をつくることになる。

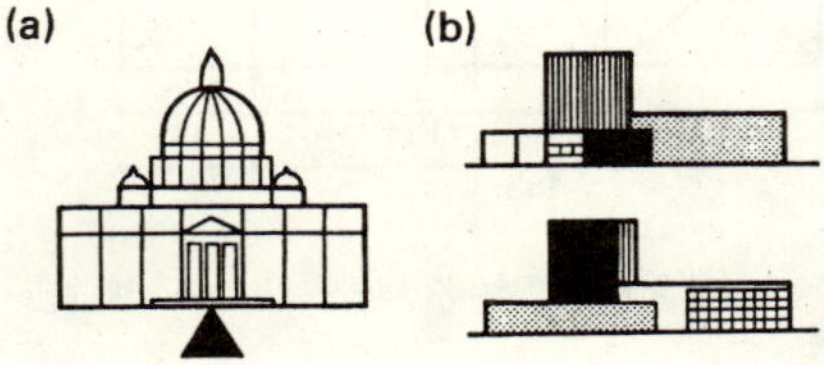

図⑩
(a)　視覚的「バランス」は対称性によって成立する。
(b)　「量感」／要素の視覚的「量感」を変えて，非対称の構成においても「バランス」は成立する。（ゴールディ，1969）

と主張している。というのは、興味はいまや建物の二次元的なファサードから、建物全体が三次元的で彫刻的な形態へと移っていったからである。彼は構成要素の質感、色、輪郭を変えること、あるいは密実か中空かを暗示させる光と影の調整によって見せかけの「重さ」を操作する方法について論じている。

　プロポーションの問題は有史以来、人を魅了し続けており、古代ギリシアの黄金分割にはじまって、ローマ人たちの建築やその後のルネッサンスの大聖堂をつくった工匠たちの建築を通して発展し、私たちの時代では、コルビュジエのモデュロールがある。フライは次のように述べている。

　そこは建築の美学と思索の領域で、高尚な人、愚かな人を問わずあらゆる種類の人間が建築的完璧さへの近道を探すための「黄金の数字」から流れる光に導かれ、たいへんもつれた理論と神秘に包まれている。

　コルビュジエのシステムは、

$$(1+\sqrt{5})/2 \simeq 1.618$$

で表される「黄金分割」と呼ばれる幾何学的な構成の展開を基本としたものである。人体の理想形にこの構成を適合させ、彼はフイボナッチの数列／〇、一、一、二、三、五、八、一三……と関連する一連の数字を結びつけた。この数列においては、次にくる項が前の二つの項の和となる。コルビュジエが選んだ基本寸法は、一一三cmと一・一六八×一一三＝一八二・九cmである。それら二つの数ではじまる数列は加える方向、減じる方向のどちらでも構成できる／……一〇・二、一六・五、二六・七、四三・二、六九・八、一一三・〇、一八二・九、二九五・九、四七八・八……数列をミリメートルに置き換えて、数字を丸めて得られる数列は一〇〇、一六〇、二六〇、四三〇、七〇〇……コルビュジエはそれらの値を二倍にしたもう一つの数列を付け加えることで、すべてのデザインはそれらの釣合いにしたがってなされるべきだと考えた（図⑪）。

そういった法則の押しつけは、モダニストの主張に逆行したもので、モダニズム運動のリーダーとしてのコルビュジエの地位には全くふさわしくなかった。彼を尊敬していた人たちでさえ、モデュロールが実際のデザインにはほとんどインパクトをもたらさないことがわかったときには、ほっとしたであろう。

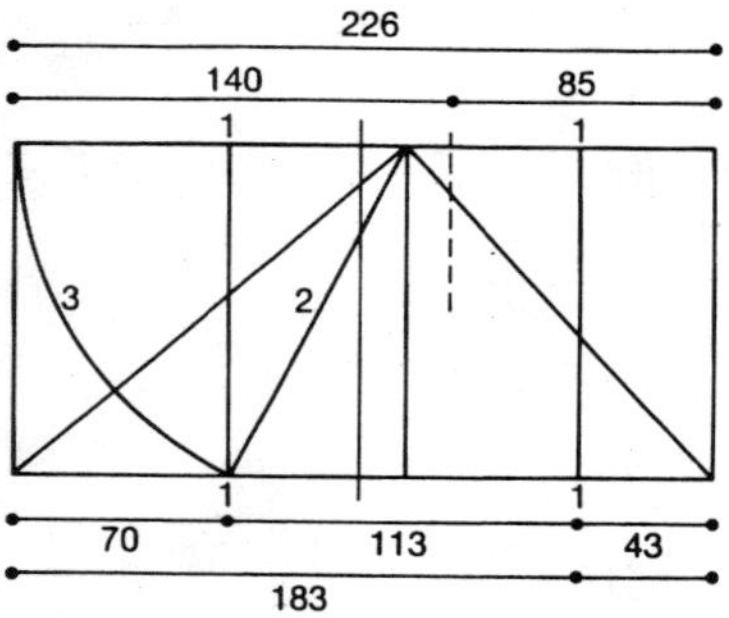

図⑪　「黄金分割」の幾何学的構成（ル・コルビュジエ）

「比率」という言葉は、単に建物の大きさを指しているだけではない。人々が感じる構築物の大きさの印象は、それと似たものや、自分になじみのある大きさの要素と全体的な形状との比較から得られる。それらの大きさの格差が大きい場合、比較のプロセスは階段、手摺、あるいは近くの樹木からはじまり、窓、玄関、あるいは階高といった大きな要素を通じた段階的な比較が続けられることにより、最終的には全体としての建物の規模の評価へと移行していく。

もちろん、一連の要素の標準寸法を変えることで人々の反応を操ったり、不調和によって動揺させたり、均一で巨大な要素を用いて圧倒したりすることは可能だし、また反対に見かけの大きさを抑えて実際には巨大な構造物を質素に見せることもできる（ファシストの建築とヒリンドン・シビックセンターを比べてみよ）。各要素が次の大きなものに移行する過程において、寸法を増すことによってさらなる効果が期待できる、これはスケールの「加速」として知られている。

比率は近代建築のしきたりの中で、最も受け入れやすい概念の一つだと言える。

リズムという言葉と静的な構造を関連づけるエンジニアはほとんどいないが、その効果もやはり人々の目の動きによって生じてくる。窓の開口や柱の規則的な間隔は、目がそれらをたどったときにリズム感を生み出す。この感覚は、扉部分のような開口の不連続性や変則的な間隔によって左右される。あまりにも規則的なリズムは退屈さをもたらすだろう。そこで、アーキテクトは意外性、あるいは均一性から逃れる息抜きを生み出すさまざまな効果を演出できる。構造エンジニアにとって、開口や柱の配置はたいへん関心のある部分で、こうした設計上の配慮は、エンジニアの仕事を難しくする可能性がある。

以上の概論は、人々が視覚的な構成を理解する仕組みや、アーキテクトがそれを操作する方法についてのある程度の概念を得るには十分だろう。

残念ながら、業界用語はほとんどの建築辞典で省略されているので、ここで価値のある業界用語を一つだけ挙げておきたい。目が物体を観察してある印象を形成するとき、「読む」という表現を用いる。部屋の見かけ上の天井高は、数多くの木材の梁を例えば床から三mまでの高さに一mピッチで架ければより低く感じる。このとき、数多く架けられた梁が天井面として「読みとられ」、見ている人の注意をそれより上の空間からそらしてしまう。煉瓦の目地が（田舎風の）深い溝ならばその壁は「重いと読まれ」てしまうのに、その表面がスタッコで仕上げられ目地が隠されていれば、それは「軽いと読まれ」るであろう。

審美学に関するエンジニアとしての助言

エンジニアは、審美学の著述に驚くほど偉大な貢献をしており、ネルヴィのテキストは別として、それらのほとんどが橋の設計についての論文に限定されている。これらの著作のほとんどは、主観的でロマン主義的であり、例外なく独断的である。ドイツの主導的な構造エンジニアの一人フリッツ・レオンハルトの論文と著書（一九六八、一九八二）がよい例である。彼の論文は芸術に対する短い紹介ではじまり、彼はそこで、「私たちは美に対する感受性が豊かであれば、古典芸術作品を見たりふれたりしたとき感動を覚える」と述べている。論文の本文で、レオンハルトは、美的なデザインを行うための法則を定義している。

その第一の法則は、「良い秩序」が保たれていることだ。構造システムで言えば、これは梁、アーチ、サスペンションといった構造か、それとも骨組構造のうちから一つを選定することを意味していて、それらは決して混合してはならない。線や辺に関しては、それらをさまざまな方向にゆがめてはならない。第二の法則は、対比が時として美を導く可能性を認めながらも、「古い規則における良いプロポーション」に従うことを求めている。三番目の法則は、単純と純粋、そして装飾の回避を定めている。

その後に派生する法則は、機能的目的への適合、率直な素材表現、経済性を含む美の機能主義的な解釈を反映したものになっている。ある意味では、それらは本題からそれて良い構造デザインの定義を試みているとも言える。そこで、レオンハルトは良い例と悪い例をあげ、自分の主張を説明するための注釈を加えている。

ズーク（一九七六）は、客観的根拠をもって美に対する助言を試みた一人である。彼はミース・ファン・デル・ローエが「誰にでもつくれる建築」の創造を望んだと指摘し、彼の論文のタイトルを「誰にでも簡単にできる美しい橋のデザイン」とした。ズークの法則は、異なったタイプの橋の配置や詳細図を見たときの人々の好みの調査に基づいている。しかしながら、ミースから学び取りうる最も重要な教訓は、彼が目標を達しえなかったことである。幾多のアーキテクトたちがミースを熱心に真似ようと努力したが、単に安っぽくて汚らしいミースの模倣をつくり出したにすぎない。

エンジニアにとっての約束事――スマートさ、軽やかさ、線の連続性、ディテールの単純さ、材料の類似性、環境への適合性（エンゲンロフ、一九七二）――は、エンジニアを配管工にたとえたあるアーキテクトの論評を想起させる。

彼らはきちんとした四角い箱の中に、目立たないように自分の仕事を隠すことを好んでいる。一方、アーキテクトは実用性と必要性、そして様式と同じように経済性に留意しながら、空間や視覚的な異なる種類の秩序を認識したり表現するように訓練されている。

（彼がモダニストなのは明白である。）コルビュジエが次のように記述したのも、おそらく同じ理由からだろう。

私たちは、自分を美的感覚のある人間に変えようとしているエンジニアを認めるだろうか？　それは、実に危険なことだ……エンジニアは自分の立場を明確に認識し、計算者にとどまるべきである。なぜなら、彼らの存在理由は純粋な理論の枠の中に生きることにこそあるからである。

コルビュジエは、情熱を美的な形態の創造における本質的な要素として尊重しており、この考え方は18章で論ずることになるビリントンの見解とも共通する。確かに、形態的な審美学のルールは、モダニズムの信条と同様、生気をなくさせるもので、マニエリストやポストモダニストたちのように反抗的な心を生じさせる素地をつくり出してしまう。レオンハルトは、「正しい秩序」に重きをおきながらも、対比と複雑さにもまた調和と単純さと同じくらいに心を引きつけられるかもしれないと認めている。

したがって、この章で述べた法則は単に人の目を楽しませる一つの要素を概説したにすぎず、決して審美学の全体を説明するものではない。せいぜいそれらに従って設計された構造が決定的に醜悪にならないことを保証しているにすぎないのかもしれない。

13 設計プロセス——その到達水準

The design process: state of the art

はじめに

これまでの章では、政治的な背景、組織的な要因、資金計画、機能計画、そして建築思想と美学的要求という論点から構造設計を見てきた。また、安全性、信頼性、性能基準に関する技術課題と、敷地がもっている性質や潜在的な障害、荷重条件、使用可能な材料、そして製作・施工の実質的な方法といった要因がもたらす制約についても述べてきた。このような非常に複雑な状況下で、設計者はどのように問題を把握し、関連する要因をすべて考慮した上で構造の形態を展開していくのであろうか？

当然、設計者は「そんなことをしていない」というのが、その答えである。専門家には、構造設計上の通常の問題に対する既往の解法があって、通常のエンジニアはそれを単に用いるだけである。場合によっては、そういった標準的な解答は、社会のニーズや経済状況からはずれたものかもしれないし、技術や理論における新しい進歩を阻害するものかもしれない。そうはいっても全体的には、一般社会が知りうる範囲を満足する程度にはできあがるであろう。

一方、職能全体としての知識は少しずつ変化しており、それは状況の変化を見極め、機会をとらえて独創的な解を生み出していく人々に触発されて起こるものである。それでは、どのようにそういった「創造的な」設計がなされるのであろうか？

多くの設計者は、創造的な設計のプロセスは説明できるものではなく、無意識の中から生まれるに違いないと思っている。そして、それを話題にしようとすること自体、不遜なことだと考える。別の人たちはより平凡な見方をとりがちである。こういう人たちは、課題に直面したとき、たいがいは標準的な解答を得ようと教科書を調べるか、過去に他の人がどのように課題に取り組んできたかを、雑誌で調べたりする。彼らにとって、設計は直線的なプロセスであろう。

この両極端の中間に位置するのが、「インスピレーションのひらめき」を積極的に主張する人々である。

そういった人たちは、課題を注意深く検討した後、潜在意識レベルで関係する要因が吟味され、可能性のある解答が生み出される。そして、その解答を巡って今度は意識上のレベルで検討が加えられる。このように彼らは設計を意識と潜在意識のプロセスの間での相互作用の一種と考えている。

ここ数十年、従来の設計手法を分析・モデル化すること、そして航空学、機械工学、建築学といった分野に見られる複雑で絶対解が存在しないような課題に対処できるように手法を改良するための開発に、たいへんな努力が費やされてきたのである。

設計プロセスの主な特徴

理論家の定義によれば、最も広い意味でのデザインとは、認識された要求を、状況の変化を生じさせることにより、あるいはある状況から別の状況へ移動することによって、その問題の解決へと翻訳する行為である。最初に設計プロセスの大きな特徴を見極めるためにその簡単な概要を見てみよう。

エンジニアリングの分野では、認識された要求は工学的な言語に書き直す必要がある。例えば、「川を渡る必要がある」は「フェリーが必要だ」、あるいは「橋が必要だ」となる。ここで課題の定義づけの中に、すでに広い意味での解答が提示されていることに注目されたい。とはいっても、橋には吊り橋、アーチ橋、橋脚と桁梁といった種々の形式があり、その一つが提示されると同時にその必要性についての新たな条件が生じる。

橋脚と桁梁による橋を採用するなら、船の航行を制約するだろうから広い航路と船のマストを避けるための十分な高さが必要だ。

明らかに吊り橋が最適だと示唆しているように思えるが、吊り橋は他の形式の橋より高価で、平坦な地形なら、長いアプローチ・ランプが必要である。また、二つの主な支持部に作用する大きな集中荷重にふさわしい基礎も必要である。

しかし、資金には限度があり、さらに悪いことに付近には建物が密集している。建設のために必要な土地を得るには、多くの資金と政治的な困難が予想される。もう一度考え直そう。たぶん船は、限定された航路を通るのを認めることになろう。

ここですでに、設計プロセスの主な特徴が見てとれる。まずはじめに、必要とされる事柄の大枠を把握すること。次に

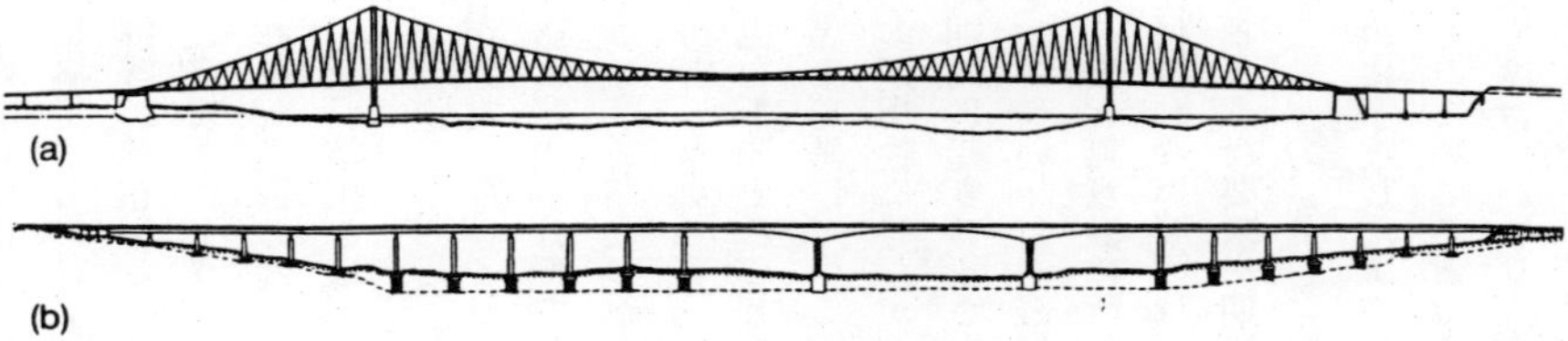

図①　船の航行する河川を横断する橋の設計の解としての吊り橋の検討は，桁下の大きなクリアランスと安全性に対するコストの増大を比較して行われる必要がある。
(a)　サヴァン橋（イギリス，エンジニア：フリーマン・フォックス&パートナーズ）
(b)　ミッドウェイ橋（イギリス，エンジニア：フリーマン・フォックス&パートナーズ，1963）

要求を工学用語で定義すること、可能性のある解答を仮定すること、それらの長所や短所とコストの検討、そして多くの場合は、新しく得た知識をもとに、最初に定義した課題を修正すべきかどうかの検討のために、もう一度最初の出発点へ戻ることである。

もし課題が再定義されれば、新しい方向の検討が以前の課題と並行して開始される。こういったことがさらに状況の理解を深める。それは最終の解へ導いてくれるかもしれないし、あるいは別の形の定義を再び行う必要に迫られる場合もあろう。

時間の経過とともに設計プロセスは繰り返すように見える。決定までに多くのサイクルが繰り返されるであろう。

設計プロセスの概要で取り上げておきたいもう一つの主たる特色は、さまざまな要求の間で生じる「衝突」である。高いクリアランスの高価な橋は納税者に重い負担をかけるだろうし、近隣の土地所有者と利用者に不利益を生じさせる。狭い航路になってしまう低い橋は、船舶に不都合だろうし、衝突の危険性すらある。このようにすべての要求を満足させるような一つの解答はない。当然の結果として、可能性のある解の中から、それぞれの長所短所をある主観性のもとに設定された共通の価値観で測り、選択せざるをえない。

工学用語で言う「要求」は、「設計空間」を決めてしまう。すでに理解したようにおのおのの標準的解答（例えば吊り橋あるいは桁梁の橋）は、それぞれの要求を異なった度合いで満たし、ある要求に関しては全く満たさないであろう。すべての要求を十分に満足するのは、仮説上の「完全な解」だけである。完全な解答が存在するような状況は、問題と解との完全な「適合」と定義されよう。それゆえ、実際の設計においては、達成される「適合の度合い」を論じることができるだろう。つまり、良い結果とは、より高い適合度を達成することである。

技術やニーズが非常にゆっくり変化する伝統的非工業社会では、上屋や輸送に関する分野で非常に高レベルの適合が達成されていると考えられている。ジョーンズ（一九八一）は、あらゆるデザイン的特色がいくつもの目的をなしとげ、同様にほかの特色を干渉することのない調和の最も良い例として伝統的な荷馬車を挙げている、そういった調和は、生物の進化――生命の適用性にしたがって衰退したり、生き残ったりしながら規則的に起きる小さな変化の連続――と類似したプロセスによって長い年月を経てじっくり達成されたものである。このほとんど無意識に行われるプロセスにおける重要だがあまり注目されない要因は、現実的で経済的な解答の条件に合致しうるような要求や期待の漸進的な再検討であろう。

この章のはじめに示唆したように、今日、ほとんどの設計事務所で実際行われていることはこのプロセスにたいへん似ているが、変化の度合いがより大きく、そしてプロセス自身もより意識的に行われている。

実際の状況における多様性

慣習的な設計についてより詳しく議論する前に、どうしても論じようとしている現象の多様性を強調しておく必要がある。

通常、苦しい状況の中で小さな工場や二階建の商業ビルの設計をしている平均的な小規模事務所では、一人のエンジニアが一つかそれ以上の仕事をこなすことができるであろう。解析や設計の複雑さはプロジェクトの規模の大小に直接比例するわけではないが、情報伝達の問題は大規模なプロジェクトに比べてかなり少ないと言える。無難な設計を迅速に行い、そして満足のいく利益を維持する必要性から、標準的な課題と見なせるものについては、標準解答を用いることになろう。

大規模な政府機関やコンサルティング会社が発電所程度の規模の設計を行おうとするときには、状況は全く違ってくる。計画部門、建築部門、設備部門、そして構造部門などに分けられた内部の組織づくりと部門間の情報伝達は、外部との関係と同じように大きな問題となろう。これらの部門はさらに分割されるかもしれない。構造設計は、機械室の上部構造や走行クレーンの桁梁、発電機の架台、給水と排水のシステム、中央制御棟などの構造の各部分を担当する幾人かのエンジニアたちに分業化されるであろう。

そういった組織では、主任エンジニアは部門全体を統率する指揮官として動かなければならない。いくつかの提案は選択がなされる前に、コストやその他の特質について注意深い検討と評価が行われるだろう。一方、大組織ゆえのヒエラルキー的な性格が詳細設計の段階で生じる課題に対する柔軟性をなくす傾向をつくり出す。

応用研究や模型を用いた検討が必要とされたシドニー・オペラハウスの屋根のような革新的プロジェクトと、工場の上屋や中規模の事務所といった一般的な設計との間には、これと似たような違いがある。

そういった違いがあるにしても「設計」の話を簡単にするには、あたかもそれを同一のものとして扱う必要がある。

これまで「クライアント」という言葉は、プロジェクトを所有するか指揮する人あるいは組織で、通常はアーキテクトに指示を与える人という意味に用いてきた。これからの議論では、構造エンジニアリングでの設計プロセスにおける「クライアント部門」という言葉は、構造設計者が指示を受け、そして設計の提案を通じて応答しなければならない人あるいは行政の部門を表すものとして用いる。オーナーと同様に、この言葉がアーキテクトを表す場合もあるし、詳細な構造設計を依頼してくる政府機関の計画部門であったり、単に部下に仕事の指示をする主任エンジニアの場合もある。その要請に応じる個人あるいはチームを「デザイン部門」と呼ぶことにする。

デザインの戦略

課題に直面したとき、設計者が自分自身に問うべき最初の質問は、「どこからはじめるべきか？」である。次は「そこからどちらに進むのか？」そして、最後の質問は「いつやめるか？」である。これらの質問への回答が、設計者として課題に取り組む戦略を定める。戦略は、「方向」と「バランス」という二つの基本的要素から成り立っていると見ることができよう。

小規模で日常的なプロジェクトでは、最適化のための出発点の選択は、技術的な分野の中の限られたサイクルのものであって、それほど重大な問題ではあるまい。本当の困難が生じるのは、二つ以上の専門分野にまたがる大きなデザイン・サイクルを考えなければならないような場合である。

最初から関連するあらゆる要因を検討することはもちろん、そのすべてを抽出することも不可能であるから、設計者としての作業の第一段階は、最も重要と思われる要因の中から対処しやすい一群を選択し、それらに対する最初の対策を提示することである。設計者は次に、提示した提案、あるいはそれに修正を加えたものが、そのほかの要求を満たすかどうかを検討すべきである。

最初の選択は個人の興味や訓練、そしてその人の思想に大いに関わっている。例えば、工場の設計を直接クライアントに頼まれたエンジニアは、おそらく機能的要求に関するクライアントの仕様を疑いもなく受け入れて、この仕様に、荷重を伝達するための理想的な形式を適合させ、次に外装や内部環境について考え、最後にできあがったものの見栄えを検討するであろう。一方、アーキテクトは、おそらく最初に視覚的な美しさの条件から状況を見て、二番目に機能的な条件を、最後に構造的な条件を考えるであろう。そういったケースのどちらも全体的な最適化に至りそうもなく、それぞれの専門家による自分自身の分野での最適化達成の試みはあまり意味のあることとは考えられない。

ローソン（一九八〇）は、このような傾向を避けられない必然だと見ている。しかし、賢い戦略家というものは明らかに、広い視野をもち、経験や知識から設計で支配的となりそうな要因を予測できる人物であって、それらの支配的な要因から仕事を開始し、より重要度が少ないものへと進めることができる。

デザインのプロセスが進んでいくに従って、その中途段階においても同様に設計の戦略における「方向づけ」に沿って物事の決定が行われる。時には、設計者は同じようにもっともらしく見える二つ、あるいはそれ以上の攻め方の中からどれかを選ばなければならない。こういった場合、これまでに見てきたように、設計者はそれらを引き続きあるところまで同時に追求していくことによって、より正確な知識をもって決断しようとするだろう。しかしながら、ある時点で、その一つに集中するための決断を強いられる。

あるアプローチが思いのほか成果を上げていない、あるいは予想以上に無理な努力を強いると判断した場合には、設計者はそれをそのまま押し進めるのか放棄するのかを決断しなければならない。袋小路に入ってしまったとき、設計者は新しい方法を模索する中で、どのニーズが重要でどれが犠牲にできるのか、あるいは部分的に応じればよいのか、を決断する必要がある。これは「進化」と「革命」のうちどちらを選ぶかになぞらえられる。いつも設計者は、限られたデータをもとにそういった決断をしなければならないのである。

シドニー・オペラハウスの屋根の形から生じる問題が明らかになった時点で、クライアントはその形を拒否できたし、アラップはその形を実現するのは不可能だとはっきり言うことができたであろう。そこでなら「安全」で一般的でよくわかっている答えに戻ることができたし、同じように大胆な別の試みもできたであろう。採用された方向は両者の中間で、オリジナルの形態をほぼ維持しながらも、最初の構造コンセプトからは根本的に異なった提案であった。

そういった考え方は、設計の戦略におけるバランスの問題を提示する。工場建築でもシドニー・オペラハウスと同じようなことが起こりうる。試設計は鉄骨とコンクリートの両方で行うべきか？　それとも、そのうちどちらかが一方より「明らかに」適切だと判断してしまってよいのか？　木材や煉瓦を考える価値があるのか？　過大なコストが柱のない自由な空間を望んでいるクライアントの要求を「完全に」退ける要因となりうるのか？

これらの疑問のすべては、事前の調査検討によってかなり正確に答えることができるとしても、時間や費用には限度がある。設計におけるプロセスのサイクルは、最も望まれることだが、それに伴う労力が、減少していく利益に見合わなくなるときが必ずやってくる。さらに代案は数カ月の検討の後にそれ自身が問題を提起し、そしてオリジナルの提案より良くならないことが明らかになってくる。

それゆえ、ある段階において、その時点までに到達した未完成の解答が、その状況のもとでできうる最良のものだという判断が、入手できる情報に基づいて下されなければならない。そういった判断においては不確定の要素が常に存在することは受け入れるべきである。「完璧な答え」は、昔の金鉱師が言ったように、「目の前の丘の向こう側にある」のかもしれないのだ！

このような視点では、良い設計主任とは、問題の追求の停止を呼びかけるときがいつか察知でき、次に目標を明確にし、チームの全員を同じ方向に向かわせることができる人を指している。しかし、設計のサイクルを止める決断は、本来、不確定なものである設計プロセスの許容できる範囲で意識的に、理性的になされるべきである。いつも慣習的になされている設計では、サイクルが適切なときでさえ、それを阻害しがちな多くの要因が存在している。

設計のサイクルを阻害しがちな要因

設計のサイクルを阻害する最も一般的な要因は、クライアント部門によって課される予算と工程の制約である。それらはクライアント部門が課せられたプロジェクトの資金と委託を計画する上で、ほとんどのケースで実際上必要なことである。しかし、それでは設計部門を完全にサブ・サイクルの中だけで活動させる結果となり、最適解の達成が全体的ではなく、部分的なものにとどまる可能性がある。

注目してほしいのは、それぞれの部門が組織系図の上方にある部門（図②）からの広範な指示を受けて設計部門として行動すると同時に、次のレベルの問題を設定し、さらに下位の部門にその解答を得るために仕事を引き渡すときにはクライアント部門としても行動することである。図②は大組織の中の配置を示したものだが、前述のように、クライアントとコンサルタントとのより緩い協働の中にも同様の関係が見られる。

コミュニケーションの問題は、課題を設定した部門が、その設定から生じる設計の難しさを体験している部門より数段上位であったり、異なった系統に属していたりする場合に起こる。空間のデザインに関する新しい情報は、クライアント部門に届く前に誤って伝えられたり、にぎりつぶされたりしてしまうかもしれない。

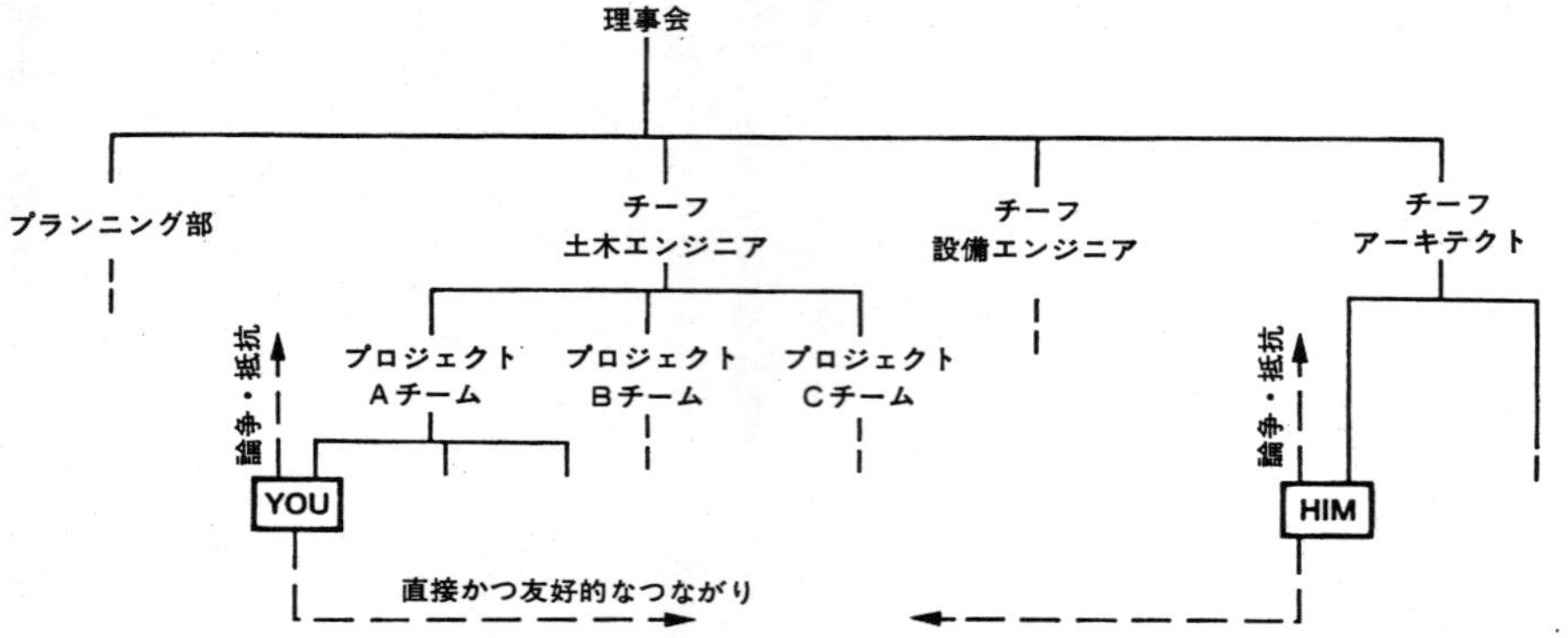

図②　大組織における討議の最終的な決定には，いくつもの階層の人々が関係する場合もあるが，通常の仕事はより直接に行われる。

このような状況下では、直面する課題が大きければ大きいほど課題の再設定への圧力は増大するが、理にかなったバランスをとるのは難しい。さらに、課題の設定は目的に向かって設計をまとめていくよりも神経を使う仕事で、一般的な傾向として後戻りして再出発するより、目の前の課題に手慣れた方法で取り組んでしまうという楽な道を選ぶことになりやすい。また、エンジニアは自分自身を「ことをやりとげる」人間だと考えているので、再考に抵抗する姿勢がある。それぞれの部門は、建設的な進行を優先し、ある段階においては、より完全な答えを追求するより、むしろそこそこ満足する答えで先に進むことを望んでいるであろう。設計のサイクルは、その努力に見合う成果の釣合いがとれているのにもかかわらず、迷いであるととられがちである。

終わりに、誇りとひがみ、そして精神的な惰性は、新しいアイデアと情報を正しく受け止め、利用することをじゃまするもので、設計のサイクルを制限しがちである。若いエンジニアを最も当惑させ、そして怒らせるのは、設計のプロセスにおけるそういった人間的な要因である。

二〇世紀のヴァナキュラー建築

前節で取り上げたさまざまな圧力因子は、通常、設計でのサイクル数を理想的な値以下に低減させてしまう。これまで見てきたように、こういった状況においては、ある技術的課題について、それを設定する方法や、解決する方法についての経験的な知恵を展開することで対処がなされてきた。

課題を提示された部門の最も単純な反応は、「はい、これは標準的な課題でいくつかの標準的な解答ができます」ということである。以前に同じような課題があれば、その部門はその計算書と図面を調べ、それらを新しい状況に当てはめてみるであろう。同じような課題に取り組んだことがなくとも、それがかなり一般的なものとわかれば、教科書や雑誌を調べたり、周辺の地域（あるいは世界のどこであれ）を見て回ることで、他の人が同じような課題をどのように解決したかを知ることができよう。こういう方法で「二〇世紀のヴァナキュラー建築」がつくられたのである。そういった発展は、通常、実際にあるものに修正を加えることでなしとげられてきた。

その手法は確かに長所をもつが、いくつかの欠点ももっている。その一つはフィードバックに欠けることである。それは仮に建物に欠点があったとしても、多くの場合、十分な知識のない使用者が、我慢してしまうことによる。設計者たちは当然、自分の失敗を公表したがらないし、特に問題が構造的欠陥でもない限りは大目に見てしまいがちである。おそらく二〇世紀のヴァナキュラーの主たる弱点は、技術の急速な発展と社会の要求が変化していく早さに応じられないことであろう。

したがって、既存のアプローチ手法への不満が、設計プロセスの分析とモデル化への試みを増加させたと言えよう。

設計プロセスの符号化と言語モデル化

ここ二〇年の間、一連の新しい考え方や解決方法を意識的に生み出すための設計方法論の開発が大いに注目されてきた。こういった爆発的な活動の直接の原動力は、ロシアの最初の人工衛星に追従しようとする米国で起きた。しかし、そこにはより根本的な圧力が作用している。それは論理的で反復可能なプロセスを技術者が好むことにある。エンジニアは、クライアントや同僚への提案をするとき、理論的に考えうるすべての方法を確認し、そしてその解答が実際的な最適解に最も近いことを示すことで正当化したがる。

意識的に創造的であろうとする個人にとっての主な困難は、意識の最前部において関連するすべての情報の項目を集めて蓄積し、その内容的な関連を分析し、そのプロセスにおいてそれらを忘れたり曖昧にすることなく建設的な提案を組み立てることにある。また、最初に出てきたアイデアを捨てたり、あるいは正しい批評を受け入れるのはたいへん難しい。設計者がしばしば一日か二日の間問題を「脇に置く」のは、最初のアイデアに対する潜在意識的なプライドを鎮めるためである。

多くのデザイン方法論の目的は、ある種の記号的な速記法を用いたり、あるいはコンピュータによって関連するコンセプトとそれらの関連を記録したり操作したりして、それらの困難に対応しようとするものである。

専門領域の境界を超えたデザインが求められるようになり、方法論になおいっそうの勢いがついた。領域間を超えてチームが効率的に働くには、それらの設計戦略のほとんどができる限り意識的で、伝達可能なことが絶対条件であり、そうであれば関連する情報のすべてがそこに集積され、全体の最適解を探求するためにすべてを共有することができよう。そうでなければ最終的にその設計は、部分的な最適解の寄せ集めにすぎなくなるであろう。

伝統的に設備エンジニアやアーキテクトが、構造エンジニアに比べてデザイン方法論に接する機会が多いのは、おそらく彼らの課題がそれほど「構造的」（!!）でないからであろう。こういった理由で、ほとんどの著述や会議の議題は設備に偏重するか、建築や環境設計に関連したものになり、残念なことにそこには構造設計の分野での事例はあまり見あたらない。

デザイン方法論の第一歩は、現在行われている代表的なプロセスをモデル化するか、理想化したものを作成することである。そういったモデルのすべては、「課題の設定」「解答の仮定」「代案による解答の評価」そして「選択」といった設計のプロセスの「段階《フェーズ》」の概念を使っている。それぞれのフェーズでの設定は不正確になりがちであり、実際にフェーズというものがおのおの独立したものとして存在しているのかも疑問である。しかし、そういった概念なしには、設計のプロセスの分析をはじめることさえ不可能になるであろう。

初期のプロセス・モデルのほとんどは直線的であったが、フェーズの数にはかなりの差異があった。アレグザンダー（一九六四）は、分析あるいは「分解」と総合あるいは「現実化」というたった二つだけを定義した。クリック（一九六九）は、「課題の策定」「課題の分析」「探索」「決定」そして「仕様」という五段階を取り上げた。コバーグ（一九八〇）は、二二種類の異なった設計プロセスの公式化についての比較を行っている。

「決定の系図」の概念は、主に初期の理論で示されたものである（図③）。基本的な課題は多くの提案によって解決されると考えられているが、そのおのおのの提案が多くの二次的な課題を生み出す。それらのそれぞれの解答は、次々と新しいより詳細な課題を生み、最後には標準的な対応で簡単に解決できるものになって、完全な解答が得られる。新しい考え方の世代の人たちには、種々の要素を含む複数の基本的なコンセプトからはじめて、それらをサブ・グループにまとめ、最後に完全な解へと導いていく、いわば逆方向のプロセスの動きが見られる。こういった明確に設定したゴールに向かう統合のプロセスとしての設計の捉え方は、アリストテレスの時代にまでさかのぼる。それらのモデルは直線的であるにもかかわらず、設計者の努力が課題の性格に対するより高い知識と可能性のある解をもたらすため、多くの著者たちは、その

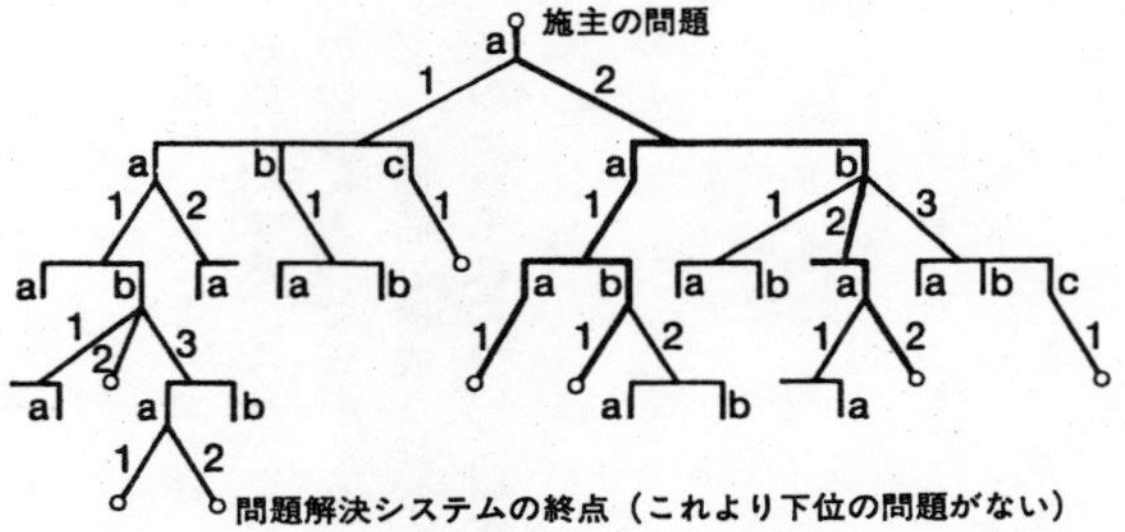

図③　デザインプロセスの「意思決定ツリー」によると，課題はそれぞれに対する最終的な答えが見つかるまで，より小さい問題に細分化されていく。

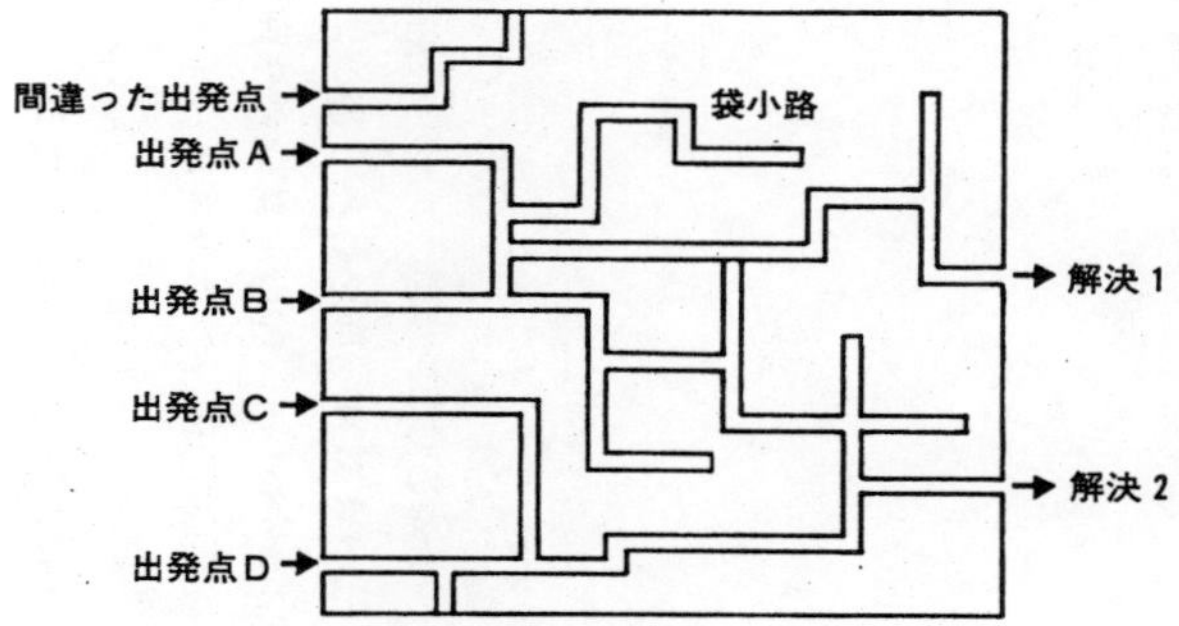

図④　デザインプロセスの迷路モデル。「間違った出発点」「袋小路」そして「複数の解決」を表現している。

フィードバックの重要性を認めている。

「サイクル」という言葉は、工学的な文脈において、そして経営や建築の「問題解決」といった別の文脈でもよく使われる。しかし、円環（あるいはサイクル）は進歩がないことを暗示するので、「スパイラル」という言葉がより一般的になってきている。

設計理論において、迷路的な類推を用いたものが一般的でないのは意外である。図④は、誤った方向への出発、逆戻り、横方向の探索、そして設計プロセスからの出口が一カ所以上存在することをモデル化したものである。また、前にも述べたように、出発点はその結果に強い影響力をもっているという点もモデル化されている。ローソン（一九八〇）は、同じような印象を伝えるために、森で迷って出口を見つけようとしている人にたとえている。

課題が純粋に客観的な方法で構成要素に分解できると仮定した初期の設計プロセスの理論は、それらの要素の二次的課題とその可能な解との間の関連を研究した設計方法を導き出し、そして完全な解を組み立てるための直線的なプロセスを提案した。その理論は、非現実的であり、通常の直感的な方法より長い時間を要するし、効率的でないという理由で実務的な設計者から事実上無視された。

「設計方法論運動」に危機が訪れ、前半で述べたように現実的な課題の本質を取り上げ、設計プロセスの中で、創造的な統合の可能性を認めた「第二世代」の設計理論が展開された。いまだに設計理論の決定的な教科書として引用される『形の合成に関するノート』(一九六四)を書いたアレグザンダーは、この設計方法論の概念を認めていない。

この運動のほとんどの部分は、「専門家」としてのアーキテクトやプランナーに、テナントと市民の生活を支配するような不当な権力を与えてしまうおそれのある設計方法論の、全体主義的ニュアンスによって反発を受けた。こういった反動は、使用者の意見や特別な知識が意思決定に際して、大きな力をもつ「設計への市民参加」に向けての圧力の一因となった。

今日では、この運動は、これまで提案された方法の長所と短所に関する、より入念な評価がなされたことによって第三の段階に入った感がある。それらのいくつかは、プロセスが三つの局面で構成されると想定しており、続く三つの章で、そのそれぞれについて順次述べていきたい。

14 課題の定義づけと明確化

Problem definition and clarification

定義づけの性格とその影響

設計プロセスを三つの段階に分けることができると仮定すると、以下のようになる。

- 課題の定義づけと明確化
- 試験的解答の生成
- 評価と意思決定

以下の三章でそれらのおのおのを順に分析し、効率を改善するためになされたいくつかの提案について論じる。しかし、かなり以前から指摘されているとおり、デザインを段階《フェーズ》に分割することには困難が伴う。また、アリストテレス以来の考えでは、問題を提示するという行為自体にすでに特定の解答がほのめかされているとも言われる。それゆえ、設計をフェーズに分けること自体が人為的なものであって、その一つのフェーズを議論するときには、少なくとも別のフェーズに言及する必要がある。

前に述べたように、政治家が「この川を渡る橋が必要だ」と言ったとき、彼はその能力をもたないのに、すでにトンネルやフェリーよりも橋が良いという技術的な判断を下している。

構造エンジニアリングにおいてこういった事象が十分注目されないのは、「解答による定義」の手法が習慣的に行われているからである。こういったことは、おそらく多くのエンジニアが、自ら定義することの難しさを避けて、誰か他の人によって検証され、明確に定義された課題を渡されることを好むからである。逆説的だが、エンジニアたちにこういった職務をこなしてきた人々の貢献を嘲笑する傾向があるのは、それが知的な判断に基づくもので、客観的に証明されるべきものだとまだ考えているからである。

クライアント部門が最初に課題を定義する方法は、明らかにその後の努力がある特定の方向に向かうことをねらうもので、設計部門が初期の指示を超え、場合によっては専門外の分野にまで問題を掘り下げる柔軟性をもっていない限り、膨大な数の可能性のある解答の検討を数少ないものに抑えることになるだろう。不注意に見逃されてしまう現実性のある解決案の数は、クライアント部門の目標設定の手腕に左右されるであろう。

したがって、技術課題の設定の巧拙は、最終のデザインに対する影響力が非常に大きく、質の高さが要求される仕事である。さらに、最初に立てられる構想は、その後に発生するであろうほかの課題より現実的に見えるものなので、その重要性はたいへんに大きい。前章で述べた理由によって、再定義というのは、たとえそれがより適切だったとしても、根本的に異なる代案を採用するよりは、現状の提案を修正するという形で進行することがはるかに多い。

一般的実務レベルでは問題はさらに複雑である。なぜならば、クライアント部門は、課題の策定に明らかに影響を及ぼした要因についてさえ、ほとんどの場合、他人に知らせる必要性を認識していないからである。こうして、コンサルタント部門は彼らに直接開かれた多くの選択肢に気づかず、それらをクライアント部門に提示することもできなくなってしまう。もちろんクライアント部門は、自分たちが行った推論についてコンサルタント部門に与える情報については取捨選択する必要がある（さもなければその存在意義がなくなってしまう）のは確かだが、それでも慣習的な方法には、多くの改善の余地が残されている。

設計のプロセスのもっている循環的な性格のために、定義はすべての段階に及ぶ連続的なプロセスであると言えよう。タビストック人間関係研究所によって行われたＲＩＢＡの『業務計画《プラン・オブ・ワーク》』における改善を目的とした研究は、次のように述べている。

……ある設計判断がなされるごとに、最初の決定を覆すようなことが起きてつながった鎖のような状態になる。……いかなる判断あるいは行動についてもそのもつ意味のすべてを正確に予測することはほとんど不可能なので、それが可能であるという仮定に基づいたコミュニケーションのシステムは全く役に立たない。

しかし、こんなことは常識のはずなのだが、工業界における多くの人々はあたかもそうでないかのようにふるまおうとする。

アーキテクトによる構造的な課題の定義は、特に構造エンジニアにとって関心のあることで、上記の原則を説明するのに好例となる。これまで述べてきたように、アーキテクトは種々の提案に対するクライアントの反応を見ながら、資金計画、敷地条件、そして材料特性といった要因によって受ける制限をクライアントに指し示す。次に、実現性があり、彼の美学的なねらいに一致し、かつ機能的要求を満たすように幾何学的な形態を考える。こういったことのすべてに、技術的な可能性に関する推量が要求されるため、そこでは、構造エンジニアリングに対するある程度の知識が必要である。

エンジニアでさえも、こういった仮定をつくるにはかなり一般化された概念によるほかはないであろう。あいにく多くのアーキテクトはそういった一般的な概念すらもっていない。それでも構造が普通の事務所ビルのように、昔からよくある単純なものなら、大きな問題が持ち上がることはないであろう。構造形式は決まりきったものであり、構造設計者からの主なフィードバックは、荷重を支持するために構造的に必要な柱のサイズと床組のせいだけである。しかし、構造があまり一般的でない場合には、アーキテクトが勝手に仮定した形態は、先に述べたシドニー・オペラハウスの屋根の場合のように、大問題に発展することもあるだろう。

とはいえ、アーキテクトが、彼の意思決定に影響を与えた経済、機能、意匠、設備に関する考慮のすべてをエンジニアに知らせるのは効率的ではない。それゆえに、構造エンジニアはより多くの情報があれば避けられたであろう問題にぶつかることになる。アーキテクトが十分なエンジニアリングの知識をもっていなかったために好機を逸するかもしれず、またアーキテクトがエンジニアに知らせるに値しないと判断したことのために、形態をよりよいものにしたはずのエンジニアの提案がなされることなく終わるかもしれない。

したがって改善のための最大の好機は、こういった設計段階で互いの善意と開かれたコミュニケーションを保ち続けることにかかっている。

多くの研究者たちは、「明確化」あるいは「詳細な解析」のプロセスを定義づけの範囲に含めている。こうすることで、研究者たちは定義の概念を弱め、設計のサイクルの要素をその中に持ち込んでいる。その名が示すように、明確化は与えられた定義づけを細分化し、矛盾点と内部的な不整合を検証する作業である。設計のサイクルが進むにつれて、デザインする空間の性格が決められ、意思決定のための基盤はより具体化し、そして課題はますます細かいところまで明確化される。こうして定義づけは強固なものになるが、同時にそこに暗示される答えも強固になってくる。

定義づけを改善するための常識的な提案

定義づけを改善するために提案されたいくつかのシステマティックで記号的な技巧に目を向ける前に、単純に一般的な手法で何ができるかということは調べてみる価値があるだろう。

効率を改善するのに最も効果的な方法は、設計チーム内部の連絡と相互理解を増すことだと思われる。近頃、多くのアーキテクトたちは計画の初期段階で、エンジニアをパートナーとして参画させたり、業種を超えたチームを編成したりする。これは喜ばしい進歩である。

コミュニケーションの改善の必要性は、異なった業種間だけではなく、組織の中での異なったレベルの階級の間にもまた存在する。新社会人は、アーキテクトよりむしろシニア・エンジニアに指示されることが多い。シニア・エンジニアは、部下により多くの自信をもたせるようにしむけ、彼らの提言をより寛容に受け止めることによって、大きな効果へとつなげることができる。

若いエンジニアが設計に対して真の貢献をする最大の機会がもてるのは、フィードバックの段階においてである。遭遇する問題についての知的なコミュニケーション、そしてそれらの問題を避けるための提言は、有益な再定義の助けとなるだろう。

これをどのように行えばよいのだろうか？　理想的には良い設計をなしとげるために、エンジニアは課題の作成の動機となった要因をすべて明確にし、次のように自問するべきだ。「もしその課題を持ち出した人が、それに対する可能な答えを私と同じくらい知っていたとしたら、はたしてその人は同じような課題を出しただろうか？　彼らが真に欲しているのは何なのか？」

すでに論じてきたように、具体的に示されるあらゆる「ニーズ」の背後には、より広い範囲で定義できる動機が存在している。部下の課長に、「この発電所の上屋を設計するように」と言ったときの隠された意図は、天井走行クレーンの支えを用意することであり、そして発電機とタービンを天候から保護することである。一般的な解答ではないが、独立した門型走行クレーンと、機械を風雨から守る覆いを別に用意するのも代案の一つである。

設計者、特に若いエンジニアが「クライアント部門」による課題認定のプロセスについてどこまで追求すべきかは、微妙な問題である。「クライアント」が上司の主任技術者の場合は、設計者が「課題」の再定義に前向きの貢献ができる（そしてそれがよく受け入れられる）機会は、相手が構造合理主義に理解のあるアーキテクトである場合に比べて明らかに少ないであろう。しかし、与えられた仕事に取り組むほどに、誰もあらかじめ知りえなかった「デザイン空間」の部分についての詳細な知識を発展させることができるであろう。

もちろん調査や再定義には限界がある。あらゆる状況において、どこまで問題を追求するかは与えられた時間に対するその価値の個人的な判断にかかっており、また上司がそれをどこまで許容できるかという話でもあるのだ。

さて、設計者の抱くであろう疑問点は次のようなものだ。

①クライアント部門は、その課題に対する展望について伝えるとき、その願望にそぐわない、あるいは不必要にコストのかかる構造的解答をほのめかしていなかったか？

②その願望の中に技術的に見て相いれないものがあるか？

③あまり重要でない願望の中に、不相応な金額のかかるものがあるか？

④クライアント部門がほのめかした解答の方向には、彼らの気づいていない欠点や不利益な効果をもたらすものはあるか？

設計プロセスの中でこれらの疑問に一つでもイエスの答えが出てくれば、その情報は速やかにクライアント部門にフィードバックすべきである。

クライアントが、設計者の調査範囲を拡大しようとする動きに対して、「自分の望むものは自分が一番よく知っている」という理由でそれに対抗したり、自分が不要だと考える調査に対する追加の設計料を支払うのをよしとしない場合には、深刻な倫理的問題が起こる。こういった例の一つは、クライアントが極端に単純化した荷重と境界条件を指定して、構造物や部材の応用解析を依頼する場合である。コンサルタントはそれが全く実状にそぐわないことだと判断するなら、無意味な計算の費用を受け取るくらいなら、依頼を断るべきである。

エンジニアは、素人が高度な工学的言語を用いて指示内容を特定する場合、特にそれが既設の構造物の部分的な改修を含んでいるなら、特別の注意を払う必要がある。こうしたケースでは、クライアントの重大な工学的要因に対する無知が、非常に危険な事態を起こしかねない。

課題の改善と明確化のための確実で記号的な手法

ジョーンズ（一九八一）の提唱する統合や「変換」の途中段階における明確化のための確実な手法の多くは、段階を分離することの問題を扱っていると言えよう。

定義づけのプロセスの中で、その課題を構成する「要素」のリストが作成される。これを行う方法の一つは、形態学的な図表を用意することである。最初の一歩は、「どんな設計であろうと、必ず満たすべき機能を定義づける」ことであり、二番目は「広範囲な二次的解答、つまり、それぞれの機能を履行するための別の方法を図表に記入する」ことである。これらは、建物の中に必要とされる部屋か、その部屋に対する機能的要求、あるいはクレーンや鉱坑頭部フレームの作業目標かもしれない。このようなリストの作成は、実は下位の問題に対して当てはまる解答のリストをつくり上げることになる点に注意してほしい。

正式な手法の次の段階は、それらの要素間の相互関係を記すことである。その要素が作業課題であれば、一つの下位レベルの解答がいくつかの要求を同時に満足することができるかもしれない。また、別の場合には、ある要求は満足するが、別の要求に対しては不利に働くこともありうるであろう。

このような相互関連を紙上に示すための手法には、「相互関係表《マトリックス》」や「相互関係網《ネット》」がある（図①）。マトリックス形式を基本とする手法には、ＡＩＤＡ（相互に関連する決断範囲の解析）やアレグザンダーによる「構成要素を決定する手法」がある。ＡＩＤＡにおいては、適度に密接な関連のある要素が決定される。住宅の設計では、これらの要素は屋根、壁、床であろう。これらの要素のおのおのの性質に応じて選択肢がリストアップされ、関連図はそれらの性質（相互に関連をもってはならない）の中の一つが、ほかの要素の決定に影響すると考えられる部分を線で結んでいる。したがって、このつながりは互いに相いれない選択肢を表しており、ほとんどの計画法で適用されてきた慣例と逆の表し方である。一般的な連関図を図②に示した。

　このように、これらの手法は、互いに基本的に独立した多くの下位の課題に分解することで問題を定義し、明確化する過去の手法を超えるものである。こういった記号的な表現方法は、樹系図に代表される。初期の考えでは、要素間に相互関係が生じるとき、それが相反するものであるか、そうではないかどちらかの非常に単純な関係であると仮定された。しかし、後になると、従属的な課題とその解答が、こういった方法で分離できることはまれだということを考慮し、セミラチス構造（図③）によるほうがうまく表現できると考えられるようになった。

　このような表現の主な短所は、相互関係の重要性の程度を示すのが難しいことである。その上、変数が増えるにつれて、可能性のある答えの数が膨大になり、最適と思われる解

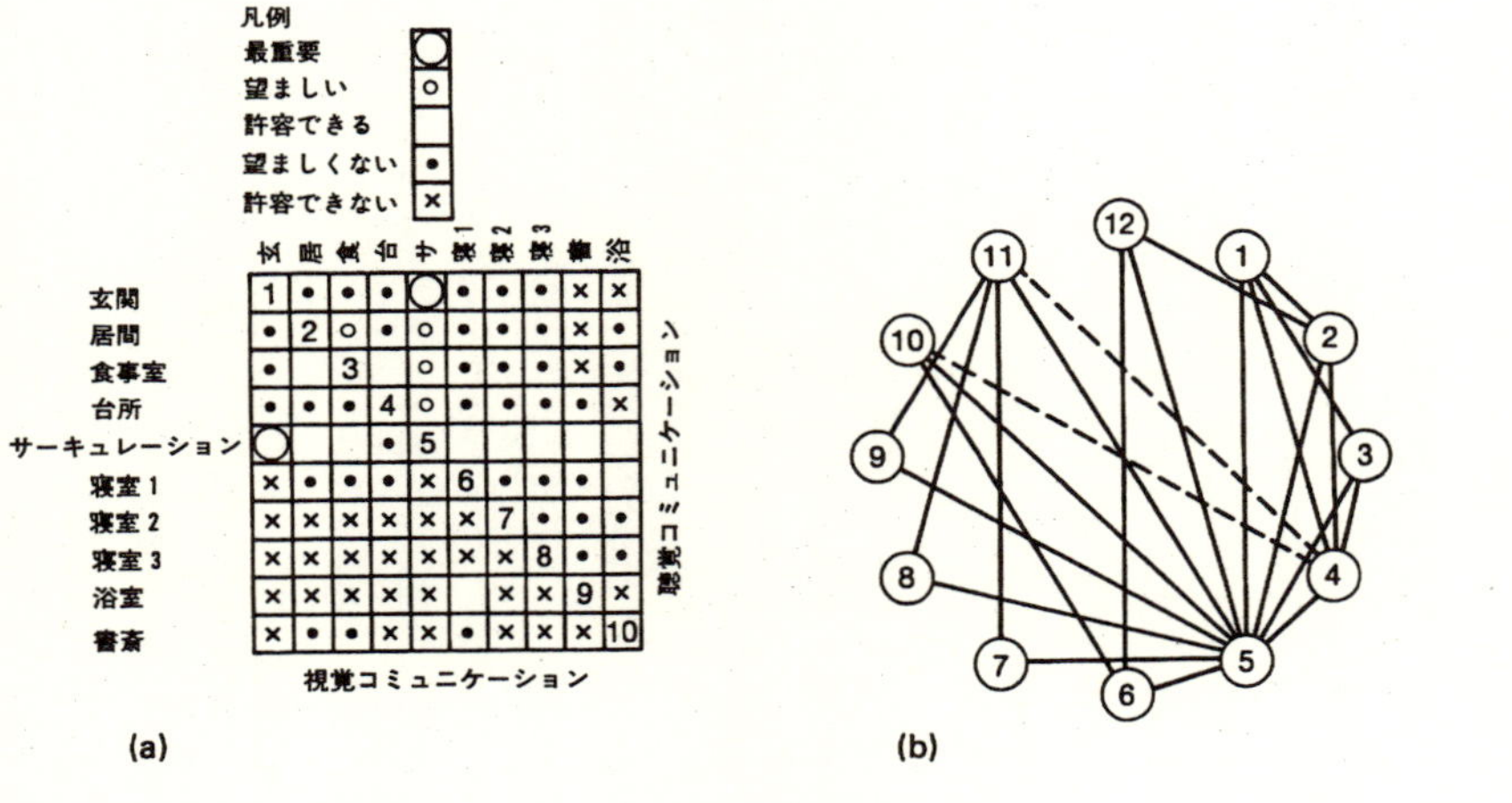

図①　（ブロードベント，1971）

(a)　この相互関係表は、住宅の構成空間が両軸に配されている対角線の両側に，望ましい視覚・聴覚コミュニケーションのレベルが示されている。

(b)　その結果は相互関係ネットに置き換えることができ、空間レイアウト計画に役立つ。

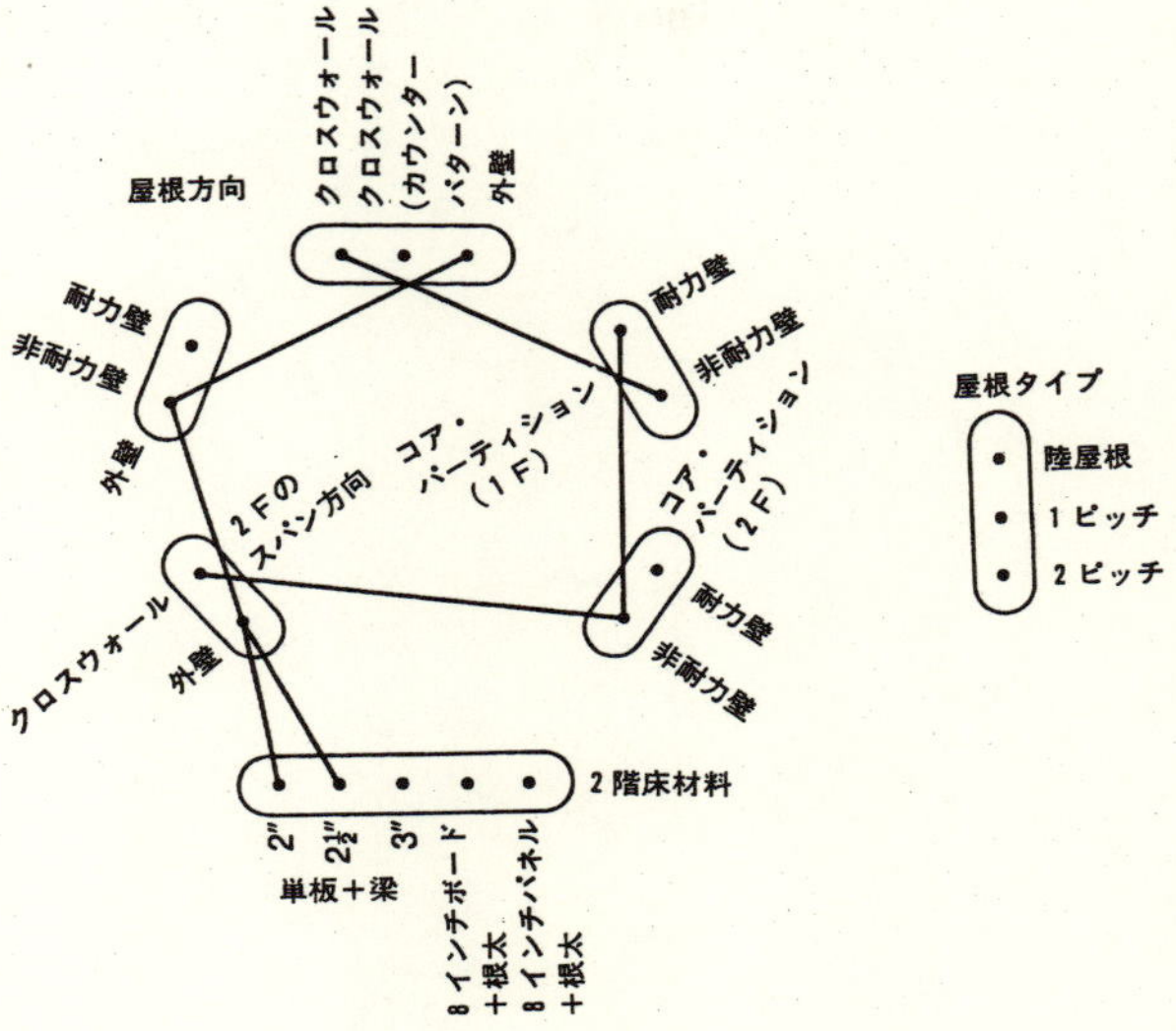

図②　AIDAネットでは、建築の構成要素の特性をリストアップしており、相互に関連をもってはならないものを線で結んでいる。（ブロードベント以後、1973）

答を探し出し、選択するにはコンピュータを使う必要があることである。

定量的ではなく、定性的と言える相互関係を現代のコンピュータ・プログラムで扱うことのできる唯一の方法は、さまざまな要因について相対的な重みづけを行うことである。例えば、「アクセスの容易さ」は「美的価値」に対して三倍の重要度があり、一方で煉瓦はコンクリートに比べて二倍の美的価値があるという具合である。こうした極端な一般化は、プログラムの中でこそ、普遍的な適用性と真実性をもつものとして扱われるが、人間であるデザイナーにとっては個々の状況によって変わるものとして考えられよう。それゆえ、近年コンピュータの応用は、建物内の動線パターンの最適化といった特殊な部分に限られる傾向があり、また、その結果は見過ごされた要因を考慮してデザイナーによって修正される必要がある。それでもなお、設計者は最適解に近い満足のいく答えがあとどれくらい見落とされているのかを知ることはできない。

こうした理由で、正式とされる設計手法も、構造設計者の興味をかき立てるものではなく、それらの手法がこの分野に

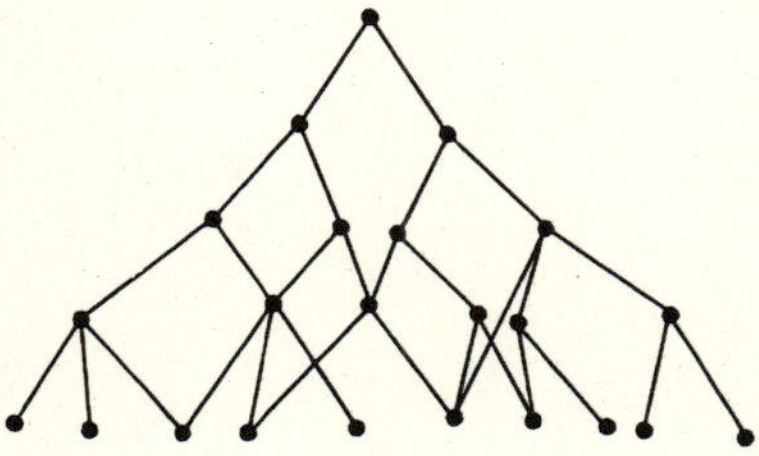

図③　ツリー・ダイアグラムの延長としてのセミラチスはある問題をそれぞれ完全に独立した下位の問題に分類することが非常に難しいことを示している。

おいて将来性があるかどうかを論ずるのは早計である。ほかの分野での経験から判断すれば、おそらくそれらの手法がもたらす効果は、設計者が仕事に取り組む「姿勢」の変化ということだろう。

15 試験的解答の生成

Generation of trial solutions

このような有名な科学者による内省的な著述は、整然として完全に論理的なプロセスとしての科学的発見の一般的な概念を否認している（近年では、ポッパーの一九六三、一九六八年、そしてクーンの一九六二年の論文等によっても、そうした考えは覆されてきた）。

構造デザインの世界では、エンジニアの伝統的な役割が課す制限ゆえに、そういった劇的なことは滅多に起こらない。とはいえ、彼らが潜在意識的な試行プロセスの力をあまりに軽視していたのは、多くの学者たちの失敗であったと言えよう。革新的な薄肉シェル構造を設計したメキシコ人のアーキテクトでかつ構造デザイナーのキャンデラは、「……論理的なプロセスはいつもあとからの思いつきである」と語っている。

潜在意識のプロセスを利用する最も一般的な方法は、時間

潜在意識下のプロセス

解答の仮定は、課題の異なった面が整理され、その設定が十分明快になされてきたときに浮かんでくる。この「創造的な行為」は、想像力の「飛躍」であると言われてきた。それは科学や芸術と同様に、工学においても、数多くのアイデアが無意識のうちにまとめられてオリジナルな提案になることだとされてきた。ポアンカレのフッシアン関数の確立にまつわる話はたびたび引用される。何週間にも及ぶむなしい努力の後に続いた眠れない夜に経験したことを、彼は次のように報告している。

アイデアが混沌の中で湧き上がった。私はそれらがぶつかり合ううちに結ばれ、そして安定した結びつきがつくられてゆくのを感じた。

を区切って意識的に精を出して仕事に専念し、そして次にくつろぐか、しばらくの間、別の課題に取り組むことである。インスピレーションのひらめきが、どんな場所や時間であれ、アルキメデスの話にあるようにある時突然湧き上がるものである。こういったプロセスは表に現れるものではないが、新しいアイデアというものは、過去に得た知識の中から、状況に関連するものが合成されてできるはずだという仮説は理にかなっている。このことは、材料と構造物の挙動に関する幅広い知識がその前提となることを意味している。

答えを導き出すためには、こういった知識を通じて探求し、適合するであろうこれらの要素を適切に意味のある方法で構築し、そしてそうでない要素は排除していかなければならない。こういった模索は、ある程度、無作為なプロセスにならざるをえないので、与えられた時間に納得のいく最適な答えにたどり着けるかは、運による要素もある。答えを見つけるために要する時間が人によって差があるのは、こういった理由にもよる。

しかし、なぜある人がいつもほかの人より創造性に欠けるといったことが起きるのか？　基礎知識の不十分さはさておき、解答の探求を妨げる多くの要因というものが存在する。

それらは下記の項目に大別できよう。

概念的、知覚的な障害
心理的な障害
文化的な障害

創造性を増すための現実的なアプローチの一つは、それらの障害の特定と排除である。

想像力に対する概念的、知覚的な障害

概念化とは、無限の自然現象に対して、観察し、分類し、描写することによって意味を与える方法であると考えることができよう。経験は、比較的容易に理解することのできる筋道だった単位《ユニット》あるいは「概念《コンセプト》」に分類される。これによって、ある現象に当てはまるコンセプトを特定し、現象の一部としてそれらの相互関係を調べることによって、その現象を「理解する」ことが可能となる。概念化はものに名前をつけるプロセスを含んでいるので、言語と密接な関係をもっている。

知識が得られたときの状況と、それが適用されるときの状況が同一であることはまれである。それゆえ、知識を概念的な要素に分類し、それらの間の心理的結びつきを再編成して、広汎な「相互参照《クロス・リファレンス》」のシステムを構築すべきである。これによって課題それ自体が「力」「ひずみ」「崩壊」など、私たちになじみの深いエンジニアリングの概念で認識されることになる。その答えを得るためには、課題の要素に蓄積した知識の要素を当てはめることが必要である。

概念化はこのように創造性にとってきわめて重要なことだ。概念を伴わなければ、思考は不可能である。こうして概

念は、創造的行為のための可能性を高めてくれる。しかし、概念があまりに固まりすぎていると、それに縛られることになってしまうであろう。このことは私たちは懸念すべきである。

今日、学生に一時間の講義で教えられている概念は、ニュートンやライプニッツといった偉人たちの手によって何百年の困難を経て発達してきたものである。その人たちと肩を並べるような設計者でない限り、自己の経験を通じて得た多少の自分なりの考えはあるにせよ、文化的、教育的、そして職業的な接触を通じて得たそういった概念に思考のほとんどを頼らざるをえない。しかし、概念はその個々が独立したものであるのに対して、自然は連続した現象である。したがって、所詮すべての概念は近似行為でしかない。

このような考察から学ぶべき最も重要なことは、概念に対する柔軟な姿勢とそれらの長所と制限を熟知すること、そして抽象的なものから具体的なものまで、一般的なものから特殊なものまでそろえた概念、およびその基本となる事実の幅の広い蓄積、同時にそれらを関連づける十分に発展したクロス・リファレンス・システムの必要性である。

柔軟さを増す手段の一つは、同じ現象を「理解」するために複数の概念を用いることで、例えば図①に示したように、梁の挙動の主応力線の概念と、応力図の概念とを比較するようなものである。いずれも現実の梁における真の応力状態ではないとしても、梁の挙動について非常に異なる二つの概念のどちらか一つしか知らない設計者が不利な立場にあるのは、明らかである。

一般的なものから特殊なものまで、幅広い概念のレベルをもつことも解答を探求する上でプラスになる。図②における集中荷重を支える課題は、「梁理論」よりむしろ「アーチ理論」や「トラス理論」を適用することで取り組むことができる。このような幅広い概念の大まかな特徴を知っていれば、その中のいくつかについては応力のレベルを求めるような詳細な解析を省くことができるであろう。一方、特殊な状況の場合には、そうした一般的なカテゴリーに内包される仮定は有効ではないだろう。そこには基本的な概念の合成によってのみ発想することができる、別の支持方法があるのかもしれない。

さらに知覚の柔軟さを発展させるには、概念相互の関係を基本的な概念そのものと同じように、常に探求することが必要である。しばしば自分より他人の仮定の問題点を見つけやすいものだが、人は皆、ものの見方にある種の習慣がついてしまうものである。それゆえ、概念の正当性について分析する習慣を身につけ、現実への適合が欠落していないかを見つめる必要がある。

「コンクリートはもろい」という概念を考えてみよう。普通の鉄筋コンクリート梁の理論では、曲げは低い引張りひずみでもコンクリートにひび割れを生じさせると言われ、多くの学生たちの頭の中では、これはどんなコンクリートの梁で

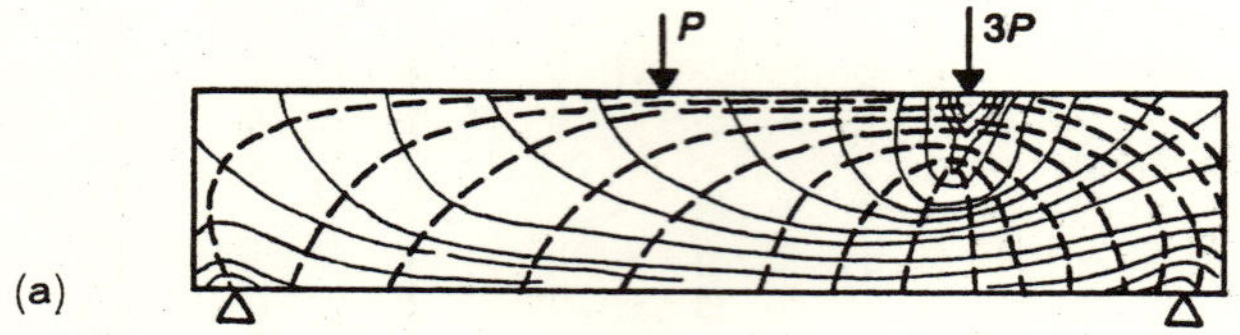

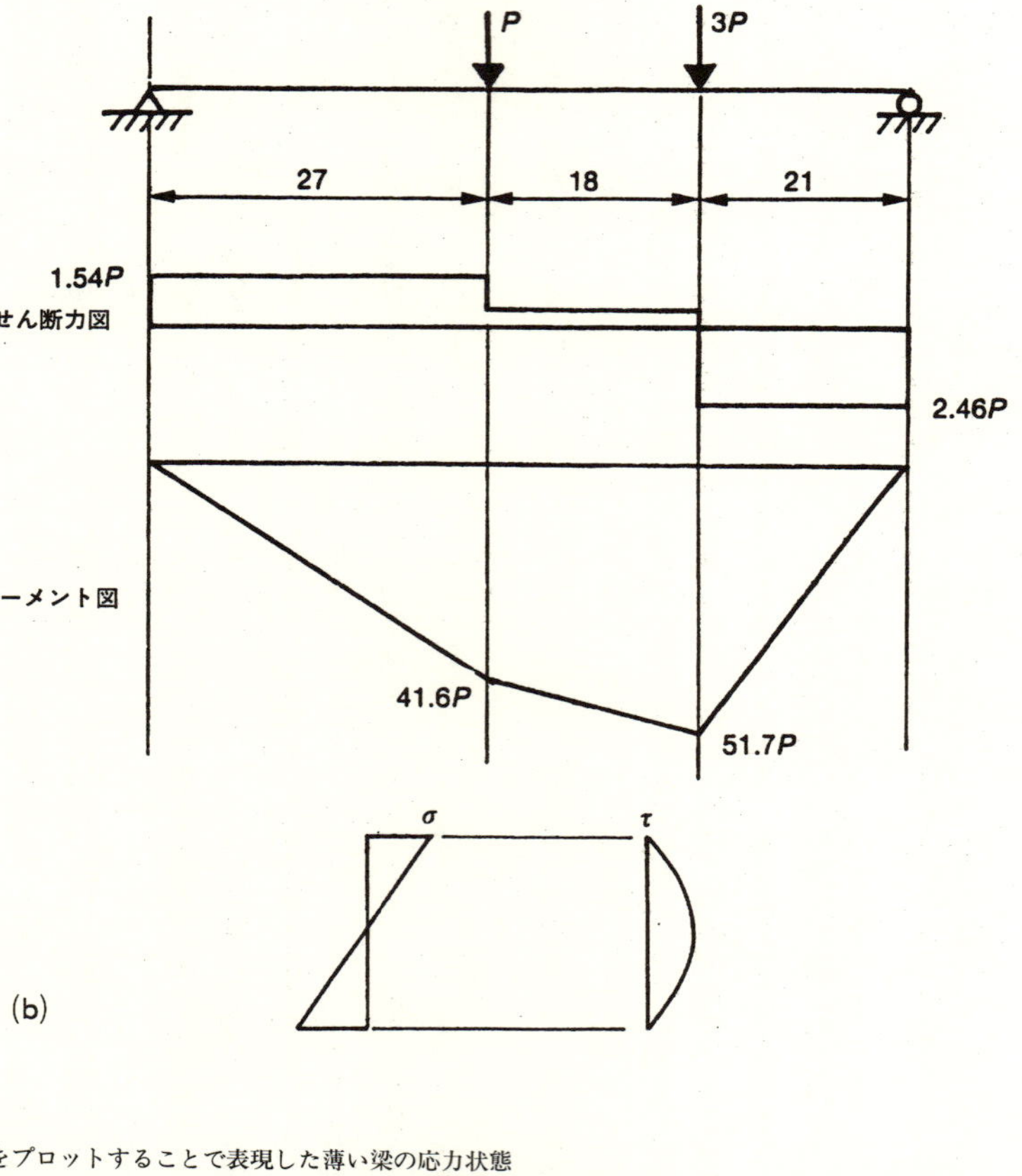

図①

(a) 主応力線をプロットすることで表現した薄い梁の応力状態

(b) より一般的なせん断力，曲げモーメント図および断面内の軸方向水平応力（σ），そしてせん断応力（τ）の分布を示す図

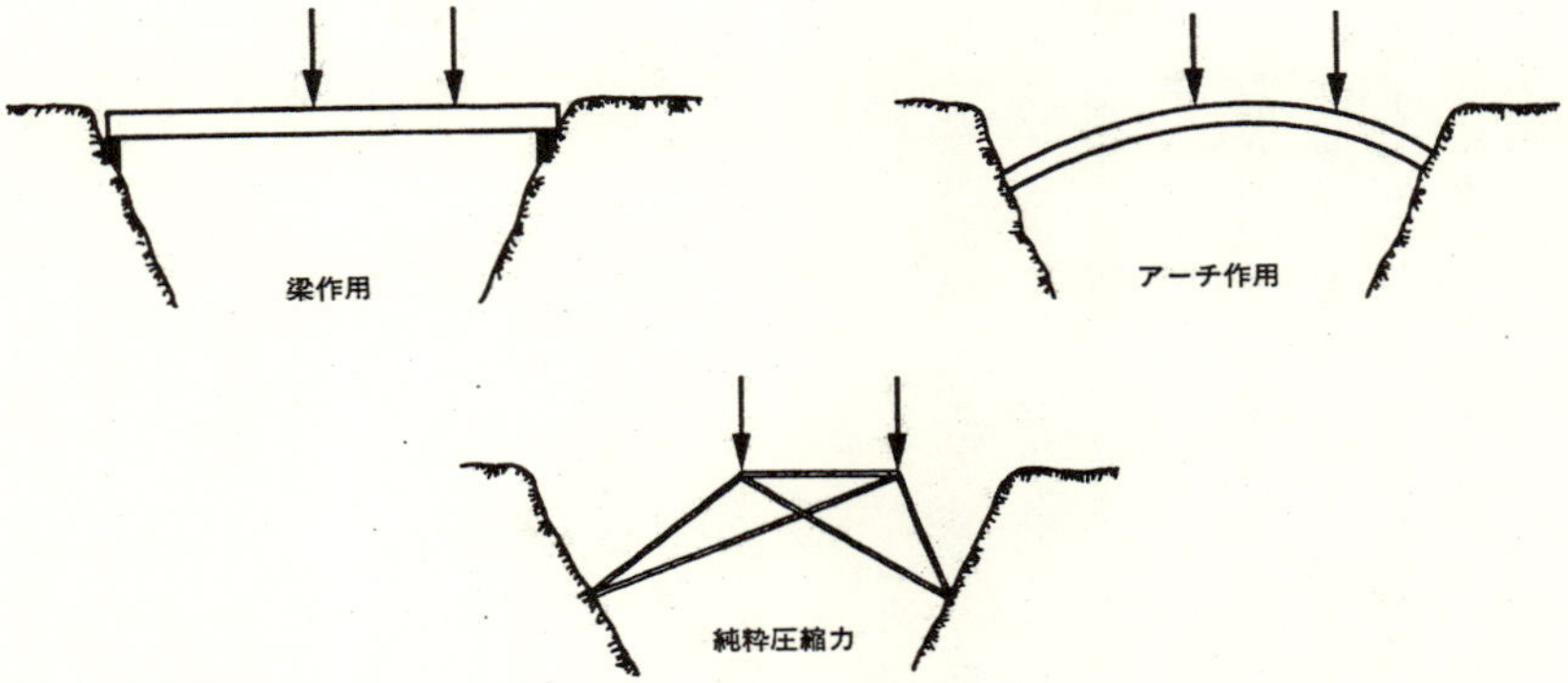

図②　谷を渡して，２つの荷重を支持する問題に応用したいくつかの構造作用のコンセプト

図③　イタリアのポウテコヴォの発電所に給水するための運河に用いられたフレキシブルなプレストレスの長板を見れば，コンクリートのもつ「かたい」という先入観は吹き飛ばされる。（エンジニア：S. ゾージィ，1962 頃）

も極端に剛にすべきだという概念に変換されている。このことはもちろん、よく見かける建物や橋を見れば明らかだ。以前イタリアで、放物線断面をもつ運河にプレストレスを導入したプレキャスト・コンクリート版を掘削面に適合させた形に曲げるため、両端を持ち上げて設置したことがあった（図③）。このようなアイデアは、コンクリートは曲げた瞬間にひび割れる材料だと考えている設計者には、まず思いつきそうもないことである。

概念について語るとき、柔軟性の反対語として用いられるのは「型にはまった」である。これは、以前の課題をうまく解決できた概念や戦略を、別の課題に対して不適切なのにもかかわらず続けて用いようとする傾向だということができる。

「アナログ・テイクオーバー」として知られ、よく見られる知覚障害の形態の発見は、設計方法論の学者たちの努力に負うところが大きい。建築の分野におけるこの障害の例は、設計者が住むに適した建物を工夫するより、きれいな図面をつくるのに熱中するようになったために、設計で用いた二次元的表現の特徴がそのまま建物の特徴として反映されてしまうことである。残念なことに、多くの設計方法論学者たち自身も落とし穴にはまり、現実の複雑性に目を向けるより、美しいダイアグラムや数学的シンボルにより多くの関心をもつようになってしまった。

個人的な特徴に関連した障害

障害には、設計者の心理的機能や職場環境と同僚に対する感情的な反応に関連するさまざまな種類がある。

「型にはまった」という現象についてはすでに言及した。「型にはまった」という概念は、すべての心理学者に認められているわけではないが、課題解決において、ある特定のタイプの人が他のタイプの人に比較して習得した習慣から抜け出ることが困難であるのは明らかである。

この現象にやや関連したこととしては、ほとんどの人が自分の行動に対して実際には存在しない束縛を自ら課してしまう傾向が見られる。これを示すごく一般的な例は、紙上の九つの点のすべてを通るように、四つの直線で一筆書きに結ぶことを求めたパズルである（図④）。どういうわけかほとんどの人は、注意を閉ざされた領域に限定してしまい、それを解決するには二つの交点が点に囲まれた境界の範囲外になければならないことに気づかない。

最も一般的な感情的障害は、同僚の前で愚かに見られることへの恐れである。これによって、オリジナルを考えた人は、解析に立脚した確認をするまで新しいアイデアの公表をためらうことになる。構造解析は往々にして何日間もしくは何週間を要するので、アイデアはそれが間違っているかもしれないという理由からではなく、すぐに正しいことが確認できないという理由で公表されなくなろう。

図④　９つの点による問題。これらのすべての点を一筆書きで，４つの直線によって結ぶというものだが，先入観に縛られると解けない。

二番目の性格的要因は「曖昧さに対する不寛容」と表現されている。これは状況が打開されない状態に対する不安感で、結果として設計プロセスの結論を早く出そうとする欲求につながる。

これらの要因は共に、関連する知識の探求を制限し、時期尚早に手近な実現性のある解決を採用してしまうことにつながる。

それ以外に性格的要因として挙げられるのは、過度に慎重になること、同僚への不信感、応用力や主導力の欠如などである。

このような性格的要因を、心理療法的な形をとらずに大きく変えられるかどうかは、議論のあるところである。しかし、シムバーグ（一九六四）は、設計者が「自分に正直になること」、そして困難な状況に出会ったとき、問題を心理的障害のリストに当てはめてみることによって、自身の態度を変えることができると信じている。

文化的な障害

九つの点の問題を解くために必要な思考のタイプは、「水平思考」としてデ・ボーノ（一九六七）によって一般化された。縦の、あるいは論理的な思考は既存の教育システムの中で高く評価されており、厳格性というものはある意味で文化的な現象であると考えられている。

また、社会的慣習は、順応主義を評価しているが、結局のところ創造というものは型破りなものである。創造性は遊びの感覚（左記を参照）によって高められるもので、これは「仕事」はまじめに取り組まなければならない、という一般的な考えと矛盾する。

また、問題解決に対する文化的な拘束には、審美性、倫理性、そして環境条件の最低基準に対する先入観が存在する。私たちは、それが工場を想起させるというだけで、どうして経営者がスペース・トラスの小屋組をショッピングセンターの屋根に用いるのを反対してきたか、をすでに知っている。

吊り屋根、空気膜、そして「斜張」橋の歩道が、それぞれの実用性に問題があったとはいえ、一般に広まるまでに時間を費やしたのは、吊り構造のたるみ、膜構造の柔らかさ、そしてその構造の恒久性のなさがもつイメージを、一般の人たちや専門家が認めなかったことに多く起因している。アジアやアフリカで、綱の橋が何世紀にもわたって使われてきたことは、それが文化的状況の問題であることを示している。

シムバーグ（一九六四）は、自己診断の演習として照合するのに適した、創造に対する心理的障害の使いやすいリストを作成している。

障害を避けるための確実な手法

これまで提案されてきたさまざまな確実なデザイン手法は、ある程度までのプロセスを人間である設計者の手から切り離すことによって、心理的な障害を避けるのを目的としている。アレグザンダーの最初の動機は、設計者を常識的な応答方式に閉じ込めてしまっているなじみのある概念を超越することであった。構造工学の言語を用いて言えば、「梁」あるいは「トラス」といった概念は、そこにある特定の連想や先入観を伴っていて、それらは変動する社会が要求する構造物の形態には適していないかもしれない。アレグザンダーが考えている設計者の主な仕事は、課題を基本的な要素に簡素化し、それらの関係を数学的な記号に変換し、次に数学が最適解をもたらしてくれるまでしばらくの間、じっとしていることである。

アレグザンダーはあとになって自分自身の初期の論を否定することになったが、彼をはじめとする学者たちが系統立ててくれた設計分析手法のおかげで、われわれはより基本的な概念を用いて設計に取り組むことが可能となった。

システム化された手法は、次の四つのカテゴリーに分けられる。

- 課題を基本的な必要条件とそれらの条件を満たす手段に分解し、次に全く新しい解答を合成する、アレグザンダー的手法
- 主要な課題を一連の実質的な下位の課題に分解することで、標準的な「下位の解答」が簡単に選べるようにするＡＩＤＡ的手法
- 既往の解答を展開し、修正することによって改善していく、機構変換や機能革新といった手法
- キーワードやフレーズを用い、通常「縁遠い」（一般的に、お互いがどんな関連ももたないと考えられる）関係にある概念や考え方の関連を刺激することで、直接心理的障害を取り除くことを試みる手法

必然的に、マトリックス、ディシジョン・ツリー、ネットワーク、形態学的なチャートといった手助けを用いるはじめの三つの手法も、それらのフェーズと解答の仮定の間に密接につながりがあるので、「課題の定義づけと明確化」の手法に分類されるであろう。

こういった技巧のすべての目的は、別のやり方では思いつかない課題の要素と下位の解答の組合せの関係を設計者に示すことである。ジョーンズ（一九八一）が述べたように、おそらくこれらの手法の間には、推奨される課題の分類の違い以外の差異を見いだすことは難しいだろう。読者はジョーン

ズの詳細な説明とそれぞれの手法の評価を参照されたい。

これらの手法が、人間である設計者に取って代わることを期待するのは、大いに行き過ぎである。これらの手法の大きな欠陥は、ジョーンズが述べているように、サイクルに対する拘束力が不十分であること、そして（境界の変更を除けば）最初の課題設定に対する変更が許されないことである。ハードウエアとプログラミング技術両面の改善が進めば、そういった欠点を補うコンピュータ技術の開発は可能かもしれない。近い将来に、望みうる最大の可能性は、システマティックな手法が設計者に実際の考え方を示してくれる以上に、設計に対する姿勢を変えるきっかけとなる刺激をもたらし、そしてそれらの考え方を活用してほかの人たちとこれまで以上に話し合えるようになることである。

おそらく、新しいアイデア（直接的にその価値を保証するものではないが）を生むための刺激といった、より限定された目的の手法からのほうが、その中のいくつかのアイデアが後の検討において大きな価値をもたらしてくれる可能性があるという意味では、より大きな成果が期待できるだろう。

新しいアイデアの数を増やすための手法

分類や再構築のさまざまな手法の中で、特に形態学的チャートは、離れた要素の間にある実用的な関連を示してくれる可能性という意味でこの目的に用いられよう。しかし、課題をそれぞれの要素に分類する行為は、それを価値のある再構成に結びつけるためには、ある程度の想像力をもって行われる必要がある。

そこでは、チェックリストの利用が手助けとなろう。オズボーン（一九五七）は、著名な『想像力の応用』（Applied imagination）という本の一六〜一九章に創造力を刺激するための長いチェックリストを掲載している。典型的な「アイデアを刺激する設問」（要約）は下記のとおりである。

①これは何に似ているか？
②過去に類似例があるか？
③そこに真似できる何かがあるか？
④強く、大きくすべきか？
⑤拡大、あるいは縮小したらどうか？
⑥低くしたり、短くしたり、軽くしたらどうか？
⑦間隔や順序を変えたらどうか？
⑧対立するものは何か？
⑨裏を返せば何なのか？
⑩逆さに立てるとどうなのか？

設問②③は、エンジニアリングの応用としては標準的なものだが、その他の設問は不思議に感じられ、おそらく見当違いに思えるだろう。しかし、⑦からは、吊り構造の多層建築やリフトスラブ工法が発想できる。オズボーンは、カイザー社が第二次世界大戦時にリバティ号の甲板室を逆さにして施工した方法を設問⑩の例としてあげている（このやり方は、下向きの溶接作業を可能にし、建造期間の短縮につながる）。吊り橋を上下逆さにした構造（03章のリオ・コロラド橋のような）も同様にこのような設問によって導き出されたかもしれない。

一つの問題は、オズボーンの設問の多くが、構造技術者に必要とされる問題解決における創造性よりはむしろ、企業家が目的としている「利益のための何かの発明」により適していることである。これには、より専門的な分野のための個別のリストがつくられており、ジョーンズによってその例があげられている。現在、手に入れることのできるチェックリストのすべては、設備技術者とアーキテクトの設計手法を主に扱っており、構造エンジニアリングの分野でも同様な手法の開発と施行が必要である。

文化や個性に根ざした障害から潜在意識を解放することを目的とした手法には、多くの風変わりなものがある。その中でよく知られているのは、変わったアイデアが敵意や嘲笑を受けるのを恐れることなく発表できるようにすること、そして実現性を証明するよりもアイデアのもつオリジナリティを大切にするということの二つで、そういう状態をつくり出すことで、障害の克服を試みるものである。ここで強調されているのは、プロセスを「アイデアをつくり出す」段階と「注意深い評価」の段階から切り離すことである。

ゴードン（一九六一）が開発した「シネクティクス」は、「変わったことを当たり前にする」そして「当たり前のことを変わったことにする」という二つの心理的なトリックを基本としている。この二番目のトリックは、擬人的類推、直接的類推、象徴的類推、そして空想的類推を用いて行うことができる。

擬人的類推は、自分が考えている対象物になったと思うことである。この古典的な例に化学者ケクレの逸話がある。ベンゼン分子の構成を明らかにする試みで、彼は自分が自分のしっぽを飲み込んだ蛇だと考え、そして分子は直線的な鎖よりむしろ円環状の形態をとるべきだと悟った。

直接的類推は、ほかの分野や自然からもたらされる。潜函《ケーソン》のアイデアは、船食い虫が木を掘り進みながらトンネルをライニングする様子を、M・I・ブルーネルが観察していたときに思いついたと言われている。

象徴的類推は、求めている解答に望ましい特徴を詩的な表現で簡潔に表すことである。こうすることで、新しい一連の思考を生み出す言葉が出てくるであろう。

空想的類推は、「現実」の制限をすべて取り払って、問題解決のための望みを表すことが基本となる。「重力の法則さえなければ、こんなことができるのだが……」と設計者はいうであろう。

そういった手順が引き起こす精神状態は、通常のまじめな工学部の卒業生が学んできた仕事に取りかかる心構えとはかけ離れている。それはアインシュタインが書いた心理的な遊びにより類似しており（後述）、仕事の論理と相いれないことして私たちの社会では嫌われている（文化的障害）。しかし、その主唱者たちは、その有効性に対してすでに実証ずみであると主張している。

「変わったことを当たり前にする」働きは、ごく自然に出てくるものである（そして、いつも変わったことへの真の評価を妨げている）。それゆえ、その逆のプロセスに比べて、ゴードンからはほとんど注目されていない。

もう一つのよく知られている手法は、オズボーンが開発した「ブレーンストーミング」である。この手法は、判断をあとから行うことを原則としており、個人でも用いることがあるが、グループで行われることが多い。アイデアをすぐにノートに記録したり言葉に表したりすることで、見慣れないという理由で早計な反対にあったり、愚かだと見られることの恐怖を避ける効果を生む。グループによるブレーンストーミングの開催と、通常の会議との違いは、新しいアイデアへの寛容性と批評や評価をしないという全体の雰囲気である。明らかに前者から後者に移行してしまうのは非常に簡単なので、そこでは進行役と参加者にはある種の技量が要求される。

シネクティクスとブレーンストーミングの両方とも、進行役によって議論を適当な時間で中断させる、刺激を変化させる、ある特定のアイデアに集中する、あるいは解答を収斂させる呼びかけをする、といったある種の介入が有益だと思われる。どちらの手法も、一見して思われるような自動的なプロセスではない。

創造性の心理学的研究からの教訓

これまでに、問題解決と創造性に関する多くの心理学的な研究が行われてきた。問題解決の手法についての記述は、デザイン・プロセスの生成の仕方に類似したところがある。ウォーラス（一九二六）は、これを準備、熟考、解明、証明という四つの段階に区分けしている。「型にはまる」問題や想像上の拘束で自らを縛る現象についても説明することができる。問題解決の研究は、通常、唯一の「正解」をゴールとした問題を扱ってきたので、エンジニアにとってはたいへん興味のあるところであろうが、ここでの議論には含まないことにする。「創造性」という表題のついた研究は、オリジナルなアイデアを生み出すことにまつわる広範囲な現象に対応するものであるが、これまでの研究では結論らしきものには至っていない。

第一の問題は、そもそも創造性という現象が「知性」とは別のものとして、しかも同じだけのリアリティをもったものとして定義づけられることのできる特徴であるかどうかという点であった。この議論は時として非常に激しく、そしていまでも続けられている。しかし、最も厳密な科学分野の優秀な人たちでさえ、あとになって論理的なプロセスを用いて説明したり、証明（または否定）しながらも、実際は非論理的な方法で最高のアイデアを生み出しているのである。その点についてのポアンカレとケクレの記述についてはすでに言及した。アインシュタインは言語的でなく、象徴的でもないイメージを用いて思考したと記述している（ハダマード、一九四五）。

　思考の構成要素であるかに見える物理的実体は、実はある種のサインであり、かなり明快なイメージであって、それらは「任意」に再生産し、組み合わせることができる。……こういった組合せ遊びは、生産的思考の際立った特徴だと思われる。……私にとって、上記の要素は視覚的でかなり力強い種類のものである。

　この推移を理解するのは難しいが、知能テストに出るような意識的で合理的な思考の方法が新しいアイデアをつくり出す唯一の方法ではないことを立証している。ここでの「遊び」という言葉の意味は、創造的な努力とは通常楽しいもので、いつも目的があるとは限らないという心理学者の見解に一致している。現在、ほとんどの心理学者は、程度の差はあっても創造力はすべての人が保有する能力だと考えているようだ。

　創造力の定義は、その尺度を測る方法と密接に関連している。ギルクリスト（一九七二）は、創造的生産物の鑑定、創造的行動の鑑定、そして心理学的なテストを用いた潜在的想像力の評価という主な三種類の尺度をあげている。おのおの尺度は、現象を理解する上ではある程度助けになるものの、欠点もかなり有している。

　これとは別に、調査の中で、「創造的」だと言われている人たちの間に驚くほど一致した性格的特徴が現れている。このことについて、もう少し詳しく考えてみたいのは、特にアーキテクトに関連したこの種の調査結果が、エンジニアリングの実務において特別な興味を引くものであり、それらが「創造的」な人間に関する一般的な先入観といくぶん異なっているからである。

創造的な人間の特徴の考察

　ここに示す要約のほとんどは、ギルクリスト（一九七二）とバーバリン（一九六二）からの引用である。

　すべての創造的な人物は大いに知的な好奇心を発揮する。彼らは高い知性をもつが、自分自身の専門分野に対しては偏見を示す。創造的な著述家は言語的な知性において特に高い能力を示し、創造的な科学者は空間的関連性や数学的な概念において最も高い能力を発揮する。創造的な人は、特に洞察力や観察力があり、そして機敏で集中力があるが、必要とあらば注意を別のものに切り替えることもできる。

　創造的な人間は、幅広い情報をもち、それらを自由に組み合わせ分類して、推論することができる。彼らは自分の心理的な複雑さに敏感であるが、逆に心理的抑圧の機構をあまりもっておらず、感情表現が豊かである。彼らはほとんど全員が不幸な少年時代を過ごしたと考えている。全体としては、内省的な傾向が高いが、外向的な人物でも創造性において差異は見られない。他人が自分をどう考えているか特に気にかけないので、平均的な人より慣習的な拘束や抑圧から解放されている。彼らは遵奉者ではないが、非遵奉者でもなく、自分の考えに誠実である。

また彼らは、思考や行動の自由が認められているときはよい働きをするが、同調が求められている状況では実力を発揮できない。単純な事実より、そのもつ意味や示唆するものに興味を示す。そして、知的な用語を使い、話好きで、自分自身や他人のイメージや衝動をコントロールすることには興味を示さない。バロン（一九六二）の研究によれば、創造的な人物は図表やドローイングにおいては複雑なものを好むことがわかっている。

アーキテクトの創造性を主に研究したマッキンノンは、その結果を三つのカテゴリーに、あるいは創造的な人が一般的な人と異なる「個性の領域」に概括した。

①社交性

②心理的な発達の豊かさあるいは複雑性

③心理的な健全さあるいは順応性

①に関して、マッキンノンは創造的なアーキテクトを次のように考えている。

衝動に対する抑制が弱く、並はずれていて慣習にとらわれない視点を持ち、世俗的な期待には煩わされず、そして他人に良い印象を与えることに関心がない。

このことは、彼らが社会的に無責任だという意味ではなく、そういった態度は自らが課した美的価値と倫理基準によって導き出されただけのことである。研究者はそれでも彼らが「純粋に信頼でき、責任感のある人」だと記述している。ほとんどのアーキテクトたちは内向的な性格であると思われるが、その中でも創造的な人は、他と比べていっそう社会的活動への関心が薄い。一方で、彼らは社会的な関わりにおいてはより支配的である。

②に関して、創造的なアーキテクトは、柔軟性、他人に対する心理的洞察力、美的感覚、複雑さの優先、そして「女性的」な関心が、平均以上に見られる（後者は高いレベルの独占欲、自己主張と判断の独立性と組み合わされることに注目されたい）。そして、全員が直感的に思考する。

③に関して、マッキンノンを除いた他の研究は、創造的な人は、より精神病理学的な面を持ち（例えば、よりヒステリックで、偏執的で、あるいは精神分裂的な反応である）、衝動の抑制力が少なく、そして一般的な人より感情的な動きを表に出すことを示唆している。ところが、彼らはまた「個人的効率性」に高い能力を示し、強い自我をもち、そして普通の

人より内的な緊張を処理する能力に優れている。一部の研究者は、アンケート型テストにおける精神病理学についての彼らのポイントの高さは、単に自分の意識の中に衝動的な感情が入り込むことに対して自覚的に心の準備ができているからにすぎないと述べている。

いずれが正しいにせよ、そこに見られるのは、個性もしくは意識的な精神作用における衝動と制御の間のある種の活発な緊張感である。このことは創造性が「自我を満足させるための退歩」であるとするフロイト学派の説に一致するものである。彼らは一時的な制御の解放を意識的に行うことによって「子供のような」衝動を呼び起こすことができるのだ。

エンジニアがアーキテクトと大きく異なるのは、彼らが理論的な制限や究極的には実験により検証された事実による呪縛を受けることである。デザイン・エンジニアに関する研究が不足していることに鑑みて、同様の立場にある科学者について解明されていることを調べてみるのは、有意義なことかもしれない。

しかし、残念ながら、科学の分野における創造的な人と創造的でない人との違いは、建築や芸術の分野での違いほど明白でない。いくつかの研究は、主導性、支配性、動機づけといった日常的な「創造性」の概念とは結びつかない資質が、創造的な科学者や技術者を他と区別している最も明快な尺度であることを示唆している。別の研究は、創造性が成功した特許への貢献度で測れるとすれば、広い読書習慣が創造的な工業科学者を区別する唯一の要因だとしている。このような結論が導き出される原因は、おそらく技術的な創造性を組織的能力やチームワークへの貢献度といったものと区別して考えるという問題によるところが大きい。ある場合には、「創造性」は、単に科学研究者が発表した論文の数を意味するだけになってしまう。また、工業的な研究の科学者がきわめて選び抜かれた集団で、その中での違いは、集団や一般的な人たちに比べてとても小さいことに留意しておくべきである。

ドレブダール（一九五六）は、科学者における過激主義は人格的な主張と言うよりはむしろ知的なものであることが多いと概括した。科学者は比較的普通のやり方で、専門分野での知識や手法をマスターするに違いなく、そして彼らのオリジナリティやユニークさは、ほとんどが科学技術界が容認する枠の中で発揮される可能性が高い。

創造性を刺激すること

おそらく、わざわざ創造性について学ぼうとしているエンジニアは、自分自身の創造性を高めたいと考えているに違いない。多くの人々は直感的に「創造性は教えることのできないこと」だと考えるだろう。この主張の妥当性は、「教えること」と「創造性」が何を意味するかによって決まってくる。しかし、米国を筆頭に、多くの組織では、創造性を高める目的の養成コースに社員を派遣してきた。これらは、シネクテイクスやブレーンストーミングといったようなすでに確立された心理学的手法と、バリュー・アナリシスといったようなよりシステマティックな手法を基本としている。手頃な自己学習コースは、オズボーン（一九五七）の業績を発展させたパーネスの「創造的行為のコース」（パーネス、一九六七）である。

　多くの研究がそういったコースの効果を確認する目的でなされ、多くの研究者たちは拡散的思考のテストや問題解決の技巧において進歩が認められると主張している。

　少なくとも一つの研究では、エンジニアリングの伝統的なコースによって学生の創造性が減少すると報告していることを再びここで挙げておきたい。この見解は、一部の著名なエンジニアや学者によっても表明されてきた。

　もちろん、こういった結論のすべてについて、実験的な設計や統計値の解釈をもとに反論することは可能だが、ほとんどの物理学者たちは、現在あるデータだけでは確固とした見解に到達するのは難しいと考えるだろう。

創造性の研究と構造デザイン

　それでは、構造エンジニアリングにおけるデザイン・プロセスに当てはまる心理学的研究とは何であろうか？

　批評家にとって、創造性を定義することや評価する試みは、構造デザインの質を分析する手助けとなる。創造的な思考と問題解決のプロセスに関する調査結果は、コンピュータでこういった行為を再現する試みに何らかの指標を提供してくれる。

　実務設計者にとっては、自身の姿勢の改善に役立つであろう創造性の性質や創造的な性格について学ぶべきものがあろう。例えば、ウエストコット（一九六八）が問題解決の実験において被験者を分類した四つのグループ中のどれかに、自身を位置づけることができるであろう。ウエストコットの詳細な記述は非常に長いのでここでは割愛するが、四つの区分とは、好結果を生む直感的思考をもつ人、当てずっぽうに考える人、好結果を生む問題解決をする人、そして用心深く、注意深いあまり失敗をする人である。

　この見方を好まないなら、設計者はゴーとウッドワース（一九六〇）が科学者チーム内で検証した異なったスタイルの性格の中に、自身を当てはめることができるであろう。それらには、創始者あるいは「アイデアマン」、プロジェクトを障害から救ってくれる診断の名手、情報は豊富だが優柔不断な学者、それにぼんやりしたアイデアを形にする職人などが含まれている。

　問題解決と創造性の研究のために発展してきた基本的概念に慣れることは、設計者自身の創造性のプロセスとともに、自分の周囲の人々の貢献を分析する際に手助けとなるに違いない。とはいえ、最も潜在的価値が高いのは、創造的な人物の性格の中に与えられた洞察力である。

多くのエンジニアは、内向性が創造性の障害にならないこと、そして社会通念的に見て創造性の「女性的な」特徴とされるものが自己主張、独占力、習慣的な分別への無関心といった資質と共存できるのを知れば、驚きを隠せないであろう。ほかの人々が私たちを自主性がなく、引っ込み思案（08章）だと見ていることを理解していれば、自身のそういった極端な性格をより強化することに勇気づけられるであろうし、他人のそういった面により寛容になり、さらにはその良さを認めるようにさえなるであろう。

おそらく心理学研究や、I・K・ブルーネルからネルヴィにいたる成功したエンジニアたちの研究が明らかにした最も意味深い特徴は、かつては「強い性格」と言われてきた冷静な勇気である。よく言われてきたのは、「何かをなしとげたエンジニアは、自己のミスを認めるためにクライアントに再び面会するつらい役割を務めなければならなかった」ことである。

エンジニアは、人の安全に関わるときには注意深い方法をとるべきであるが、一方、多くの文献からも明らかなように、経済や名声のリスクを負うことをいとわない人々によってなしとげられてきた。また、創造的な人々は、周囲からの圧力が加わっているとき、自己の感覚に忠実であろうとする個人の能力を測るアッシュ・テストで高得点をあげる傾向にある。

16 評価と意思決定

Evaluation and decision-making

はじめに

設計プロセスの最終段階は評価である。評価には、それぞれの選択肢が安全で実現可能なことを検討・確認し、それを比較した上で「最良」なものを選定するという意味が含まれている。これまで述べてきたように、この行為は、しばしば初期段階での課題の設定とそれぞれの選択肢に対する解答の想定を強いることになろう。設計者たちは、往々にして潜在意識レベルで価値判断をしてしまい、常識的な手法に執着して、可能性のある他の解答を無意識に排除してしまう。しかし、この章では、解答が満足いくものかどうかを意識的に決定するさまざまな方法や、いくつかの選択肢の中でこれが「最良」だと言うとき、それが何を意味するかという点に注目してみたいと思う。

政治や計画の諸々を含んだプロセスの中では、これまでに述べてきたように、多くの主観的な価値判断がなされなければならない。すでに私たちは、それらの要因を取り入れたいくつかのコスト対利益分析の試みについても見てきた（04章）。それぞれの選択肢の美的価値についての比較、あるいはプライバシーの確保や人々に宗教的な感情を呼び起こすというような心理的な機能を満たすかどうかといったこれまでの比較が必要となったとき、美学や心理的反応に関する理論を参照するにしても、それらの判断の根拠はかなり曖昧なものになる。

政治家、事業者それにアーキテクトが主観的な判断をすればするほど、課題の範囲は狭くなり、その解答はさらに限定されて、主観的な決断の必要性は減少する。この段階でエンジニアに与えられる課題と、それに対する彼の解答は、その解答がさらに非技術者の主観的・定量的評価を必要とする問題を派生しない限りは、とりあえず議論のために言えば、それ自体が独立した「技術的な課題である」と見なすことができる（建物の設計では、独立した技術的なサブ・サイクルの概念自体が、設計プロセスにおいてフェーズ区分するのと同じ程度に理論上の考え方である）。この技術的な部分でさえ、議論の余地を残すいくつかの判断がなされねばならない。それらには、荷重の評価や安全率の設定、コストの概算、そして工法や生産性の容易さといった要因の評価が含まれている。

　こういった判断がなされた後に、やっと数学的モデルの設定に移行する。この段階の後に、厳密な解析に取りかかることが可能となり、適度に定量化できる要因を基にした決定を下すことができるようになる。

　エンジニアリングを学ぶ学生のほとんどは、この最終段階をそれ以前になされた仕事より知的であるという根拠のない理由で、不相応に尊重している。その理由は、それが知的な学問であり、明快な理論であり、人間の責任を取り去ってそれを不変の自然の法則に委ねるような方法だからである。しかし、残念ながら、これらの特徴は、数多くの大胆な概念の設定や理論の簡素化、そしてさまざまなデータから求められる近似によってもたらされたものである。このような計算の世界での安心感は、現実から目を背け、以前になされたいくつもの主観的な判断を認めないことで成り立っている。計算は全体のほんの一部にすぎないのである。

美観、経済性、機能への適合性は、構造が崩壊すれば全く無意味なものになるので、技術的な考察がすべての中で最も重要視されなければならないという見方もある。とはいえ、その構造が醜く、意図した機能を果たさず、不経済ならいっそのこと崩壊したほうがよい（!!）ということもできる。

　それゆえ、技術的なサブ・サイクルとより大きなサイクルの関連は、ある種の相互依存であり、いわゆる構造解析の厳密さを偏重し、色眼鏡で比較して他の分野や職能を蔑んでみたところで、そこから得るものはほとんどないであろう。

想像力の重要性と評価に関する常識

　通常、評価の段階は、創造性、あるいは問題解決のプロセスに関する心理学的な評価についてさえ、純粋に合理的な分析のプロセスとして論じられている。ほとんどの学者たちは、この段階での創造力の大切さを十分に強調していない。提案された解答を議論するために、設計者は建物の将来像を予測しておくべきである。どういった問題点がどのような形で出るのか、そしてどのくらいプロジェクトの機能に影響するのかを見通しておかなければならない。設計者の過去の経験に見られなかった短所を予見するには、創造性に密接に関連したある程度の想像力が求められる。設計がより革新的であるほど、その批評には、よりいっそうの創造性が要求されるであろう。

　コリンズ（一九七一）は、建築的な判断と法律的な判断との興味深い比較において、多くの法律学者たちが裁決のプロセスで、創造力と創造性が最も重要だと考えていることを指摘している。ジョーンズ（一九八一）は、将来的な性能を正確に、そして想像力に富んだ予測をすることの必要性を強調している一人で、そのために物理学的、数学的、あるいは純粋に概念的に正確なモデルをつくることの必要性を強調している。

設計者の知識が常識と理論の両方の水準でより広いほど、その人の予測モデルは正確で包括的なものになるであろう（設計において学生がよく犯す失敗の一つは、細かい応力計算に気を取られて基本的な条件、例えば全体の安定性といったことを忘れてしまうことである）。このように評価の段階を通して、知識と目的にかなった良い創造性とは、直接関連しているのである。こういったことは、伝統的な教材や雑誌によく出てくる内容である。

不十分な評価を避けるためのよりシステマティックな方法には、チェックリストの使用、あるいはドイツのピュアーチェック・システムのように、別の設計者による検証がある。後者の手法は、いまや世界中の重要な橋や高層ビルの設計の至る所で一般化されている。事故に関する報告に目を向けるのは、別の構造物での同じような悲劇を避ける上で非常に重要であるので、事故に関する文献の紹介は、すべての学生教育の一部に加えられるべきである。

主観的な領域における意思決定

このデザイン・プロセスの最終段階についての文献は、大きく二つのカテゴリーに分けられる。第一は、意識的な「決断の理論」であり、業務管理の技術、数学（線形計画法、信頼性理論など）、心理学に基づいたアプローチを含むものである。第二は、建築法規や、伝統的な理論を扱った「構造設計」についての教材をさしている。このカテゴリーは、主に技術的なサブ・サイクルに限られ、「意思決定」として認識されるのはまれである。それゆえ、第二のカテゴリーは本書の対象から外して第一のほうだけを取り上げ、自ら意識して「意思決定」を行わないと何が起こるかを概説することからはじめることにしたい。

実現不可能な提案をすべて削除したとしても、設計者には、多くの実現性のある解答が残される。そのいくつかは、きわめて簡単に削除されるであろう。例えば、異なったコストで同じ長所をもった二つの解答があれば、より高価なものはすぐに削除することができる。他のいくつかの解答も、クライアントの資金の許容値をはるかに越えていれば、除外されるであろう。そうして、残されたものの中から、選択を行おうとするとき、二つの大きな困難が発生する。

第一の問題は、おのおのの提案のさまざまな長所や短所を総合して比較できる共通のものさしが存在しないことである。要求された機能をほぼ完全に満たしているが高価な提案、あるいは機能的には十分でないが安価な提案のどちらを選択するのが望ましいか？　両方とも同じコストならば、機能的だが醜いものと機能的には不十分だが美しいもののうち、どちらを選べばよいのか？　美的価値と実用に点数をつけて、同一の尺度で比較することができるだろうか？

こういった作業を行うのに用いられる最も一般的な尺度はコストであるが、外観、快適性、便利さといった数量化できない要素の金銭的価値をどのように決めるか、という問題が生じる。すでに述べたように、一部の専門家は費用対効果の分析でそういった評価が可能だと考えている。美しい景観が見晴らせる住宅の市場価格は、眺望を除けば全く同じものより数千ドル高くなるであろう。これはその土地で得られるその時点での特別な景観に対する特有の評価額だということができよう。

ところが、ほとんどの場合、この種の比較はできにくく、ほとんどの意思決定はそういった目的の分析をしないままなされる。というのは、意思決定をする個人あるいは団体自身が、往々にして無意識に関連要素についての相対的な価値基準や考え方をもっているからである。それらが市場価格より捉えにくいのは当たり前で、一途なエンジニアの目には、構造計算に要求される厳密さとは対照的に不可解なものに見える。より知的な価値判断は、特定の分野において包括的かつ批判的に文献を読むことで裏づけされた、幅広い経験に基づいてなされる。

機能や美的な満足度の内容については、図書館の建築関係の棚で見かける教材や雑誌で論じられている。しかし、残念ながら、こういった文献はとても完璧とは言い難いものである。オフィス、学校、レストラン、病院、研究所といった一般的な建物の機能についての本は多くあるのだが、批判的な観点で実例を挙げて評価したものはまれである。まして、生産施設について書かれたものは少ない。近年確立された「性能研究」や「性能設計」といった学問は、こういった分野でのより健全な立場からの判断をする上で、喜ばしい動きである。

美観と機能性の実際の失敗例が、あまり文献としてまとまっていないのは、美観に対する評価がとても主観的であり、機能的な短所は構造物の悲劇的な崩壊と同じようにそれ自身が一般の人々や専門家にとって魅力ある話題ではないからである。実際に「崩壊」という言葉が、性能研究以外の分野で最も重要な意味に用いられることはほとんどない。

新社会人が、意思決定に用いる価値判断に関するネットワークは、自分の経験やそれまで続けてきた議論に基づく個人的な判断でそれらを補正できるようになるまで、合理的な評価より、社会的な条件に頼らざるをえない。これは「専門化」として知られている重要なやり方で、ある特定の職能の一員として働くことを目指している学生は、その団体の伝統的な見方を適用することを強いられる。すでに学んできたが、こういったことがエンジニアとアーキテクトの関係を難しくさせている。

私たちはまた、何とかこのような行き違いから逃れようとしてアーキテクトの要求を満足させることだけに努力している一部のエンジニアたちも見てきた。しかし、このような考え方は、プロジェクトに投資している人たちや社会全般に対するエンジニアとしての責任を、大いに見過ごしたものである。設計プロセスの循環的な性質、エンジニアに完全な情報を示すことの難しさ、そしてクライアントにすべての可能性を熟知させることといった問題の中で、どれが実際に起きようとも、すべてのエンジニアは、通常クライアント部門の要求に応じるために意識的あるいは無意識的に自身の価値判断を用いているに違いない。

もちろん、慣習的な構造設計の範囲内でも、クライアントに代わって主観的な選択をすることが、エンジニアとしての一般的な責務となるような問題は存在する。その中で、最も重要なことは安全率の設定である。こういった職責は、通常、実務的な規準を策定している委員会が職能団体を代表して担っているが、設計者自身がどういった危険に対応しておくのか、そして極端な状況における損傷の程度をどこまで許容するかという重要な決定をしばしば行うことになる。

当然のことであるが、エンジニアリングの「意思決定」に関する教材は、通常こういった煩わしい業務については回避している。誰の価値尺度が普及するであろうかという疑問は、通常政治的な範疇だと考えているので、「行政」や「行動研究」の分野での著作の記述に任せている。

価値の哲学は、哲学者や心理学者たちによって、それ自身独立したテーマとして扱われてきた。その尺度も特に価値や嗜好といったような無形のものに関しては、別の論題と見られている。これらの分野は、やむをえず運営調査やシステム分析の教材で論じられている。

これらの学問のすべてが提示する方法論は、相対的な価値や重みを主観的に評価して、それぞれの選択肢の長所と短所のすべてを包含した数値評価できる要素に到達させるためのものである。ところが、多くの実務的な設計者たちは、そのために必要とされる主観的意思決定の数の多さを考えると、価値の大きな差だけが重要であって、それらは理路整然とした評価をするまでもなくある程度推測が可能だと思っている。ここでも、技術者にとって重要な要素——判断のための理由を記録すること、より確実なものにすること、個人的な責任を最小とすること、そして、同僚にその判断が正当だと証明すること——がそのような技術を発展させる大きな原動力となるに違いない。

たとえ長所に関するある種の比較がなされたとしても、さらに第二の難題が論点を複雑にするであろう。はじめの章で述べたように、将来的な利用、性能、そして施工の問題やコストといったような要因は、予測するのが難しいと思われるので、長所やコストはある限度の範囲の中で評価されるだけである。それゆえ、複数あるいはそれ以上の案の中から、絶対的な判断を下すのは不可能なのであろう。

このような不確定性の問題は、数学者に注目され、その結果生まれた技術が運営調査の理論から派生した「判断理論」である。安全性と信頼性は、哲学と数学の両方のテーマとして十分議論されてきたが、近年確率論の応用としても大いに注目されている。

統計分析、微積分学、線形計画法、そしてその適用に実際にある程度の技と経験が必要な変分法や非線形計画法といったものにまで、厳密な数学的技巧を適用することは、それらの基本を成すはずである最初の価値判断の主観性と妙に好対照である。こういったことが、意思決定における媒介変数を取り巻く不確定性に迎合する試みである「ファジー理論」の発展を導き出したのである。

技術的なサブ・サイクルにおける評価と意思決定

強度と剛性を求めるための構造計算のサブ・サイクルまで到達すれば、足下はより堅固になったと言えるだろう。以前になされた主観的な意思決定の内容の範囲内で、エンジニアは要求された資材の歩掛りや積算した総費用といった定量的ないくつかの要因を最小にする「最良」の構造的な選択肢を決定できるであろう。

ギャラガー（一九七三）は、こういった非常に制約のある問題を解決するさまざまな方法について簡潔な解説を行っている。その一番目は、純粋に強度だけを基準に、与えられた材料を直線部材として、軸方向の荷重に対して自由に配置したときの最小重量を得るための「レイアウト理論」である。この方法は魅力的な構造形態を生み出すが（図①）、幾何学形態の一般的な制限を考慮していないので、実用的な価値は少ない。また、古典的な理論では座屈の問題を省略している。とはいえ、そういった構造の主な利点の一つは、それらに単位重量当たりの固有の剛性があることである。それゆえ、航空産業では、いくつかの応用例が見うけられる。コンピュータの出現はかなり期待がもてる、より現実的な手法を可能にしてきた。

ギャラガーが次に示した方法は、「同時性をもつ崩壊モード」の概念である。この概念は、各部材が同時に破壊点に達するのを保証することで、最適化がなされると仮定している。もちろん、これはある一つの荷重状態についてだけ当てはまることである。

実務的な設計者にとって同様の目的をもつものは、「終局応力設計法」（ＦＳＤ）である。これは、各部材が少なくともある荷重のもとで「終局応力」状態に達するべきであるという考え方である。

「終局応力」の限界は、座屈に対する十分な安全性か、あるいは材料の破断に対する保証のどちらかで決まるので、この方法ではどちらかの制限を考慮する必要がある。しかし、終局応力設計法が、その言葉から想像されるように最適であ

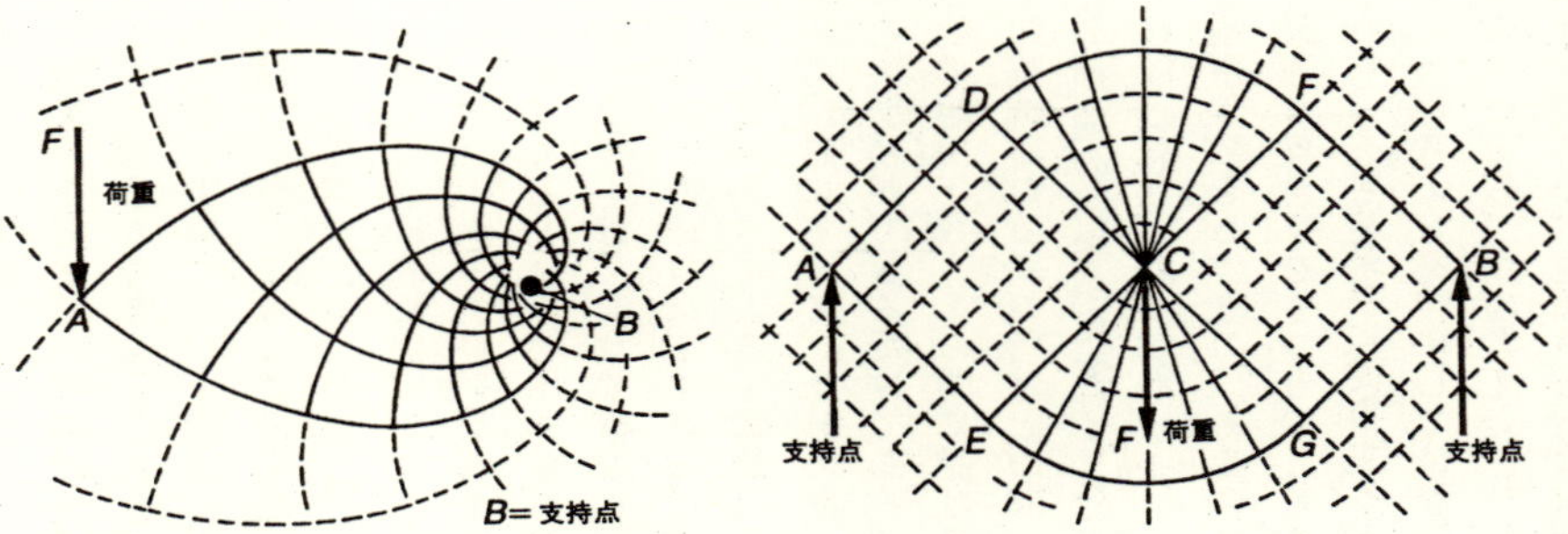

図①　ミッチェルの構造／最小の重量の線形部材を用いて，ある点からの荷重を支持点まで伝達するための構造。

るという保証はない。さらに、その方法は指定された材料で、あらかじめ決められた構造形態について、部材の寸法を選択するというアプローチにしか使うことができない。変形の制限はそういったこととは別に考慮すべきことであり、そしてしばしば「終局応力」の解答を覆す結果になる。

終局応力設計法は日常の設計における構造形式や部材寸法の選択をするのに現実的な方法であるが、それが比較的単純なのは、問題を手頃な大きさに縮小するために、適正な最適条件の仕様が「前もって」定めてあるからである。

これまで繰り返し計算で最適解を求めるためのコンピュータ・プログラムの開発に多大な努力が払われてきた。ここでもまた、循環のプロセスに最適な出発点を与えるであろう構造形態の最初の考えをつくることが肝要である。明らかに、これには最終的な解答に対してのできるだけ多くの要素が持ち込まれていなければならない。ホーンとモリス（一九七三）は限界設計法の論議で、プログラマーは「最も重要であると一般的に知られている条件を用いる」実務的なエンジニアのやり方を用いるべきだと示唆している。彼らは最初に終局応力の条件を満足するような解答から繰り返しをはじめることが、迅速な収束につながるであろうと述べている。ところが、「変形の制限や最大応力をもとに、最初の部材断面を設定するのは非常に難しいので、そういった条件をつくることは、計算上の出発点として適しているとは言えない」。

特に鉄筋コンクリートの設計を対象にして、ボンド（一九七三）は、型枠転用のための寸法調整、プレキャストの採用による接合部の課題、そしてその現場の土地に固有の条件に対応する設計といったような多くの判断をプログラム化するのは難しく、不可能に近いことだと指摘している。また、全体的な部材の寸法は、計算でなく設計者の経験によってある程度の正確さをもって選定され、そしてどんな場合でも、建築的な考慮をふまえて最終的に決定されるべきである。さらに、設計者がコンピュータ・プログラムを最小の重量よりむしろ最小コストを求めるという実用的な目的のために用いるとすれば、プログラマーは、04章で概説したように、不正確になりやすい単位当たりのコストに頼るに違いない。

それゆえ、コンピュータによる自動的な意思決定は、まだその開発の初歩の段階にあって、当分の間、技術的サブ・サイクルにおける手助けができるだけである。

近年、構造物の耐用年数、その間に受けるであろう荷重の大きさ、そして構成される材料特性との間に相関関係があるとする、信頼性理論の開発が見受けられるようになってきた。これによれば、「最良」の構造物とは、設定した安全率に対して最適な耐用年数をもつもの、あるいは与えられた耐用年数に対して最適な安全率をもつものと考えられる。

構造技術者たちは（航空業界に従事する人たちを除いて）、これまでこういった考え方を特にしていなかったが、橋やクレーンは、明らかにこの二つの考え方を有益に適用できるカテゴリーの構造物である。信頼性解析は、確率論的な設計と関連しており、最適化の試みが完結した構造の真の安全率を低下させるとき、地震、竜巻、高潮といった極端でまれな荷重を考慮に入れたとき、そして構造技術者たちが限界設計において構造物の「崩壊」を定義することの真の難しさを認識するときには、その有効性がいっそう増してくる。

トンプソンとハント（一九七四）は、信頼性解析を用いない終局応力設計法による最適化に関して警告を発している。この方法を厳密に適用すれば、その結果、全体の崩壊に対する安全率が低下するであろう。これを一般向けに説明した話が、オリバー・ウェンデル・ホルメスが創作した「一頭引きの馬車」（軽やかでオープンな馬車）である。それはあまりにもよくできていたので、正確にその設計の指定した耐用年数の終わりにすべてが崩壊したという。建物の持ち主たちは、差し迫る崩壊に際して何らかの警告があることを、そして建物が壊れる前に補修や修復を選択できることを望んでいる。

全体としては、構造技術者は伝統的な手法を用いている実務家として、あるいは数学的な技術を発展させた研究者として、最適化を目標とした計算のサブ・サイクルに大いに関心をもってきたが、設計方法論、システム解析、市場調査への適用につながる大きなサイクルの意思決定に関しては、公式にあまり興味を示していなかった。

これらの技術が、万能薬ではないのは明らかである。組織内部の政治力が支配的なとき、そして個人の政治的手腕や力がものを言うときには、三つの価値理論の選択肢は少しの手助けにもならない。とはいえ、私たちが用いている力学理論のように、これらの概念は、今日、エンジニアが扱うことが求められている、ますます複雑化した課題に、より効果的に取り組むことを可能にする有用な道具だと言えよう。

17 設計理論とその応用

Design theories and practice

　前章では、通常用いられるデザインの手法、そして、その効率を上げるためのテクニックという二つの主題について論じてきた。そういった理論づけは、実際の設計行為において実証しないと価値がなく、まして革新という含みがあるときはなおさらである。

　前述のように、構造エンジニアリングの分野では、直接デザインにかかわるような記述は少ないが、エンジニアリングの雑誌には多くの革新的な構造に関する報道記事が掲載されている。これらから、革新的な設計の主な特色をつかむことができる。この本では、そのいくつかの顕著な点だけを述べるにとどめる。

　「取組み」の手法（課題にアプローチする方法と出発点の選定）については、多くの文献に記載されている。適正な出発点の選定は、構造物の機能によるところが大きい。送電塔や係船ブイ、鉄道の門型信号機といった限られたタイプでは、所定の箇所に作用する所定の荷重に耐えることが設計の主な目的であるが、橋、液体貯蔵タンク、門型走行クレーン、そして吊り床は別のケースである。一見してこれらは、単に荷重を支持するだけのように見えるが、支持点の位置が移動するために、多くの支持点をもつと言うよりは、面や線で支持することが要求される。

　多層のビルや発電所のような構造物では、荷重を支える機能は当然大切なことだが、空間を覆うという機能も、ほとんど同じくらいに重要である。低層の住居系建物は、断熱と遮音、それに防水を含んだ空間を覆うという機能が荷重と耐力の関係より重要度が高くなることが多い。

　ミズーリ州セントルイスのゲートウェイ・アーチ（図①）や自由の女神といった特殊な構造物においては、(観光客の内部へのアクセスを別にすれば）シンボル性がほとんど唯一の機能であって、構造の主な目的は自重を支えること、そして風圧力と地震力に耐えることである。これらは、およそ次のように要約できる。

図① ミズーリ州セントルイスのゲートウェイ・アーチ／構造の主目的は観光客のアクセスを伴ったシンボルをつくることである。(アーキテクト：エーロ・サーリネン，エンジニア：セヴェラッド，1966)

①支持するだけのもの（作用位置が一定の荷重に対して）
②支持するだけのもの（作用位置が変化する荷重に対して）
③支持と覆いを必要とするもの
④覆いを主な目的とするもの
⑤視覚的効果を目的としたもの（自重や風など）

前半に属するものなら、設計に当たっての構造形式を選択する出発点として荷重対耐力の機能を選択するのが自然だが、後半に属するものであれば、空間を覆うことや象徴性の機能がより優先する。後半の例は、トロハによって著された『エドワルド・トロハの構造』（一九五八、The stuructures of Eduardo Torroja）に示されている。

図②は、トロハが機能配置を示したスケッチから、サルスエラ競馬場のスタンドの構造形態をどのようにして発想したかを示したものである。トロハのやり方は、複雑な機能配置の枠組の中に可能な荷重の流れをなじませることであった。対照的にネルヴィ（一九六五）は、基本的な機能的要求を満たす、比較的単純な覆いを発想する傾向にあり（図③）、それらをもとに荷重対耐力の問題に直行して、経済的で美的に秀でた構造形態を見つけ出そうとする。

私がプロジェクトに取り組むとき、まず本能的になすことは、一見して、経済的に成り立ちそうもない答えを取り除くことである。構造分野での経済的な答えを探すと

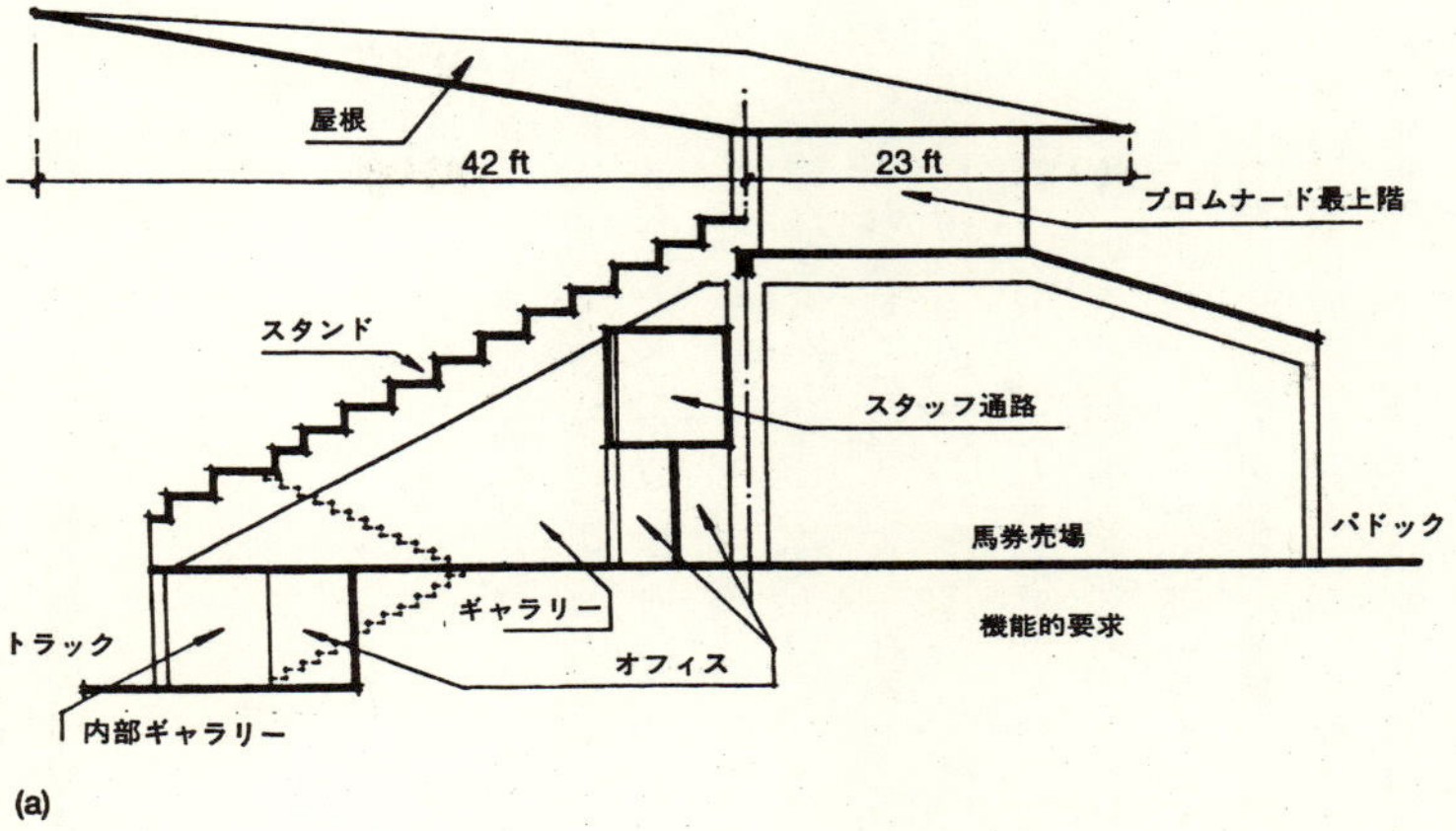

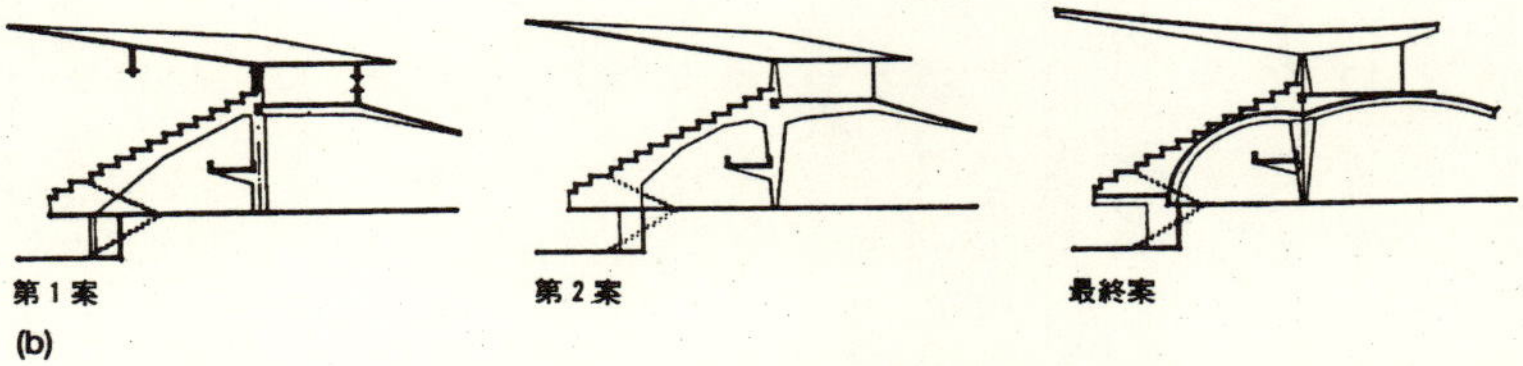

図②　エドワルド・トロハによって描かれたマドリッドのサルスエラ競馬場観客席の設計プロセス。(1935)
(a)　機能を満たすための空間と面
(b)　段階的な形態の洗練化

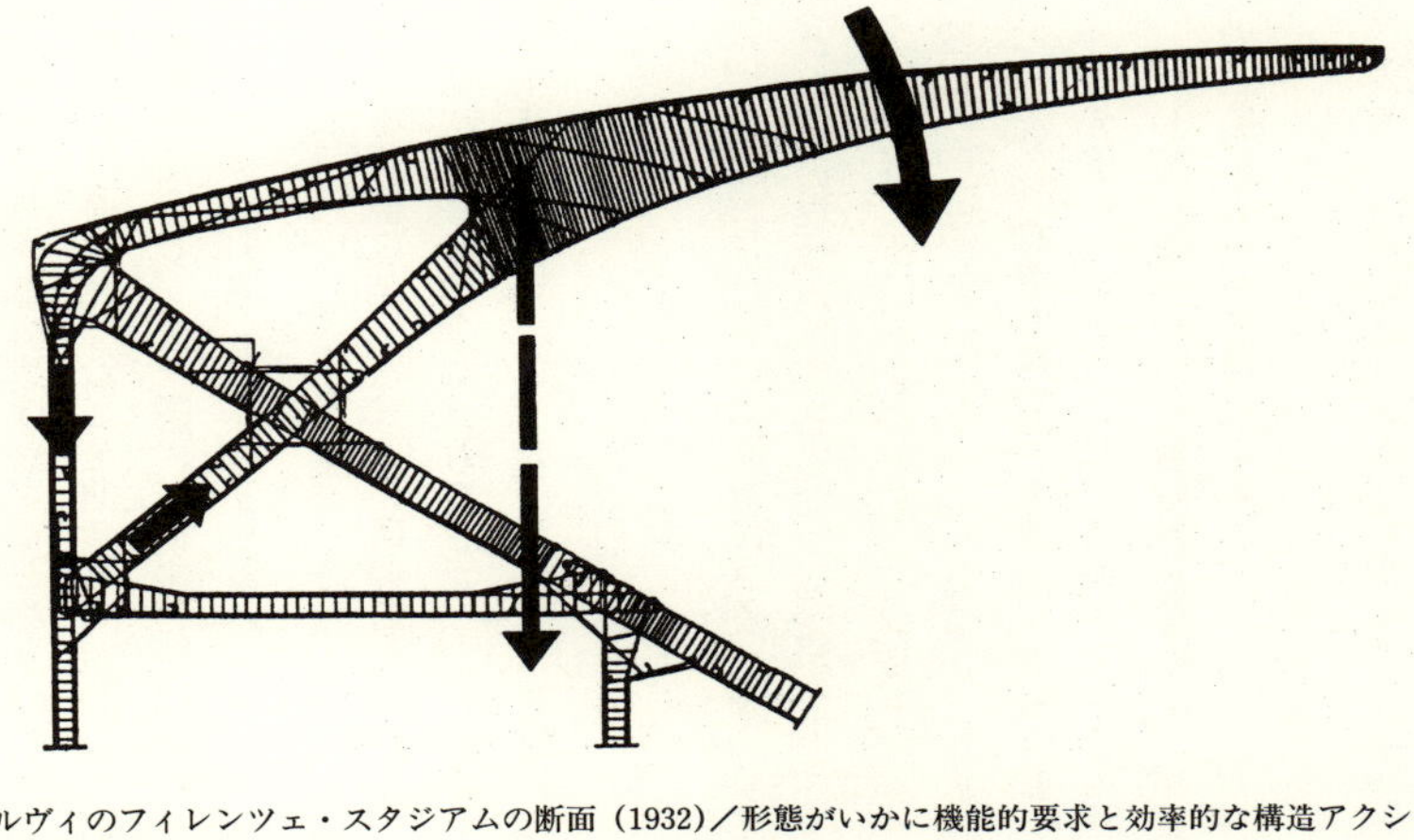

図③　ネルヴィのフィレンツェ・スタジアムの断面（1932）／形態がいかに機能的要求と効率的な構造アクションの両方に関与しているかを示している。

いうことは、最も自然で、無理のない答えを見つけることを意味しており、言い換えれば、最小限の材料で最も直接的に固定荷重と積載荷重を基礎まで伝達する方法を見いだすことである。

後にフィレンツェ・スタジアム（図③）について、「注目に値する美的表現が可能であることは、すぐにはっきりとしてきた……」と述べている。

①と②に属する構造については、先述の「処方箋」が、最初の形態を決めるときの手引きとなる。それ以降は、16章における最適化の理論が改良に当たっての手助けとなるであろう。形態は、建設コストや実現性、維持管理の方法、そして美的な観点を考慮することによって、さらに修正を加えられるかもしれない。これまでにも注意してきたが、こういった方法は最初の選択の効力を保証するものではない。それゆえ、数多くの異なった基本形式やコスト比較を行うことが肝要である。優秀で経験豊かな設計者たちは、最初の選択の中にも他の要因を予見し、無意識のうちにもそれらを取り入れる。そのために、少しの修正と妥協が必要になるだけで、その構造は最初のコンセプトの調和を崩すことはない。すべての要求条件をある程度まで満たすような構造形式を考えることができないのなら、前の章で論じた創造性向上のためのシステマティックな設計手法や技巧を試みる必要があろう。

いままでに報告されている設計例を調べることから得られる教訓は、革新というものが熱意や「ひらめきのアイデア」だけによってもたらされるものではない、ということである。革新的アイデアにかける情熱はやみくもなものであってはならない。新しい技術はえてして予期せぬ問題を引き起こすことを知る必要があるし、また逆に、従来の手法はしばしば期せずして長年の試行錯誤を経てたどり着いた理論的根拠をもっているものである。

構造形態の歴史を詳細に調べた二人の研究者の考察は、そういった発展が漸次自然な形でなされてきたことを強調している。メインストーン（一九七〇）は、次のように述べている。

その過程は、終始発展的に続けられてきた。あらゆる革新は、それ以前の経験の上に確固たる基盤をもっていて、イスタンブールにあるジャスティニアンのアヤ・ソフィア大聖堂（図④）、フィレンツェ大聖堂のドーム（図⑤）、そしてメナイ海峡に架けられたブリタニア橋（図⑥）といった先例のないように見える偉業でさえも例外ではない。そして、そういった経験がいまもって重要であることの証拠が明らかに存在する。

一九二〇年代から一九三〇年代にかけてのマイヤール独特の三ヒンジアーチ橋（図⑦）は、卓越した革新の例としてよく引用される。しかし、ビリントン（一九七〇）は、その起

図④　イスタンブールのアヤ・ソフィア大聖堂／技術的に大きな飛躍であったが，その建設は過去の経験にしっかり基づいている。(現在はモスクとして使用，537)

図⑤　技術的飛躍を示す別の例／ブルネレスキによるフィレンツェ大聖堂のドーム。(1434)

図⑥　英国ウェールズ，ブリタニアのチューブ状の橋／経験と実験に基づいた19世紀における大きな進歩。（エンジニア：ロバート・ステファンソン，1850）

図⑦　マイヤールの特徴的な3ヒンジのアーチ橋／過去の例にならいながら，技術的飛躍を遂げた例。

源を一八八六年までさかのぼって調べている。この年、ベルリンで同形式のアーチの実験が行われ、その詳細は一九〇八年の鉄筋コンクリート構造ハンドブックに公表された。一九〇〇年の直前（マイヤールが卒業したのは一八九四年であったが）、チューリッヒ工科大学のモルシュ教授は、アイザール川に架かる、後にマイヤールが完成させることになるのと同じ形式の橋を、すでに設計していたのである。

この革命的プロジェクトの実現にかかわった当事者の真の貢献を過小に評価するつもりはないが、一見して卓抜して見えるアイデアの多くは現在考えられているほど革命的であったとは言えない。なぜなら、歴史はコンセプトが開花するときだけに注目して、そこにたどり着くまでの地道な開発をないがしろにするからである。メインストーンは、革新の成功の鍵を次のように見ている。

まず最初に、以前になしとげた経験をよく知ることから出発し、次に、これは非常に大切なことだが、経験に正しい意味を与えてくれる、構造的挙動についての一般的知識をもつことであり、それ自身がまた、自分が進むべき方向を見極めるセンスと、成功への確信をもってそれを超えていくための礎となるのだ。

とはいうものの、革新とはすべてある程度のリスクを伴うものであって、そうしたリスクの責任を進んでとろうとする人格が、多くの文献に共通する主題となっている。

研究者たちによって挙げられているその他の性格的要因の中で、ルイス・カーンが設計した建物の構造に新しい工法を用いるに当たって、コマンダントが施工会社をどのように説得したかという彼自身の記述（一九七五）によれば、「優越性」と社交術が非常に役立ったことは明白である（特殊な工法のプロジェクトに応札する施工会社が財政的リスクを負うのを嫌がるのは自然だが、これは革新的なものにとって大きな妨げとなる）。

ある場合には、革新に必要な努力の原動力は、デザイナー生来の創造に対する意欲であるように見えるが、ここでは複雑な問題に対する好奇心と魅惑が明らかに見てとれる。ほかの場合には、その動機は、プレッシャーを伴う大きな問題を解決したいという欲望であり、ここではそれぞれの問題は行く手に転がる石ころのようなものである。「空想的」なアーキテクトの要求は、しばしば構造技術の発展の刺激となる（図⑧）。時には、その動機は苦境から解放されたいという設計者自身の思いであることもある。ダニカン（一九八〇）は、次のように記述している。

進歩は往々にして、政治や事業、その他、技術的でない何らかの理由で変更が利かなくなったプロジェクトに対する、過剰の情熱的でやみくもなのめり込みから生じるものである。とりわけ、構造技術者は職能的プライドの

図⑧　大阪万博オーストラリア館／万国博覧会におけるパビリオンは，アーキテクトとエンジニアに複雑で奇抜な形態をつくり出す機会を与えた。(アーキテクト：J．C．マコーミック，エンジニア：N．スニース)

ために、判断の誤りや、技術的な間違いを認めることができず、それを何とかして解決しようとするからである。

また、何か「良いアイデア」を実らせるには、個人の無気力、官僚的な組織、付随する技術的課題にうち勝つことへの固執に注目すべきである。

答えを見つけることに関連する一つの因子は、幅広い分野の専門家の手助けを積極的に得ることである。多くの報告例は、接触する個人や企業の広範なネットワークの大切さを示している。しかし、これを有効に生かすには、設計者としてこうした専門家の助力によって得られるものの可能性についての知識をもっていなければならない。こうしたことに加えて、幅広い読書が革新的プロジェクトを成功に結びつけるもう一つの主な要因であると言われている。

遊び好きであることは、創造性に結びつく資質だと多くの研究者が強調している。このことが文献に示されている唯一の確証は、「エキスポ」のような国際的な博覧会のために建てられた「無用の」パビリオンから生まれた有用なアイデアである。それらをつくる予算は限られているだろうが、その目的は、斬新な特色で人々の関心を引きつけるようなその国のパビリオンの形態をつくり出すことであり、多くの冷静なエンジニアたちは、そのような仕事の価値に疑いをもつに違いない。おそらく時折アーキテクトがエンジニアに課す過酷な要求についても、同様なことが言えよう。

革新に関する文献の中で、「曖昧さの寛容」や「固定概念の欠如」といったような要素を認識できるほど記述されたものはまれであるが、設計者がどのようにして全く新しい方法で課題に取り組んできたかを、ある程度見ることはできよう。また、シムバーグ（一九六四）のリストなどに照らして、心理的な障害のどの項目を取り除くことができるかを検討してみるのも興味深い。

キャンデラ、フィンスターワルダー、フレシネ、レオンハルト、マイヤール、モランディ、ネルヴィ、トロハといった改革者たちの個性について共通する一般像を彼らの作品について述べた本や記事からつくることはできるが、それらは概して媚びへつらう部類のものである。彼らの個性について分析をした研究はわずかで、ましてやマッキンノンがアーキテクトについて行ったようなタイプの研究は皆無である。

ビリントン（一九七〇）は、過去の偉業の研究には、新しい三つのタイプの研究——第一はその仕事そのもの、次にその人、そしてその人の偉業を計りうる効率に関する理論——が必要であると指摘した。彼はその著書『ロベール・マイヤールの橋』（一九七九、Robert Maillart's bridges）と『塔と橋』（一九八三、The tower and the bridge）（訳注―邦訳は鹿島出版会刊）で、特にそれらの欠けている部分を補う活動をしてきた。

結論として言えるのは、おそらく革新というものを広い視野で捉えることの必要性であろう。多くの著者たちは、「革新それ自体のため」に、革新に対して警鐘を鳴らしている。新しい発想が、少なくとも長期的な経済的根拠を正当化できないのなら、その発想から得るものは少ないであろう。あるいは財政上の浪費や不都合が生じる開発的なプロジェクトとしてクライアントと設計者に理解してもらい、何も知らないユーザーに負担とならないようにすることである。例外は、クライアントが進歩的もしくは近代的なイメージをプロジェクトに対して意識的に望んでいるとき、あるいは建築や技術の発展に純粋に興味をもっている場合である。

18 構造エンジニアリングの哲学と批評

Philosophy and criticism of structural engineering

はじめに

ここまでの章の一番の目的は、一般的に教えられてきた(あるいは考えられてきた)「構造エンジニアリング」の周辺を取りまく数々の話題を紹介することであった。そのねらいは、それらが構造技術者の仕事や彼の設計する構造形態にどのような影響を与えうるかを示すことにあった。本書ではそういった影響についてのいくつかの事例を用意している。

もう一つの、より間接的だが同様に重要な目的は、関連した分野で用いられてきた手法からエンジニアが何を学べるかを探ることである。少なくとも、平均的なエンジニアにとって、自分は鋭い注文をつけてくるクライアントの下僕以上のものなのだということが理解できるだろう。エンジニアはプロジェクト・チームのほかのメンバーと共に、プロジェクト全体を見渡す幅広い視野をもつべきである。

しかし、少しでも他の分野をのぞいてみれば、構造エンジニアのかかわる大きな問題が見えてくる。それは、構造エンジニアたちには設計業務において意識的な哲学を展開することへの興味が低いこと、そして構造エンジニアリングの批評にもあまり興味を示さないことである。もちろんこれら二つの要因は、互いに密接に関連している。

ここ数十年の間にそういった姿勢は、米国でのビリントン、英国でのアラップ、ダニカン、ハッポルト、そしてハリスといった人たちの著書による設計の哲学的側面の議論が増すごとに進歩してきた。一九五〇年代には、有名なエンジニアであるトロハ(一九五八)とネルヴィ(一九五六、一九六五)によって、多くの典型的な文章が書かれている。もっと厳密な技術的側面については、実務的な規定についての活発な討論が行われ、安全率と性能基準の設定についての(主に学術的な)議論が続き、そして、既存の理論やコンピュータ・プログラムに適合する構造の数学的なモデル化の技巧への興味が増大した。

それでもなお、構造の形態に影響する美的な観点から経済性、施工法、材料の特性、そして敷地の条件等々、多くの因子に対する適切な重みづけに関して、包括的に扱った理論が必要とされている。本書はそういった努力に貢献することをめざしているわけだが、終わりの数章で構造の思想についてのいくつかの見解を述べ、そして構造エンジニアリングの分野で価値のある批評の分野が発展しうるかを検証することに当てたいと考えている。

構造の性質に影響を与える要因

構造の形態と性質に影響を与える要因を概説すると、次のようになる。

①構造は、その建物が意図している機能（教育、礼拝、物販、発電、鉱石運搬など）によって定められた空間、動線、そして支持条件に対する要求にできるだけ実際的に適合すること

②必要に応じて、暑さ、寒さ、雨、風、雪に対しての防護を用意し、地震に対してある規定の範囲での耐力をもつこと

③構造形態は、その敷地特有の性格による制約条件を考慮し、その特質を生かすこと。これらには、地形や土や岩の性質、例えば、下水道のような地下の障害物、隣接する建物、そして日照や景観に対する要求といったような環境的な条件も含む

④構造形態は、選定した材料の物理的性質、そして加工方法を有効に生かすものであること

⑤構造は見込まれる荷重を効率的に支持すべきであり、座屈や材料破壊に対する妥当な安全率を備えること

⑥構造は、居住者に不安感を抱かせたり、使用勝手に支障をきたすような過度のたわみや振動を生じさせないように荷重を支えること

⑦構造体は、火災の時、居住者が避難することができ、そして消防隊の進入ができるだけの十分な耐火性能を確保すること

⑧材料は、定められた構造の耐用年数内に、錆やほかの影響で重大な強度低下をきたさないものを用いること

⑨材料は、建物の使用中に、過度のひずみやほかの材料の動きに追従できないことで起きる極度な疲労の徴候が現れないようにすること

⑩構造は、少なくとも視覚的に、望むらくはあらゆる意味において心地よい美しさをもつべきである

⑪構造は、クライアントと設計部門の間で合意した基準の要求を、建設と維持費を包括した最小のコストの中で達成すること

⑫選定された材料や標準部品は、計画地においてその調

達が量的にも経済的にも可能であること

⑬既存技術やそれを基にした実現可能な技術開発を用い、構造上効率の良い加工と組立てが可能であること

⑭現在の理論的な概念とコンピュータ・モデルの技術を用い、構造の挙動が予測可能であること

⑮厳格で正当なこれらすべての要因の運用は、デザインチーム内外からの政治的圧力、人間関係の問題、態度とコミュニケーションの問題、そして設計者自身の創造性のレベル、動機づけ、調整能力によって影響を受ける可能性がある

このリストを作成する際には多くの論点を棚上げにしなければならなかったが、その論点こそが構造設計思想の主な関心事である。

項目①は、次のような論点を引き起こす。構造は機能的要求に応ずるために効率的に力を伝達するという必要性を、どの程度までゆがめられるのか？　機能的な効率性を得るために、どれほどの構造的な非効率性とコストの代償を支払うべきなのであろうか？

項目②の耐震設計において、記録にある最大級の地震に対して、完璧な耐震性を保証するのは不可能だし、必ず不経済なものになる。そこで選択すべき理念とは、地震時にある程度の損傷を容認するが、病院や消防署といった重要な構造物やオイルタンクのように危険な施設は、たとえ多少変形したとしてもその機能を維持できるだけのコストは確保しておくことである。同じような配慮が船舶から思わぬ衝撃を受ける危険がある桟橋、係船ブイ、橋の設計にも当てはまる。

敷地状況が形態にもたらす影響③は、エンジニアリング雑誌でよく紹介されており、材料の性質に調和した形態の選択④は、構造思想の著者たちのお気入りの論題である。

項目⑤〜⑨は、荷重予測、安全率の設定、性能のための基準値の選定という問題を呼び起こす。これらに関しては、多くの資料がエンジニアリングの文献や、ブロックレイ（一九八〇）の著書等から入手できる。

床の積載荷重は類似例の調査によって予測可能であり、荷重の統計的な分布は、ガウス曲線のような標準的な曲線に合致している。設計における積載荷重は、それを越えることがごくまれな値（多分五％程度）を基準においている。橋の移動荷重は、理論値と実情調査を組み合わせて定められている。サイロや石炭置き場の荷重は、より複雑なシステムに関する問題である。風、波、地震による荷重は非定常的であり、構造物の振動的な応答に影響される。適切な構造設計の答えを求めて、それらの影響を数学的モデルに表すために多大な努力が続けられてきた。

安全率の設定には、二つの主な思想的考察がある。一つは一般の大衆や建物のオーナーが納得できるような生命や財産のリスクのレベルを建物についても評価することである。これは、さまざまな交通手段による旅行、あるいは道路の横断やスポーツでの死亡といった危険に注目し、これらが人々に

許容されているリスクであることを基準にしてある程度なしとげられる。とはいえ、人々は建物にもっとより高い安全性を期待しているようである。

もう一つの考察は、要求された安全性をどのように保証するかである。その方法は、設計荷重と終局強度の比に上限値を設ける「許容応力度」法を用いることであり、最近では、これまでの強度のみに着目したこういった手法を拡張して設計の確率論的性格を強調した「限界状態設計法」（米国では「荷重耐力係数設計法」）が用いられている。

抵抗できない危険に対する設計の基準を選択するテクニックについては、すでに言及してきた。変形のように直接的な現象でさえも、その原因と結果の関係、すなわち一方の設計媒介変数に対する物理的な損傷に加えた人々の反応との関係はあまりにも曖昧なので、設計の限界値はある程度恣意的に設定せざるをえない。

⑩審美性と⑪経済性の影響については、すでにある程度論じてきた。

ある部分は経済性で、ある部分は産業の歴史的な発展によって決められてきた在来的な生産方式や施工法は、ある程度⑬構造の形態にもかかわりをもっているが、設計者はそういった常識的手法に慣れすぎているので気がつかないことが多いようだ。こういった面についてもまた、設計思想についての既存の文献によく述べられている。

理想化と単純化の技巧を含んだ構造的な挙動の理論を創出するプロセス⑭は、これまであまり論じられなかった。設計理論の教科書でさえ、どんな要因が公式から省かれたのか、どのような近似をしたのか、予測される精度はどの程度か、といった疑問に答えていないようである。一部では異なる予測値による計算結果の比較や、予測した理論値と実際値を比較したいくつかの研究が行われてきた。それらの研究は、設計思想における一般常識になるべきである。

理論はそのままの状態で設計に使えるものではない。そのよい例が、典型的なプレート理論と鉄筋コンクリートスラブ設計の基準の関係であろう。理論を基本として基準を創出するプロセスは非常に複合的な仕事である。そして、従来の慣例と実際の構造物の標準的な形態に即した形で、さらなる近似や単純化が汎用性ある設計手順のレベルに達するまで行われなければならない。これには基本理論が無視している実務的な要因（コンクリートのクリープや支柱の施工誤差といったもの）を、ある程度考慮しておく必要がある。

活躍しているエンジニアたちの多くが、実務で用いる規定は設計者が主体性や手腕を発揮する上で必要のない（そして屈辱的な）制限だと思っている。また、一部の人々は、現在、規定が学術的なものになって、必要以上に扱いにくく複雑になったと感じている。そこに生じた議論は、設計思想を高めていくための糧となっている。

このように、設計を進める前に広範囲で多様な疑問に対する主観的な決断がなされるべきである。しかし、実際のところは、それらに対する答えの多くはすでに慣習的に用意され、また多くは実務的な規定に記述されているものである。そういった答えの集積が設計思想を構成しているのである。

構造デザイン思想の文献

文献では、構造エンジニアの究極の関心事は、適切な構造の性格と形態を決定することにあるように受け取られている。力の伝達についての問題が中心的だと見られ、そして経済性、審美性、設計チームにおけるコミュニケーションの問題は、副次的に取り扱われている。思想についての既存の教材は、トロハの『構造の哲学』(Philosophy of structures)(訳注—邦訳は『現代の構造設計』として彰国社刊)は別として、上記のすべての分野に言及しているとは言えず、それらのタイトルもしばしば「思想」よりはむしろ「形態」を対象としたものである。

多くの著者たちは、単に構造の形態について説明することで満足している。そのレベルは例えば、基本的な幾何学の水準(例えばゲオルグやドラゴミル、一九七八)であり、あるいは基礎的な力学の水準(例えばエンゲル、一九六七)である。しかしまた、ダーシィ・トンプソンの古典『成長と形態』(一九一七、On growth and form)のように自然における形態の興味深い研究もある。驚くほどのことでもないが、これらの中に工学的な経済性、機能性、製作や施工の問題といった技術と自然を区別する要因について詳述したものはほとんどない。

もう一つのアプローチは、有史以来、あるいは二〇世紀の構造形態の歴史的発展の記録をたどることである。それらの本は、読者に適用可能な形態の豊富な選択肢をもたらすであろうし、その中でも優れたものは、異なった時代と場所においてさまざまな要因がもたらす効果を検証することにより、それらが及ぼす影響の正しい認識を与えてくれる。だが、このような記録の多くは広く浅いもので、専門家以外の読者やアーキテクトを対象としている。

詳しく書かれた本や論文は実務に携わるアーキテクトやエンジニアの手引書となろう。それらは個々の部材の形状と寸法に関する規定から本書の前の章で掲げたさまざまな要因の哲学的な議論、そしてそれらの要因が構造物全体の形態にどこまで影響を与えることが許されるかといったことまで論じている。

より基本的な情報のほとんどは、構造「設計」に関する教材のはじめか、終わりに近いところに個別の章として設けられている。したがって、次節からはより思想的な要素について手短にまとめてみることにする。

トロハの『構造の哲学』

形態に関する思想論を扱った代表的な著書は、おそらくトロハの『構造の哲学』(一九五八)とネルヴィの『建物の美と技術』(一九六五、Aesthetics and technology in building)（訳注—邦訳はコロナ社刊）であろう。彼らは共に実務でも大きな成功を収め、そのアイデアの実効性は商業的レベルで試されているので、彼らの論述は高く評価されている。

トロハは『構造の哲学』の中の大部分で、主要な構造材料の特性とさまざまな基本形態の解説、およびそれらの比較を行っている。次に構造体の荷重対耐力の機能について述べ、基本的にこれが設計者が構造形式を選択するための基準であり、そこから完全な構造を計画すべきであると記している。

同時に、その前の章でふれている複雑さや多様さの問題を認め、そして荷重対耐力を考えるだけでは「施工性、美観性、機能性」の要因を考慮していないことになるのを認識している。当面、そういったことはさておいて、構造体は最小限の材料で最大限の安全性を、そして「無理のない安定感」をもって地盤までの力の伝達をなしとげるべきである。すべての建築要素は、できる限り何らかのかたちで構造の強さに寄与すべきである。

後にトロハは、できるだけ直接的に荷重を基礎に伝えるのが望ましいと再び断言して、明快に設定された少ない構成要素によるすっきりした構造が良いと論じているが、このことは上面が二つの機能を同時にはたすような橋の合成床版を否定しているわけではない。

さまざまな構造の種類についての概説をしたあと、トロハは引張り、圧縮、曲げに関する長所についての議論に入り、引張りは理論上最も荷重に対して効率的な手段であり、引張り以外の部材を使わずに力を伝えることのできるケースはごくまれであると指摘している。

次にトロハは、変形の制御と座屈の防止、そして個々の部材間の荷重分担を構成する方法として、構造における剛性の重要性を力説している。構造物の剛性は、連続性に似た大きな利点をもつが、一方で、熱の影響や基礎の沈下によって応力の増大につながることも指摘している。また、形態や構造の挙動に影響を与える部材の接合部の重要性についても強調している。

さらに彼は、構造形式を決定する上での材料特性の重要性を再確認し、その主な影響について論じている。また、後の章で製作と施工のコストについても言及し、そういった分野においても単純化することを主張している。それらの形態への影響についての論議で、トロハは抽象的な理論を具体化することの難しさを指摘し、いくつかのケーススタディでそれを示している。

後の章でトロハは、一般的な設計思想、特に設計者のもつ美学上の役割に話題を転じて、金銭だけを唯一の基準にすべきでないことを指摘している。他に考慮されるべきことは、「明快な応力伝達」「荷重と強度のバランスがとれていること(安全率)」「比較的小さなコストの増加で、より大きな強度と安全をもたらす」機会を捉えること、そして「異常で予期せぬ荷重に耐えるためのより高い能力」である（最後に挙げた概念は、最近では「感応度」というタイトルで論じられている)。

より抽象的レベルでは、トロハは「技術と美的な特性との間の完全な一致」が求められていると見ており、後に「機能的な目的および美的、強度的な要求は、プロジェクトの着想のときから総合的に考慮するべきだ」と述べている。構造はどんな建物にとっても不可欠な部分であるが、それぞれの部分が受け持つ役割の大きさは、広く開けた心構えで決められるべきである。同じ理由で、前もって構造的必然性の考慮が十分なされないままに出来上がった空間構成に、構造を強いて整合させようとすべきではない。彼は多くの場合、最初に決められた機能的な配列を少し変えるだけで、構造的な問題を簡単にすることができると指摘している。

トロハはまた、オリジナリティの偏重や単に人をあっと言わせるだけのためのデザイン姿勢に警告を発している。しかし、この見方は、構造分野で私たちの現在もっている能力が、形態における個性と多様性を生み出すまたとない機会を与えているという別の記述によって、いくぶんか修正されている。

美の問題を考えるに当たって、トロハは美的な基準として「真実」の概念を詳しく論じている。彼は「見せる」構造と「隠す」構造を区別する。「隠す」構造は純粋な力学と経済的原則に基づいて設計されることが多いのであろうが、構造はしばしば建物の外観に間接的に影響を与えるので、その設計は美学上をはじめとするその他の配慮から切り離すことはできない。

トロハは、設計者が構造的な力の流れを隠すために特別なことをしたり、故意に違って見えるようにしむけるとしたら、それは、建物を見る人にとって間違っているばかりか、失礼なことだと考えている。とはいっても、カーテンウォールの建物の骨組のように、構造の真の働きが見えないものが簡易にできてしまうのが通常である。こういったとき、設計者がそれを見せるための特別な試み、例えば、見る人がそれがどのように働くかがわかるように、コンクリートの側面に鉄筋の線を描くといった馬鹿げたことをする必要はないと述べている。

トロハは、一般の人が、最も単純な構造でさえどんな作用をするのかを何も知らないことは、副次的な問題だと見ている。その例として、中央の支えが不思議にも取り外されてしまった一対のヴォールト、と素人が見てしまうような「マルチ・ロブラー・シェル」(両端の壁で支えられている二つの隣接した円筒シェル)を引用している(ここで彼は、自分の設計したフロントン球技場〔図①〕を例に挙げている)。

構造を正しく読み取るのは、他の要因による形態への影響、特に通常、建物の完成後には痕跡が残らない施工の方法や、見る人が外見から判断できない積載荷重の組合せによってなおさら難しくなる。

トロハは、「機能主義」については「時代の精神」(一九五

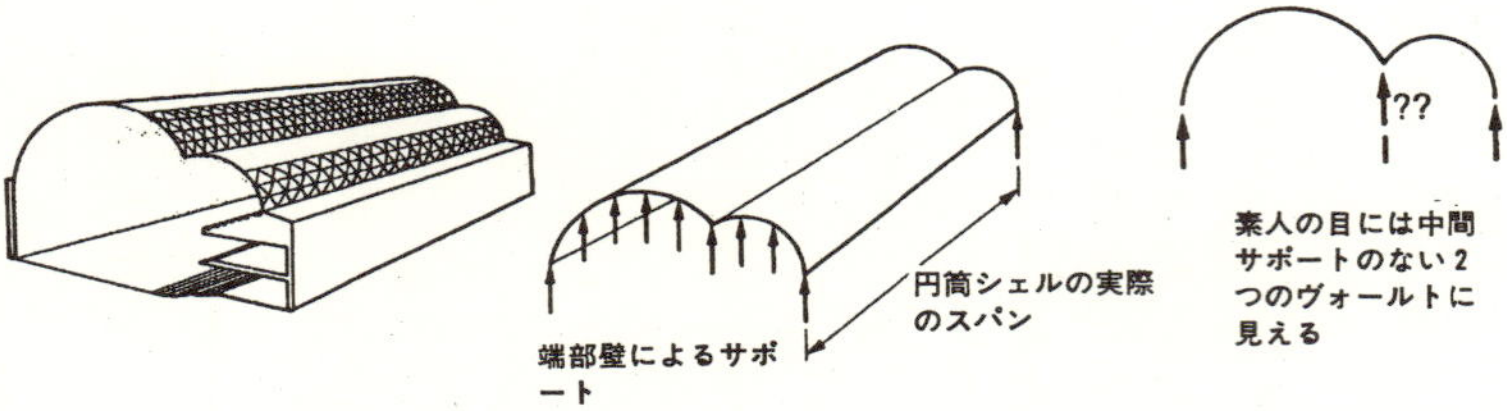

図① トロハのフロントン球技場（マドリッド，1935）は，長手方向がスパンとなる。しかしながら，素人の目には短手方向に架かるダブルのアーチが，その交線における支持柱なしで出来上がっているように映る。

図② 12世紀の建築的ジョーク／エステラ（スペイン）のサン・ペドロ修道院におけるねじれた柱。

八）と表現して、基本的にあまり立ち入らない態度をとっているが、それが建築美の要因として構造的な機能の大切さに目を向けさせた点については、歓迎しているような印象を受ける。

とはいっても、トロハの不変のテーマは適材適所と「中庸」であり、光と影の演出、形態、表面、外郭線といった視覚的な美しさの考え方において、設計者の美的感覚の尊重のために、純粋に力学に導き出された生の形態を修正して外観をより魅力的にすることを許容している。彼は明らかに幾何学的形態の視覚的な表現と力学的な要求の相互関係に魅力を感じている。特に興味深いのは、マニエリスムへの回顧か、いやまたポストモダニズムの前兆となるねじれた柱列（図②）のように、トロハが楽しんでいた「建築的ジョーク」である。

トロハの『構造の哲学』の一九章は、「構造システムの起源」に当てられている。そこで彼は設計に取り組むときの「果敢さ」の問題について語っている。トロハは、エンジニアの「しばしばデザイナーとしての精神を台なしにしてしまうような……退屈な技術訓練」について再び言及し、設計者の個性の大切さを説く。

彼の勧める第一歩は初期の要求を絶対必要なこと、望ましいこと、および補足的なこと、の三つの範疇に分類することである。この段階でなされるいかなる妥協あるいは犠牲も、十分に意識的なものであるべきである。そして、表に現れないどんな要求項目も見落とさない注意が必要である。次に、用いる材料の性質や地盤状況といったような限定条件を調べる必要がある。課題に対する一般的な解答と、それぞれにどんな先例があったかを検討した後に、提案する解答の概略スケッチが行われるべきである。

この段階で隠されていた矛盾が見えてくるであろう。こういった矛盾を解決するために設計者は、全く新しい方法をとるのか、あるいは課題を再定義するという「思い切った手段で難事を解決する」選択を常に考えておくべきである。「少なくとも最初に出した答えと同じ程度に要求を満たす機能構成の代案がないと、誰が断言できようか」と、トロハは述べている。

彼はまた、一見ありきたりな課題に、標準的な解答をやみくもに当てはめることに対しても警告している。それぞれの課題にはそれぞれ独自の要素があり、最も適切で独自の解決が考えられるので、ありきたりな課題などは存在しないのである。

次に、その解答は最も厳しい批判を受けるべきである。こういった批判には、設計者としての自我が邪魔をしないように、数日の冷却期間をおくとよいであろう。「再び課題に取り組んだとき……その解答が愚かしいアイデア以外の何ものでもなかったのを悟ることはよくあることだ」。また、トロハは、この自己批判の段階における創造力の大切さを力説している。

複数の人々が設計にかかわっている場合、トロハは厳密な連携の必要性を強調し、「まだ一部の国では一般的な」アーキテクトたちが形態を選定し、エンジニアにそれが建つようにつくることを望むようなシステムを非難している。同様に、「芸術家は、すでに完成したものに芸術的な表現を与えることを強要されるべきではない」とも力説している。

終わりに二〇章と二一章で、トロハは計算の役割と、この本のはじめの章でもふれた組織内でのエンジニアの立場について意見を述べている。

トロハはまた、その著書『エドワルド・トロハの構造』（一九五八）において、彼の多くの構造形態が導き出された根拠を論じるという興味深い方法で、その哲学を開示している。こうした説明は、おそらく抽象的な哲学論よりずっと直接的で、教育的なインパクトをもっている。そして、それらはネルヴィの著作に比べるとずっと構造的な論理の呪縛を受けていない。

ネルヴィの思想

著書『構造』（一九六五、Structures）で、ネルヴィは「私を称賛する人々も、批判する人も共に私の考えを理解していない」と記述している。彼の著述には若干表面上の矛盾点があるので、以下に示す要約も若干の矛盾を含んでいる。

トロハと同様、ネルヴィは慎み深さをもって「数少ない確信と多くの疑問」を私たちに提供することからはじめている。事例のすべてについて、どのように設計を展開していったかを示し、厳しい「設計施工」入札を行い、工期を短くすることの重要性を説く。ネルヴィはそれらが革新に必要な刺激をもたらし、そして輝かしい業績を導く規律を与えるのだと考える。彼の仕事の原動力となる主な思想は、「絶対的な規範」の力によって建物の「正しさ」を追求することであり、またそれを超えて建物における芸術性の統合を目指している。

「建築における最も高位で困難な課題とは、対立している要素の間の統合を具現化するという要求から生じる。すなわち、形態と技術的要求の調和、情熱的なひらめきと冷静な科学的理性、自由な発想と経済の鉄則といったものである」。つまりその目指すものは、「機能性、経済性、審美性」の要求を「同時に満足する」ことである。

歴史的な作品の研究は、「形態は結果であり、機能や構造的要求の決定要素ではない」ことを示すのに使われるべきである。ネルヴィは「非合理的な」形式主義、つまり建物の外観を最重要視し、外部から内部へ向かって建物を計画することに対して警告を発している。

モダニズム運動における「機械的な美学」の支持者たちが信奉したネルヴィの思想には、原理主義的な響きがある。「正直につくることは、美学的にも納得できるものになる」のを示す例として、彼は黄金の馬車（図③）と今日の流線型の自動車を選んだ。彼は後者と基本的に馬車にエンジンを積んだだけの初期の自動車を比較して、「これら偽りの製品のすべては例外なく醜い」と断じている。

自動車、汽船、飛行機の初期の形状からの進化は、自然の法則と経済性が特定のハイテク構造の発達に厳格な規律を与えたために、斬新で完全な「型式」に発展したという完璧な例である。これらの形態は、今後、より洗練されることはあっても、基本的に変わることはない。それらが従っている複雑な力学法則の本質的な理解をもたなくとも、私たちは本能的にそういった形態の良さを認めている。この理由はネルヴィにもわからないようだが、「機能性や技術的な効率化のすべての改善は、その美的品質の改善をもたらす」。

ネルヴィは、その成果を「正直なスタイル」と呼び、その根本的な特徴は、構造の本質、装飾のないこと、線と形の純粋性にあると述べている。「すべての真の解答は……また最大の効率である」と記述している。

『建物の美と技術』（一九六五）では、建物として達成されるべき最小限の「正しさ」の概念を、安定性、耐久性、材料本来の特質に応じた用い方、そして機能的効率と経済的効率であると定義している。後者の二つは、適切な空間のプロポーションであり、装飾の度合いと材料の価値であると定義されている。

構造の分野における経済的な解答の探求とは、最も自然

図③　ネルヴィは，彼の「正直な」製品の例として黄金の馬車を挙げた。

で必然的な答えを見つけることで、……最小限の材料で最も直接的に固定荷重と積載荷重を基礎まで伝達する方法を見つけることである。

一般的にいえば、技術的な正しさは自然であること、そして静的な荷重に対する計画が明快であることと符合する。計画のねらいは、個々の課題について最も効率的な方法で（経済的効率も含めて）使われる材料の明快な表現をもって解決することでなければならない。

こうした考え方がモダニズム運動によって大評判となったネルヴィの思想の要点で、それはまたモダニズム運動に大きく影響を受けていることは明らかである。とはいえ、現実はより複雑である。

ネルヴィが「型式」の例として黄金の馬車を選んだのは、装飾を基本構造から切り離して考えようとする意思の表れである。基本構造が機能に位置づけられるとすれば、装飾は「スタイリング」と意味づけられるであろう。黄金やバロックの装飾についての唯一の正当性は、持ち主の富を誇示することである。おそらくネルヴィがこれを真正な基準に含めてよいと思っていたとすれば、彼の機能的決定論をいかようにも解釈できるであろう。

実際のところ、彼は美しさには先に述べてきたことを超える何かがあるとはっきりと述べている。彼は、世界は変化する余地のない「型式」に支配されていると幻滅していた私たちに、そこにはいつも芸術が花開く自由な可能性があることを新たに確信させてくれた。

一般的に「課題、技術、静的力学の客観的なデータは、解答と形態を暗示しており……それらの本質的な美しさと正当性を知っている設計者の美的感覚は、その暗示を喜んで受け入れ、建築に芸術的な要素を構築する個人的な手法でそれをモデル化し、強調し、釣合いをとるであろう」。

ネルヴィは、この例としてイタリアにたった二つしか屋根付きの競技場がなかったときに構想したフィレンツェ・スタジアム（17章図③）の設計の話を持ち出している。基本形態は「不可避で辛抱強い研究の仕事」のあとに選定された。

間もなく、技術的な要因と経済的な要因を注意深く解釈し、支持部分の曲線とその接合部を工夫することで、注目に値する美的表現が可能になることが明らかになってきた。

私はいまだに、さまざまなポイントで耐力上の断面を要求する静的な力学の必然性と、外観的な満足を得る何かをなしとげようとする欲求との一致点を求める長く辛抱強い作業を覚えている。しかし、基本的にこういった作業の成果は、わずかの改善でしかなかったといわざるをえない……。

そういうわけで、ネルヴィは議論のためにデザイン・プロセスを二つの局面に分けている。「第一の局面は客観的な性格を帯びており、その答えは技術的なものに限られるのに対して、もう一つは全く個人的で、規則や理論づけによって制御できないのである」。現実的には、この二つの局面の間のやりとりは、設計者の頭の中やエンジニアとアーキテクトの議論の中でいつも交互に現れている、とネルヴィは考える。

それゆえ、真の美しさに対するネルヴィの概念は、彼自身の「真実」の定義のいくつかがある「真実」以外の何ものでもありえないように見えるにもかかわらず、「真実＋α」であるとも受け取れる。その一方で、ネルヴィは力学の法則を故意に愚弄する必要もないと思っている。このように彼の姿勢は、「すべてが適度であること」というトロハの主義と結局は同じだが、その度合いには大きな違いがある。

ネルヴィの思想は、機能、特に荷重対耐力の機能が、構造形式を決定するためのひらめきと推進力になるべきであると要約することができる。こうして得られた形態は、その後、視覚的な審美性についての直感的な能力によって少し修正されるであろう。平均的な設計者は、材料の製作工程、施工性、経済性の問題を考慮して、ここで述べたことを十分に実行すれば、「正しく」称賛に値する構造が約束される。天才であれば、「正しさ」と「アート」が結びついた感動を生むことができよう。

構造の真実性は「正しさ」が基本であり、このことは「美的な満足を得るための必要十分条件」である。「機能的、力学的、施工的、経済的な要求を満足する調和のとれた有機的組織体の創造」は、「美的にとるに足らないものか、さもなければ美的表現に溢れたもののどちらかになろうが、決して進んで人をいらだたせることにはならない」だろう。

構造形態の思想についての他の著者たちからの抜粋

程度の差こそあれ、他にも多くの理論家たちがこの分野で発言している。ハワードは、その著書『構造　ある建築家のアプローチ』（一九六六、Structure: An architect's approach）で、建築の芸術性の中に構造技術を再統合することを主張している。「建物が社会の望みにかなうためにつくられるのだとすれば、究極の建築の姿のあらゆる側面が想像の第一段階で考えられているべきである」。美しさは、現実的に考慮すべき事項が解決された後に、とってつけることができるようなものではなく、したがってまたエンジニアも基本のスタディから参画すべきである。

ハワードの最大の貢献は何かといえば、構造と形態の関係の分析に注目したことであろう。彼は、構造を次の四つのカテゴリー、「最小限の」「妥当な」「形態的な」あるいは「彫刻的な」そして「うぬぼれの」ものに分類している。

「最小限の」構造は、効果的で直接的な力の伝達における重量の最適化というエンジニアの理想と、おおむね一致している。ハワードは、このような構造は「非常に興味深い建物を導き、私たちが無意識に、直感的にその形態に妥当性を認識できる」と考えている。しかし彼は、ゴシックの教会建築を例に引き、効果的な構造が「主要で視覚的なデザイン要素」として用いられたときでも、その状況下での象徴性や機能的な要求が結果を左右することを示している。

　妥当な構造は、最も一般的なものであり、製作の方法、理論的限界、空間的要求といったこの本のはじめに論じてきたすべての要因を考慮し、その仕事が要求しているほぼ最小のコストでできることが望ましいが、しかしその構造は最も少ない重量、あるいは最大の荷重対耐力の効率をもつものではない。彼はここでアーチ屋根を引用している。アーチ屋根の最少の材料は一対三のライズ対スパン比によって達成される。しかし、これは暖房負荷と換気量の効率からすれば、過剰な空間となってしまう。つまり、「構造にとって〈最良の解決〉が、必ずしも建築全体としての最良ではない」ということである。

　ハワードは、二つの従属的なカテゴリーを定めている。一つは、柱、アーチなどを用いてスケール感を与えて関心を引いたり、あるいは空間を区切る「目に見える」妥当な構造、そしてもう一つは、「目に見えない」妥当な構造で、彼はその良い例としてアメリカやオーストラリアの在来木造住宅の骨組を挙げている。後者は、アーキテクトに外装材料を自由に選択する余地を広く残しているが、そのためにまた、「良い建築」を創造するための大切な一因である材料、構造原則、形態の調和をなしとげるのは困難でもある。

　形態的あるいは彫刻的な構造は、TWAターミナル、ロンシャン教会、イェール大学芸術学部が代表的だが、興味深いのは、その中にミースの作品が入っていることである。要素は誇張され、その形態は感情に訴えるためだけの非効率的な材料の使い方を反映したものとなっている。構造はしばしば材質、技術、その他の制約に逆らって定められる（これは必要以上に費用がかさむことを意味する）。その極端な例をあげれば、トロハが「構造的ジョーク」だと喜んだ、マニエリスムのねじれた柱、変則的なペディメント、ぶら下がったヴォールトである。ハワードはしかし、純粋主義者たちに反発して、それらを強く支持している。彼は純粋主義者の批判を「使い古された罵りだ。まるでバラがヒナギクにならないのを責めているようなものだ」と述べている。

　「うぬぼれの構造」は、美的な感覚が欠如し、そして形式の奇抜さの主張のみが主張される「構造のための構造」だと言える。それは「彫刻的な構造を才能のない設計者が模倣したとき、あるいは構造的に効率的なシステムが本来的な目的のためでなく、ただの流行のために用いられたとき」にも同じような結果になる。

　構造を構成する主要な要素を概説したあとに、ハワードは、多くの個性的な建物について詳細な分析と批評を行っている。紙数が限られているので、ここではその概要を述べられないが、ケーススタディの好例と言えよう。

　ビリントン（一九七七）は、『構造のアートとロベール・マイヤール』と題した論文で、マイヤールやネルヴィといった人たちが実施した構造デザインは、建築でも彫刻でもない新しいタイプの芸術体系であると論じている。しかも彼は、マイヤールたちが用いた形態は、自然の原理から必然的に導かれたものではないことを、しばしば設計者たち自身の中から強い反論があるのにもかかわらず認めている。それらの形態は、その形態のもつ可能性の限界を追求しているものの、最初の形態の選択はいたって任意であって、全く異なった形態であっても同じように心地よい外観をもち、同程度に効率的に洗練することができなくはないとしている。「マイヤールの薄い湾曲橋（図④）は、彼自身の設計条件の下では合理的だが、そもそも自分自身で条件を設定すること自体が合理的ではない」と、ビリントンは指摘している。「マイヤールは薄さに対するこだわりをもっており」それがコストに見合う範囲で、適合が見込める多くの形態の中から、特にその形態を選んだ理由だと、ビリントンは考える。人々は、構造作品にこだわりを感じたときはじめてそれを芸術と認めるのである。

　これまでに引用してきた本の著者たちは、形態の選択の出発点として、機能的要求あるいは力学的特性よりはむしろ形態の彫刻的または空間を限定する性質を取り上げる「形式主義」に対して、強く反発する立場をとっている。これに対立する見解は、エバンスとホートン・エバンス（一九六四）の

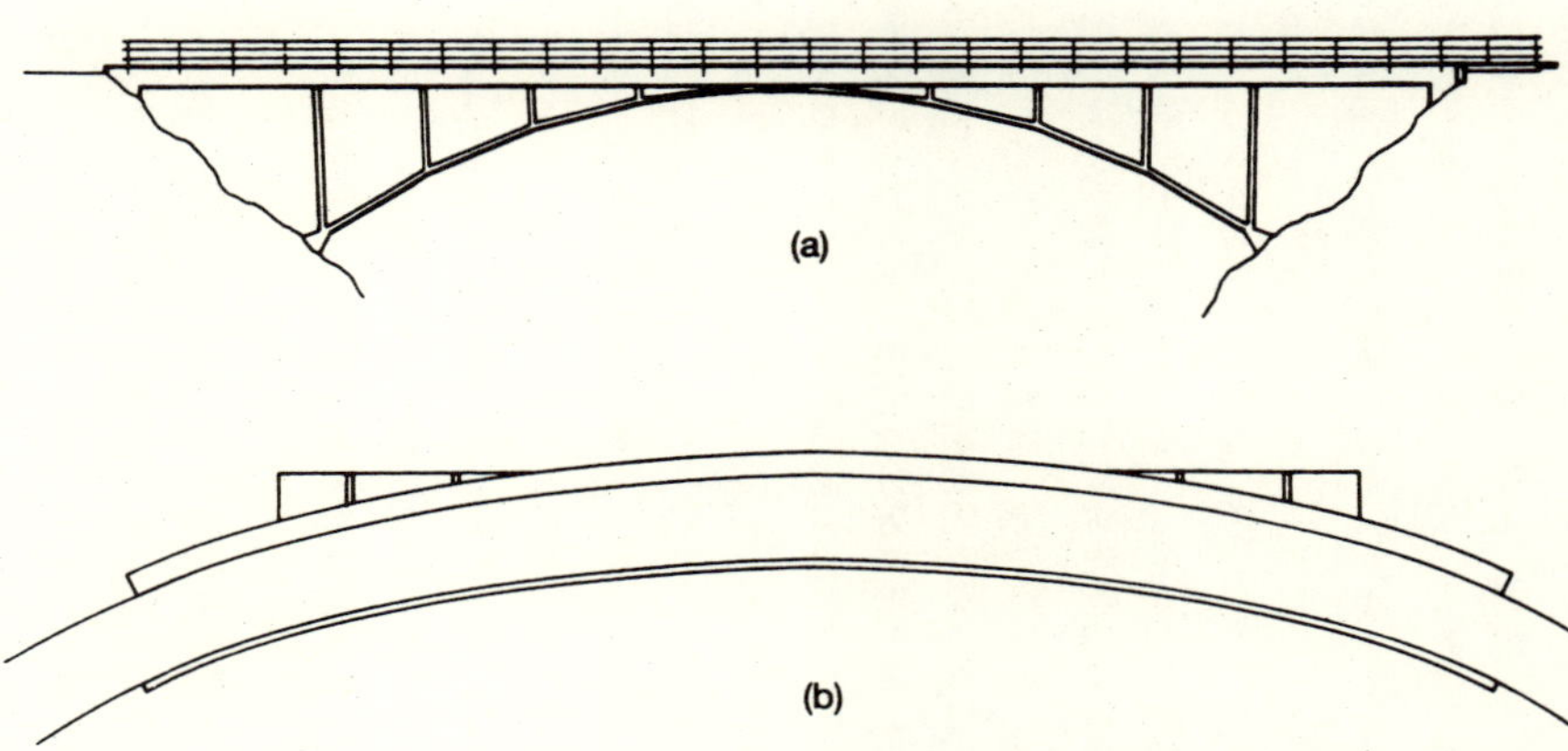

図④　マイヤールの湾曲型橋／彼の「薄さに対する情熱」によって設定された拘束条件の中での合理的な最適解。

ごく平易な論文に書かれているが、皮肉なことに、エバンスはエンジニアである。

彼らも、建築は実践的な芸術だと考え、ヴィトルヴィウスの長いほうの定義を引用している。彼らは、設計者たちが自分の得意分野の大家でなくなったときには、もうおしまいであることも承知している。また、形態の最初の選択の恣意性を指摘し、多くの構造的正直さの主唱者たちが古典的な形態は必然的に現れたのだとする主張に対して、特に古代ギリシア人が公共建築からアーチを除く決断を行った話を引用している。彼らはまた、見る者が、その反発している理論の背景について理解しているという条件つきで、歴史上のマニエリストの仕事に賛同しており、ねじれた柱のジョークを楽しんでいる。

しかし、彼らは、純粋主義的論拠の基本的前提を攻撃することをためらう。彼らは、エンジニアたちが構造的な正直さと機能主義というモダニズム運動の主張を、エンジニアリングの見解と一致していると思い込んで、あまりにも率直に受け入れてきたという見方をとっている。ところが、「その運動のパイオニアの中に含まれるエンジニアはほんのわずか」で、「その主導者となるのは、一般的に芸術家、アーキテクト、学者たちの中から選ばれた者であった」と指摘している。

彼らは、歴史上の多くの形式主義者たちの仕事、特にルネッサンスにおける内側から支持材で支えられているドーム（図⑤）を指して、「構造的正直さという教条の名において」私たちはこれらの作品を非難することができようか、と問うている。そして、こうした教条主義がばかげたものだと結論づけることで、否定されるべきは現実ではなく、理論であると断じる。

次に、彼らはこう示唆している。「美しさは正直な構造から生まれるという、単純な因果関係が成り立たないのなら、逆の方向からのアプローチを試みるべきであろう……そして、構造の結果としてではなく、それ自身のために発想され、構成された形態そのものがどこまで美を引き出すことができるか、を見つけることだ」。

彼らによれば、ハワードが述べている「妥当な構造」は、荷重を効率的に伝達するという必要性の他に、多様な要因に左右される。それゆえ、美的な分野に携わるアーキテクトにとって、構造がデザインの決定要因となることはほとんどない。したがってアーキテクトは、特に公共的な建築については、一般の人々が親しみやすい歴史を連想する言語を引用したり、心理的効果に訴えることで、見る人とのコミュニケーションを思うままに図っている。そのためには、「語彙だけでなく文法も必要」となる。コミュニケーションを効果的にするには、「自分の考えを理解しやすい方法でまとめ、理路整然と示さなければならない……そして、これまで論じてきた形式的な特性すなわち統一、型、対比、調和、そしてそれに関連した比率といったものの中に見いだせないなら、秩序は、

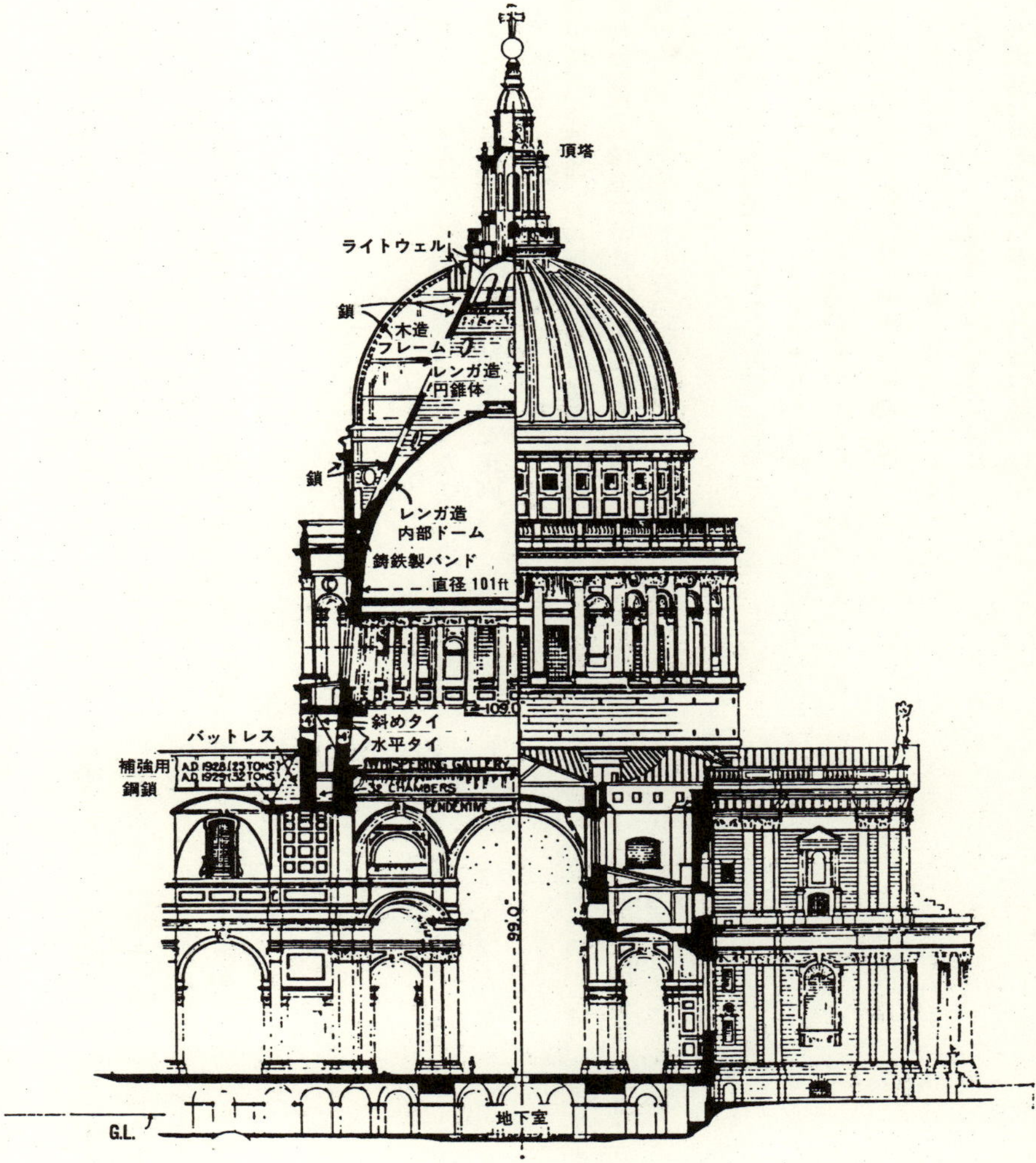

図⑤　ロンドンのセント・ポール大聖堂のドーム／主たる構造部材は，頂塔をサポートしているレンガ造の円錐コーン構造である。それはドーム状の天井となじみのある外殻によって隠されている。これらは「正直さ」の名のもとに取り払われるべきなのか？

いったいどこに見つけられるのであろうか？」

　終わりに、対象とその目的が使用者にとってわかりやすい必要があるという理由で、「目的への適合は力学的効率性より以上の要求である」と指摘し、そしてそれが楽しさ、新鮮さ、満足感、インスピレーションをもたらすので、「すべての芸術は有益である」という論理から、彼らはそういった構成の概念を包含したものが「機能主義」であると再定義している。

　オウヴ・アラップは、アーキテクトが求めている外部形態の実現に骨身を惜しまない姿勢から明らかなように、構造的論理を重んじながらも、フォルマリズムに傾倒していったエンジニアの一人である。彼は「隠れた構造」に抽象的な正直さの理念を適合させる必要性はないと考えている。彼は一つのプロジェクトの中に、「芸術性」と「無理のない建物」が調和しているのを好む一方で、構造が時には「建築の究極の目的に貢献するため」に、「アーキテクトの美的な要求に迎合する」こともいとわない。

　レオンハルト（一九七六）も同様に、力学と美学の間が分離していると見ているようだ。彼は、「アーキテクトとの協同において、奴隷のようになっている」多くのエンジニアを非難し、シェル、折板、ケーブル構造は、力学の法則に従って、アーキテクトではなくエンジニアが具体化すべきであると述べたあとで、「多くのこういった構造について」「優れたエンジニアリングと優れた外観を兼ね備えるのは容易ではない」と述べている。このことは、「新しい形態と形状すべてに言えること」である。

　レオンハルトは、トロハと同様にそこにまだ発見されていない構造美学の科学があって、その秘密は美しい表現をもつものと世間が認めた数少ない実例の特徴を分析することによって、解き明かせると確信している。

19 力の効率的伝達についての原則

Prescriptions for the efficient transmission of force

はじめに

これまでの章で見てきたように、構造設計の哲学においては、外力や内力を「直接的」「効率的」あるいは「合理的」に伝達しようとするのがきわめて一般的なテーマである。この章では、この概念の中に隠された含蓄や難しさを手短に述べることにしたい。

本書の主な目的は、こういった原則を額面どおりに受け取ることが、物事をあまりにも単純化して受け止めてしまうことになるのを示すことであった。「可能」という言葉は、力の流れを迂回させてしまうかもしれない自由な空間を尊重した機能的必要性を容認することである。しかし、送電塔のように純粋な荷重対耐力の構造物でさえ、特に製作、輸送、建方に関する経済的必然性の圧力が構造形式に影響を与え、それは当然、荷重の伝達方法にも影響する。

とはいえ、そういった抽象的な原則でさえ、問題に直面したときに何らかの方向づけをする根拠となり、そしてその適用限界さえ忘れなければ、定められたパラメータにおける局部的影響について一つの指標を与えてくれる。

構造的効率性の原則の概要

エンジニアでない人がよく引き合いに出す一般的な原則は、構造は自然界に見つけられる形態と似ているべきだ、ということである。この説は、進化は生存のために高い効率をもつ形態に発展しているはずで、その形態を模倣すれば、同程度の効率性が達成できる、という推定に基づいている。

最も単純な形でこの原則を示したのが、トリノにある勤労会館（図①）でのネルヴィによる構造の樹木の例で、すなわち放射状に伸びた腕が荷重を柱へ集めるのに用いられ、そし

図① ネルヴィによるトリノ勤労会館（1961）の片持の柱と放射伏の屋根梁は，間違った見方で「木」と結びつけられる。

て次に木の幹のように、柱が基礎に力を伝達するという「自然」のなりゆきに委ねるという説明である。

もちろん、この種の比較は、樹木の構造がもつ最大の目的が風の力に抵抗しながら、最大量の日光を収集するように葉を支えることだという事実を全く無視している。そこには剛性も内部空間も必要とされていない。対照的に勤労会館の構造は、外的要因から居住者を保護する堅くてもろい覆いを堅固に支えなければならない。この比較は、また樹木が型枠やクレーンを使わずに自らが築き上げること、木の枝はプレハブではないこと、加わる荷重もそれぞれ異なること、枝の先端は互いに支え合うためにつながれていないこと、そして木は厳格な建設工程を守る必要も全くないことを無視している。

自然のアナロジーは、構造設計者が生物学的な構造のもつ意図と特定のプロジェクトでの彼自身の目的にある関連を認識できるときに、構造設計者のひらめきの源として、自然界の形態を利用するだけであると考えたほうがより賢明であろう。

もう一つの単純な原則は、力の伝達方法の効率には順位があって、最も効率的に力を伝達するのは引張りで、次が圧縮、最も効率の悪いのが曲げだ、ということである。この論理は、一見して非常にもっともらしく思える。曲げにおいては、部材の中立軸の近傍には力がかからない。実際、梁においては部材の上端と下端だけがフルに力を受ける。一方、単純圧縮あるいは引張りでは、部材断面の全体が有効に力を伝えるはずである。しかし、圧縮材は座屈しやすく、圧縮に利用できる材料はある程度限定される。それゆえ、引張りが最も単純で効率的な荷重の伝達方法であり、次に圧縮、最後が曲げの順となる。

しかし、実用的な面から見れば、それらの構造的に知られている効率の度合いとは、全く逆の順序、曲げが最も一般的で、次が圧縮、そしてずっと頻度が少なくなって引張りの順となっている。その理由はもちろん、これまでの章で論じてきたさまざまな要因にもよるものである。機能的な観点からすれば、人はくぼんだり盛り上がったものより、平坦な床の上を歩くのを選ぶ。これほど明白ではないが、ほとんどの人は、垂直の壁や長方形の部屋を好み、それゆえコンクリート製のドームあるいはジオデシック・ドームといったような構造的に効率の良い形態に住むことを人々に勧めるには限界がある。

また、ある空間の隔たりをまたぐ荷重を軸方向で支えるためには、曲げ応力で支えるより、一般的に構成上大きなせいが必要である。多くの場合これは機能的にも不便であり、そして多層の建物では、建物の高さの増大は、費用のかかる外装の面積や風による転倒モーメントをさらに大きくするので、床組は設備機器が収まる範囲でできるだけ薄くするのが常識である。

タンクやサイロの屋根と床は、必ずしも平らでなくてもよいが、より複雑な構造物では、荷重や温度の影響による変形によって、特にドーム屋根の下にガラスの壁が取り合う部分では防水が困難になるという問題が生じる。

また、製作や建方に対する疑問も関連している。例えば、コンクリートのドームは、通常、その全面に支保工または空気膜のサポートを設けてコンクリートが自重を支えられる強度に達するまで支持しなければならないが、柱と梁の構造では各部分ごとに建てることができる。

そもそも物理的に周りにある丘の頂上から吊れるか、地面より低いところにあるかでなければ、純粋に引張り材のみで構成することができる構造物は数少ない。吊り橋を見てもわかるように、通常吊り構造には巨大な支柱が必要である（図②）。その上、ドーム形式やケーブルによって生じる斜め方向の反力に対しては、圧縮リングや引張りリング、あるいはタイビームや重量のある基礎で抵抗させねばならない。これに対して、梁からの反力を鉛直方向だけに限定するのは簡単で、基礎レベルでの抵抗がより容易である。

このように、引張り―圧縮―曲げ間のルールにはそれなりの論理があり、念頭においておく価値はあるが、それは決して一般的な適用性を意味するものではない。

よく知られている別の理念は、構成や構造の形態は「自然な」力の流れを反映すべきだという考え方である。この例として挙げられているのが曲げモーメント図に応じて梁の断面に変化を与える、柱の中間部の太さを増して座屈への抵抗を

図②　ブルゴ製紙工場／引張りは荷重に抵抗する方法として非常に効率的であるが，ほとんどすべての引張り構造は重厚な圧縮部材に頼っている。（エンジニア：P.L. ネルヴィ，G. コヴリィ）

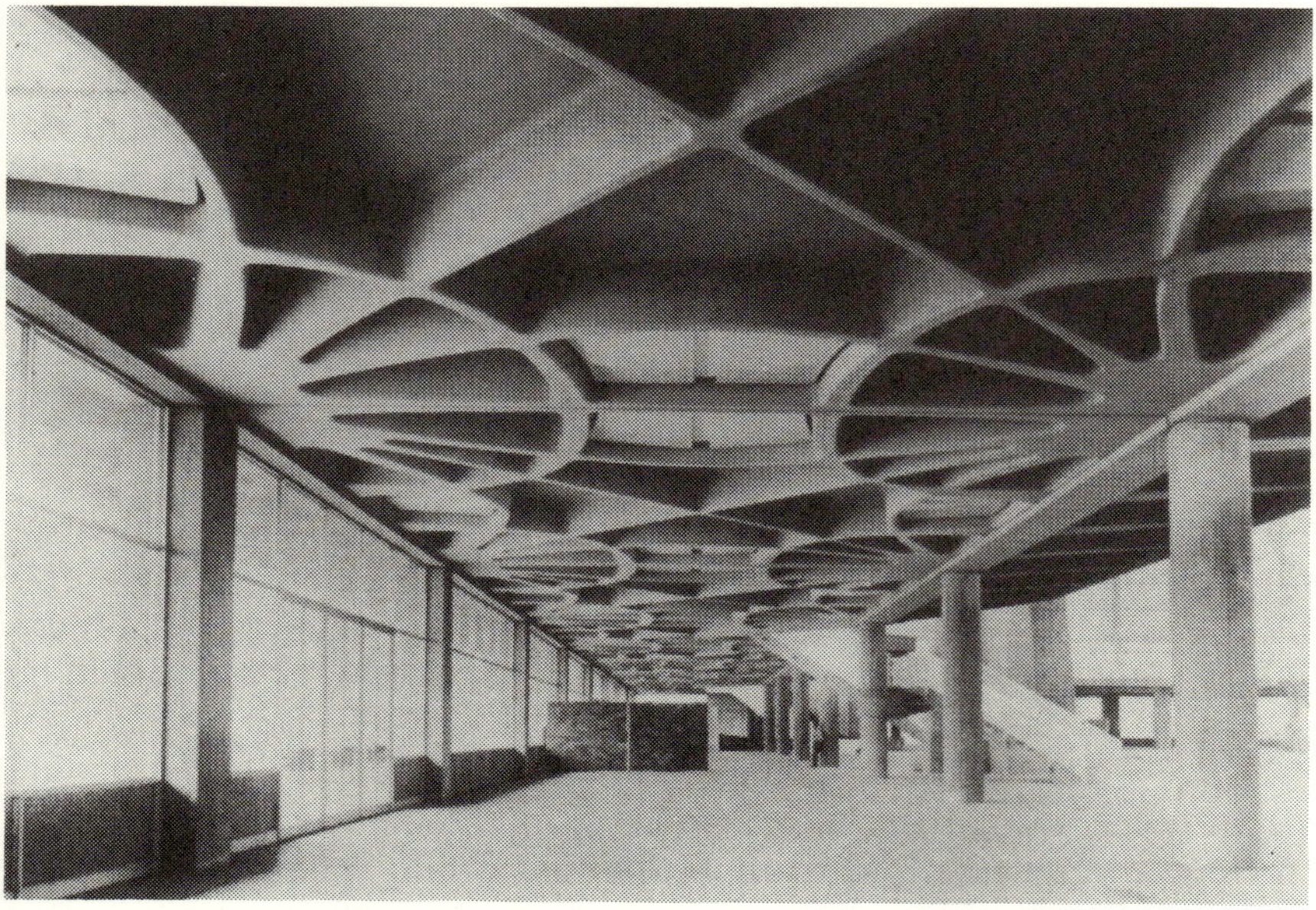

図③　勤労会館における中2階床スラブのリブは主曲げ方向に従って配置されている。これは「自然」か？

増強する、ネルヴィの勤労会館での垂木と柱による力の流れ、ガッティ毛織物工場にもある床組のリブ（図③）、といったものである。

問題は、力は「自然に」であろうとなかろうと、力の作用点と基盤の間に何か堅いものが介在しない限り流れないことである。伝えるものがあれば力は確かに最小エネルギーの原理に従い、流れていくだろうが、そのときどんな配分で流れるかは、部材として選んだ最初の形状にすべてがかかっている。つまり、ネルヴィの床版のリブは、平板における「等応力線」あるいは主曲げの方向に従っているのである。リブを加えて床の形態が変えられた瞬間に、力の流れも同様に変化してしまう。

つまり、力は「自然に流す」べきであるというだけでは不十分なのである。別の基準となるものを示さなければなるまい。一般的な原則は、すべての材料をその耐力の限界まで使うこと、最小限の重量を達成すること、あるいは素人にも構造の作用がわかるようにすること、である。

しかるに、ある恣意的形態の等応力線は、魅力的な形態のためのひらめきをもたらし、そしてより効率的な材料の用い方の可能性を示唆してくれるだろうが、それらは決して本質的に「自然」なものではないのである。

ここで、力は最も直接的なルートで地盤へ伝達すべきであるという考え方について論ずることにしよう。この原則のもつ弱点は、峡谷を越えるための道路を支えるという要求に応える「構造」の設計に当てはめてみれば明らかにすることができよう。力にとって最も直接的なルートは、そのまま直下に流すことである。したがって、その「論理的な」答えは、道路直下の谷を、安価で低強度の材料で川が流れる部分だけ残して埋めてしまうことであろう（図④(a)）。それにはスタイロフォームより少し堅いもの——おそらくは土——で十分であろう。

実際に行われている多くのケースでこの解決策が採用されていないのは、一般の建物のように覆われた空間を必要としない場合でも、そこに最も直接的に力を伝える要求とは別の要因が働いているからである。一般的に「力を集中させ」、強度と剛性の高い不連続の部材で伝達するのが、より経済的だといわれている（図④(b)）。

また、「直接、力を伝える」という原則は、それが軸方向の

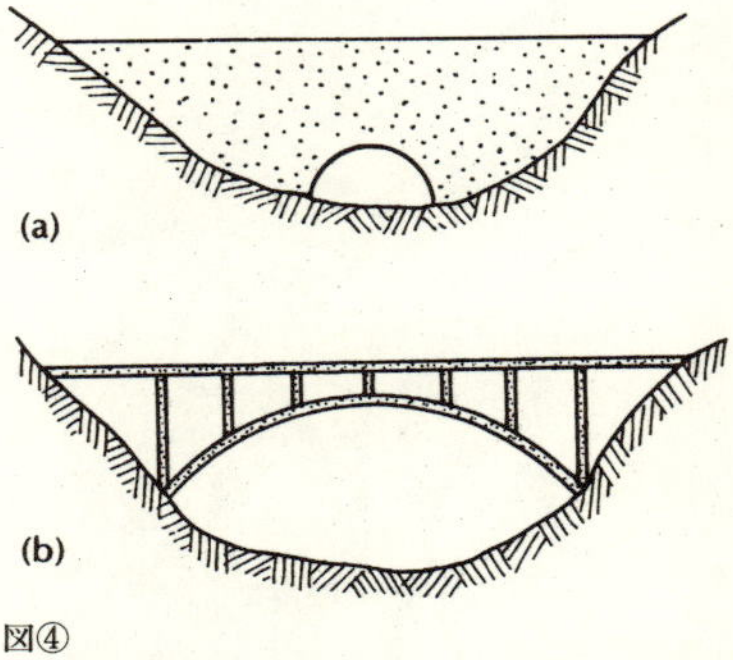

図④
(a)　道路面から谷底まで荷重を伝達するための「最も直接的なルート」は，谷を埋める低強度の連続体を用いることだ。
(b)　それとは対照的に最も経済的な解答は，高強度をもつ不連続の部材に力を集中させる場合である。

伝達だけに偏った考え方で、空間的な制限への対処としての曲げモーメントやカウンターウエイトの利用の可能性を見逃しているので、純粋に機械的な意味からだけでも批判の対象となりうるであろう。

　ほかに「材料は性質の特性に応じて用いるべきである」というテーマもよく見受けられる。より極端な解釈をすれば、正しい形態は材料特性を生かして用いたときの当然な帰結だという考え方である。

　これは「特性」という言葉がコスト、外観、熱や音響特性、そして材料の使いやすさを含んでいると仮定した場合、そして「美」が機能的な完璧さからもたらされると仮定した場合だけに通用する。この理論の支持者の多くが後者の見解をとっているが、伝統的な形態を説明するのに、材料の力学的な特性に注目しすぎる傾向にある。

　このことを最も端的に示していて、よく引用されるのは組積造である。組積造が引張りに弱いが圧縮に強いという事実は、この材料で建てられた教会や橋の形態を非常によく説明しているが、ゴシック期の教会建築と同時期の一般的な建物の著しい対比（10章図④と本章図⑤）、近代的な多層の建物外壁や間仕切りにいまなお煉瓦積みが用いられていること、そしてその強度を生かしているとはとても考えられない平屋の家で長いこと用いられていることについての説明にはならない。

　もう一つの弱点は、材料の「基本的な」性質に基づいた用い方についてのルールで「基本的」が「伝統的」と取り違えられることで、この例では補強コンクリート・ブロック造のような新しい開発の道を妨げているとも解釈できることである。ネルヴィ自身が「フェロセメント」とプレキャスト・コンクリート技術の開発は、「木製型枠の経済的束縛」から「鉄筋コンクリートを解放したい」という要求によるものだと記述している。

図⑤　ゴシック期の公共建築と宗教建築に見られる大きな違いは，教会建築の構造が単に技術的制約によってのみ決められていないことを示している。

　こういった問題は、「特性」や「根本的性質」といった言葉が最も広く、真に基本的な意味合いで解釈できれば、それだけで消滅してしまうはずのものである。

　この原則を提唱する人々は、鋼や鉄筋コンクリートの特性が、組積造とは違って純粋な引張りや曲げ応力にも抵抗できるということを指摘するだけであり、それらの「基本的」な特性についての具体的な説明になっていない。コンクリートの「成型の容易さ」と、床やサイロといった面的な構造への適合性は、常に言及され、そして鉄は基本的に骨組的な材料だと書かれている。

しかし、平板以外の型枠を用いる場合のコンクリートの成型コスト、そして箱形断面梁《ボックス・ガーダー》橋に経済性の理由から鋼板が用いられていることは、そういったすべての最終的な判断が機械的な性質でも加工性でもなく、与えられた状況の中で、おのおのの材料を用いたときの（もちろん、美観、耐久性といったことを考慮して調整された）相対的なコストによるものだということを証明している。

また、建物の構造のコストの占める割合は、全体の二五％にすぎないことを覚えておくべきで、それゆえ構造的な効率が空調システムなどの効率化のために「犠牲」となる場合も必要であろう。

したがって、空間を覆うという機能が伴わないときでさえも、別の関連しているすべての要因と全く分離して「効率的な力の伝達」を考えることはできないのである。

20　構造形態の批評のあり方

Towards a theory of criticism of form in structures

批評について

　これまでに多くのページをさいて、構造技術のもつ複雑さとエンジニアが仕事をする上での背景について述べてきた。この章で考察したいのは、「このとてつもない複雑さを考えて、特定の構造物の長所を評価できる論理的基盤を構築することが、はたしてできるであろうか？」という疑問である。

　一般的に、エンジニアリングの職能では、他人の設計に対しての不利益な評価は公にしてはいけないことになっている。ビリントン（一九七七）がアンマンの設計したジョージ・ワシントン橋についてある批評をしたとき、かつての同僚たちは設計者の弁護に精力的に立ち上がった。現在、構造エンジニアリング分野において最も批評に近いものといえば、技術者協会や材料メーカーが主催している年間優秀賞であろう。しかし、そういった賞は、通常、業界や関連産業を助成するためのものであって、参加作品の長所だけが宣伝されている。

　批評家の風刺的な才覚を見せびらかすことを主にした、ジャーナリスティックなタイプの批評は明らかに必要とされていない。とはいえ、正確な情報に基づいて構造の長所と短所を批評することは、設計者をはじめとする業界すべての人々にとってたいへん有益であり、特にそれが設計段階で直面したすべての問題に言及していればなおさらである。上級の建築雑誌で見受けられるこうしたタイプの批評は、この種の論評が構造デザインの分野でも可能なことを示唆している。

　いかなる種類の批評にも、多くの共通する問題がある。第一は、批評というものには必然的に破壊的な性格があって、創造者がせっかく苦心して統合したものを細かく切り刻んでしまうことである。アーチボルト・マクレイシュの有名な言葉「詩は詩であればよく、意味をもつ必要はない」は、これをよく言い表している。ところが、ハワードは次のように述べている。

> どんな芸術作品にもそれが存在すること自体に目的がある。批評とはそれらの目的を探し出すことであり、優れた批評はそれを解き明かし、芸術作品を見るという経験で作品に参加する人々の楽しみを増してくれる。良い批評家は、芸術家自身も気づかなかった側面をも明らかにしてくれるであろう。

エンジニアは総じて、他人の経験から学ぶことに熱心で、含蓄に富んだ批評は、その欲求を満たしてくれる。

第二の大きな問題は、一般的に批評家は評価している作品の設計者より有能でないこと、そして高い水準の作品に伴う多くの困難に直面した経験がないことである。これは否定しようのないことで、いつも完璧な批評というものが成立しない要因である。とはいえ、多くの批評家は間接的に得た有用な技術の知識や芸術形態をつくる難しさを詳しく説くことができるので、批評というものの価値を全く否定することはできない。こうしたたぐいの知識が価値をもつことは、国際的な音楽家が、恩師のもとに定期的に立ち寄り、多くの場合において能力的に同じレベルに達しえないその恩師に、技術についての建設的な批評を求めていることが証明している。それゆえ、優れた批評家は、高度な技術を身につけた実務家ではなくても、建設的な貢献ができるのであろう。

構造設計の批評に対するさらに厳しい反論は、個々の設計のおかれている状況が非常に複雑なため、実際、個人的に設計にかかわった者以外は知的な評価を下すに十分な関連情報を知りえないという点である。ネルヴィはこういった考え方に同意して、次のように述べている。

> 構造はその計画者、設計者、そして施工者には、その本質と最も興味深い力学的な挙動の様子を見せてくれる。しかし、それ以外から眺め、また写真を通じて批評をするだけの人々には、構造は多くを語りかけてはくれない。

もちろん部外者の知識が直接に関与した人と同じであるはずがない。荷重支持問題の解決策を少しでも理解し評価できるのは、工学と経済学をある程度学んだ批評家だけであるのもまた真実である。そして、設計課題全般の中での構造の役割を理解するためには、建築学と美学の知識が必要である。

とはいえ、当事者は逆に課題に深くかかわりすぎて、かえって不利な立場にあるとも言える。ボイドの記述を再び引用すれば、設計者は向上を望んでいるなら、課題のもつ複雑さと取り組むときに「直観力の導き」をもってのぞみ、そして、確信をもって推し進めるべきである。すべてが終わったとき、落ち着いた反省の時間の中で、設計者はこれまで述べてきたように「結局のところ直観力の導きはただ一つの答えではなく，最高の解答ですらなかった」ことを悟るであろう。批評家は問題に深くかかわっていないからこそ，多くの貢献ができる。唯一の問題はいかに貢献の質を高めるかである。

その第一条件は，批評家は主要な関連分野においてある程度の教養をもたねばならないこと，第二は教養のある読者をもつことである。このことは，彼が相手にすべきはその業界で専門的な訓練を受けた人々であり，そして伝統的な訓練は非常に偏ったものなので，ある局面では読者を教育する立場にあることを意味している。第三の条件は，批評家は，個々の設計課題に対する情報とそれが解決されていった様子について可能な限り多くの情報をもたねばならないことである。

この第三の必要条件は，構造設計批評にとっての大きな障害となっている。明らかにそういった情報はプロの批評家として彼自身の手でも見つけるべきであろう。しかし，構造設計があたかも論理的なプロセスとして，そして最終的な解答は多かれ少なかれ自明のものとして報告されねばならない習わしが，批評家の仕事を必要以上に困難にしている。アラップのシドニー・オペラハウスの論文のように，建築設計者がいかにして誤った手がかりに導かれていったか，なぜそれを放棄する道をたどったのか，設計空間を決定する上で何を絶対条件や制限と見ていたのか，そして参画したさまざまな人たちの間のやりとりが最終的な結果にどんな影響を与えたのかといったことをじっくりと説明するものがもっと必要である。

当然，このようなことに対立する多くの抵抗がある。それは単に虚実さまざまな欠陥に対する公的責任を回避したいという欲求であり，市場における競争的イメージを維持し，業界内の秘密を保持しようとする欲求であり，政治的に微妙な行為や動機の発覚に対する恐れといったものである。

というわけで，批評家にたいして，構造的課題を解決する手腕を正当に評価するために必要な情報を提供する度量が求められているのは設計者の側であるようだ。設計者たちは自己の無関心，あるいは秘密主義のせいで情報を与えなかったために，批評家が不適当な評価をしたとしても，非難することはできないのである。

構造エンジニアリングの理性的な批評の限界

本書の主な目的の一つは，構造形態の有利性を議論するときに，荷重対耐力の機能についてだけを考えることがいかに無益であるかを示すことであった。建築本来の機能，経済性，美観，そして政治性でさえ考慮に入れるべきである。

ところが，こういったことに関する意見はさまざまで，社会情勢と個人の性格に多大な影響を受けるので，これらをいくらかでも含んでいる批評は理性的だとは言い難い。多くのケースで，エンジニアが課題の方針の決定に影響を与えることができず、そしてすべて他人の定めた制限の中での仕事を余儀なくされてきたのは、あながち構造エンジニアの過ちだとは言えないかもしれない。そういったことがしっかりと論じられれば、構造エンジニアの貢献について、それなりに客観的な批評を発展させることができるはずである。

われわれの目的のためには、構造のアート分野だけに専念するのは、必ずしも社会的責任の回避ではない。実際、単一で普遍的な直観の導きを唱えることは、心理学的に見て不健康だと論じることもできる。建物の異なった形式は、異なった個性に適するようにつくられる。建物をつくるとき、ある人は広々とした空間を好み、ある人はこぢんまりとした空間を好む。ある人は自然に近い感じの材料と形を求め（ライト）、ある人は機械的な美学に楽しみを求め（ミース）、そして技術の極致を誇るモニュメントを求める。一人の人間でさえも、そのときの気分によって異なったタイプの建築を必要とする。例えば、平日は仕事場、土曜日は競技場、日曜日には教会というように。

それゆえ、技術的な評論というものを一般的な批評を構成する一つの要素として位置づけるのは建設的なことであり、それがより理性的な部分を受け持つのなら、より広く人々に受け入れられるであろう。

構造の主な機能が荷重の伝達にあるとすれば、これが機能的要求の制約の中で、経済性と優雅さを備えた上で達成されたかどうかを問いかけることができる。優れた美しさは「真実」の結果として、あるいは効率性の洗練がもたらすものだと設計者が信じているなら、いかに構造が美しいかではなく、いかに正直か、あるいは効率的かを問うであろう。エンジニアとアーキテクトが協働しているなら、機能計画と建築的表現に関する後者の意図を認めた上で、いかに上手にそれらを具体化したかを問いかけるはずである。こういった限定された範囲でもまだ、批評という仕事には複雑さが残っている。

ビリントンが指摘しているように、「構造的なアート」は建築でもなく彫刻でもない。橋のように純粋な構造形態でさえも、彫刻に対する批評よりもっと複雑に違いない。彫刻家は自己の欲求する形態を実現すべく素材を配置し、そこにとどめるための技術的課題に取り組むであろうが、その仕事はそれ自身の中で完結したものである。素人は彫刻から直接的な情感の衝撃を味わうことができ、職人は芸術家の材料を扱う手腕に、そして鑑定家は象徴性と芸術史との関わりを鑑賞することができる。

しかし、構造はこういったかたちで、作品自身が目的となることはない。構造の主な機能は、一般に荷重を支えることのできる外面を用意すること、あるいは必ず集中荷重を受ける部分の保護を用意することである。したがって、構造的な挙動がどんな意味をもつのかを理解するためには、可能性のある荷重の種類と組合せを知る必要がある。

それゆえ、工学の知識のない人は、非常に狭い意味でしか構造エンジニアリングを批評することができない。構造を単に自重のみを支持している彫刻と想定する批評家の直感的な反応は、実際の仕事よりかなり低い次元に向けられており、彼に批評できることがあるとすれば、設計者が素人的な見方を考慮するのを怠ったということぐらいである。

資格のある構造エンジニアであっても、構造設計図を見なければ、この種の批評で終わってしまうであろう。基礎構造はいつも視界から隠されている。バレル・ヴォールトにおいては、隠された台座や地中のタイ・ロッドが外側に押し出す力に対抗しているのである（図①）。通常、シェルの本当の厚さを識別するのは不可能である。煉瓦積みの中に隠された鋼製のまぐさや補強鉄筋があたかも組積造に引張りに対する能力があるかのように見せている。鉄筋コンクリート部材にプレストレスが導入されているか否かを外見から推測するのは困難であろう。

したがってそれらの重要な事実をつきとめ、その構造物のもつ長所について知的な評価ができるように一般の人たちに知らせるのが専門家としての批評家に課せられた仕事である。同様に、設計者が課せられた制限、あるいはクライアントや同僚によって与えられたゴールを確認し、人々に伝えることも大切である。しかし、これは非常に注意深く行わねばならない。ある種の言葉は人によってさまざまな意味に解釈されるので（「デザイン」という言葉がその例である）、正確なコミュニケーションを図るには、あまり有効とは言えない。読者が批評家の基本的な前提を共有していると想定して、ある種の事柄についてはふれずにすませられると考えるのはたやすいことである。

こういった難しさは、古代ギリシア建築の長所に関するネルヴィとゴードン（一九七八）の対照的な見解にも示されている。両者の見解は、ともに真正直に工学的な視点での発言であるが、全く異なる結論にいたっている。ネルヴィは、その時代の構造技術の限界の中で必然的に美的な形態が導き出されたと主張している。ゴードンは、古代ギリシア人がエジプト人と同様に公共建築からアーチやヴォールトを意図的に排除したと指摘している。

図②は、ギリシアの宮殿の屋根構造を示したものである。土はある種の断熱効果をもたらすとも考えられるが、これだけでは屋根部分と礎石部分の構造的な不調和は――特にギリシアでは木材が不足し、手に入りにくいことを考えれば――納得がいかない。

この構法の形態がもたらす緩い勾配が、下部構造のもつ直

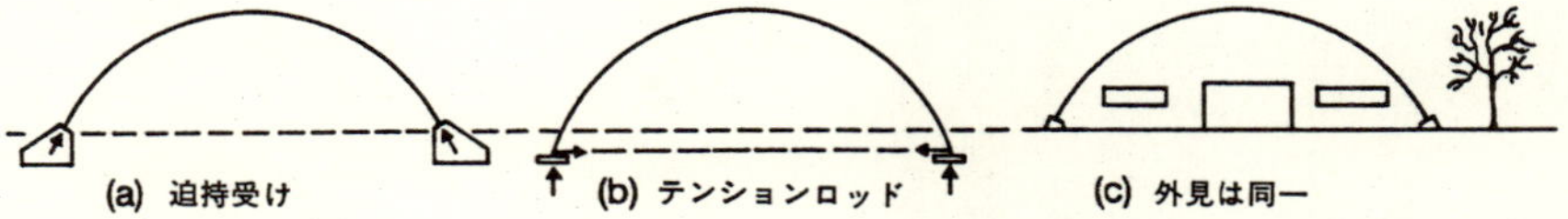

図①　構造の挙動は，特にそれが地中に隠された基礎に頼るシステムである場合は，外観に表現することができない。

線的な性格を損なわないからというのがその理由に違いない。屋根にヴォールトが用いられていたなら、下部構造のもつ性格は全く違うものになったのは明らかである。したがって、機能的あるいは美的な理由で、ギリシアは技術的に効率的なアーチやヴォールトを用いた構造を望んでいなかったのである。

ネルヴィの見解が意味をなすとすれば、工匠たちの宗教上、機能上、そして美学上の目的についての詳細な中身を明らかにする必要があり、このことは同様の批評のすべてについても当てはまらなければなるまい。

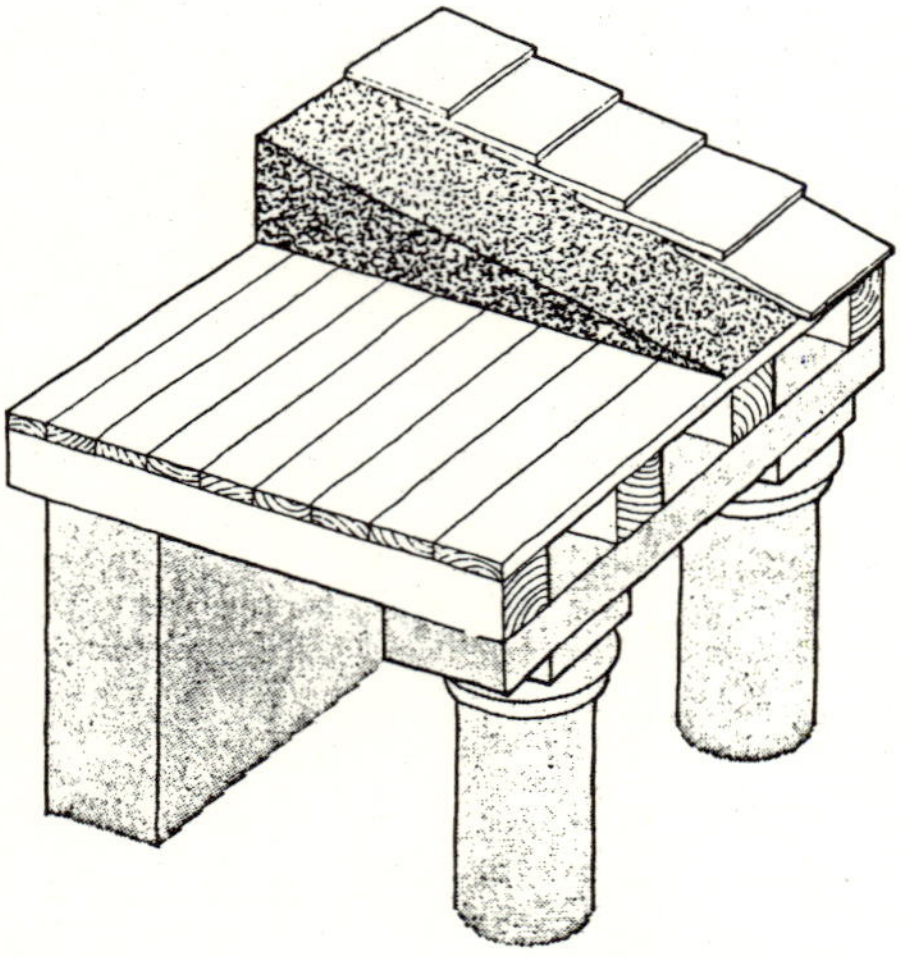

図② 古代ギリシア建築の無骨な屋根構造は，下部の洗練された組積の構造と奇妙なコントラストを見せる。

包括的な構造批評

構造デザインの包括的な批評は、単にエンジニアリングに焦点を当てるより興味深いことと言えるが、同時に無謀でもある。とはいえ、うまく書かれればよほど意義深いことである。

エンジニアリングと他の要素との相互作用を理解して中立の立場をとることにより、しかもデザインチームの他のメンバーのもつ幅広い目的を受け止めるなら、客観性を保った批評の可能性が残されている。そして、次にすべての面においてどれだけの「満足度」が達成されたかに目を向けるべきであろう。デザインチームは、さまざまな目的間の不一致をどの程度調整できたのか？ 特に構造技術者は、他の目的にどの程度妥協したのか？ 他の要求に対応するために構造をどの程度ゆがめたのか、そしてそれがどれほど避けがたいことであったのか？ エンジニア（あるいはデザインチームの他の構成員）は、輝かしい創造性の手腕をもって、すべての面について満足度をもたらし、同時に従来の答えを越えるオリジナルな形態をつくり出せたのか？ 彼はあらゆる関係者が満足し、そして単純で、洗練された解答を導く課題の完全な再定義を提示できたのか？ エンジニアは設計チーム内外からの政治や社会的圧力にどの程度わずらわされ、そしてそれらにどのような手段で対処したのか？ どんな組織とコミュニケーションの問題を経験したのか？

アーキテクトとエンジニアが構造、機能、そして美の完全な調和を創造するために協働しようとしたとき、批評家は、例えば美を向上させるために構造論理を犠牲にすることが、意義あることであったかどうかを問うであろう（この疑問に彼自身が答えを出すときには、主観的な価値判断を下す必要があり、他の人が同じ見方をするとは限らないことを心得なければならない）。

この種の批評での問題は、可能な限り多くの情報を建物から得ようとするのは誰しも同じだが、個人がそれぞれ異なる方法でそれをまとめようとすることである。最良の答えは、批評家は自身の結論を主張すると同時に、読者が別の見解に至ることができるのに十分な事実も提供すべきだということである。

最後の選択肢は、完全に主観的な本人の意見に基づいて設計全体を批評することである。この方法を理性的に用いるには、本書でこれまでに論じ、参照してきたすべての関連する分野でのしっかりした基盤が要求される。それはここでの議論の範囲を明らかに越えたものである。

この種の批評には、例えば、スコットの言う「文学的空想、歴史的想像、詭弁の道義心」といった道徳上の、政治上の、そして美的なものをはじめとしたあらゆる批評の基準を包括する広い道が開かれている。こうした批評は、論点を明らかにし、コンセプトを定義し、設計に携わる人々には意見が合うかどうかはともかく、少なくとも相互のコミュニケーションを可能にし、建築を鑑賞する者には、あらゆるデザインに含まれる大いなる複雑性を認めさせることができてこそ、実質的な価値をもつと言えるだろう。

おわりに

この議論から得られる結論は、構造設計のような複雑な分野では、設計あるいは批評に対する単一で単純な規定はあり得ないということである。この点についてはBBC放送で語り、一九五五年七月七日の『ザ・リスナー』誌に掲載されたアラップの言葉がよく言い表している。過去において進展してきたそういった規定には、いとも簡単に欠点を見つけられる。技術以外の要素が確定されたものと仮定することによってのみ、ある程度の合理性は達成されるが、この論理に基づこうとすれば、その結論は限られた価値しかもたなくなることは避けられない。

その結果がより一般的な適用性をもつなら、主観的な要因についてもある程度考慮すべきである。そこには多様な目的のための余地があって、「創造的価値」において全体としての満足を達成するための多様な方法が考えられるであろう。

考慮すべきことのすべてを同時に満足するようにアプローチする設計、設計者の技術的な「離れ業」は賞賛に値する。とはいえ、ときどき見かける、本来なすべき働きをしていない「彫刻」や、住んだり働いたりするには最適だが建築的魅力に欠ける建物で、おそらく構造的に見て合理的とは言えないものでも、私たちの環境にとってはいまだそれなりに貢献しているのであろう。

批評理論を定義するに当たって、流行と社会環境は変化すること、そして建築の使用者と鑑賞者は、設計者や批評家が予期していないところに「喜び」や「快適さ」（あるいはその逆）を見いだすことを念頭においておくべきである。設計思想に関しての賢明な解説者とは、あるところまで議論を進めても、それより後は、読者おのおのの反応に任せるしかないことを知っている者であろう。

批評家は、実務より批評がずっと容易であることを念頭におき、自分の主義主張が誤って解釈されたと語ったグロピウス、コルビュジエ、そしてネルヴィの言葉を心の中にとどめておくことである。

21 エピローグ
Epilogue

このように高い水準の人々の進歩的な考えについて論じてきた後には再び読者を現実に戻す必要があろう。言うまでもなく、私たちの全員が、ネルヴィのような「構造の大家」あるいは国際的なコンサルタント会社のシニア・パートナーになると決まっているわけではない。新しく社会に出たエンジニアは、その段階ではまだ時間の経過を比較的遅く感じており、一つのプロジェクトに六カ月も二年も携わるのは、非常に退屈に思うであろう。大きなプロジェクト全体の形態を創造するエキサイティングな面は、ほんの短い時間を占めているだけであって、シニア・エンジニアが取り扱う仕事である。若いエンジニアの仕事のほとんどは、おそらく計算をほとんど伴わないような決まりきったディテール、つまり仕様書の作成や、そしてアーキテクトと設備エンジニアとの細かな連絡といったものである。

しかし、よく考えてみれば、そこには新人でもできることがたくさんある。ディテールの設計は最も重要なことになりうる。全体の構造形態に関わる輝かしいアイデアも、全体計画が成立するのに必要なディテール（例えば接合部）が案出されないときには、破棄せざるをえない。ディテールは全体の構造形式より標準化が進んでいないので、解析に適応できる理論が一般的に少ない。ディテールの解析には、しばしば三次元の応用解析システムが必要になり、簡便な理論では現実的な解析ができない。それゆえ、ディテールの設計には、決まりきった全体形式以上の創造力と理解力が求められる場合がある。

新入社員が、自分自身を大きな組織の中での小さな部分としてしか見られないときでさえ、同じレベルの設備やほかのエンジニア、そしてアーキテクトとの定例的な連絡を通じて、また上司から下りてくる日々変化する指示によって、直接に政治、コミュニケーション、そしてこの本で述べてきた設計手法にかかわる問題に向かい合うことになろう。

新社会人であっても、二〜三年の実務経験を積めば、小さなコンサルタント会社の主任、もしくは担当として小規模な構造設計を担当するようになり、アーキテクトと協働することになる。工場、教会、歩道橋、そしてたとえ一戸建住宅といった小規模な構造物であっても、興味あるチャレンジとなりうる。構造物の規模は、複雑さや設計作業の量、あるいはそのプロジェクトに適用されるであろう基本概念の理解の深さを測る尺度とはなりえない。

若いエンジニアが扱うことのできるレベルがどうあれ、構造設計に影響のあるさまざまな要因の相互作用を観察し理解できるなら、たとえ自分自身が直接参画していなくとも、自分の仕事により深い興味と意義を見いだすことができよう。

しかし、もし設計プロセスへの知的な参加が認められないならば、雇用社会の厳しい現実の中でも、より開かれた組織に仕事を見つける努力をするべきであろう……もしかしたら、それは自分自身の事務所を開くという選択であるかもしれない!!

22番目の章として——監訳者あとがきにかえて

いま、構想力が求められている。

構想とは、創造性を発展させるための知的なプロセスのことで、本書はそこに焦点を当てた珍しい著書である。著者はおそらくそれを「構造設計のアート」と考え、私は「構造デザイン」そのものと考えている。

構造デザインの本質とは何か、それはさまざまな制約の中で建築に対してどのように構造が貢献できるか、という点にある。建築の快適で美しい空間の創造に構造技術が寄与するためには、構造の周辺をとりまく数々の話題や事象を知ることが大切である。

そして、私が構造設計に従事した二〇世紀後半に出会った事象のほとんどが、本書で取り上げられているように思うのである。抽象的にはそれは設計思想であり、具体的には構造設計という仕事に最も影響を及ぼすアーキテクトとの連携についての記述に、本書は多くのページを割いている。そして、設計全体のプロセスにおける構造設計者の立場や役割、人間関係（コミュニケーション）の難しさ、組織とアトリエの違いなどにふれながら、その中で創造力を発揮するために必要な事柄が述べられている。

私が本書に出会ったのは、二〇世紀の後半であった。鹿島出版会から本書の監訳を依頼されたとき、ぜひとも本書を訳出して日本の建築教育に役立てたいと考えたが、当時、私は大きな組織の中で大規模プロジェクトを多数担当しており、英語力にもそれほど自信があるわけではなく、かなり躊躇した。

本書の内容はたいへん広範囲にわたっており、翻訳にあたっては、単に構造設計の知識だけでなく、私のこれまでのさまざまなプロジェクトでの経験が大いに役立っている。大組織の中で個性を発揮するにはどうしたらいいのか、どのようなチームワークがよいのか（組織）、そして意思決定をどの時点でなすべきなのか（設計のプロセス）……。

日常の仕事に追われ、遅れがちな翻訳作業に悪戦苦闘しながらも、逆に本書から学んだことも数多くあり、それは私の設計人生の最も充実した時期に、さまざまな示唆を与えてくれた。

ここで、本書の02章の設計事例にならい、私が設計にかかわった「長野市オリンピック記念アリーナ」（通称エム・ウェーブ）を例に出して、建築の構造的合理性と非合理性をどこまで許容できるかについて述べてみよう。

エム・ウェーブの形態と内部空間をつくり出したのは、木と鋼板を合成した半剛性の一方向吊り構造である。軽量で曲げ剛性のある構造用集成材の間に引張り強度の高い鋼板を挟み込めば、軽くて効率のよい半剛性の吊り材ができる。この部材をハイピッチに並列して構造用合板で一体化すれば、吊り床版となる。こうして断熱と吸音の機能、天井としてのデザイン、そして構造が集約された合理性の高い屋根の構想が固まった。

吊り構造は力学的に最も効率の高いシステムだが、いつの場合もその支持機構が最大の課題となる。

ところで、よく知られているエーロ・サーリネンの設計によるダレス国際空港ターミナルは、吊り屋根からの張力を合理的に伝達するために、支柱を外側に傾斜させた美しいフォルムをもつ建物である。一方、同じサーリネンが設計したイエール大学アイスホッケーリンクは、キールアーチと吊り屋根を用いて建物の中央をなだらかに持ち上げ、平面的にも中央の広がったアリーナとしての機能に整合した形態をつくり上げている。この二つの建築は、力学的にも造形的にも美しく、私が好きな建築である。

しかし、エム・ウェーブの場合、支柱はダレス空港とは逆に内側に傾斜させた。あえて構造的に不利な支持形式を選択したのは、エム・ウェーブがアイスアリーナという機能的な効率——中央に広い観客席を設けること、そして最小容積を追求すること——を重要視したからである。吊り屋根のスパンを一定にして内側に傾斜した支柱を、建物中央から相似的に低くすることによって、中央の観客席が広く、競技場としての機能に適合したジオメトリーが得られる。このケースは、造形と空間の合理性、そして機能的なニーズが力学的合理性とぶつかったときに、構造原理と論理性の間でどうバランスさせるか、という問題にほかならない（本書の01章の冒

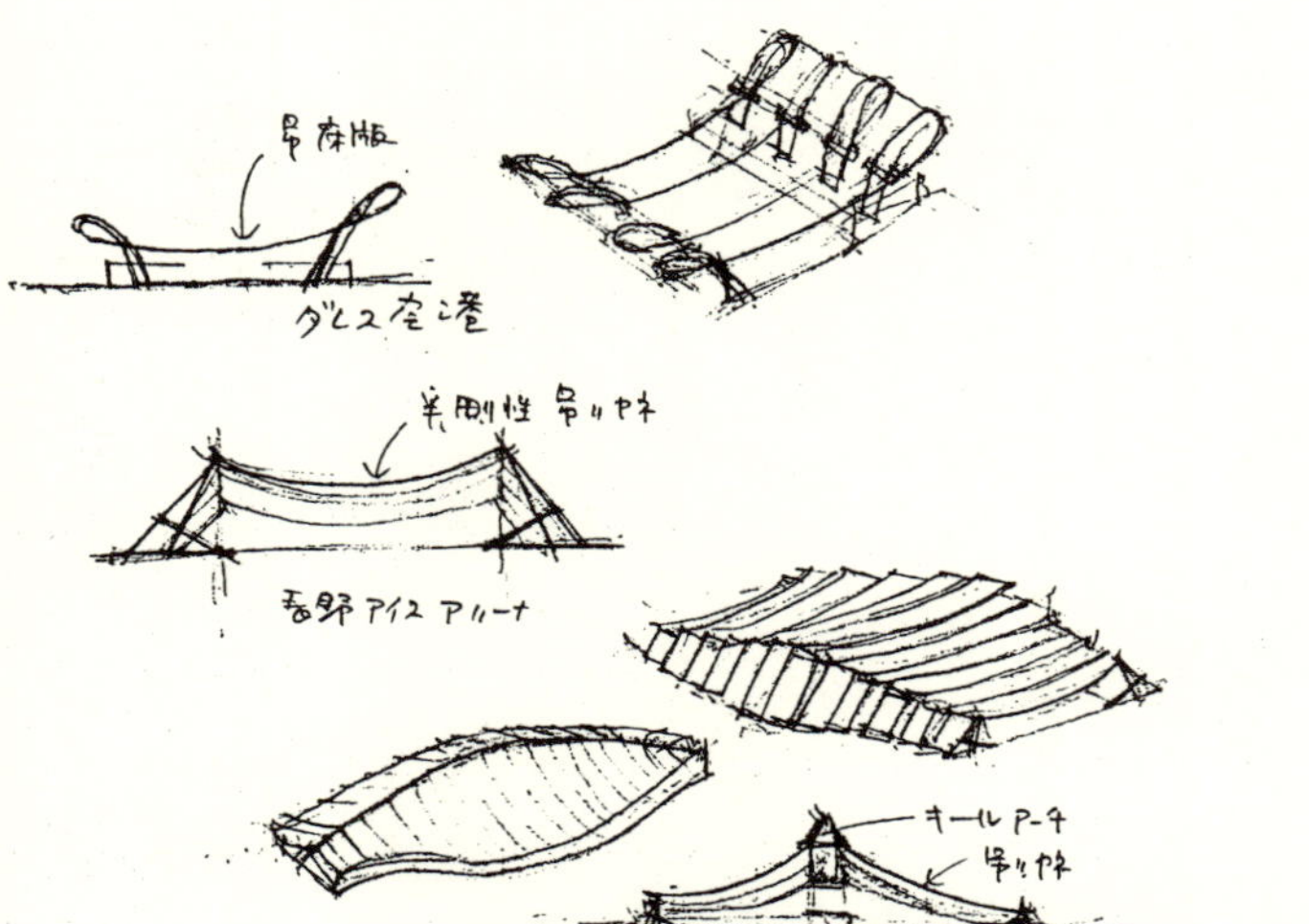

図①　エム・ウェーブの設計中に描いたスケッチから（上からダレス国際空港ターミナル，エム・ウェーブ，イェール大学アイスホッケーリンク）

図② エム・ウェーブ模型（写真提供：鹿島）

図③ 工事中のエム・ウェーブ内部／外被の施工前なので外光が差し込んでいる。（撮影：齋藤裕）

頭を参照)。

どこまで力学的な非合理性を許容できるかは、難しい問題だが、私は構造としての機能が保証できるシステムが成立可能な範囲――部材のプロポーションと経済性を含んで――に境界線を引いている。このエム・ウェーブのプロジェクトは、その限界への挑戦であったように思う。

この建物の通称エム・ウェーブは、内側に傾斜した支持機構と吊り屋根がアルファベットのMの形であり、そして屋根の連なりが波(ウェーブ)のように見えるところから市民によって決められた。

図④　エム・ウェーブの設計中に描いたスケッチから(外観)

本書の監訳者としてのあとがきに、手前味噌ではあったがこのような記述をしたのも、本書の内容が、わが国においてもたいへん重要な問題を含んでおり、そのことを特に若い方々に理解していただきたかったからである。

国貞君の訳者あとがきにも詳しいが、本書は構造エンジニアのための教材として書かれたものである。しかしながら、工学系の学生たちがイメージする種類の本ではない。どちらかといえば実務者向きの本で、社会に出て直面する課題に示唆を与える話題を中心に構成されている。幸いにして日本の学校の建築学科では、建築(意匠)と構造は分離されていない。分かれるのは大学においても高学年からである。建築をめざす人もある程度構造について学び、構造をめざす人も建築計画や歴史・文化を学んだはずである。

前述のとおり、本書の内容はたいへん幅広く、エンジニアリングとアートという異なる分野を理解するための教材として大いに役立つものと思う。それぞれの章がほぼ独立した構成になっているため、どこからでも読みはじめることができるのも特徴であろう。

現在、わが国の状況を見るに、建築と構造が分離している傾向が顕著である。構造の分野があまりに専門分化しすぎたせいなのか、また、規定や規準が整備されすぎて、建築の知識がなくてもマニュアルどおりに作業をすれば設計ができてしまうからなのかもしれない。本書を通じて、エンジニアたちには、知的な満足感とは、バランスの取れた美しいシステムを構築するプロセス――すなわちそれが構造デザインなのだが――にあって、それが建築の本質に貢献できることを知ってもらいたい。そして、アーキテクトたちにも構造におけるアートの付加価値に目を向けてほしいと思う。

本書の訳出に当たっては、内容ごとにアーキテクトとエンジニアに分担していただいた。しかし、本書の内容が多岐にわたり、また、抽象的な表現や引用文の解釈に手間取り、たいへんな時間がかかってしまった。著者のアラン・ホルゲイト氏も、さぞやきもきしたことだろう。この場を借りてお詫び申し上げる。

原書は二〇世紀中に書かれたが、邦訳の刊行は二一世紀を迎えてしまった。しかしながら、本書が二〇世紀の一つのまとめであること、そしてわが国でも近年、少しずつだが「構造デザイン」が注目されてきているので、その意味で、この刊行のタイミングは良かったと考えている。

なお、本書は訳者一覧にもあるとおり、村松清一、田名網雅人、前阪尚志、辺見浩久の各氏が当初の翻訳に当たり、最後に国貞幸浩氏と私が全面的に訳文を見直してその文章を完成させた。記してその労に報いたい。また、末筆ではあるが、本書を私に紹介してくれた鹿島出版会の吉田昌弘氏、編集を担当し忍耐強いご支援をいただいた上曽健一郎氏に感謝申し上げる。

本書が、日本の多くのエンジニアとアーキテクトに読まれ、新たな創造に向かう活力となることを望んでやまない。

二〇〇一年三月

播　繁

訳者あとがき

本書の原題は"The Art in Structural Design"である。ここでいう「アート」は審美学的な「芸術」であるのはもちろんだが、同時に設計における「技術」でもある。そして、この技術は単に計算によって答えを出す「技《わざ》」という意味だけではなく、一人の人間としてデザインチームの他の構成員（特にアーキテクト）たちと仕事を進めていくための「術《すべ》」という意味も含んでいる。

著者のアラン・ホルゲイトは一九九六年に退任するまで、オーストラリアのモナシュ大学で三〇年間にわたって教鞭をとった教育者だが、そのキャリアのスタートは構造設計・監理の実務家としてであった。その七年間の実務経験の間に彼を学問の世界に引き戻す何があったのかはわからないが、彼自身、構造エンジニアとしてアーキテクトとの人間関係に悩まされたであろうことは想像に難くない。大学に戻ってからは構造解析と設計を教えながらも、アーキテクトの仕事のやり方や思想を解明すること、そして構造設計者がデザインチームの一員として如何に設計のプロセスに参加していくべきかを探求すること、が彼の研究のメインテーマとなった。

その研究の成果としての本書は、いわゆる構造技術書ではない。その証拠に、文中に構造計算の数式は一つも出てこない。また、本書は構造設計法のイロハを伝授する実務書でもない。かといって、その題名から想像されるような構造の美学を論じた理論書でもない。この本は、それらの専門書の隙間を埋め、つないでくれる一冊である。

本書は本来、構造技術系の学生あるいは新社会人を対象として書かれたものであり、大学の授業の教材として用いられることを意識した体裁となっている。したがって、その目次をざっと眺めてもおわかりのとおり、非常に系統立てられた構成で書かれている。大部分の章は「はじめに」で書き出され、「おわりに」で結ばれる形をとっている。これはアカデミックな場で読まれることを考慮した結果であるのだが、同時に「技術畑」の読者にとってはなじみやすいものであるはずだ。反対に、「デザイン畑」の読者にとってはエンジニア的思考回路を理解する助けになるだろう。

全体の文章は、したがって非常に論理的でわかりやすいものである。しかし、その中身は実に多岐にわたり、多くの文献を引いて、まさに「構造設計を取りまくすべて」を包括的に扱っている。これから社会に出る学生はもちろん、日々の実務の中でデザインチーム内の対人関係にお悩みの設計者たちにも興味深い内容であるはずだ。（なお、本文中に出てくる文献で、特に重要と思われるものには原著のタイトルと、邦訳されているものについてはその出版社名を記した。）

さて、訳者の一人としての私自身、組織の中で建築（意匠）デザインに携わる者である。そしてご多分にもれず、構造設計担当者の「理解のなさ」に悩まされることが間々ある。もちろん、それはとりもなおさず自分も彼らの頭痛の種になっているに違いない、ということを意味している。

なぜこのようなことが起こるのか？　ホルゲイトは言う。

構造エンジニアが協働しなければならない職能の中で、最も理解しがたいのは多分アーキテクトであろう。機械や電気のエンジニアは同じ言葉を話し、基本的に同じ哲学をもっている。資本家や開発者でさえ、エンジニアが簡単に理解できる数値化された目標をもっている。法律家は経験を整理することが好きで、エンジニアリングの仕様書、あるいは規準によく似た形式でそれをまとめている。

対照的に、アーキテクトの手法と目的はかなり漠然としている。……（中略）……エンジニアとアーキテクトは違う言語を話す。「デザイン」「機能」「経済」そして「構造」という言葉でさえ、それらが用いられる文脈によって、それぞれが非常に異なった意味をもつであろう。

そして、アーキテクトの視点を示すものとして次のような例を挙げている。

有名な米国のアーキテクトであるフィリップ・ジョンソンは、自邸の「ガラスの家」をモニュメントかと尋ねられたとき、「もちろん住むこととは無関係だ。でも、私はここに住んでいるが、住むのは納屋でもかまわないと思っている」と答えた。またある建物が機能的な面で成功したかどうかを尋ねられたとき、彼はこう返答した。「機能的」に成功したからといって、それはとるに足らないことだ。

この発言を「実に不愉快だ！」と感じたエンジニアの方も、また、思わずニヤリとしたアーキテクトの方も、本書をお読みになった後では多少なりともお互いの立場に寛大になれるのではないだろうか。ホルゲイトはアーキテクトとエンジニアの間に横たわる溝の深さを認めながらも、両者が互いに理解し合うにはどうしたらいいのかを教えてくれる。

本書は、「構造エンジニア」と「アーキテクト」という二つの異文化がコミュニケートするためのカルチャーガイドなのである。

二〇〇一年三月

訳者を代表して　国貞　幸浩

Princeton University Press, 1979 より

図⑤ B. L. Fletcher, "A history of architecture", The Athlone Press Ltd, 1975 より

19 章

図① P. L. Nervi, "Aesthetics and technology in building", Harvard University Press, 1965 より

図②(a) 同上

図②(b) 同上

図③ 同上

図⑤ E. Viollet-le-Duc, "Dictionnaire Raisonné de l'Architecture du XIe au XVIe Siècle", French and European Publication Inc. より（アメリカ）

20 章

図② ©J. E. Gordon, "Structures: or why things don't fall down", Pelican Books, 1978 より

図①(b) O. Kerensky and G. Little, 'Medway Bridge Design', "Proceedings", The Institution of Civil Engineers, 1968/9 号より（イギリス）

図③ S. A. Gregory, "The design method", Butterworth, 1966 より（イギリス）

14 章

図① ©John Wiley and Sons Ltd. 提供（イギリス）

図② 同上

15 章

図①(a) John Wiley and Sons Ltd. 提供，©Max Mark Frocht, "Photoelasticity", Vol.1, 1941 より

図③ V. Gregotti, "New directions in Italian architecture", Braziller, 1968 より（アメリカ）

16 章

図① L. R. Barnett, "Experimental mechanics", 1966 より

17 章

図① Bill Baxter 提供（オーストラリア）

図② E. T. Torroja, "The structures of Eduardo Torroja", ©F. W. Dodge Corporation, 1958 より（アメリカ）

図③ P. L. Nervi, "Aesthetics and technology in building", Harvard University Press,1965 より

図④ R. F. Jordan, "A concise history of western architecture", Thames & Hudson, 1969 より，Hirmer Verlag 提供（ドイツ）

図⑤ B. L. Fletcher, "A history of architecture", The Athlone Press Ltd, 1975 より（イギリス）

図⑥ "The Illustrated London News", 1849 より

図⑦ P. David Billington, "Robert Maillart's Bridges: the art of engineering", © Princeton University Press, 1979 より

図⑧ ©The Department of Housing and Construction 撮影（オーストラリア）

18 章

図① E. T. Torroja, "The structures of Eduardo Torroja", ©F. W. Dodge Corporation, 1958 より（アメリカ）

図② Howard Stanbury 提供（イギリス）

図③ P. L. Nervi, "Aesthetics and technology in building", Harvard University Press, 1965 より

図④ P. David Billington, "Robert Maillart's Bridges: the art of engineering", ©

10 章

図③(b)　B. L. Fletcher, "A history of architecture", Athlone Press Ltd., 1975 より

図④　J. H. Acland, "The Gothic vault", University of Toronto Press, 1972 より

図⑤(a)　図③(b)に同じ

図⑤(b)　J. Davern, "Architecture 1970-1980", McGraw-Hill, 1980 より

図⑥(a)　図③(b)に同じ

図⑨　H. Stierlin, "Encyclopaedia of world architecture", Office S. A. du Livre, 1977 より

図⑪　R. Middleton, "The Beaux Arts", Thames and Hudson, 1982 より

図㉛　Artemis 提供（スイス）

図㊹　Foster Associates 提供（イギリス）

図㊺　同上（原本作図は John Kaplicky）

図㊾　同上

11 章

図①　©Peter Ryan, "The invasion of the moon 1957-70", Penguin Books, 1969 より

図②　"The AA Book of the British Countryside", ©Drive Publications Limited, 1973 より

図③　Bibliothèque Nationale 提供（フランス）

図④　大橋富夫撮影，黒川紀章提供

図⑤　Susanne Faulkner Stevens 撮影，The Lincoln Center for the Performing Arts 提供

図⑥　K. Ray, "Contextual architecture", Architectural Record Books, 1980 より

12 章

図①　Charles Jencks 提供

図②　The Museum of Modern Art 提供（アメリカ）

図③　A. R. G. Isaac, "Approach to architectural design", Ilffe,1971 より（イギリス）

図④　Ars Nova Medienverlag 提供（オーストリア）

図⑤　The Museum of Finnish Architecture 提供（フィンランド）

図⑥　同上

図⑦　CBS Inc. 提供（アメリカ）

図⑧　Howard Stanbury 提供（アメリカ）

図⑨　S. Gauldie, "Architecture", Oxford University Press, 1969 より

図⑩　同上

図⑪　Le Corbusier, "The Modulor", MIT Press, 1968 より

13 章

図①(a)　Sir G. Roberts, 'Severn Bridge Design and Contract Arrangements', "Proceedings", The Institution of Civil Engineers, 1968/9 号より（イギリス）

Hospital Fund, 1971 より

図④ "Engineering News-Record", 1978/5/11 号より

図⑤ Cannon Design Inc. 提供

図⑥ "Architectural Record", 1983/2 号より，©McGraw-Hill Inc, 1983

図⑦ P. H. Parkin, H. E. Humphreys, J. R. Cowell, "Acoustics, noise and buildings", Faber and Faber Ltd. より

図⑧ The British Construction Steelwork Association Ltd., "Steel in architecture", 1969 より（イギリス）

図⑨ 同上

図⑩ P. Falconer, J. Drury, "Building and planning for industrial storage and distribution", Architectural Press Limited, 1975 より

図⑪(a) Central Electricity Generating Board, "Modern power station practice", © Pergamon Press, 1971 より

図⑪(b) The Snowy Mountains Hydro-Electric Authority（オーストラリア）提供

図⑬(a) M. S. Troitsky, "Orthotropic Bridges", ©James F. Lincoln Arc Welding Foundation, 1967 より（アメリカ）

図⑭ 同上

図⑮ 同上

07 章

図① ©J. W. Cook and Heinrich Klotz, "Conversations with architects", Praeger, 1973 より

08 章

図① The Institution of Civil Engineers 提供（イギリス）

図② Artemis 提供（スイス）

図③ Ezra Stoller 撮影，©ESTO Photographics Inc.（アメリカ）

図④ Kevin Roche John Dinkeloo and Associates 提供（アメリカ）

図⑤ 同上

図⑥ G. von der Hagen 提供（ドイツ）

図⑦ Ron Herron Associates 提供（イギリス）

図⑧ The American Society of Civil Engineers, "Space age facilities", 1965/11 より

図⑨ Foster Associates 提供（イギリス，原本作図は John Kaplicky）

09 章

図① G. Hatje, "Encyclopaedia of modern architecture", Thames and Hudson, 1963 より

図② The Museum of Modern Art 提供（アメリカ）

図③ RIBA 提供（イギリス）

図版出典

01 章

図① Moshe Safdie and Associates Inc. 提供（アメリカ）

02 章

図① "Constructional Review", 1973/11 号より（オーストラリア，写真©Max Dupain and Associates）

図③ The Institution of Structural Engineers, "Structural Engineer", No.3, Vol.47 より（イギリス，原本作図は Ove Arup & Partners）

図④ 同上

図⑦ The Institution of Civil Engineers, "Proceedings", Vol.39, 1968/4 より（イギリス，原本作図は Ove Arup & Partners）

図⑧ 同上

図⑨ The Institution of Structural Engineers, "Structural Engineer", No.3, Vol.47 より（イギリス，原本作図は Ove Arup & Partners）

図⑩ 同上

03 章

図① W. B. Foxhall, 'Techniques of Successful Practice for Architects and Engineers' "Architectural Record" より（アメリカ）

図② "Construction Review", 1973/2 号より（オーストラリア）

表① The Snowy Mountains Hydro-Electric Authority（オーストラリア）提供

表② W. D. Hunt, "Total Design: Architecture of Welton Beckett and Associates", © McGraw-Hill, 1972 より

04 章

図① C. W. Griffin, "Development building: the team approach", ©A.I.A., 1972 より（アメリカ）

05 章

図①(a) A. B. Saarinen, "Eero Saarinen on his work", ©Yale University Press, 1962 より

図①(b) H. Aregger, O. Glaus, "Highrise building and urban design", Praeger, 1967 より（アメリカ），©Artemis Verlag（ドイツ）

図② Monash University（オーストラリア）提供

図③ J. Green and others, "Hospital research and briefing problems", King Edward's

●著者略歴

アラン・ホルゲイト 一九五八年にロンドンのユニバーシティ・カレッジを卒業。ニュー・サウス・ウェールズ州（オーストラリア）で調査に携わった後、スノーウィ・マウンテン開発局の計画でトンネル掘削現場の監督、発電所の設計を担当するなど、主にオーストラリアで実務経験を積んだ。一九六六～九六年にかけて、オーストラリアのモナシュ大学土木工学部において、構造解析および構造設計の講義を受けもつ。彼の研究は、主としてデザインのプロセス、特に構造エンジニアとアーキテクトの相互関係に焦点を当てるものであった。こうした研究から、本書の他にAesthetics of built form（一九九七年）、およびThe art of structural engineering: the work of Jörg Schlaich and his team（一九九二年）の二冊の本を著している。モナシュ大学を一九九六年に退職した後、ジョン・モナシュ卿の土木技術史の研究とその出版に従事している。

●監訳者略歴

播　繁（ばん・しげる）　一九三八年生まれ。一九六三年に日本大学理工学部建築学科を卒業、同年鹿島建設に入社。一九九一年より同社の設計・エンジニアリング総事業本部構造設計部長を務めた。一九九一年にあきたスカイドームでＪＳＣＡ賞、一九九二年に大阪東京海上ビルディングで松井源吾賞、一九九七年に出雲ドームをはじめとする膜構造の開発で日本建築学会賞、また、長野オリンピック記念アリーナ（日本建築学会作品選奨）で英国技術者協会特別賞および日本鋼構造協会賞をそれぞれ受賞した。現在は播設計室を主宰し、幅広く建築設計に携わっている。主な構造設計には、各賞受賞作品の他、赤坂プリンスホテル新館、国技館、フジテレビ本社ビルなどがある。

●訳者一覧（五十音順、所属は刊行時のもの）

国貞　幸浩（鹿島　名古屋支店建築設計部）
田名網　雅人（鹿島　建築設計エンジニアリング本部）
辺見　浩久（鹿島　建築設計エンジニアリング本部）
前阪　尚志（鹿島　建築設計エンジニアリング本部）
村松　清一（鹿島　建築設計エンジニアリング本部）

構造デザインとは何か

構造を理解しないアーキテクトとアートを理解しないエンジニア

発　行　二〇〇一年六月一〇日　第一刷 ©
　　　　二〇〇二年二月二五日　第二刷

監訳者　播　繁
発行者　井田隆章
印　刷　壮光舎印刷
製　本　壮光舎印刷
発行所　鹿島出版会　107-0052 東京都港区赤坂六丁目5番13号
電話〇三(五五六一)二五五〇　振替〇〇一六〇-二-一八〇八八三

ISBN4-306-03307-4　C3052　Printed in Japan

本書の内容に関するご意見・ご感想は下記までお寄せください。
URL　http://www.kajima-publishing.co.jp/
E-mail　info@kajima-publishing.co.jp